U0529546

西安草堂寺资助
陇南师范高等专科学校出版资助

文化的输入与演变

鸠摩罗什长安弘法研究

崔峰 著

中国社会科学出版社

图书在版编目（CIP）数据

文化的输入与演变：鸠摩罗什长安弘法研究/崔峰著 . —北京：中国社会科学出版社，2016.5

ISBN 978-7-5161-7345-9

Ⅰ.①文… Ⅱ.①崔… Ⅲ.①佛教史—研究—中国 Ⅳ.①B949.2

中国版本图书馆 CIP 数据核字（2015）第 313129 号

出 版 人	赵剑英
责任编辑	吴丽平
责任校对	董晓月
责任印制	李寡寡

出	版	中国社会科学出版社
社	址	北京鼓楼西大街甲 158 号
邮	编	100720
网	址	http://www.csspw.cn
发 行 部		010-84083685
门 市 部		010-84029450
经	销	新华书店及其他书店
印	刷	北京君升印刷有限公司
装	订	廊坊市广阳区广增装订厂
版	次	2016 年 5 月第 1 版
印	次	2016 年 5 月第 1 次印刷
开	本	710×1000 1/16
印	张	26
插	页	2
字	数	451 千字
定	价	89.00 元

凡购买中国社会科学出版社图书，如有质量问题请与本社营销中心联系调换
电话：010-84083683
版权所有 侵权必究

序

李利安

早就答应崔峰的请求，承诺为他即将出版的《文化的输入与演变——鸠摩罗什长安弘法研究》一书作序，并想着趁机谈谈自己对鸠摩罗什时代印度佛教向中国输入这一历史进程的一些看法。可是因为事务缠身，一直没有静下心来思考。如今，出版社在等着付印，也只能简单谈一点感想，权作序言了。

记得当初崔峰在确定博士论文选题时，我曾对他提出一个基本的建议，就是在隋唐以前印度佛教向中国传播这一范围内多做考虑，尤其是希望他重视印度—西域—中国内地这三点一线的传播进路，并特别强调了印度佛教的入华史、中国人对佛教的接收史、印度佛教的中国化史以及中国佛教发展史都是相互联系但并非相同的概念，一定要注意加以区分。在这些相互交织的历史进程中，尤其是在隋唐以前的中印佛教关系史中，西域发挥了举足轻重的作用。学术界在以往的研究中并没有从文明交往特别是外来文化的输入和本土民众的接受这一角度来进行系统而有深度的解析。在这种思路下，我和崔峰关于选题的讨论自然免不了反复提及鸠摩罗什的名字。鸠摩罗什祖籍印度，出家后又留学印度，其母后来出家又选择印度为长居之地。与此同时，鸠摩罗什作为西域龟兹国王的外甥，长期在西域各国弘法，后来在凉州停留16年，401年之后又到达长安，晚年一直在这里译经传教。这样的身世和经历正好体现了印度—西域—中国内地这一佛教传播的基本框架。崔峰因此对鸠摩罗什研究产生了浓厚的兴趣。然而，这个选题其实也暗含着冒险，主要原因是学术界对鸠摩罗什的研究可谓细致入微，已有的资料也几乎是翻了个底朝天，只有在新的视角下，用一种全新的理论支撑，并使用新的方法，这个选题的研究才有可能出彩。崔峰当时勇敢地接受了这一挑战。

面对鸠摩罗什，我们首先想到的是他在中国佛教历史上的卓越贡献，主要有：第一，组织译经，大规模传译印度佛教文化，涉及大小乘佛教的各种不同学说，尤其是将建立在般若学基础上的印度中观学说大规模地传入中国，为中国佛教提供了大量经典依据，特别是三论宗、天台宗、禅宗、净土宗等宗派的核心经典几乎都出自鸠摩罗什之手，为中国佛教宗派的建立提供了坚强的支撑，与此同时，也为后世佛经翻译积累了丰富的经验；第二，通过编译、讲解、答问、书信、推崇等途径，宣传佛教教义，弘扬佛教思想，尤其是中观思想，酝酿形成中国第一个佛教宗派三论宗，促进了佛教思想在中国的迅速传播，对中国佛教乃至整个中国思想文化均产生深远影响；第三，以国立译场为平台，以皇室支持为后盾，感召全国各地大量义学高僧云集长安，译经解经，讲说辩论，著书传扬，不但促进了中国佛教的极大繁荣，而且培养了数千具有一定学识的中国僧才，为中国佛教筹备了大量人才资源；第四，通过翻译印度佛教戒律文献，极大地丰富了中国佛教的戒律依据，促进了中国佛教僧团制度的不断完善，同时通过建立庞大僧团的实践，为中国佛教僧团制度的发展做出了杰出贡献；第五，翻译《普门品》《阿弥陀经》《弥勒下生经》等大乘佛教经典，极大地促进了观音、弥勒、阿弥陀佛信仰在中国的传播，成为后世中国佛教信仰的主流形态；第六，主动积极地协调政教关系，既赢得了国家对佛教的大力支持，又协助建立了中国早期的佛教管理制度，同时也为后世奠定了一个政教关系的基本模式；第七，通过与印度和西域很多高僧的密切往来，沟通了中国内地和印度及西域之间的联系，搭建了佛教从印度到西域再到中国内地的核心框架；第八，借助与慧远等人的联系，形成佛教学术交流的南北通道，激发了中国人思辨能力，神化了中国人对佛教的理解，形成佛教界从未有过的理论辨析热潮。从以上贡献可以看出，鸠摩罗什在中国佛教文化历史上的确拥有重要的地位。

鸠摩罗什作为东晋十六国时代同时具备印度—西域—内地三重身份的佛教传播者，在他的身上饱含着那个时代佛教向中国传播的诸多历史内涵。我曾经在陕西省社科院宗教所举办的国家社科基金开题报告会上提出以八种关系作为解读魏晋南北朝时期佛教文化领域诸多重大学术与理论问题的钥匙。以鸠摩罗什为考察对象，这八种关系就是：第一，时空关系。时间方面以鸠摩罗什所生活的年代为界限，同时向前后适当延伸，从而完整而清晰地把握那个特别的时代，而在空间方面，应该以鸠摩罗什先后经历的所在地为基点，同时宏观统摄印度—西域—中国内地的空间体系，从而充分理解四五世纪时印度佛教从西域传入中国内地的基本轨迹。第二，中印关系。通过鸠摩罗什来考察印度佛教向中国的输入，以及由此所发生的中印文明交往，理解印度佛教的中国化过程。第三，夷夏关系。前后秦统治者对鸠摩罗什的邀请以及对佛教的支持体现了少数民族入主中原后对佛教的态度以及处理与汉族文化关系的基本特征，这是历史上夷夏关系的典型，对后世佛教文化的格局产生重大影响。第四，内外关系。内学指的就是佛教，外学就是佛教以外的学说。内外关系就是要探讨鸠摩罗什所体现的佛教与其他文化的关系，如佛教与玄学、儒学、道家以及其他文化形态的关系。第五，政教关系。鸠摩罗什获得两朝皇帝的青睐，得到国家的大力支持，在政教关系方面具有诸多开创先河的特征。第六，僧俗关系。以鸠摩罗什为首的庞大僧团背后有文人以及官僚居士的支持，而在底层民众之中，也有强劲的呼应，从而形成佛教在当时的发展状态。第七，圣凡关系。尤其是信仰型佛教和义理型佛教的关系，在鸠摩罗什的弘法实践中已经非常明显地呈现出来了。义学高僧与神异僧人及神异信仰之间相互激荡，共同构成佛教的完整体系。第八，大小乘关系。鸠摩罗什幼年时代从小乘转皈大乘，西域一带大小乘之间关系错综复杂，鸠摩罗什来到内地之后，大小乘经典都有翻译，但始终以大乘为皈，中国佛教也正是在这个时代逐渐开始了弃小向大的明显趋势，并很快完成了倒向大乘的历史选择。

从这八种关系来考察鸠摩罗什的历史作为，可以深刻把握和理解印度佛教向中国的输入以及中国民众对印度佛教的接受。这是从佛教进入中国一直到隋唐时代中国佛教领域最为重要的历史脉络。我在2013年香港召开的"中国佛教研究研讨会"上，为了说明民众佛教在中国佛教历史进程中的主要作用，而将中国佛教的历史进程划分为三个时期。2015年年初在台湾佛光山的人间佛教座谈会上，为了说明人间佛教的历史地位，再次阐释了中国佛教的三期划分观点。所谓三期，就是三个千年。其中第一个千年，从两汉到隋唐，引进、消化、吸收印度佛教，播下佛法的种子，完成理论扎根，在不断学习、不断创新、不断弘扬的历史进程中，形成文化型与学术型佛教的高度繁荣，主要表现形态是域外僧人的入华传教、中国僧人的西行求法、中外僧人的合作译经、释经、讲经以及信众的写经、抄经、印经、刻经、唱经、诵经、供经等，以及在此基础上主要由高僧大德完成的理论辨析、理论建构、理论推广，呈现出学术化、理论化、精深化、精英化等特征，从历史主线来看，其核心轨迹堪称学术型佛教。第二个千年，从晚唐五代到元明清，主要是筛选取舍、会通各派、圆融中外，最终形成中国化佛教，并通过渗透社会、深入人心、影响生活方式、塑造精神世界等，形成宗教型佛教的繁荣，主要形态是禅净双雄、重视修行、文化会通、政教呼应、民间普及等，佛教在中国化的基础上进一步简易化，并因此而真正实现了民众化。只有实现民众化才能开出现实的花朵，天台、华严即使实现了中国化，但因为没有实现民众化而与实现了民众化的禅宗有了不同的命运走向，而中国化程度很弱的净土宗因为实现了民众化而获得广泛的传播，密宗即使也实现了中国化，但只有其中实现了民众化的部分才获得长久的延续。中国佛教民众化的真正全面铺开是从晚唐两宋时代开始的，一直延续到元明清时期，呈现出圆融化、通俗化、实践化、神圣化、民众化、信仰化的特征。这个千年的佛教，从历史主线来看，堪称宗教型的佛教。第三个千年从民国年间开始，为了对治佛教脱离社会、消极避世、退隐山林、神性弥漫的状态，佛教又开始了新的转型，这种转型的基本趋向是，在保持佛教本色的前提下，与国际潮流接轨、与现代生活接轨，与永不衰减的精神超越的诉求接轨，在文化繁荣、科学昌盛、经济发达、政治不断清明的时代，勇敢地迎接全球化的挑战，在与各种新兴文化形态的对话中，不断调整自己，从而继续发挥其启迪智慧、净化人生、超越现实的价值。这种转变的核心就是不断生活化、现实化、实效化、世俗化，从而形成人间佛教的潮流，从历史主线来看，堪称社会化的佛教。第三期佛教的社会化趋势是诸多背景下的产物。生产方式的革新，社会结构的重组，多元文化尤其是西方文化的竞争，发展需求的空前高涨，使明清时期的佛教与社会环境格格不入，社会呼唤佛教的革新，佛教也需要革新才能获得生存，佛教以传统文化中三家共同载体和第一代表的姿态，迎接蜂拥而入的新文化的挑战。以上三个阶段中，第一个阶段所呈现出来的最大亮点是文化与学术性佛教的不断高涨，第二个阶段的最大特色是信仰性佛教的主体地位最终确立；第三个阶段截至目前已经呈现出来的主要特征是佛教逐渐向文化与学术靠拢，向主流社会靠拢，向现代理性靠拢。简言之，第一阶段的主导是文化性佛教，第二阶段的主流是宗教性佛教，第三阶段截至目前呈现的最大亮点是社会性佛教，而未来最可能的发展命运很可能是以宗教性信仰为内涵、以文化为载体、以民众为基础、以社会性拓展为道路的佛教。在这三个阶段之中，鸠摩罗什属于第一阶段当中具有里程碑意义的人物，代表着那个时代引进、吸收、消化印度佛教的不懈努力。

记得在香港的那次会议上，李四龙教授从佛教义理发展历程的角度将中国佛教核心文化划分为三个阶段：一是有无问题，二是顿渐问题，三是显密关系问题。这一见解很精辟，尤其是对显密关系的重视，具有更加鲜明的创新性，我认为抓住了唐以后中国佛教的一个重大问题。但如果不局限于佛教义理的领域，扩而广之从整个中国佛教发展历史的角度来看，可能我们会发现，输入与接受、分立与会通、自力与他力可能会更好地解释中国佛教整体发展历程，因为正是这三次问题转变，架构起中国佛教的历史脉络。隋唐以前的核心问题是印度佛教的输入与中国人的接受。例如净土信仰的传入就经历了从东汉到隋的长期过程，而中国人也是在这一阶段最终确定了对大乘尤其是大乘般若理论的接受。两宋时期圆融思想盛行，出现了大小乘、显密教、各宗派、儒释道、政教学以及精英与民间等多领域多层面的圆融会通。而在两宋以后，自力与他力成为中国佛教的核心问题，至少也是核心问题之一。而他力信仰以及建立在这种信仰基础上的中国佛教也是两宋以后中国佛教的主流或主流之一，这种佛教以功利化祈愿、拜忏、超度、往生、因果等方式呈现出来，成为中国佛教延续至今的信仰主体，也是中国佛教最具感召力和神圣性的部分。依次观之，鸠摩罗什正是输入与接收这个阶段中的领军人物。

对于这样一个领军人物，崔峰自有其深厚的感情。他在本书的研究中，全面调集了各种文献资料，努力用文明交往的视角观察鸠摩罗什的所作所为，在印度佛教经过西域向中国内地传播这一历史框架中解读鸠摩罗什的一生。他的这种研究既得益于他多年来在文献方面的丰厚积累，也受惠于他细腻踏实的学风，并在快捷流畅的文笔中得以酣畅淋漓地体现。我相信，在本书的基础上，崔峰在未来的研究中将会对鸠摩罗什及其所携带的印度佛教向中国传播的诸多历史信息进行更加深刻到位的解读。愿读者从这本书中，既看到一位大师的风采，也看到那个时代印度佛教经由西域传向中国的缤纷历史画卷。

2015 年 6 月 5 日于西北大学书斋

前　言

　　印度佛教向中国的传播持续了千年之久，是人类文明交往与传播史上极为罕见的现象，也是中印两国古代文化交流的重要内容。当今世界研究印度佛教和中国佛教的人很多，成果也很丰富，但真正从两者文化的不同来审视研究佛教传播过程的很少。透过这一现象，我们可以发现很多人类文明交往的特征，并可以给当今世界各类文明的交往提供某些借鉴。

　　公元前2年大月氏使者伊存在长安口授《浮屠经》，印度佛教逐步传播到内地。东汉三国和西晋时期，可以看作佛教传入中国的初始阶段。这一时期大月氏和昭武九姓的中亚各国人以不同的方式进入汉地，安世高、支谦、康僧会等高僧纷纷来内地传教，带来了中国佛教的初步发展。中国人接受佛教的最初阶层是上层人士，楚王英便是最早的代表。佛教最初发展被中国人视为方术，佛陀与孔子、老子并列视为神仙加以崇拜。汉恒帝在皇宫中就是把这三者作为同等的神祇来供奉的。三国两晋时期，佛教入传仍是缓慢的，这与印度本地佛教发展状况、西域的交通、中国内地的政权文化固然是有关系的。但这一时期的西域的僧人来内地传播佛教者逐步增多，其中竺法护的译经数量超过前人，极大地推进了中国佛教的发展。

　　东晋时期佛教持续入传，大量的印度西域僧人进入内地，许多佛教经典得到翻译。但是这一时期的中国佛教仍处于蒙昧状态。许多僧人和居士由于缺少理论指导，不能准确理解佛经中的概念和思想。他们以自己拥有的魏晋玄学基础去解释、领会佛学内容，由此产生六家七宗的派别和分歧。同时大小乘的派别思想也未能及时进入内地，即使当时最有名的道安和慧远大师，也存在着疑惑。这种情况严重制约了中国佛教的向前发展。他们不约而同地渴求西方高僧来中原传授指导，而鸠摩罗什的东来便是在这种大背景下实现的结果。

　　鸠摩罗什来长安后翻译了大量的经典，其中很多的经典是对原来的重译。由于他在凉州待过17年，所以汉语水平很高，他翻译的佛经很适合中国人的口味，因此很多经典得到长期的流传。比如《法华经》《金刚经》《阿弥陀经》等后世流行的都是他的译本。同时他还译介了龙树的中观学说，使中国僧人第一次准确领会了般若的概念和大小乘的判教思想，从而改变了中国佛教固有思想的轨道，向着独立自我的方向发展。

  印度佛教，与中国本土文化的结合是一个漫长的过程，这期间二者既有矛盾又相互协调。在印度佛教持续进入中国的同时，一方面印度佛教进入中国后，有的被接受，有的被冷落抛弃，表现出对外来文化的选择性；另一方面，在长期的发展过程中印度佛教不断地得到改造和异化，使它与中国传统文化逐渐适应起来，并走向融合，成为中华文化组成不可分割的一部分。

  这本书是在我的博士论文底稿的基础上修改而成的。正是考虑了以上思想，所以在博士论文开题的时候，选取了鸠摩罗什来长安传法译经作为研究的对象加以考察。鸠摩罗什对中国佛教的影响是多方面的，但如果说影响最大的我认为有三个方面。一是他传译了龙树的中观学说，把中国般若学的认识和研究推向历史的高峰，为中国佛教哲学以后的独立发展提供了可能。二是他的传法译经奠定了大乘佛教在中国发展的重要基础。从内因上讲，中国传统文化有需要大乘佛教理论思想的因子，但是没有外因也是难以成形的。鸠摩罗什带有明显判教倾向的大小乘观念，让内地僧人深刻认识到大小乘学派的不同，促成了中国选择大乘佛教作为主导方向的道路。三是鸠摩罗什的译经带来了中国佛教的全面传播和迅速发展。他一改前面译经的风格，转为意译，成为中国译经史上划时代的标志。由于其译经的通俗易懂、语言优美，大大促进了佛教经典的广泛流传。为佛教走向基层的普通民众创造了条件，开辟了中国佛教发展的新时代。这也是我们选取鸠摩罗什长安译经传法作为考察对象的重要理由。论文研究的内容主要包括印度佛教输入的背景，西域在输入过程中的媒介作用，输入的过程，与中国内地文化的碰撞交流，在中国传统文化潮流中的演变与融合。可以说这一构思是变幻微妙的，既有难度又有精彩之处。因此，博士论文定稿的时候把题目修改为《入传、对话与突破——从鸠摩罗什入华传教看印度佛教向中国的输入》。如果仔细观察这些过程，就会发现印度佛教的输入是有条件的，与当时中国社会历史环境需求是分不开的，同时二者又发生漫长的斗争融合。本书从鸠摩罗什来长安弘法这一重要事件出发，深入分析印度佛教文化输入环节，特别关注了两种不同文化交锋碰撞的内容，显得有趣又有意义，然后着重分析了鸠摩罗什所译经典在中国内地的发展演变过程，很好地表达了本书文化的输入与演变这一主题思想。因此为了更准确地反映文中的内容，经李老师建议将出版的题目确定为《文化的输入与演变——鸠摩罗什长安弘法研究》。这一题目不仅与内容是吻合的，还能体现当时论文选择的初衷，苦苦寻觅之后终有结果。

学术著作的出版不同于一般的通俗出版物，虽然著者费尽辛苦完成书稿，但出版资金又成问题。幸运的是本书的出版得到了西安草堂寺和陇南师专学校著作出版基金两方的资助，基本上解决了版面的全部资金，使得这部书的出版变成了现实。户县草堂寺是鸠摩罗什大师译经的故址，能与之结缘实在是上天注定的因缘和合。陇南师专是我工作的单位，能得到学校出版基金的资助，体现了对我科研的肯定和对本书的关注。在这里向他们表示深深的谢意。

在这本书付梓出版之际，我又诚惶诚恐，心情变得复杂起来。由于印度佛教输入中国是一个重大的问题，把握起来十分的困难，不仅需要作者拥有深厚的学术功底，更为关键的是它涉及佛教哲学、历史文献、考古与艺术等多学科的领域。我只能以现有的能力来做，所以书中的有些章节侧重了叙述，在理论的创新上较少，内容与最初的设想和导师的要求差距甚大。这也是我以后努力改进的方面。其次，本书的写作和修改时间仓促，虽然做了完善工作但错误和纰漏还是有所出现，希望能得到专家同人和读者的谅解。

崔峰
2015年6月9日于陇上江南

目 录

绪论 …………………………………………………………………（1）
    一　选题价值和意义 ……………………………………………（1）
    二　研究综述 ……………………………………………………（3）
    三　研究思路及方法 ……………………………………………（15）

第一章　汉魏晋时期印度佛教的东传 ……………………………（18）
  第一节　汉魏晋时期北印度佛教的发展 ………………………（18）
    一　贵霜王朝说一切有部的发展 ………………………………（18）
    二　罽宾地区说一切有部的兴盛 ………………………………（22）
    三　大月氏大乘佛教的兴起 ……………………………………（27）
    四　中观学说的形成与北传 ……………………………………（31）
  第二节　印度佛教向西域的传播 ………………………………（37）
    一　说一切有部在龟兹的传播 …………………………………（37）
    二　大乘佛教向西域的传播 ……………………………………（43）
    三　西域南北两道佛教传播的不同特点及其原因 ……………（49）
  第三节　魏晋时期的西域与中印佛教文化交流 ………………（55）
    一　西域是沟通中西文化交流的重要桥梁 ……………………（55）
    二　印度佛教早期输入内地方式的变化 ………………………（58）
    三　西域对内地的佛教输入及其影响 …………………………（61）

第二章　鸠摩罗什的佛学历程 ……………………………………（66）
  第一节　鸠摩罗什对说一切有部的学习 ………………………（66）
    一　对印度说一切有部经典的学习 ……………………………（66）

     二　鸠摩罗什接触的印度说一切有部思想……………………(68)
  第二节　大乘佛学的接收和信仰转变……………………………(69)
     一　鸠摩罗什大乘转变的时间………………………………(69)
     二　鸠摩罗什对中观学说的接受……………………………(71)
     三　鸠摩罗什所接触的大乘经典……………………………(72)
  第三节　个人信仰品质的树立……………………………………(75)
     一　鸠摩罗什对大小乘佛教的认识…………………………(75)
     二　鸠摩罗什大乘信仰的成熟………………………………(80)
     三　龟兹国王的宗教变革与鸠摩罗什大乘弘法……………(84)

第三章　中国内地佛教的早期发展与困惑……………………………(88)
  第一节　印度佛教的早期东传与内地佛教发展…………………(88)
     一　大月氏大乘佛教的早期东传……………………………(88)
     二　早期中国的大小乘佛教发展……………………………(94)
  第二节　内地佛教发展中的困惑与变革需求……………………(97)
     一　汉魏西晋般若学的发展…………………………………(97)
     二　魏晋时期的西行求法……………………………………(101)
     三　道安对中国佛教的疑惑…………………………………(103)
  第三节　鸠摩罗什长安弘法前的环境因素………………………(106)
     一　前后秦政权的崇佛与稳定的政治环境…………………(106)
     二　道安时代的长安佛学和优秀僧人团基础………………(109)
     三　吕光西征与鸠摩罗什东来的历史原因再探……………(111)
     四　鸠摩罗什优秀的综合素质………………………………(117)

第四章　鸠摩罗什长安弘法的个性品质及文化碰撞…………………(124)
  第一节　鸠摩罗什与姚兴政权的关系……………………………(124)
     一　鸠摩罗什早年的政教关系………………………………(124)
     二　姚兴政权对鸠摩罗什及其弟子的政治利用……………(125)
     三　鸠摩罗什对姚兴政权的态度……………………………(130)
  第二节　鸠摩罗什与长安僧团的关系……………………………(132)
     一　以鸠摩罗什为中心的长安僧团的建立…………………(132)
     二　鸠摩罗什对僧官机构的制约……………………………(133)

第三节　鸠摩罗什与西域僧人团的关系 …………………… (134)
  一　鸠摩罗什与昙摩耶舍、弗若多罗和昙摩流支的关系 …… (135)
  二　佛驮跋陀罗与鸠摩罗什僧团的关系 …………………… (138)
第四节　鸠摩罗什破戒的思想渊源与历史影响 ……………… (146)
  一　鸠摩罗什破戒的思想渊源 ……………………………… (147)
  二　破戒的历史影响 ………………………………………… (154)
第五节　鸠摩罗什的道术利用 ………………………………… (156)
  一　早期印度、西域传教者与神异道术 …………………… (156)
  二　鸠摩罗什学习的神异道术 ……………………………… (159)
  三　鸠摩罗什对神异道术的利用 …………………………… (163)

第五章　中观学说的输入及其产生的文化冲击 ………………… (166)
第一节　中观理论和般若思想的输入 ………………………… (166)
  一　中观学派四论的翻译 …………………………………… (166)
  二　般若类经典的重译和新译 ……………………………… (168)
  三　鸠摩罗什的印度般若思想 ……………………………… (170)
第二节　鸠摩罗什与慧远的对话 ……………………………… (172)
  一　鸠摩罗什与慧远思想的比较 …………………………… (173)
  二　两者思想差异的原因分析 ……………………………… (178)
第三节　僧叡对印度般若思想的辨疑 ………………………… (179)
  一　僧叡对印度般若学的学习 ……………………………… (179)
  二　僧叡对印度般若学的疑问 ……………………………… (181)
第四节　《肇论》体现了中印佛教文化的糅合 ………………… (183)
  一　《物不迁论》与中印思想的结合 ………………………… (184)
  二　《不真空论》体现的中印哲学思想 ……………………… (187)
  三　《般若无知论》对中印思想的糅合 ……………………… (189)
  四　《涅槃无名论》的哲学转向 ……………………………… (190)
  五　僧肇学说在中国哲学史上的地位 ……………………… (191)
第五节　从般若"空"到涅槃"有"
    ——晋宋之际中国佛学思潮发生的重大转变 ……… (192)
  一　佛教思潮从般若"空"到涅槃"有"的重大转变 ………… (193)
  二　转变原因的考察 ………………………………………… (196)

第六节 三论学的兴衰 …………………………………………（206）
    一　南北朝时期三论学的兴盛 …………………………………（206）
    二　吉藏对中观理论的发展 ……………………………………（209）
    三　三论宗在唐代初期的衰落 …………………………………（214）

第六章　经典译本的中国流传与演变 ……………………………（227）
第一节　《金刚经》的译传及其在中国的命运演变 ………………（227）
    一　《金刚经》在印度的产生和流传 ……………………………（228）
    二　鸠摩罗什版本的流传 ………………………………………（230）
    三　禅宗对《金刚经》的选择和改造 ……………………………（232）
    四　《金刚经》在唐代的流行 ……………………………………（238）
第二节　《成实论》的传入与成实学派的兴衰 ……………………（242）
    一　《成实论》的传入 ……………………………………………（243）
    二　《成实论》在中国的流传 ……………………………………（245）
    三　南北朝《成实论》兴盛的原因分析 …………………………（249）
    四　唐初成实学派的衰微 ………………………………………（255）
第三节　《法华经》的流传及其对天台宗的影响 …………………（256）
    一　《法华经》的印度产生和影响 ………………………………（257）
    二　《法华经》在南北朝时期的流传 ……………………………（260）
    三　天台宗对《法华经》思想的继承和创新 ……………………（268）
    四　隋唐时期《法华经》的流传 …………………………………（272）
第四节　从《维摩诘经》看印度佛教与中国传统文化的融合 ……（276）
    一　《维摩诘经》在印度形成 ……………………………………（277）
    二　鸠摩罗什译本的流行 ………………………………………（279）
    三　南北朝时期的维摩信仰和形象改造 ………………………（280）
    四　唐宋士大夫与维摩信仰 ……………………………………（285）
第五节　鸠摩罗什所传禅法戒律对中国佛教发展的影响 ………（290）
    一　鸠摩罗什传授的禅经及其影响 ……………………………（290）
    二　鸠摩罗什与《十诵律》的传承 ………………………………（292）

第七章　超人间信仰的译传及其与中国文化的适应、融合 ……（295）
第一节　印度观音信仰的输入、传播及其创新 ……………………（295）

一　印度观音信仰的渊源和输入 …………………………… （295）
　　二　观音信仰的早期传播 …………………………………… （298）
　　三　齐梁时期的观音信仰 …………………………………… （301）
　　四　北朝时期的观音信仰 …………………………………… （306）
　　五　观音信仰类疑伪经的形成 ……………………………… （312）
　　六　观音性别的演变和香山大悲菩萨的出现 …………… （315）
　第二节　阿弥陀经向中国的输入与演变 ……………………… （319）
　　一　《阿弥陀经》的域外渊源 ………………………………… （319）
　　二　鸠摩罗什与《阿弥陀经》的中国译传 …………………… （321）
　　三　从无量寿到阿弥陀称号的转变 ………………………… （323）
　　四　隋唐时代的阿弥陀信仰 ………………………………… （325）
　第三节　弥勒信仰在中国的发展和变异 ……………………… （329）
　　一　印度、中亚的弥勒信仰和下生经的形成 ……………… （330）
　　二　南北朝时期的弥勒下生信仰 …………………………… （333）
　　三　弥勒信仰衰落与中国民众的反叛运动 ………………… （337）
　　四　武则天对弥勒下生信仰的利用 ………………………… （339）
　　五　宋代布袋和尚与大肚弥勒形象的出现 ………………… （340）

第八章　从鸠摩罗什长安弘法看印度佛教向中国输入的特性 …… （342）
　第一节　从需求碰撞到吸收改造——印度佛教输入中国的
　　　　　基本法则 ……………………………………………… （342）
　　一　需要与契机——文化输入的前提 ……………………… （343）
　　二　碰撞与吸收 ……………………………………………… （346）
　　三　文化的改造与融合 ……………………………………… （348）
　第二节　媒介、环境与方法——印度佛教输入中国的因子 …… （350）
　　一　高僧在中印佛教文化交往中的媒介作用 ……………… （350）
　　二　印度佛教进入中国内地的社会历史环境 ……………… （352）
　　三　印度佛教输入中国内地的方法 ………………………… （353）
　第三节　印度佛教输入的持续性、时代性和整体性 …………… （359）
　　一　印度佛教向中国输入的持续性特征 …………………… （359）
　　二　中国佛教发展的时代性和整体性特征 ………………… （361）
　第四节　中华传统文化的"主体性"原则 ……………………… （363）

一　中华主体文化的稳定性 ……………………………… (364)
　　二　对印度佛教的选择和改造 …………………………… (365)
　　三　中国主流文化人文精神的保持 ……………………… (367)
　　四　中华文化强大的包容性 ……………………………… (368)
　　五　关于文明交往中的不平衡性法则 …………………… (369)

第九章　鸠摩罗什对中国佛教和民族文化交流的影响 ……… (371)
　第一节　鸠摩罗什对中国佛教的贡献 ……………………… (371)
　　一　开创新纪元的译经大师 ……………………………… (371)
　　二　鸠摩罗什的般若思想对中国佛教哲学发展的影响 …… (372)
　　三　国家译场的建立和僧官制度的形成 ………………… (375)
　　四　促进了大乘佛教的发展 ……………………………… (377)
　　五　培养了一批优秀的佛学人才 ………………………… (378)
　　六　对中国佛教艺术的影响 ……………………………… (379)
　第二节　对民族文化交流的影响 …………………………… (379)

参考文献 ……………………………………………………… (383)

后记 …………………………………………………………… (397)

绪　　论

一　选题价值和意义

　　人类社会从古自今，各种文明跌宕起伏，但是它们之间并不是孤立存在的，而是呈现出交往、渗透甚至是相互吞并的特点。随着全球化程度的加深，各种文明之间的交往日益密切和复杂。如何看待和处理这些交往，共同促进人类文明进步，是各个国家面临和必须思考的问题。

　　宗教是人类文化的重要载体，是人类不同文明交往之间的重要内容。佛教作为当今世界三大宗教之一，在人类文明传播史上具有重要的地位和影响。中印两国文化的古代交往，最主要的一种现象就是印度佛教向中国的输入，也是佛教传播史上影响最大的事件。虽然我们在研究佛教的哲学、历史等方面取得了丰硕的成就，但却很少从传播学的角度，不同文化对比的角度去关注印度佛教向中国的输入。因此选取一个具有代表性的事件，来透视这一过程，探究在输入过程中不同文化间的碰撞和交流以及佛教在异质文化背景下表现出的不同发展命运轨迹和演变，是一个十分有意义的课题。

　　鸠摩罗什来内地译经传教在印度佛教向中国传播史上是影响较大的事件之一，开启了大乘佛教在中国全面兴盛的局面。对于这一课题的研究具有重要的理论意义和现实意义：

　　1. 从世界历史发展的视野，从跨地域、多文化和多民族的时空，从传播学的角度，去审视和研究不同文明之间的传播过程和变化过程，用横向对比去分析印度佛教不同内容在与中国文化相融合的道路上不同的命运与走向，在研究方法上无疑是一种创新和尝试。本书试图从一个历史重大事件入手，注重考察印度佛教进入中国的途径，与中国文化发生对接的过程以及不同文化背景下发生的变化，这样有助于丰富佛学研究的视角和方法。

2. 印度佛教输入中国是人类文化交流史上的一件大事，就交流的发生发展过程进行综合性的全面研究十分少见，这也是以往该领域研究中需要填补的空白之处。通过对鸠摩罗什学法、传教译经事件发生的背景、过程的全面分析，来揭示印度佛教能够进入中国本土文化机体的原因、契机和成功的因素，使我们更深刻理解印度佛教如何成为古代中国文化的组成部分，并进一步为探讨人类文化交往中的某些特性提供帮助。

3. 在对比中印两国佛教不同的基础上，注重对同一内容在两种不同文化背景下发展道路和轨迹研究，克服了以往研究中的薄弱环节。印度佛教在进入中国传统文化机体的过程中，不同的内容遭遇了不同的命运和轨迹，有的被抛弃，有的被吸收，有的被改造。通过考察鸠摩罗什所传印度佛教的不同内容在中国化的发展过程中呈现出不同的命运和道路（既有哲学义理方面也有民众信仰方面），以及对它们的综合横向对比研究，来揭示不同文化背景条件下佛教内容需求和兴盛程度的不同，使我们可以更好地认识中印两国古代文化的差异，同时对于我们深入地认识佛教中国化问题提供了更丰富的内容。

4. 通过对鸠摩罗什入内地传教译经的深入考察，将有关鸠摩罗什和中印佛教文化交流中的很多内容的研究作出探究。比如鸠摩罗什时代西域南北两线佛教发展的不同；鸠摩罗什来内地的真正原因；他与西域僧人团关系和对小乘的真实态度；鸠摩罗什的破戒问题；般若宗在中国的短暂辉煌与向涅槃学发生转变的历史原因；鸠摩罗什所传佛教与中国内地文化的交流等问题，都是本书深入探讨和用墨论述的地方。

5. 佛教作为一种外来文化，在被传入、吸收和改造后最终发展成为中华文化不可分割的一部分，并对中华文化的发展产生重大的影响。但是它却未曾改变中华文化的主体性价值体系，儒家思想依然占据主导地位，佛教只是作为一种新鲜的血液注入其母体之中，促进了中华文化的更好发展。在这里，中华文化的主体性原则发挥得淋漓尽致。它不是被动地而是积极主动地去吸收、选择和改造佛教文化中的有益成分。这与中国近代以来的基督教的传入形成了明显的对比。尤其在今天，面对西方文化的强势输入，中华文化何去何从，如何将对方有益的文化拿来为我所用，推陈出新，促进自我文化更好地发展和提高，是当今国人值得思考的问题。以史为鉴，通过对古代佛教文化进入中国的考察，总结历史规律和经验，无疑给我们今天的文化自觉、文化自信建设带来有益的启示。

总之，本书试图通过对印度佛教输入中国过程中影响最为深远的鸠摩罗什长安弘法案例，用文明交往论的方法，来分析印度佛教与中国文化之间发生发展的过程，了解其进入中国背后的因素和在中国发展中的不同命运和走向。这对我们了解北印和西域地区佛教进入内地的地位和媒介作用，认识印度佛教如何成功进入中国内地，知道为什么大乘佛教能在中土成功传播扎根，印度佛教进入中国后各自的命运和道路以及它们之间的相互关系等问题，有着重要的理论和实际意义。佛教的成功中国化，是中国古代历史上域外文化进入中国的典范，当今的世界是一个开放和交往的世界，用文明交往的思路来研究古代文明交往中的成功范例，找出它们交往的途径、方式，对现代社会不同文明之间交往，尤其是在中西文化碰撞、冲突和矛盾不断的今天，具有重要的现实借鉴意义。

二　研究综述

鸠摩罗什传教译经是中国佛教史上的大事，影响之大、影响之深远史无前例。又由于它涉及的领域十分广泛，因此成为史学家、文学家、哲学家等研究的重要对象，每个领域涉及的研究成果十分丰富。本书回顾与鸠摩罗什传教译经自身及其影响较为密切的学术成果和研究动态，以便在研究过程中能更好地开辟空白、创新观点，开拓出新境界。

（一）印度佛教向西域和内地传播的学术史回顾

1. 中印佛教文化传播与交流

20世纪20年代梁启超发表了《中国印度之交通》《佛教之初步输入》和《印度与中国文化之亲属的关系》等文章，深入考察了印度佛教输入中国的过程及其影响，后被收入《佛学研究十八篇》中。[①] 季羡林的《中印文化关系史论文集》，汇集有21篇论文，在引用新材料的同时提出了新见解。其中关于造纸法和丝绸向印度传播的内容论证，填补了原来研究中国文化向印度输入的历史空白。在《吐火罗语的发现与考释及其在中印文化交流中的作用》一文中还从古文字考古方面论述中印文化交流的主要意义。随后他又出版了《佛教与中印文化交流》和《中印文化交流史》，将中印文化交流的历史分为七个时期，认为中印佛教文化交流可

---

① 梁启超：《佛学研究十八篇》，上海古籍出版社2001年版。

以分成撞击—吸收—改造—融合—同化五个阶段①，开创了佛教传播研究的新视野。汤一介的三篇文章《文化的双向选择——印度佛教输入中国的考察》《从印度佛教传入中国看两种文化的冲突和融合》和《从印度佛教传入中国看中国文化的发展》，从宏观上论说了印度佛教进入中国后带来的两种文化由冲突到融合的过程以及中国文化的再发展问题，给我们以很大的启发。②后人的研究成果也颇丰，如王宏纬的《佛教与中国文化》，③贾应逸和祁小山的《印度到中国新疆的佛教艺术》，④刘欣如的《古代印度与古代中国》，⑤楼宇烈的《中外宗教文化交流史》，⑥释东初的《中印佛教交通史》，⑦吴焯的《佛教东传与中国佛教艺术》⑧和常任侠的《中印艺术因缘》⑨等著作从不同角度和不同领域对中印佛教文化传播交流做了考证。

从中印两国文化的交流交往方面来论述的有陈寒的《十六国时期罽宾来华僧人与长安佛教》，探讨了鸠摩罗什时代罽宾僧人来长安译经的情况。⑩史苇湘的《从敦煌壁画〈微妙比丘尼变〉看历史上的中印文化交流》和袁书会的《二十四孝中的异域人物——浅谈中印文化交流》，则从具体的一个点来看中印文化之间的异同。⑪徐志远的《古代印度佛教的传入及中印文化交流》，陈义海的《从佛教与中国文化关系谈跨文化传统》和陈鸣的《从佛教汉化看中印文化的碰撞与高扬》，从总体上探讨中印两国传

---

① 季羡林：《中印文化关系史论文集》，三联书店1982年版；《佛教与中印文化交流》，江西人民出版社1990年版；《中印文化交流史》，新华出版社1991年版。

② 汤一介：《文化的双向选择——印度佛教输入中国的考察》，载《佛教与中国文化》，宗教文化出版社1999年版；《从印度佛教传入中国看两种文化的冲突和融合》，《深圳大学学报》1985年第3期；《从印度佛教传入中国看中国文化的发展》，《光明日报》1986年1月20日。

③ 王宏纬：《佛教与中国文化》，华侨出版社1995年版。

④ 贾应逸、祁小山：《印度到中国新疆的佛教艺术》，甘肃教育出版社2002年版。

⑤ 刘欣如：《古代印度与古代中国》，牛津大学出版社1988年版。

⑥ 楼宇烈：《中外宗教文化交流史》，湖南教育出版社1998年版。

⑦ 释东初：《中印佛教交通史》，中华佛教文化馆、中华大典编印会1968年版。

⑧ 吴焯：《佛教东传与中国佛教艺术》，浙江人民出版社1991年版。

⑨ 常任侠：《中印艺术因缘》，上海出版公司1955年版。

⑩ 陈寒：《十六国时期罽宾来华僧人与长安佛教》，《西安电子科技大学学报》（社会科学版）2004年第1期。

⑪ 史苇湘：《从敦煌壁画〈微妙比丘尼变〉看历史上的中印文化交流》，《敦煌研究》1995年第2期；袁书会：《二十四孝中的异域人物——浅谈中印文化交流》，《社会科学战线》2000年第4期。

统文化的交流。① 陈国光的《释"和尚"——兼谈中印文化交流初期西域佛教的作用》② 则从语言词汇变化的角度，论证了内地佛教的很多词语来源于阗、龟兹等西域各地的事实，说明内地佛教与西域佛教之间的紧密关系。

从中印两国佛教思维的不同来比较研究佛教问题的有李利安的《中印佛教观音身世信仰的主要内容和区别》，③ 方立天的《简论中印佛教心性思想之同异》《中印佛教思维方式之比较》，④ 萨支辉的《中印古代部分哲学思想的思考、比较和成因分析》和魏福明的《〈肇论〉与中印文化交流》⑤ 等文章。

刘欣如的《贵霜时期东渐佛教的特色》，林梅村的《贵霜大月氏人流寓中国考》和李林凤的《浅谈贵霜王国与中国》文章则从贵霜王国与中国族源文化和迁徙的角度来考察了早期中印两国的交流。⑥ 古正美的《贵霜佛教政治传统与大乘佛教》通过汉译佛教经典的情况，来逆推贵霜帝国各个时期尤其是迦腻色迦时期佛教的发展情况，分析了佛教与政治的关系、大乘佛教的重要地位等，但是该书中的有些说法是值得商榷的。⑦ 另外还有刘慧的《印度弥勒信仰、造像探源与中国早期弥勒经典的传译》和陈强的《中印佛教发展路径之比较》文章⑧对中印交流中的不同内容和路径进行了深入考察。

荷兰人许里和著，李四龙等译的《佛教征服中国》，论述了早期佛教

---

① 徐志远：《古代印度佛教的传入及中印文化交流》，《曲靖师专学报》（社会科学版）1989年第4期；陈义海：《从佛教与中国文化关系谈跨文化传统》，《盐城师范学院学报》1999年第4期；陈鸣：《从佛教汉化看中印文化的碰撞与高扬》，《宗教》1992年第2期。

② 陈国光：《释"和尚"——兼谈中印文化交流初期西域佛教的作用》，《西域研究》1995年第2期。

③ 李利安：《中印佛教观音身世信仰的主要内容和区别》，《中华文化论坛》1996年第4期。

④ 方立天：《简论中印佛教心性思想之同异》，《佛学研究》1996年第5期；《中印佛教思维方式之比较》，《哲学研究》1989年第3期。

⑤ 萨支辉：《中印古代部分哲学思想的思考、比较和成因分析》，《世界历史》1995年第2期；魏福明：《〈肇论〉与中印文化交流》，《江海学刊》2006年第6期。

⑥ 刘欣如：《贵霜时期东渐佛教的特色》，《南亚研究》1993年第3期；林梅村：《贵霜大月氏人流寓中国考》，《中国敦煌吐鲁番学》1988年学术讨论会暨会员大会论文；李林凤：《浅谈贵霜王国与中国》，《西北史地》1999年第2期。

⑦ 古正美：《贵霜佛教政治传统与大乘佛教》，台湾允晨文化出版社1993年版。

⑧ 刘慧：《印度弥勒信仰、造像探源与中国早期弥勒经典的传译》，《美术大观》2009年12月；陈强：《中印佛教发展路径之比较》，《中国宗教》2010年第7期。

进入中国的状况，尤其是汉魏时期佛教与中国文化的碰撞和适应，但是作者站的角度是一种文明战胜另一种文明，显然不符合佛教入传中国的事实。① 印度人 P. C. Pagchi 的《中印文化的千年交往》一书探讨了古代中印的文化关系。② 日本人村田靖子著，金申译的《佛像的系谱》从图像学的线索考察了佛像从印度到中国的演变过程。③ 桑山正进的《巴米扬大佛与中印交通路线的变迁》和《与巴米扬大佛有关的两条交通路线》两篇文章则考察了巴米扬大佛所体现的古代中印交通的路线。④

2. 早期的西域与内地佛教的关系

常任侠的《丝绸之路与西域文化艺术》，周菁葆、邱陵的《丝绸之路宗教文化（第11册）》和苏北海的《丝绸之路与龟兹历史文化》从不同的角度全面论述了丝绸之路中西域的地位和作用。⑤ 吴焯的《从考古遗存看佛教传入西域的时间》⑥ 则对西域早期佛教的传入做了探讨，宋肃瀛的《魏晋时期西域高僧对汉译佛典的贡献》⑦ 文章从佛典的角度论述了西域高僧的贡献。

殷晴的《古代于阗的南北交通》、张付新的《从于阗佛国看佛教东传》、张津芬的《贵霜文化对于阗的影响》、薛宗正的《古代于阗与佛法初传》、张健波的《"笈多式造像"与"于阗画派"艺术风格的内在渊源考析》和王晓玲的《曹仲达与"于阗画派"风格渊源探析》从传播学的角度探讨了古代于阗在佛教传播方面的作用和影响。⑧ 另外还有陈世良的

---

① [荷兰] 许里和：《佛教征服中国》，李四龙等译，江苏人民出版社1998年版。
② P. C. Pagchi, *India and China-thousand Years of Cultural Relation*, Mumbai, 1951.
③ 村田靖子：《佛像的系谱》，金申译，上海辞书出版社2002年版。
④ [日] 桑山正进：《巴米扬大佛与中印交通路线的变迁》，王钺编译，《敦煌学辑刊》1991年第1期；桑山正进：《与巴米扬大佛有关的两条交通路线》，《东方学报》1985年，第57册。
⑤ 常任侠：《丝绸之路与西域文化艺术》，上海文艺出版社1981年版；周菁葆、邱陵：《丝绸之路宗教文化（第11册）》，新疆人民出版社1998年版；苏北海：《丝绸之路与龟兹历史文化》，新疆人民出版社1996年版。
⑥ 吴焯：《从考古遗存看佛教传入西域的时间》，《敦煌学辑刊》1985年第8辑。
⑦ 宋肃瀛：《魏晋时期西域高僧对汉译佛典的贡献》，《西域研究》1994年第4期。
⑧ 殷晴：《古代于阗的南北交通》，《历史研究》1992年第3期；张付新：《从于阗佛国看佛教东传》，《前沿》2010年第5期；张津芬：《贵霜文化对于阗的影响》，《新疆地方志》1991年第2期；薛宗正：《古代于阗与佛法初传》，《西北民族研究》2005年第2期；张健波：《"笈多式造像"与"于阗画派"艺术风格的内在渊源考析》，《云南艺术学院学报》2009年第3期；王晓玲：《曹仲达与"于阗画派"风格渊源探析》，《新美术》2009年第5期。

《龟兹白姓和佛教东传》、宫静的《五至七世纪中叶西域佛教之变迁》、黄文弼的《佛教传入鄯善与西方文化的输入问题》和季羡林的《鸠摩罗什时代及其前后龟兹和焉耆两地的佛教信仰》分别考察了西域其他诸国的佛教状况。①

日本学者羽溪了谛所著《西域之佛教》一书是迄今为止对西域诸国佛教考察较为全面的作品，其中对贵霜佛教的发展及其中国的影响作了较为详细的论述，是后来研究者必不可少的参考书之一，但是在某些方面仍然有补充的必要。羽田亨的《西域文明史概论》和寺本婉雅的《于阗国佛教史の研究》等著述都是研究西域佛教史的鼎力之作。②

上述学者的研究成果从各个领域考察了中印两国佛教文化方面的内容。其中静态考察者较多，重视过程考察的动态分析著述较少，而从一个完整的事件来透视中印文化的交往及其影响的更少。季羡林先生应该说是这方面的优秀代表，他从文化交往的高度总结出五个阶段的发展规律，给后人的研究提供了理论思想上的指导。但是对于鸠摩罗什来内地传教这一佛教史上影响重大的事件，却没有人从这一角度去分析和考察文明交往的特征。

（二）鸠摩罗什传记、思想和活动的研究

1. 鸠摩罗什传记、经历的研究

较早的文章大多是对鸠摩罗什一些简单的介绍，并没有深入研究，此处不再列举。20世纪80年代研究初步形成，近年来研究又上升到了更高一个层次。殷鼎的《略论鸠摩罗什》、胡戟的《龟兹名僧鸠摩罗什传》、陈世良的《鸠摩罗什年表考略》、王欣的《东弘佛法的鸠摩罗什》、谢启晃的《鸠摩罗什——我国古代三大佛经翻译家之一》等文章皆是代表。③熏风在《哀鸾孤桐上，清音澈九天——翻译家鸠摩罗什的一生》一文探

---

① 陈世良：《龟兹白姓和佛教东传》，《世界宗教研究》1984年第4期；宫静：《五至七世纪中叶西域佛教之变迁》，《南亚研究》1990年第4期；黄文弼：《佛教传入鄯善与西方文化的输入问题》，载《西北史地论丛》，上海人民出版社1981年版；季羡林：《鸠摩罗什时代及其前后龟兹和焉耆两地的佛教信仰》，《孔子研究》2005年第6期。

② 羽溪了谛：《西域之佛教》，商务印书馆1999年版；寺本婉雅：《于阗国佛教史の研究》，国书刊行会1974年版；羽田亨：《西域文明史概论》，弘文堂1931年版。

③ 殷鼎：《略论鸠摩罗什》，《新疆大学学报》1980年第2期；胡戟：《龟兹名僧鸠摩罗什传》，《敦煌学辑刊》1991年第1期；陈世良：《鸠摩罗什年表考略》，《新疆社会科学研究》1982年第1期；《龟兹佛教文化论集》，新疆龟兹石窟研究所编，1993年版；王欣：《东弘佛法的鸠摩罗什》，《历史》1998年第9期；谢启晃等：《鸠摩罗什——我国古代三大佛经翻译家之一》，《中国少数民族历史人物志》，民族出版社1983年版。

讨了鸠摩罗什晚年的一些思想，① 黄夏年的《四十五年来中国大陆鸠摩罗什研究综述》《"鸠摩罗什和中国民族文化"学术讨论会综述》和桑荣的《鸠摩罗什研究概述》，以及刘国防的《纪念鸠摩罗什诞辰1650周年国际学术讨论会综述》的两次会议综述对20世纪的研究成果作了总结与回顾。② 中国台湾人士郑郁卿的《鸠摩罗什研究》是研究该领域的专著，给人耳目一新的感觉，但很多方面未有深入探讨。③

日本人在鸠摩罗什研究方面成果颇丰。北尾干雄著，释达和译的《鸠摩罗什》和诹访义纯和横超慧日所著《鸠摩罗什》等著作，对鸠摩罗什的多个问题都有深刻的认识。还有塚本善隆的文章《鸠摩罗什》。④ 足立喜六的《鸠摩罗什的舍利塔》，八力广喜的《鸠摩罗什与草堂寺》和近藤良一、大谷哲夫的《终南山草堂寺》等为实地调查报告。⑤ 佛瑞（Bernard Faure）的《红线——佛教对性的处理》，指出日本僧人根本就不认为鸠摩罗什破色戒的行为有何不妥。⑥ 日本学者斋藤达的《鸠摩罗什的没年问题的再检讨》也持相似观点，同时指出谏文中有影射鸠摩罗什破戒的文字，也不太合情理。⑦ 国外的研究还有伯希和的《鸠摩罗什研究札记》等文章。⑧

---

① 熏风：《哀鸾孤桐上，清音澈九天——翻译家鸠摩罗什的一生》，《北京社会科学》1990年第3期。

② 黄夏年：《"鸠摩罗什和中国民族文化"学术讨论会综述》，《世界宗教研究》1995年第1期；《四十五年来中国大陆鸠摩罗什研究综述》，《佛学研究》1994年；桑荣：《鸠摩罗什研究概述》，《西域研究》1994年第4期；刘国防：《纪念鸠摩罗什诞辰1650周年国际学术讨论会综述》，《西域研究》1994年第4期。

③ 郑郁卿：《鸠摩罗什研究》，台北：文津出版社1988年版。

④ 北尾干雄：《鸠摩罗什》，释达和译，台湾恒沙出版社1998年版。诹访义纯、横超慧日：《鸠摩罗什》，东京：大藏出版1983年。塚本善隆：《鸠摩罗什》，载《干泻博士古稀纪念集》，1960年；《结成教授颂寿纪念佛教思想史论集》，1964年。

⑤ 足立喜六：《鸠摩罗什的舍利塔》，《考古学杂集》第3卷第4号，大正元年12月。八力广喜：《鸠摩罗什与草堂寺》，近藤良一、大谷哲夫：《终南山草堂寺》收录于《中国佛教探访》，北海道佛教研究者友好访华团纪念论文集编委会编，响和五十五年。

⑥ The Red Thread: Buddhist Approach to Sexuality, Princeton University Press, 2001.

⑦ 斋藤达：《鸠摩罗什的没年问题的再检讨》，国际佛教学大学院大学研究纪要，3（2000）。

⑧ 伯希和：《鸠摩罗什研究札记》，载富安敦和马西尼主编《通向西方的生命之旅——白佐良（1923—2001）汉学研究纪念集》，京都，2002年。

2. 鸠摩罗什思想研究

佛教哲学的研究历来是中国佛教学者研究的重点内容，涉及该领域的著作和文章十分丰富。汤用彤的《汉魏两晋南北朝佛教史》、任继愈的《汉唐佛教思想论集》、方立天的《中国佛教哲学要义》（上下卷）、吕澂的《中国佛教思想概论》、郭朋的《中国佛教思想史》三卷、涂艳秋的《僧肇思想探究》、魏道儒的《中国华严宗通史》以及任继愈主编的《中国佛教史》三卷、杜继文的《佛教史》魏晋南北朝卷等一大批优秀著作皆有这方面的论述。

杨曾文在《鸠摩罗什的"诸法实相"论》中，通过分析《注维摩诘经》，认为鸠摩罗什关于"诸法实相"的思想并没有真正脱离龙树中观学的根本观点。① 刘元春在《试论鸠摩罗什的大乘佛学思想》一文中则全面简略地分析了鸠摩罗什的大乘佛学思想。② 余敦康著的《鸠摩罗什与东晋佛玄合流思想》认为鸠摩罗什最大的贡献就是给中国佛教引进了中观思想，为建立中国的本体论哲学打下了基础。③ 姚卫群的《佛教般若思想发展源流》一书在龙树的思想探讨基础上，对中观哲学在中国的影响和发展也作出了深入的论述。④ 薛宗正的论文指出鸠摩罗什早年是一位宗教改革家，而到了晚年又带有佛教大小乘调和的思想倾向。⑤ 阐述鸠摩罗什大乘思想的还有张淼、刘辉萍的《试论鸠摩罗什的大乘般若思想——兼与慧远的佛学思想作比较》等篇。⑥ 学术界对《大乘大义章》进行专门分析的论文有杜继文的《〈大乘大义章〉析略》，文章从实法、实相与法身等方面比较了鸠摩罗什和慧远二人的理论分歧和思想差异。⑦ 吴丹的博士论文《〈大乘大义章〉研究》则在这方面有着全面的解释和论述。⑧ 围绕魏晋时期般若学和玄学展开论述的文章主要有施穗钰的《般若学与玄学的

---

① 杨曾文：《鸠摩罗什的"诸法实相"论》，《世界宗教研究》1994年第2期。
② 刘元春：《试论鸠摩罗什的大乘佛学思想》，《西域研究》1994年第4期。
③ 余敦康：《鸠摩罗什与东晋佛玄合流思想》，《世界宗教研究》1994年第2期。
④ 姚卫群：《佛教般若思想发展源流》，北京大学出版社1996年版。
⑤ 薛宗正：《鸠摩罗什彼岸世界的超越历程与此岸世界的复归——从说法龟兹到弘法长安》，《西域研究》1999年第2期。
⑥ 张淼、刘辉萍：《试论鸠摩罗什的大乘般若思想——兼与慧远的佛学思想作比较》，《新疆社会科学》2006年第3期。
⑦ 杜继文：《〈大乘大义章〉析略》，《世界宗教研究》1994年第2期。
⑧ 吴丹：《〈大乘大义章〉研究》，博士学位论文，苏州大学，2008年。

交汇及选择：以〈维摩诘经〉为核心》，田文棠的《论僧肇佛教哲学思想及其理论渊源兼论鸠摩罗什的般若思想》，立人的《般若与实在："法性"在早期佛教义理学的疑惑》和丁文慧的博士论文《佛教性空思想发展研究》。①

由般若学转到涅槃学是魏晋南北朝佛教哲学的重要事件，许多学者都注意到这种现象并给予深入的探讨。这方面的代表作有赖鹏举的《中国佛教义学的形成——东晋外国鸠摩罗什"般若"与本土慧远"涅槃"之争》，涂艳秋的《鸠摩罗什门下由"空"到"有"的转变——以僧叡为代表》，张风雷的《从慧远鸠摩罗什之争看晋宋之际中国佛学思潮的转向》等文章。②

鸠摩罗什的译经对中国各宗派产生的影响，在这方面探讨的有静岩的《〈维摩诘经〉不二法门思想及其对〈坛经〉思想的影响》，安亦冰、胡宪立的《天台宗与〈法华经〉》，宋立道的《天台宗与〈法华经〉之我见》等人的文章分别就禅宗、华严宗、天台宗和成实学等方面的影响作了探讨。③

国外学者的研究中，镰田茂雄著的《中国佛教通史》，塚本善隆的《中国佛教通史》和佐藤哲英的《天台大师的研究》等著作皆涉及这方面的论述，但并未深入展开。中村元的《日本人能拓展抽象思维吗？——超越鸠摩罗什译〈法华经〉的一个思想动向》，福井文雅的《中国思想の大乘佛教》，丸山孝雄的《法华教学研究序说——吉藏的受容与展开》等文

---

① 施穗钰：《般若学与玄学的交汇及选择：以〈维摩诘经〉为核心》，《成大宗教与文化学报》2002年第2期；田文棠：《论僧肇佛教哲学思想及其理论渊源兼论鸠摩罗什的般若思想》，《陕西师大学报》1984年第2期；立人：《般若与实在："法性"在早期佛教义理学的疑惑》，载《觉群》2007年第3期；丁文慧：《佛教性空思想发展研究》，博士学位论文，华中师范大学，2007年。

② 赖鹏举：《中国佛教义学的形成——东晋外国鸠摩罗什"般若"与本土慧远"涅槃"之争》，《中华佛学学报》2000年第13期；张风雷：《从慧远鸠摩罗什之争看晋宋之际中国佛学思潮的转向》，《中国人民大学学报》2010年第3期；涂艳秋：《鸠摩罗什门下由"空"到"有"的转变——以僧叡为代表》，《汉学研究》2000（2，18）。

③ 静岩：《〈维摩诘经〉不二法门思想及其对〈坛经〉思想的影响》，硕士学位论文，北京大学，收录于《法藏文库27》，佛光山文教基金会2001年版；安亦冰、胡宪立：《天台宗与〈法华经〉》，《殷都学刊》1992年第4期；宋立道：《天台宗与〈法华经〉之我见》，《佛学研究》1998年第7期。

章都是研究鸠摩罗什法华经思想的重要成果。① 其他国外研究者的成果有理查德·罗宾逊（Richard H. Robinson）著、郭忠生译的《印度与中国的早期中观学派》（*Early Mādhyamika in India and China*）和越南阮氏金凤（释严莲）的博士论文《龙树中观思想在华流播研究——以东晋至初唐时期为中心》。②

有关鸠摩罗什所倡禅观的研究，有杨曾文的《隋唐以前流行的主要禅法》、释慧敏的《鸠摩罗什所传"数息观"禅法之剖析》、冉云华的《中国早期禅法的流传和特点》和徐文明的《中土前期禅学思想史》。③ 日本人池田英淳的《鸠摩罗什译出の禅经典と庐山慧远》、藤堂恭俊的《鸠摩罗什译出と言われる禅经典の说示する念佛观》、菅野龙清的《鸠摩罗什訳禅经について》、船山彻的《梁の僧祐撰〈萨婆多师资传〉と唐代仏教》、牧田谛亮著、刘建译的《鸠摩罗什外传——关于七寺一切经中"大乘菩萨入道三种观"等问题》。④

研究鸠摩罗什的成果十分丰富，但学者们大多考察他的思想和译经，而对这些之外的东西关注较少，比如鸠摩罗什的印度留学，他的志向情趣，与西域僧人团的关系，与统治者的关系，他对小乘佛教的态度，他与中国僧界、弟子们的交往等。这些构成了鸠摩罗什传教的历史因素，对它

---

① [日] 中村元：《日本人能拓展抽象思维吗？——超越鸠摩罗什译〈法华经〉的一个思想动向》，《世界宗教研究》1998年第2期。福井文雅：《中国思想的大乘佛教》，载《大乘佛教とその周边》（《讲座·大乘佛教》第10卷），春秋社1985年版。丸山孝雄：《法华教学研究序说—吉藏的受容与展开》，平东寺书店1978年版。

② 理查德·罗宾逊：《印度与中国的早期中观学派》，郭忠生译，正观出版社1996年版。[越南] 阮氏金凤（释严莲）：《龙树中观思想在华流播研究——以东晋至初唐时期为中心》，博士学位论文，福建师范大学，2008年。

③ 杨曾文：《隋唐以前流行的主要禅法》，《中国社会科学院研究生院学报》1996年第4期。释慧敏：《鸠摩罗什所传"数息观"禅法之剖析》，《鸠摩罗什和中国民族文化：纪念鸠摩罗什诞辰1650周年国际学术讨论会》，新疆龟兹石窟研究所编，2001年；冉云华：《中国早期禅法的流传和特点》，载《中国禅学研究论集》，台北：东初出版社1990年版；徐文明：《中土前期禅学思想史》，北京师范大学出版社2004年版。

④ [日] 池田英淳：《鸠摩罗什译出の禅经典と庐山慧远》，《大正大学学报》1937年第26卷。藤堂恭俊：《鸠摩罗什译出と言われる禅经典の说示する念佛观》，福井博士颂寿记念东洋思想论集，东京，1960年。菅野龙清：《鸠摩罗什訳禅经について》，收入佐々木孝宪博士古稀记念论文集刊行会主编《仏教学仏教史论集：佐佐木孝宪博士古稀记念论集》，东京：山喜房佛书林2001年版。船山彻：《梁の僧祐撰〈萨婆多师资传〉と唐代仏教》，收入吉川忠夫主编《唐代の宗教》，京都：朋友书店2000年版。[日] 牧田谛亮：《鸠摩罗什外传——关于七寺一切经中"大乘菩萨入道三种观"等问题》，刘建译，《世界宗教研究》1994年第2期。

们的考察应该是今后学界引起关注的领域之一。

（三）鸠摩罗什译经问题及其影响研究

1. 鸠摩罗什译经问题的研究

从不同角度探讨鸠摩罗什译经的文章有李惠玲的《鸠摩罗什与中国古代译场制度的确立》和《鸠摩罗什与中国早期佛经翻译》，[1] 李利安的《鸠摩罗什与真谛入华前后命运同异之比较》，吴文星的《〈维摩诘经〉的鸠摩罗什译本流行的原因分析》，宋立道的《弥勒下生成佛的几个译本的异同》，梁富国的硕士论文《竺法护与鸠摩罗什入华传教比较研究》，胡湘荣的《鸠摩罗什同支谦、竺法护译经中语词的比较》，杨惠南的《汉译佛经中的弥勒信仰——以弥勒上、下经为主的研究》，这些文章从不同译经的版本说明鸠摩罗什译经的特点。[2] 贾应逸的《鸠摩罗什译经和北凉时期的高昌佛教》，杨曾文的《鸠摩罗什的译经与日本佛教》和《鸠摩罗什译经与中国佛教》，马丽的《鸠摩罗什的佛典翻译及其历史贡献》则探讨了译经对日本、中国佛教发展的影响。[3] 从不同角度阐发的还有宣方的《鸠摩罗什所译禅经考辨》，吴震的《吐鲁番写本所见鸠摩罗什汉译佛教经籍举要》等文章。[4]

从文学角度来研究鸠摩罗什译经的有饶宗颐的《鸠摩罗什通韵笺》，苑艺的《鸠摩罗什佛经"新译"初探》，刘宾的《鸠摩罗什的译典在比较

---

[1] 李惠玲：《鸠摩罗什与中国古代译场制度的确立》，《河南师范大学学报（哲学社会版）》2005年第6期；李惠玲：《鸠摩罗什与中国早期佛经翻译》，《中山大学学报论丛》2004年第2期。

[2] 李利安：《鸠摩罗什与真谛入华前后命运同异之比较》，载《中国古代史论集》，西北大学出版社2004年版；吴文星：《〈维摩诘经〉的鸠摩罗什译本流行的原因分析》，《华南师范大学学报（社会科学版）》2005年第2期；宋立道：《弥勒下生成佛的几个译本的异同》，载何劲松编《布袋和尚与弥勒文化》，宗教文化出版社2003年版；梁富国：《竺法护与鸠摩罗什入华传教比较研究》，硕士学位论文，西北大学，2005年；胡湘荣：《鸠摩罗什同支谦、竺法护译经中语词的比较》，《古汉语研究》1994年第2期；杨惠南：《汉译佛经中的弥勒信仰——以弥勒上、下经为主的研究》，《文史哲学报》35号，1987年12月。

[3] 贾应逸：《鸠摩罗什译经和北凉时期的高昌佛教》，《敦煌研究》1999年第1期；杨曾文：《鸠摩罗什的译经与日本佛教》，《佛学研究》2004年刊；《鸠摩罗什译经与中国佛教》，载《鸠摩罗什和中国民族文化——纪念鸠摩罗什诞辰1650周年国际学术讨论会文集》，新疆美术出版社1994年版；马丽：《鸠摩罗什的佛典翻译及其历史贡献》，硕士学位论文，东北师范大学，2002年。

[4] 宣方：《鸠摩罗什所译禅经考辨》，《中国哲学史》1998年第1期；吴震：《吐鲁番写本所见鸠摩罗什汉译佛教经籍举要》，《佛学研究》1994年。

文学研究上的意义》，金克木的《怎样读汉译佛典——略介鸠摩罗什兼谈文体》，贺玉萍的《〈法华经〉主要文学特征及成因》和黄宝生的《佛经翻译文质论》等。①

同样日本学者在这一领域也有不少的贡献，成果有汤山明的《从中亚地区对佛教典籍的接受情况来看罗什汉译〈妙法莲华经〉的特色》，板本幸男的《"法华经"之开会思想与权实论》，中村元的《基于现实生活的思考——鸠摩罗什译本的特征》和高桥弘次、杨笑天的《〈阿弥陀经〉——鸠摩罗什译本与玄奘译本》等。②

2. 从文化影响上的研究

朱英荣的《鸠摩罗什少年时的龟兹石窟》，丁明夷的《鸠摩罗什与龟兹佛教艺术》，霍旭初的《鸠摩罗什大乘思想的发展及其对龟兹石窟的影响》和陈寒的《略论鸠摩罗什时代的龟兹佛教》具体考证了鸠摩罗什思想对龟兹佛教尤其是石窟开凿的影响。③ 日本学者马田行启的《鸠摩罗什三藏在中国佛教史上的地位》，镰田茂雄的《鸠摩罗什对东亚佛教史的影响》和本间昭之助《创造"太平洋文明"的基础——鸠摩罗什》，重点介绍了鸠摩罗什对中国佛教尤其是东亚佛教的影响。④

孙昌武的《中国文化史上的鸠摩罗什》，方立天的《鸠摩罗什：影响中国佛教思想发展至深至广》，王嵘的《简论鸠摩罗什与佛教文化》，牟

---

① 饶宗颐：《鸠摩罗什通韵笺》，载《饶宗颐二十世纪学术文集》第五卷，台北：新文丰出版公司2004年版；苑艺：《鸠摩罗什佛经"新译"初探》，《天津师范大学学报》1984年第4期；刘宾：《鸠摩罗什的译典在比较文学研究上的意义》，《西域研究》1999年第3期；金克木：《怎样读汉译佛典——略介鸠摩罗什兼谈文体》，《读书》1986年第2期；贺玉萍：《〈法华经〉主要文学特征及成因》，《小说评论》2008年第5期；黄宝生：《佛经翻译文质论》，《文学遗产》1994年第6期。

② 汤山明：《从中亚地区对佛教典籍的接受情况来看罗什汉译〈妙法莲华经〉的特色》，《世界宗教研究》1994年第2期；板本幸男：《"法华经"之开会思想与权实论》，载张曼涛主编《天台典籍研究》，台北大乘文化出版社1979年版；中村元：《基于现实生活的思考——鸠摩罗什译本的特征》，《世界宗教研究》1994年第2期；高桥弘次、杨笑天《〈阿弥陀经〉——鸠摩罗什译本与玄奘译本》，《佛学研究》2004年6月刊。

③ 朱英荣：《鸠摩罗什少年时的龟兹石窟》，《新疆大学学报》（哲学社会科学版）1995年第3期；丁明夷：《鸠摩罗什与龟兹佛教艺术》，《世界宗教研究》1994年第2期；霍旭初：《鸠摩罗什大乘思想的发展及其对龟兹石窟的影响》，《敦煌研究》1997年第3期；陈寒：《略论鸠摩罗什时代的龟兹佛教》，《西北大学学报》（哲学社会科学版）2002年第1期。

④ 马田行启：《鸠摩罗什三藏在中国佛教史上的地位》，《大崎学报》50号，1918年；镰田茂雄：《鸠摩罗什对东亚佛教史的影响》，《世界宗教研究》1994年第2期；本间昭之助：《创造"太平洋文明"的基础——鸠摩罗什》，《世界宗教研究》1994年第2期。

钟鉴的《鸠摩罗什与姚兴》，罗志英的《鸠摩罗什在长安》，尚永琪的《鸠摩罗什对般若学及东亚文化的贡献》和陆扬的《解读〈鸠摩罗什传〉：兼谈中国中古早期的佛教文化与史学》从文化影响的角度论述了鸠摩罗什对中国文化的影响。[①]

3. 鸠摩罗什信仰类经典对中国民众的影响

鸠摩罗什译经中对民众信仰影响较大的经典有《妙法莲华经》《观世音经》《弥勒下生经》《阿弥陀经》和《维摩诘经》。其中《观世音经》是从《妙法莲华经》的普门品抽出单独流行起来的。这些经典对应的观音信仰、弥勒信仰、西方净土信仰和维摩诘信仰是中国民众佛教信仰的主体成分。现存的各大佛教石窟的壁画经变以及保存下来的古代写经文书，大多数依据的版本是鸠摩罗什的译本。而这些内容也是当今学者研究的重点内容之一，所以在这些领域内的研究成果十分庞杂丰富，研究的广度和深度也不断在加深。早期研究中，日本学者在这些领域取得了初步的成果，但是随着我国社会科学领域的发展，中国学者逐步后来者居上。在大量研究论文刊出的同时，也出现了一些有名的专著，如李利安的《观音信仰的渊源与传播》考察了从印度到中国观音信仰的整个变化过程，对观音在两个国家的信仰进行了比较并深入探究了观音中国化的过程、内容和基本特征，是较为全面又分析深刻的一部著述，为以后同类研究提供了范例。[②] 何剑平的《中国中古时期的维摩诘信仰》[③] 详实论证了中古时期中国内地维摩诘经的流行以及在民众尤其是士大夫之间的信仰状况。这些成果有一部分是考察印度本土的情况，更多的是论述佛教在中国的发展变化，更加关注佛教进入中国后与本土文化的融合与创新。

从以上论述我们可以看到，有关鸠摩罗什研究的成果十分丰富，特别是对他的传记和思想及其影响的分析，论著较多。但是以往的研究又有一

[①] 孙昌武：《中国文化史上的鸠摩罗什》，《南开学报》（哲学社会版）2009年第2期；方立天：《鸠摩罗什：影响中国佛教思想发展至深至广》，《中国宗教》2001年第1期；王嵘：《简论鸠摩罗什与佛教文化》，《新疆大学学报》（哲学社会版）1997年第1期；牟钟鉴：《鸠摩罗什与姚兴》，《世界宗教研究》1994年第2期；罗志英：《鸠摩罗什在长安》，《文献》2001年第1期；尚永琪：《鸠摩罗什对般若学及东亚文化的贡献》，《史学集刊》2010年第2期；陆扬：《解读〈鸠摩罗什传〉：兼谈中国中古早期的佛教文化与史学》，《中国学术》2006年第23辑，商务印书馆2006年版。

[②] 李利安：《观音信仰的渊源与传播》，宗教文化出版社2008年版。

[③] 何剑平：《中国中古时期的维摩诘信仰》，巴蜀书社2009年版。

些薄弱环节和空白之处需要我们补充和开拓。首先，以往的研究只是静态考察有关鸠摩罗什的问题，未能站在中印佛教文化交往的动态传播的角度入手分析诸多问题。这样的结果只能是各个问题之间是孤立的，不能很好地联系在一起。如果我们从印度佛教传播输入的整个发生过程去看待诸多问题，将会有不同的收获。其次，研究印度和中国佛教的成果很多，而对不同经典流传进行比较研究的很少，探讨同一种事物在两种不同文化背景下的轨迹发展对比研究仍属于空白领域。最后，印度佛教输入中国是人类文化交流史上的一件大事，针对这种交流的发生发展过程进行综合性全面研究的十分少见，这也是以往该领域研究中需要填补的地方。

三　研究思路及方法

（一）研究思路

1. 本书以全球通史的视野，从世界不同文明之间交往的角度出发，以鸠摩罗什来长安传教事件为线索，以所传佛教在中国内地发展的不同命运和走向为考察重点，来研究古代的印度佛教成功传入中国，并最终与本土文化相融合的历史，从而审视佛教在不同国家和区域之间文明交往中的作用和特点，认识其背后的原因。

2. 突出问题意识，用问题贯穿论证，用论证解读问题。在研究过程中，始终围绕并贯穿四个问题来展开：一是为什么大乘佛教能成功传入中国？二是它又是怎样传入的，传入的途径是什么？三是印度佛教传入中国后，是怎样与中国本土文化相结合和被改造的？四是为什么佛教能成功与中国本土文化达到最后的融合？

3. 采取动静结合的考察思路，沿着"渊源—输入—选择—吸收—创新（改造）—融合"的发展过程，来考察印度佛教进入中国并成功发展的历史现象。

4. 突出创新意识。由于鸠摩罗什研究成果的丰富，本书的论述不能只是简单地总结和加工，也不能一味地叙述历史发展的事实和追求线索的畅通，这样会失去研究的价值从而变得平淡和平庸起来。要在追溯历史的同时，去伪辨真，认真考察和还原历史的真相；同时善于比较，分析推理，深挖背后存在的原因。努力修正过去的某些偏颇、错误的看法，寻找更加真实的历史规律和现象。

本书首先对鸠摩罗什传教这一历史事件发生的背景和前提进行必要的

回顾和分析。它既包括当时印度佛教发展的背景，也包括西域佛教发展的背景。印度佛教发展过程中，北印度地区贵霜王国时期的大小乘佛教发展、传播是考察的重点，因为这是鸠摩罗什大乘佛教思想的起源和中国大乘佛教接受的前提条件。该时期西域的佛教无不受到贵霜国和罽宾地区的影响。而它们的影响却历史性地出现了新疆南北两条路线的不同，通过考察这种不同，有利于帮助我们了解当时佛教在西域传播的特征。

其次，考察鸠摩罗什来长安传教译经的活动。魏晋时期中国佛教的发展又是鸠摩罗什成功传教的土壤。这份土壤能不能接受和适合鸠摩罗什的所传佛教，是我们应该探究的内容之一。通过对当时国内佛教发展的状况和各种因素的深入分析，我们力图找到大乘佛教和中观理论体系在中国内地得以扎根的原因。在此基础上论述鸠摩罗什入华传教事件的发生过程。当时的长安传法引起了中国的普遍重视，不分国籍和地域，南北千余僧人聚集长安听法学法。这也是鸠摩罗什译经传播的重要因素之一。

鸠摩罗什从印度的罽宾学习佛法，其父亲又是印度籍人，在他的身上表现有印度文化对他的影响。从不同的方面梳理鸠摩罗什的这些思想，可以让我们更好地了解中印古代佛教观念和文化的异同。

鸠摩罗什传播的印度佛教思想和佛教经典，给中国内地佛教发展带来了巨大的反响。这些影响有短暂的也有长远的，而且不同的领域有着不同的影响。考察这些反响，成为考察印度文化进入中国文化后的演变过程的重点任务之一。本书从三部分深入论证。这三部分都是从中印佛教发展对比的角度来分析的，从而可以更好地揭示印度佛教与中国佛教发展轨迹和差异。第一部分是鸠摩罗什所传般若思想对中国佛教哲学的影响。第二部分是所传大小乘佛教对南北朝以降诸宗学派思想理论的影响。第三部分是鸠摩罗什所传佛教经典对我国中古时期民众信仰方面的重大影响。在主信仰领域，流行的佛典几乎都是他翻译的作品。本书考察的重点是《法华经》的观世音信仰，《阿弥陀经》的西方净土信仰，《弥勒下生经》和弥勒信仰以及《维摩诘经》信仰。通过上述分析，我们建立起鸠摩罗什传法译经对中国佛教发展影响的概况，同时也为了解印度佛教进入中国后，如何实现与本土文化结合所走过的中国化过程奠定了基础。

最后，总结分析和升华。首先对鸠摩罗什内地传教作出一定的历史评价，然后对其在中国不同的命运和道路作出总体性分析，并对其域外思想进行了有益的探讨，使文章得到延伸。最后从文明交往的角度，去发现和认识鸠摩罗什传教译经所体现出来的中印古代两国文明交往的特点和给我们现代的启示。

(二) 研究方法

本书尝试从跨学科的视角进行实证研究中的案例分析，涉及宗教学、历史学、哲学、社会学等诸多学科，努力体现交叉学科在解释力上的综合优势。采用文献、考古资料相结合的方法和历史与逻辑相一致的方法。文献考证的方法就是结合各种历史文献资料及其他证据考察佛教传入中国发展过程中的史实。

第 一 章

汉魏晋时期印度佛教的东传

贵霜王朝占领北印度地区后，佛教迎来了发展的兴盛时代，在说一切有部发展的基础上，大乘佛教开始了它的新阶段。印度佛教早期向中国内地的传播，基本上是由大月氏和中亚的其他诸小国来完成的。随着大月氏贵霜王国的衰落，西域凭借地理和文化渊源优势，逐步担当起佛教由印度向中国内地传播的任务。鸠摩罗什所处的时代，正是西域担当传播媒介的重要时期。

第一节　汉魏晋时期北印度佛教的发展

汉魏西晋时期，大月氏贵霜王国统治了中亚的大部和印度的北部。它占领大夏以后逐步接受了小乘佛教，开始在犍陀罗和罽宾两地发展起来，同时大乘佛教的许多经典也开始出现。龙树就是在北印度接触大乘经典的基础上回家乡创立了中观理论。其后中观学说传播到北印度和西域。这些都是鸠摩罗什接触大乘佛教和中观学说的历史条件。

一　贵霜王朝说一切有部的发展

从部派佛教开始，小乘的有部理论在北印度地区兴起并逐步占据了主导地位。尤其是公元前后大月氏建立贵霜王朝时期，佛教说一切有部得到迅速发展，开始的中心是犍陀罗，后来转移到罽宾地区。西域佛教发展初期应该受到犍陀罗地区有部的影响，但后来罽宾的有部思想又一度占据重要地位并产生深远影响。从故乡龟兹早年佛教的接触，到印度的留学，再到长安的译经活动，鸠摩罗什与小乘有部佛教有着密切的联系。可以说，鸠摩罗什是在一个说一切有部占绝对主导地位的环境中成长起来的。

无论是西域还是中国内地，南北朝以前小乘佛教的传播内容主要来自印度西北部的说一切有部，而当时有部发展的两个中心就是犍陀罗和罽宾。罽宾作为后期的有部佛学中心，对当时的西域产生了重要影响，鸠摩罗什所接触到的，也主要是这一地区的小乘思想和经典。中国内地早期佛教的传入，与大月氏建立的贵霜王国的佛教发展是分不开的。梁启超说过："月氏人虽常拥有全印，其所贡献于文化事业者，遗迹皆在犍陀罗与迦湿弥罗。此二地者，实佛教东渐历程中主要之城垒也。"①

据南传佛教史记载，阿育王时期曾派出大量传教师到印度各地以及周围国家。巴利文斯里兰卡《大王统史》史书和阿育王时期的碑文《摩崖法救》都记载着在迦湿弥罗（古印度克什米尔）、犍陀罗（印度河流域的上游地带，今巴基斯坦北部）和雪山地方（尼泊尔）传教的事实。②《善见律》中就载有阿育王传教地点、经典：

1. 罽宾犍陀罗：《蛇喻经》，今《增一阿含经》卷31，6。

2. 摩酰娑曼陀罗：《天使经》，今《增一阿含》三十二品，四。

3. 臾那世界，今印度西北。《迦罗罗摩经》，今巴利文《增一部》卷2。

4. 雪山边，今喜马拉雅。《转法轮经》，今《杂阿含》卷15，17。

据吕澂的说法，在佛教第二次部派分裂时，化地部的许多大德被分遣到各地宣教，每到一处自成一派。其中分遣到西北印度迦湿弥罗和犍陀罗一带的，成立了说一切有部。在中印度至西印度的，形成法藏部，一些传教至雪山（尼泊尔一带）的，成立了雪山部。③ 西北印地区说一切有部成立的时间约从阿育王到孔雀王朝灭亡（前250—前185）之间。汉译的《杂阿含》和鸠摩罗什译的《十诵律》，都属于有部的三藏体系。不过鸠摩罗什译的版本是略本，没有广本中的因缘、譬喻和本生。④

汉武帝元光末年（前133—前129），大月氏"既臣大夏而居，地肥饶，少寇，志安乐，又自以远汉，殊无报胡之心。骞从月氏至大夏，竟不能得月氏要领"⑤。在公元前91年至前80年，它将统治中心完全转移到

---

① 梁启超：《佛学研究十八篇》，上海古籍出版社2001年版，第104页。
② 见任继愈主编《中国佛教史》第1册，中国社会科学出版社1985年版，第72—74页。
③ 吕澂：《印度佛学渊源略讲》，上海人民出版社1979年版，第30、36页。
④ 同上书，第50、51页。
⑤ 《史记》卷123《大宛列传》。

妫水南，并把大夏的都城蓝氏城作为自己的都城，大夏国的历史宣告结束。月氏人从此接受了西北印地区的说一切有部的佛教信仰。大月氏延续了汉代的邦国分封制度，把大夏分为五个小国，委任给王室子弟，这些封侯被称为翕侯。大月氏分为休密、双靡、贵霜、肸（希）顿、高附五部，每部由翕侯统率。五部翕侯间以贵霜部最强，它们之间经常发生兼并战争。约在公元1世纪上半叶，由贵霜部的丘就却最终统一大月氏，建立了国家，史称贵霜王朝。① 随后的帝国对周边地区展开了猛烈的扩张活动，至迦腻色迦王时，其领土已经横贯南亚和中亚，"西北占据了花剌子模（又称火寻），西南扩大到了恒河上游马土腊……在东边，其势力可能达到塔里木盆地以南"②。这时的贵霜帝国发展到了它的顶峰时期。《后汉书》曾有记载说："月氏自此之后，最为富盛，诸国称之，皆曰贵霜王，汉本其故号，言大月氏云。"③ 帝国的首都也从中亚南迁至富楼沙，汉人沿旧习称其为大月氏国。据《大唐西域记》卷1记载："昔犍陀罗国迦腻色迦王，威被邻国，化洽远方，治兵广地，至葱岭东，河西蕃维，畏威送质。"公元3世纪时，贵霜王国开始衰落，沦于波斯萨珊王朝控制之下。公元4世纪后半期，贵霜王国一度复兴，但于公元5世纪中期，因遭嚈哒人的入侵而亡国。汉哀帝元寿元年（前2），博士弟子秦景宪从大月氏国使者伊存授浮屠经，说明了当时大月氏族已经信仰佛教的事实。据羽溪了谛说："迦腻色迦一世者，乃贵霜朝之始祖。而同时又为最初改宗归奉佛教之人也。"④ 其间从印度传到周围各国的佛教都属于小乘佛教，从印度西北地区犍陀罗和迦湿弥罗传到安息、大夏、康国等中亚地区的佛教主要是小乘佛教的说一切有部。⑤

贵霜早期小乘有部一直处于统治地位，到了迦腻色迦王时代，大乘佛教才开始发展。虽然大乘佛教有了一定的传播和影响，但是一切有部的势力仍然很大，并得到了迦腻色迦王的支持。据记载，迦腻色迦"于四方建造了四大伽蓝，供养三万大小乘比丘众"⑥。在他的支持下，贵霜帝国

---

① 王治来：《中亚史纲》，湖南教育出版社1986年版，第126页。
② 《史记》卷123《大宛列传》。
③ 《后汉书》卷88《西域传》。
④ [日]羽溪了谛：《西域之佛教》，贺昌群译，商务印书馆1999年版，第71页。
⑤ 参见[日]佐佐木教悟、高崎直道、井野口泰淳、塚本启祥《佛教史概说·印度篇》第7章，日本平乐寺书店1976年印刷。
⑥ 王治来：《中亚史纲》，湖南教育出版社1986年版，第142页。

佛教呈现出繁荣发展、百家争鸣的局面。在北印度有塔克西拉的法王塔及库那拉塔（Kunara）、卡拉旺塔（Kalawan）等大小佛教遗迹，发现了许多贵霜时代的遗物。尤其在北印最大的伽蓝遗址卡拉旺，其中一个佛殿窟发现写有"阿健斯一三四年"的碑文，此时正当公元77年，上面记载："供奉舍利于佛殿窟，捐赠给说一切有部。"这是北印度最早出现部派名称的碑文。① 此外，迦腻色迦王在白夏瓦附近，建造有名的迦腻色迦大塔，这座大塔的遗址在夏加奇德里（Shah-ji-ki Dheri）被挖掘出来，在这里发现了供奉在迦腻色迦寺（Kaniska-vihara）的舍利瓶。碑文上明示，此迦腻色迦寺属于说一切有部。还有在白夏瓦的库拉姆（Kurram）出土的小铜塔中也有碑文，上面记载，供奉佛舍利，献塔给说一切有部。据载此碑为公元148年的产物。可以知道部派名称的碑文还有：作供水站献给有部、掘井献给有部、布施铜柄杓给饮光部，布施陶瓷予多闻部及饮光部等，这些公认都是2世纪的遗物。总体来看，说一切有部在北印度具有强大的势力。②

此外，一个刻有铭文的铜香盒记载是迦腻色迦王向说一切有部的贡献。根据法国学者福斯曼研究，其铭文读作"在收容说一切有部法师之际，时唯伟大的国王迦腻色迦……在迦腻色迦普尔城，这个香盒是个神圣的贡物，为保佑一切生灵繁荣和幸福。此贡物属于（迦腻）色伽寺院负责火堂的仆僧摩诃色那和僧护"③。虽然大乘佛教有了一定的传播和影响，但是说一切有部的势力仍然很大，明显得到了迦腻色迦王对它的支持。"有部是佛教史上第一个组织庞大的烦琐哲学体系的派别，带有浓厚的经院气，如果没有国家统治层的大力支持，不可能达到这种程度。"④

犍陀罗一带是佛教重点的发展区，此外，凡贵霜王朝势力所及之处，如迦湿弥罗等，有部学说也广为流行。这样，有部就逐渐因为内部主张分歧，分裂为迦湿弥罗师（东方师）和犍陀罗师（西方师）。双方人数都多，议论各不相同。

---

① 平川彰：《印度佛教史（上册）》，释显如、李凤媚译，台北：商周出版2004年版，第262页。
② 同上。
③ G. Fussman, "Numismatic and Epigraphic Evidence for the Chronology of Early Gandharan Art", In M. Yaldiz (ed.), *Investigatin Indian Art*, Berlin, 1986, p. 78.
④ 杜继文主编：《佛教史》，凤凰出版传媒集团、江苏人民出版社2006年版，第59页。

安世高是安息的王子，后出家，于后汉桓帝时抵中国，译出《阿含经》及阿毗达磨的相关经论。接着在汉灵帝时，安玄也自安息国来。他们译出的经典都属于小乘说一切有部的内容。即使以翻译大乘经典见称的支娄迦谶和竺法护，也有若干小乘经籍的翻译。当时王国有部的佛学中心一是西部的犍陀罗，二是东方的迦湿弥罗，除了已经流行佛教的诸《阿含》经典，还有法救的《法句经》和佚名的《那先比丘经》等著名论著。可见迦腻色迦王以后的贵霜王国有部的影响仍然很大。

二　罽宾地区说一切有部的兴盛

罽宾就是迦湿弥罗，二者同地异名。羽溪了谛在《西域之佛教》一书《迦湿弥罗之佛教》中已经详细论证。① 也有人认为汉魏时期，罽宾在迦湿弥罗西北，隋唐以后罽宾才指迦湿弥罗地区，如印顺的《中国佛教与印度佛教之关系》。②《汉书》谓罽宾国地平而温和，其国民精于美术工艺，或许指的是犍陀罗，主要是对当时印度的地理了解甚少。《魏书》中的描述已经出现了变化，说它在波路之西南，群山环绕，东西八百里，南北三百里，很明显指的是迦湿弥罗。到晋代已经很明确了，道安的《西域志》中云"罽宾国在舍卫之西"，"辛头河（印度河）经罽宾、犍越（犍陀罗）、摩诃剌诸国而入南海是也"。由于法显未曾到罽宾，因此《法显传》也未提到罽宾或迦湿弥罗。鸠摩罗什的《大智度论》均以罽宾当迦湿弥罗，如果有错，他肯定会修正过来的。这说明，当时鸠摩罗什去的罽宾就是迦湿弥罗。梁启超也认为迦湿弥罗就是罽宾：

> 迦湿弥罗即罽宾，国于喜马拉耶山之西麓，跨至那布奢林两河之上游（两河皆印度河支流），面积约千九百平方英里，四山环之，今英属北印度之一部也。吾挤一语此地，即联想及佛教正统派之说一切有部，盖《大毗婆沙》之结集，实在此也。……上座、大众两部分裂后，中印地盘，落大众手，上座替宿，徙集此邦。地形本适于保守，而复以保守党蟠之，故原始佛教之面目，留保于兹地者特多。虽然其地久为塞种所统治，无形中受希腊思想之影响，故科学的研究之

---

① ［日］羽溪了谛：《西域之佛教》，贺昌群译，商务印书馆1999年版，第216页。
② 释印顺：《中国佛教论集》，中华书局2010年版，第6页。

色彩特著焉。其地学术，前此由月氏人间接输入一部于中国，其直接交涉，则自东晋始也。①

《大毗婆沙论》卷99记载，在阿育王时代，大天论及五事的问题时，上座比丘的人数不及其朋党人数，因而放弃鸡园（阿育王建于华氏城的僧院），移住迦湿弥罗。《阿育王经》等也说到优婆笈多开化摩菟罗，末田底迦教化迦湿弥罗。这些传说与后来迦湿弥罗（罽宾）成为有部教团的坚固地盘相符合。有部在物质丰足的迦湿弥罗建立教团，是精致的阿毗达磨教学得以发展的原因之一。羽溪了谛认为许多都是传说，而末田底迦等人的传教还是可信的。②

阿育王死后，孔雀王朝被弗沙密多罗王所灭建立巽伽王朝。新王朝崇尚婆罗门，破坏佛教。从鸡园寺经摩菟罗，一直到迦湿弥罗皆受到损毁。据《毗婆沙论》记载，弗沙在迦湿弥罗毁佛寺五百余所。但是当贵霜王国在公元1世纪左右并属罽宾之后，罽宾的有部佛教才开始复兴。

在贵霜王国初期，有部就形成了犍陀罗和迦湿弥罗两大佛教中心，它们各自拥有自己的佛学僧团。位居西方的犍陀罗，法胜是最早的大师之一，著有《阿毗昙心论》一书，奠定了早期有部的佛学理论基础。不久又有胁尊者大师著有《四阿含论》。到了迦腻色迦时期，人才辈出，出现了号称四评论家的大师法救、世友、妙音和觉天。他们分别著有自己的论著，其中最著名的就有法救的《法句经》，妙音的《甘露味毗昙论》和世友的《异部宗轮论》《品类足论》《婆须蜜所集经》等著作。汉译本中的《僧伽罗刹所集经》，为当时的僧伽罗刹也就是众护所著，据说他还做过迦腻色迦王的老师。位于东部的迦湿弥罗，也出现了知名的大师。其中最著名的就是迦旃延子，其所著的《发智论》也称《八犍度》最为出名，这也是有部佛学的奠基性著作。后来他的弟子对此论作了详细的解释并集成《鞞婆沙》14卷。在此基础上又出现了"一身六足"的六部论著体系：《界身足》《施设足》《法蕴足》《识身足》《品类足》和《集异门足》。

犍陀罗有部富于进步精神，迦湿弥罗则很保守，教理上也有若干歧异

---

① 梁启超：《佛学研究十八篇》，上海古籍出版社2001年版，第104、105页。
② [日]羽溪了谛：《西域之佛教》，贺昌群译，商务印书馆1999年版，第219、220页。

之处，因此犍陀罗地区盛行经量部，而迦湿弥罗则为有部强固的中心地。《发智论》《六足论》等著立以后，有部兴起了注释这些论书的风潮，这些人被称为毗婆沙师。迦腻色迦王于迦湿弥罗集五百罗汉结集三藏（现代学者称为第四结集），将这些注释家历经两百年的阿毗达磨研究集大成后，完成了《大毗婆沙论》。《大唐西域记》和《婆薮槃豆法师传》对于这次结集均有记载，虽然二者之间存在着一些差别。《大唐西域记》记载：

> （迦腻色迦）日请一僧入宫说法，而诸异议部执不同。王用深疑，无以去惑。时胁尊者曰："如来去世，岁月逾邈，弟子部执，师资异论，各据闻见，共为矛盾。"时王闻已，甚用感伤，悲叹良久。谓尊者曰："猥以余福，聿遵前绪，去圣虽远，犹为有幸，敢忘庸鄙，绍隆法教，随其部执，具释三藏。"胁尊者曰："大王宿殖善本，多资福佑，留情佛法，是所愿也。"王乃宣令远近，召集圣哲。于是四方辐辏，万里星驰，英贤毕萃，睿圣咸集……①

世亲的《婆薮槃豆法师传》记载这次结集的发起人是迦旃延子，马鸣因文笔出众，也被邀请参加了结集，并参加了造论的工作。② 据日本学者小野玄妙等人考证，迦旃延子和胁尊者为同一人，羽溪了谛虽然不赞同这一说法，但也认为这次结集的指导者是胁尊者。③ 据近人研究，玄奘的这一传说，不完全符合史实。因为这是一部集数百年研究的大论，可能是在3世纪左右才被汇集成论，时间在迦腻色迦王时代以后，这时的说一切有部的理论哲学已经达到了相当的成熟。④ 鸠摩罗什翻译的《大智度论》时代与之较为接近，其说法应该是比较合理可信的。《大毗婆沙论》的编纂，不过是迦旃延子的弟子辈为了宣传其师学说而作。⑤

《大毗婆沙论》现存的只有汉译本，由玄奘译出，是一部两百卷的巨

---

① 《大唐西域记》卷3，章巽校点，上海人民出版社1977年版，第75页。
② 《婆薮槃豆法师传》，《大正藏》第50册，第189页上、中。
③ 参见［日］羽溪了谛《西域之佛教》，贺昌群译，商务印书馆1999年版，第223—224页。
④ 参见吕澂《印度佛学源流略讲》，上海人民出版社1979年版，第49—55页。
⑤ 同上书，第132页。

著，集有部宗教之大成。这标志着有部理论在迦湿弥罗地区的走向成熟和有部教团势力的巩固，从此形成毗婆沙师一派，取得代表整个有部的地位，罽宾成为有部学派的学府中心。结集结束后，迦腻色迦王"遂以赤铜为鍱，镂写论文，石函缄封，建堵波，藏于其中。命药叉神周卫其国，不令异学持此论出。欲求习学，就中受业"。① 这次结集会议后，迦腻色迦派僧侣到各处弘扬佛教。自此迦湿弥罗的佛教从闭关保守走向了开放的道路。释东初认为，"当纪元第二世纪之末页，西域诸国中月氏、安息、康居之僧徒陆续东来中国，传道译经。而当时佛教极盛之迦湿弥罗反至纪元第四世纪初期，尚无一人来华传道者，可知造成此种闭关自守的学风，实为迦腻色迦王对有部之经典特加保护，不使之外流所致也"。② 在罽宾撰成的《大毗婆沙论》是有部教义的集大成，对于有部的发展起到了促进作用。公元3世纪的童受（鸠摩罗多）就是其中的一位，其名声远扬印度，当时被称为北方之泰斗，与东方的马鸣、西方的龙树以及南方的提婆齐名。他本是呾叉始罗国人，但是去了罽宾教学，以破邪显正为己任，写了《九百论》《喻鬘论》等数十部书。③

当然，迦湿弥罗的佛教发展也不是一帆风顺的，据《西域记》载："迦腻色迦王殁后，讫利多族复兴，掌握迦湿弥罗国政权，遂破坏佛法，放逐僧徒，至佛灭后六百年（纪元第三世纪之顷）睹火罗国之泗摩呾罗王，原为释种，尊崇佛法，闻讫利多族排佛行动，大为愤恨，乃召国中勇士三千人乔装商旅，隐藏军器于货物中，持入此国。又由此三千人中遴选更猛勇多谋者五百人，各袖利刃，入王宫以宝物献进讫利多王，当时雪山下王遂被斩其首级，于是驱逐讫利多族之宰相远征异族，遂平定迦湿弥罗国，建立伽蓝，召集僧徒，此国佛教复臻兴隆之境。"④

从公元4世纪开始，迦湿弥罗的佛教重新走向了复兴，外地的沙门纷纷来此地学习有部的教义。睹火罗缚蝎国的法胜采取《大毗婆沙论》之说，注释了《阿毗昙心论》四卷。还有尸陀盘尼的《鞞婆沙论》十四卷、优婆扇多的《阿毗昙心论经》六卷、法救的《杂阿毗昙心论》十一卷、悟入的《入阿毗达磨论》二卷等，都是源自《大毗婆沙论》所著的理论

---

① 《大唐西域记》卷3，章巽校点，上海人民出版社1977年版，第75页。
② 释东初：《中印佛教交通史》，台北：行政院新闻局，1991年，第78页。
③ 《成唯识论述记》卷2，《大正藏》第43册，第274页上。
④ 《佛祖统记》卷35，《佛祖历代通载》卷6皆同记此事。

性书籍。后来犍陀罗的世亲就是来到此国学习有部教义，又从经部来释义《毗婆沙论》的，才有了《阿毗达磨俱舍论》。

大约从 3 世纪末 4 世纪初，罽宾的有部获得了发展的动力，逐步兴盛，并展示出强大的生命力。这种现象直接表现为对外输入和传播势头的强势。影响最大的就是新疆北道线上的诸国。这一时期罽宾对我国内地的佛教发展也产生了重大影响。竺法护在西晋永康元年所译的《贤劫经》，其梵本就是来自罽宾沙门。我们把当时来内地译经传法的与罽宾有关的僧人列表如下：

表 1—1　　　　　　　4—5 世纪罽宾僧人来内地译经览

姓名	年代	诵经和译经
僧伽跋澄	苻坚建元十七年（381）	口诵《尊婆须菩萨所集论》、《婆须密经》十卷、《卑婆娑论》十四卷
僧伽提婆	建元十九年至太元十六年（383—391）	译出《阿毗昙八犍度论》三十卷，《阿毗昙心论》十六卷、《三法度论》、《增一阿含》五十一卷、《中阿含》六十卷
昙摩耶舍	405—418 年（长安）	善诵《毗婆沙律》，与昙摩掘多共译《舍利佛阿毗昙》二十二卷及《善摩经》一卷
佛若多罗	弘始六年（404）	与鸠摩罗什共译《十诵律》五十八卷
卑摩罗叉	弘始八年（406）	精律藏，宣扬《十诵律》
佛陀耶舍	弘始十年至十五年（408—413）	《四分律》六十卷、《长阿含经》三十二卷、《四分僧戒律》一卷，还罽宾获《虚空藏菩萨经》一卷送往凉州
佛驮什	宋景平元年（423）	《五分律》三十卷、《五分比丘戒律》一卷、《弥沙塞羯磨》一卷
昙摩密多	初经龟兹来敦煌，再至建业，元嘉十八年	《虚空藏菩萨神咒经》等共十二部十七卷，多为大乘方等部
求那跋摩	431 年	专究大乘九部经及四阿含，禅法亦深妙解。讲《法华经》、《十地经》，译有《菩萨善贝经》《沙弥威仪》《四分比丘羯磨法》《经律分异》等十部十八卷
智猛	弘始六年（404）出长安	到迦湿弥罗

续表

姓名	年代	诵经和译经
法勇	宋永初元年（420）开始西去	与僧猛、昙朗等二十五人，到迦湿弥罗求得《观世音受记经》梵本一部
智严		西游至迦湿弥罗，学习禅法。译出所得经《无尽意菩萨经》六卷、《法华三昧》一卷、《广博严净不退转轮经》四卷等共十部三十一卷
慧览	刘宋时期	于迦湿弥罗受禅法和戒法
师贤	北魏太武灭法之时	为罽宾王族，来凉州后至洛阳

由以上可以看出，罽宾在公元4、5世纪前后主要流行的是小乘佛教。但5世纪初期，由此国传来中土的经典属于大乘方等部的也不少，可知亦有大乘教的流行。而据《西藏传》记：初迦湿弥罗国全无大乘教，自阿僧伽（无著）及其兄弟世亲时，始稍稍流布。至世亲弟子时大为流行。故5世纪以后，北印度当为大乘佛教流行地区了。[1]

三 大月氏大乘佛教的兴起

公元前1世纪大乘佛教思潮首先在印度南方的案达罗王朝兴起，后在北方的贵霜帝国和中部的吠舍离等地逐步兴盛并走向成熟。案达罗是般若思想兴起的重要地区，又是龙树中观学形成的地区；贵霜王朝是初期大乘佛教兴盛的中心地区，初期大乘的许多经典在这里得以酝酿产生；而中印度地区的吠舍离，则是后期大乘经典产生的重要地区。它们之间的联系和传播也是十分明显，如《般若经》中就云："佛涅槃后，此经至于南方，由此转至西方，更转至北方。"大乘经典正是在传播的过程中逐步得到完善和成熟的，而印度的中部和北方地区在大乘佛教的形成过程中扮演了非常重要的角色。

印度中部和北部地区的佛教发展在整个印度佛教史上有着十分重要的地位，同时又是佛教向西域和中国传播的最为重要的地区之一。而当时统治印度北部和中部的就是贵霜王国，因此研究贵霜王朝的佛教发展状况对于我们认识早期西域和中国佛教的发生发展具有重要的意义。大

---

[1] 释东初：《中印佛教交通史》，台北：行政院新闻局，1991年，第85页。

乘初期的佛教经典和龙树的中观学是鸠摩罗什后来内地译经传教的主要内容,而这些内容,与贵霜王朝时期大乘佛教的发展和向东传播有直接关系。

在大月氏来中亚以前,印度北部的各个国家信奉的主要是说一切有部的小乘佛教。大月氏占据大夏以后,同当地各族居民相处近百余年。民族间的相互融合,使大月氏吸收大夏的文化,当然也包括了佛教的内容。日本学者羽溪了谛指出:

> 大夏者,自亚历山大王东征以来,浴希腊文化之民族也,大月氏与其接触,遂与彼等之风俗同化……大月氏民族自公元前第二世纪初期以前,移住此地,征服大夏,相与接触,至公元前91年及公元80年间,更入大夏之根据地,则大月氏必曾受佛教之感化,实无疑义。①

虽然大月氏人皈依了佛教,但是到贵霜王国建立以前,印度北部仍是小乘说一切有部的天下,不少帝王支持信奉的也是小乘佛教。此时的大乘思想正处在酝酿和不断的积蓄之中。大乘佛教在贵霜王国的兴起,正是伴随着它的势力范围的南下扩张,从而受到南方大乘般若思想的影响,同时还伴随着经济实力的增强而不断发展起来的。

到公元1世纪的时候,印度西北地区已经出现了很多的佛塔和崇拜所谓佛生前用过的圣物,说明大乘佛教开始初步形成。日本学者平川彰认为:"佛塔本不属于部派教团。公元一世纪起才出现属于部派的佛塔,但其数量和不属于部派的佛塔比起来,实在很少。因此,如果认为大乘教徒存在的话,那么他们应该是以这类不属于部派的佛塔为根据地,进行传教活动。无法从检讨碑铭来证实大乘教团的存在。但自碑铭中发现,不属于部派教团的佛塔占大多数。"②

从丘就却到阎膏珍,再到韦西斯迦,大乘佛教并未取得实质性的发展,而真正发生了重大转变的是其后的迦腻色迦王统治时期。③ 大乘佛教

---

① [日] 羽溪了谛:《西域之佛教》,贺昌群译,商务印书馆1999年版,第49页。
② [日] 平川彰:《印度佛教史(上册)》,释显如、李凤媚译,台北:商周出版社2004年版,第311页。
③ 参见[日] 羽溪了谛《西域之佛教》,贺昌群译,商务印书馆1999年版,第69页。

则集中在印度东南部地区，但正在不断向西发展。迦腻色迦"一面崇礼正统派之萨婆多部（即说一切有部的梵语音译），一面又建寺供养大乘僧"。① 在他的支持下，贵霜帝国佛教呈现出繁荣发展、百家争鸣的局面。根据喀拉—特佩的陶罐铭文显示，早在迦腻色迦之前，大众部的教义已经在帝国的中亚地区传播了。② 迦腻色迦时期，大众部继续得到广泛传播。迦腻色迦纪元 11 年的一篇铭文中就曾谈到大众部导师的情况。③ 此部"凭借自己的热忱，几十年间在信众人数和自身势力上都获得了非凡的发展"。④ 从这些我们都可以得知迦腻色迦对大乘思想的支持。

公元 1 世纪出现的《妙法莲华经》《西方净土经》等佛教经典，表明了这一时期大乘思想的存在。《妙法莲华经》中观世音菩萨的主要功能就是在成佛的前期，来世间帮助人们超脱苦海，普度众生。这种利他的思想和慈善行为深深地影响着佛教弟子，他们可以不必通过艰苦的小乘修行，而是通过礼拜菩萨，就可以达到成佛的目标。净土经的出现，也使信众的思想发生了根本性的改变。他们修行的目的由原来乏味单调的涅槃转变成了具体美妙的、近似人间理想佛国的净土世界。商人们也不必因为长期的艰苦修行而烦恼了，只要通过捐助钱财，就可以换取功德从而达到消灾解难的目的。因此贵霜时期的佛弟子们，留下了很多供养的铭文。其内容开篇是祝福国家和统治者，然后说明捐赠的目的，最后是自己的发愿，为亡亲亡友祈福或者脱离苦海解难。⑤ 发愿文中的功利主义思想与大乘佛教梵文佛经文献中供养七宝可以获得大功德的论说几乎是一致的。

总结这一时期大乘佛教兴起并佛典形成的原因主要有以下几点。

首先，迦腻色迦时代，贵霜帝国已经成为一个统治中亚、北印度，并到达中印度的大帝国了。它为了适应统治阶级的需要，将佛视为神，从而扩大了佛教的包容性。不出家也可以修功德，也可以自救或度人，只要一心向佛，人人都可以成为菩萨和佛。这一点让受统治和压迫的人

---

① 梁启超：《印度佛教概览》，载《饮冰室合集》第 9 册，专集第 53，中华书局 1989 年版，第 1 页。

② 原载：J. Harmatta, K Interpretatsii Nadpisey iz Kara-Tepe, in "Kara-Tepe", Ⅱ. 转引自 b. a. Litvinsky：Outline History of Buddhism in Central Asia, In：*Kushan Studies in U. S. S. R.* p. 65.

③ Staya Shrava, Dated Kushāna Inscriptions, Delhi, 1993, pp. 32 – 33.

④ P. V. Bapat：2500 Years of Buddhism, Delhi, Reprinted, 1987, p. 96.

⑤ 刘欣如：《古代印度与古代中国》，牛津大学出版社 1988 年版，第 108—111 页。

民看到了希望，他们为来生的幸福生活而努力。这自然也成为统治阶级麻痹下层人民的思想工具，对他们统治的稳定也是有利的。正如季羡林先生所说："这样的要求（指小乘佛教）对于那些小国家已经够了。但是随着大帝国的出现，这样的教义就显得太狭隘，不能满足大帝国的需要。……而大乘的意识形态，对于大帝国是再有利不过了。"① 根据《付法藏因缘传》所载，迦腻色迦曾率兵入侵摩揭陀王国，目的就是要其国王交出马鸣和佛钵。马鸣当时是大乘佛教的著名论师，以辩才和文笔闻名。

其次，贵霜王国的疆域已经延伸到了中印度地区，包括印度的大半个部分。南方的案达罗王朝于公元前28年兼并了中印度摩揭陀国的迦恩王朝后，大众部派首先传到了中印度，使中印度的佛教稍得复兴。② 当贵霜王国与案达罗接壤时，般若思想向北方的传播已经是不可避免的事实。般若思想传到北方的贵霜王国后，成了大乘佛教兴起和发展的原动力。

最后，佛教从其产生之日起，就与商品经济和城市文明有着密切的关系。佛陀时代的生活简单，僧团规模也小，因此对施主的依赖性不强。但是到了大乘兴起时期，思想领域消极的人生哲学和宇宙观中的唯心主义发展到了极点。佛教寺院由于布施的扩大变得十分富有，这样就引起了僧团的组织形式、扩展方式及其与在家信众的关系的改变。③

商业贸易的繁荣加快了贵霜城市化的进程，也为佛教传播创造了便利条件。商业和贸易的繁荣还促进了手工业的发展，手工业者及行会的力量也随之增强。当时，行会被视作国家政权的栋梁之一，④ 而无论是行会首领，还是普通手工业者，大多是佛教徒，他们的意识形态对整个国家有不容忽视的影响。⑤ 城市社会富有了，以此生存的佛教僧团自然也富裕了。

---

① 季羡林：《关于大乘上座部的问题》，载《季羡林学术论著自选集》，北京师范学院出版社1991年版，第244页。
② 佛光星云编著：《佛教历史》，《星云大师佛学著作集》，上海辞书出版社2008年版，第22页。
③ 刘欣如：《贵霜时期东渐佛教的特色》，《南亚研究》1993年第3期。
④ B. N. Puri, *India under the Kushānas*, bombay, 1965, pp. 106–107.
⑤ 季羡林：《商人与佛教》，载《第十六届国际历史科学大会中国学者论文集》，中华书局1985年版，第97页。

他们也向寺院和僧人布施，支持佛教的发展。例如，一位富有的牙雕匠曾捐钱建筑了桑奇一座窣堵波的门道，这是古印度最杰出的雕刻品之一。①这时的佛教寺院不仅可以造寺建塔，而且还能将寺塔装饰的十分豪华完美。

强调通过捐赠来积累功德也可以达到最终成佛的思想，在当时的北印度地区已十分盛行。《维摩诘经》的编撰出现就是这种思想直接发展的结果。经中的主人公就是一个拥有大量财富的巨商，他可以通过在家出家超凡脱俗的生活，同样来取得成就修佛的目标。他所代表的正是极端"空"的哲学与现实中所追求的物质利益的结合。②

迦腻色迦二世以后贵霜王国的佛教文献很少，但根据3世纪初期的亚历山大（Alexandria）城之克勒门兹（Clemens）古文书记载，当时大月氏属下的大夏，沙门哲学理论造诣很深，佛学繁荣。③特别是3世纪中叶以后，许多大月氏国人纷纷来中国传播佛教，再加上《攸提比斯》一书中记载4世纪之初，大夏国有数千婆罗门——奈孙氏考证所谓婆罗门者乃沙门也。④还有后来的罽宾国的许多高僧来中国传教，可以证明迦腻色迦二世以后至4世纪后期，贵霜王国的佛教继续盛行。

四　中观学说的形成与北传

中观学派是龙树、提婆在印度创立的，主要以弘传中观思想而得名。中观一系的教义多是依据《般若经》而阐发的，所以又称般若宗。它的经典著作有《中论》《百论》《十二门论》和《大智度论》。中国的三论学其实就是对龙树提婆中观学派的继承和发展。

龙树是大乘佛教中观派的奠基人。公元2—3世纪出生于南印度毗达婆国，属婆罗门种姓。幼年曾学五明，后皈依佛教。初习小乘教规，因在雪山一带得大乘经典，发心弘扬大乘，系统地确立了大乘佛教中观派的理论。他进一步发挥了般若经的性空思想，提出诸法依"俗谛"说是"有"，依"真谛"说是"空"的二谛之说。龙树的《中论》是三论中最

---

① [匈] 雅诺什·哈尔马塔：《中亚文明史》第二卷，徐文堪、芮传明译，中国对外翻译出版公司2002年版，第241页。
② 梵文本已亡轶，汉译本有鸠摩罗什所译《维摩诘所说经》，《大正藏》第14册。
③ Lassen：Ind. alterthumskunde Ⅱ. S. 1760.
④ Lassen：Ind. alterthumskunde. S. 1956.

重要的一论，突出显示了以中道为重要方法的论证。龙树传中说他"世学艺能，天文地理，图纬秘谶，及诸道术，无不悉练"①。说明了他知识的渊博性。

虽然有关他的事迹文献很多，但是鸠摩罗什译出的《龙树菩萨传》由于时代与他相近，记载较为可信。他刚开始出家时，接触的是小乘佛教，"九十日中诵三藏尽，通诸深义"。这不得不促使他寻求异经和发展。《龙树菩萨传》记载"遂入雪山，山中深远处有佛塔，塔中有一老比丘，以摩诃衍经与之。诵受爱乐，虽知实义，未得通利"。这里的雪山经多方考证，是北印度的雪山，靠近尼泊尔南部的地方。由此看来，龙树最初学习大乘经典的地方是在北印度地区，这也与大乘佛教发展的历程相附和。据《大般若经》卷302中说，开头是在东南方，以后流传到南方，然后到西方，逐渐到北方、西北方，最后到达东北。到达了北印度地区当时的大月氏以后，大乘佛教在那里得到发扬光大，信仰色彩增加，许多信仰类的大乘经典在那里得以编撰成书。因此，龙树在北印度得到大乘经典，应该是顺理成章的事情。

关于龙宫取经的故事，《龙树菩萨传》记说：

> 大龙菩萨见其如此，惜而愍之，即接入海。于宫殿中开七宝藏，发七宝函，以诸方等深奥经典，无量妙法，授之龙树。龙树受读，九十日中，通解甚多，其心深入，体得实利。龙知其心，而问之曰："看经遍未？"答言："汝诸函中经，甚多无量，不可尽也。我所读者，已十倍阎浮提。"龙言："如我宫中所有经典，诸处此比，复不可知。"龙树即得诸经一相，深入无生，三忍具足。龙还送出。

很多学者有不同的看法。吕澂认为龙树受书的地方在北印度某龙族所在地，他写道：

> 龙宫，大概是北印度龙族所住之处。……北印度一带，对龙的传说很普遍，他们说的龙不在天上，而是在雪山。地上常年流着的江河，都发源于雪山，所以北印度传说山上有雪水积成的大湖，龙就住

---

① 《龙树菩萨传》，《大正藏》第50册，第185页。

在那湖里，称之为"龙宫"。如果说龙树确由龙宫得到大乘经，这就是说他从北印度雪山深处去取得的。①

也有的人认为是南印度濒临大海的地方，还有一些人认为这是龙树自己的假托。依笔者看来，这一地方应该是东印度摩揭陀靠近东部大海孟加拉湾的地方。一是龙树传中记载他在雪山学习大乘经典后，就已经离开了此地，"周游诸国，更求余经。于阎浮提中，遍求不得。外道论师、沙门义宗，咸皆摧伏"。他周游列国，并寻求新的其他的经典。他在后来的《大智度论》中写道：

> 又如佛说《不可思议解脱经》，五百阿罗汉虽在佛边而不闻，或时得闻而不能用。……诸龙王、阿修罗王、诸天宫中有千亿万偈等。所以者何？此诸天龙神，寿命长久，识念力强故，今此世人寿命短促，识念力薄。《小般若波罗蜜品》尚不能读，何况多者！……又有《不可思议解脱经》十万偈，《诸佛本起经》《宝云经》《大云经》《法云经》各各十万偈。②

法藏撰《华严经传记》载：

> 此经是毗卢遮那佛法界身云，在莲华藏庄严世界海，于海印三昧内，与普贤等海会圣众，为大菩萨之所说也。……又如真谛三藏云："西域传记说：龙树菩萨往龙宫，见此《华严大不思议解脱经》有三本，上本有十三千大千世界微尘数偈四天下微尘数品，中本有四十九万八千八百偈一千二百品，下本有十万偈四十八品。其上、中二本及《普眼》等，并非凡力所持，隐而不传，下本见流天竺。"③

《龙树菩萨传》并没有明确提到《华严经》之名，只说龙王"以诸方等深奥经典无量妙法授之"，提到了方等经，但从《大智度论》等著作中

---

① 吕澂：《印度佛学源流略讲》，上海人民出版社1979年版，第98页。
② 《大正藏》第25册，《大智度论》卷100，第754页中。
③ 法藏：《华严经传记·部类第一》，《大正藏》第51册，第153页上。

可知道，早期的《华严经》曾经对龙树起到一定的影响，也就是说他在龙宫中探求的重要经典中就有《华严经》。而《华严经》这类经典的流行及制作地点，现在只能从经典所使用的语言上去推定。我国季羡林的研究就很有成绩，他认为那些俗语是东印度以摩揭陀为中心的俗语。这一结论是依据阿育王"法救"进行勘定得出的。阿育王派人到各地刻的"法救"，内容相同，但采用的是各地方的方言，现在它已成为研究古代印度语极为宝贵的资料。经此推定，大乘这类经典的流行及制作地点就是东印度一带。① 《法苑珠林》卷51引《西域志》说：

> 波斯匿王都城东百里，大海边有大塔。塔中有一小塔，高一丈二尺装众宝饰之。夜中每有光耀，如大火聚。云：佛般泥洹五百岁后，龙树菩萨入海化龙王，龙王以此宝塔奉献龙树。龙树受已，将施此国王，便起大塔以覆其上。自昔以来，有人求愿者，叩头烧香献华盖，其华盖从地自起，徘徊渐上，当塔直上，乃止空中。

玄奘的《大唐西域记》卷10说：

> （乌荼国）国西南境大山中有补涩波只厘僧伽蓝。其石窣堵波极多灵异。或至斋日时烛光明。故诸净信远近咸会。持妙花盖竟修供养。承露盘下覆钵势上。以花盖荐置之便住。若磁石之吸针也。此西北山伽蓝中有窣堵波。所异同前。此二窣堵波者。神鬼所建灵奇若斯。

而此处的乌荼国就是尼泊尔以南靠近大海的东北印度地区，或属于摩揭陀国。吕澂曾经指出："龙树学说成就于北印度，其主要著作《大智度论》中有大量北印流传的民间故事，可能就是在北印写的。提婆学成以后的活动也在北印。"② 由此可见中观学说与北印地区的密切关系。龙树后来回到了故乡南印度，在那里写出了大量的作品，并使大乘佛教开始在全印度流传。

---

① 转引自吕澂《印度佛学源流略讲》，上海人民出版社1979年版，第89页。
② 吕澂：《中国佛学渊源略讲》，中华书局1979年版，第95页。

在龙树学说流传过程中,他的弟子提婆作用很大。《大唐西域记》卷8记:

> 有大弟子提婆者。智慧明敏机神警悟。白其师曰。波咤厘城诸学人等辞屈外道不击捷稚。日月骤移十二年矣……提婆菩萨既升论座。听其先说随义析破。曾不浃辰摧诸异道。国王大臣莫不庆悦。建此灵基以旌至德。

提婆一去,果然破了外道,重兴佛学,当地人特为此"重建键椎塔"来纪念他。这个塔,玄奘去印度时尚能见到。由此开始,提婆连续在中、北印度一带做破外的工作。在窣禄勤那、钵罗耶伽两地,还流传许多关于他破外的故事,说他的《广破论》就是在钵罗耶伽写的。提婆在中印度和北印度破外道的成功,促进了龙树中观学说的北上传播。

根据吕澂的推断,鸠摩罗什师承的印度一系顺序是:龙树—提婆……青目—须利耶苏摩—鸠摩罗什。[①] 罗睺罗跋陀罗是提婆在南印度接受的徒弟,而且他与龙树为同时代的人。提婆在北印度的活动较多,鸠摩罗什的师承很大程度上来自北印。吉藏大师在《中论疏》卷3云:"罗睺罗法师是龙树同时人。释八不乃作常乐我净四德明之。"[②] 在《大智度论》卷18,曾引用过他的"叹般若偈",这样至少可以说明罗睺罗与龙树是同时代甚至更早一些。《付法藏因缘传》说罗睺罗为提婆菩萨传法弟子。其中提到婆罗门造《鬼名书》,龙树、提婆、罗睺罗三人悟解有深浅,更证明龙树、提婆、罗睺罗是同时代的人。所以很多学者把罗睺罗列为鸠摩罗什的师承是值得商榷的。

法藏大师在《十二门论宗致义记》中说:

> 近代中天竺那烂陀寺,同时有二大德论师:一名戒贤,一名智光。并神解超伦,声高五印,六师稽颡,异部归依,大乘学人……谓

---

① 吕澂:《印度佛学渊源略讲》,上海人民出版社1979年版,1982年第2次印刷,第126页。

② 《大正藏》第42册,第40页下。

36　文化的输人与演变

戒贤，则远承弥勒、无著，近踵护法、难陀，依深密等经，瑜伽等论，明法相大乘，广分名数。……二智光论师，远承文殊、龙树，近禀青目、清辨，依般若等经，中观等论，显无相大乘，广辨真空。①

中观学说在北印度的传承，青目应该是其中的一位大师。当时的中观学说十分盛行，解释中观四论的就有七十余家，青目大师著有长篇《中论颂》。吉藏大师在《大乘玄论》中说："青目于千年中出世注《中论》。"② 可知青目的生活年代大约比鸠摩罗什稍早，但相差不多，是4世纪左右的人。僧叡在《中论·序》中说："今所出者，是天竺梵志名宾伽罗，秦言青目之所释也。其人虽信解深法，而辞不雅中。其中乖、阙、烦、重者，法师皆裁而裨之。于经通之理尽矣，文或左右，未尽善也。"③

这里明确指出了鸠摩罗什译的《中论》是青目注释的版本，但是言辞不够优美流畅，鸠摩罗什在翻译时做了删繁修饰。为什么鸠摩罗什要选择这一版本呢？《中论·序》又说："云天竺诸国，敢预学者之流，无不玩味斯论以为喉衿，其染翰申释者，甚亦不少。"④ 看来青目注释的版本不仅流行于整个印度，还流传到了西域诸国。在西域鸠摩罗什接触到了莎车王子须利耶苏摩，从他受大乘并学习了三论。

提婆虽然在中北印度将龙树的哲学得以弘扬，但是从历史发展的事实来看，并未带来迅速的传播和蔓延。这里面主要有三个因素。一是对于佛教哲学来讲，并不像信仰层面的那样在一般人群中普及，只是在少数高僧或者上层知识分子中流行。二是当时的大乘佛教正处于初期发展阶段，受到了来自小乘、婆罗门和其他外道的巨大排挤，发展的步伐并不是膨胀式的。在法显赴西域时期，葱岭以内诸国和北中印度诸国，均以小乘为主，信仰大乘的国家只有少数几个。即使法显未到的犍陀罗地区，根据无著和世亲的后来记载，也是大小乘佛教斗争甚至是小乘佛教占优势的时期。三是提婆与龙树之后不久，就是三四世纪后的笈多王朝。该王朝的初期信奉婆罗门教，对佛教不重视。值得提到的是第三代月护二世，文治武

---

① 《大正藏》第42册，第213页上。
② 《大正藏》第45册，第30页下。
③ 《大正藏》第30册，第1页上。
④ 同上。

功盛极一时，他把西北印度 300 年来陷于塞族统治的地区全部收复了，被后人尊为"超日王"。但是他却对国粹的婆罗门教，推崇备至。由于推崇婆罗门，所以与婆罗门有关的学说、文化也兴盛起来。因此在法显游历时，当时所谓的外道婆罗门十分兴旺。这无疑给佛教的传播带来不利，所以这一时期中印度和北印度犍陀罗地区的佛教哲学流传发展十分缓慢，龙树的中观学流传到西域的机会大大减少。

第二节　印度佛教向西域的传播

一　说一切有部在龟兹的传播

龟兹在印度佛教传入中国过程中和于阗一样起着重要的中介作用。很多学者都考察过它的佛教发展状况。关于佛教最早传入西域的时间，学术界基本看法是：佛教早就在公元前 2 世纪以后，晚在公元前 1 世纪末已传入西域了。[①] 在传入于阗之后又向西和向北传播。但也有学者认为龟兹地区与佛教接触可能比于阗要早。[②] 最初传入西域于阗和其他各地之佛教是"说一切有部"小乘佛教。小乘佛教自克什米尔传入于阗后，在很长时期流行于西域各地。当时在西域诸地弘扬小乘佛教的主要高僧大德有最初把佛教思想传入于阗的克什米尔高僧、圣文殊菩萨之化身毗卢折那迎请来的许多传教尊者和来自克什米尔的印度使者"阿罗汉布达和僧伽斯达、僧伽菩扬、僧伽斯达纳"。[③]

关于佛教传入龟兹、于阗的传说，很多学者引据《阿育王息坏目因缘经》（苻秦昙摩难提译），其书卷 1 云：

> 阿育王闻，喜庆欢悦，和颜悦色，告耶奢曰……今当分此，阎浮利地，吾取一分，一分赐子，使我法益，长生寿考，治化人民，如今无异。新头河表，至娑伽国，干陀越城，乌特村聚，剑浮安息，康居乌孙，龟兹于阗，至于秦土，此阎浮半，赐与法益，纲理生民，垂名后世。[④]

[①] 周菁葆、邱陵：《丝绸之路宗教文化》，新疆人民出版社 1988 年版，第 176 页。
[②] 李泰玉主编：《新疆宗教》，新疆人民出版社 1988 年版，第 35 页。
[③] 李吟屏：《佛国于阗》，新疆人民出版社 1991 年版，第 50 页。
[④] 《大正藏》第 50 册，台北：新文丰出版公司 1983 年版，第 175 页上。

此外在《梁书·刘之遴传》中载，刘之遴曾在荆州收集到众多的古代器物，并挑选了其中的四种献给东宫，中间就有一个外国澡灌。在它的上面刻有"元封二年（前109），龟兹国献给"字样的铭文。这两个资料都带有一定的臆测性。季羡林认为，公元前后佛教开始进入内地，汉明帝时代，内地佛教小有传播。由于龟兹在中西交通中的重要地位，最晚在1世纪中，佛教已经在龟兹（可能也有焉耆）开始发挥作用了。① 所以才出现3世纪，也就是两晋之际，《晋书》之《四夷传》所记的"（龟兹）俗有城郭，其城三重，中有佛塔庙千所"的历史事实。而且当时来华宣化译经的龟兹僧徒、王族子弟不绝于途。

东汉和帝永元三年（91），白霸在班超的扶持下登上龟兹王位，直到8世纪末，王位几乎皆为白氏垄断。在中国古籍里，有时"白"又作"帛"，很多早期来华译经的帛姓僧人，都来自龟兹国。现将两晋之际龟兹僧徒、居士参与译经，以及从该国赍来的佛典，列表如下②：

表1—2　　　　　　　　两晋之际龟兹僧徒、居士译经一览

僧人	时间	译经	类别
帛延	魏正始末	《首楞严》二卷	大乘方等部
	魏正始末	《除灾患经》一卷	小乘经部
	魏正始末	《叉须赖经》一卷	大乘方等部
	魏甘露	《无量清净平等觉经》二卷	大乘方等部
	魏甘露	《菩萨修行经》一卷	大乘方等部
帛元信	西晋泰始二年	《须真天子经》二卷	大乘方等部
	西晋太康七年	《正法华经》十卷	大乘法华部
	西晋太康七年	《光赞般若》二十七品	大乘般若部

---

① 季羡林：《鸠摩罗什时代及其前后龟兹和焉耆两地的佛教信仰》，《孔子研究》2005年第6期，第30页。

② 唐秀连：《龟兹国与西域的大乘佛教——从两汉至鸠摩罗什时代》，《中华佛学研究》2006年第10期，台北：法鼓山中华佛学研究所，第90—93页。

续表

僧人	时间	译经	类别
帛法炬（巨）	永嘉二年 西晋惠帝 西晋惠帝 西晋惠帝 西晋惠帝	《普曜经》八卷	大乘方等部
		《法句本末经》四卷	杂部
		《楼炭经》六卷	小乘经部
		《诸德福田经》一卷	大乘方等部
		《大方等如来藏经》一卷	大乘方等部
		《遗教法律经》三卷	小乘律部
		《净饭王般泥洹经》二卷	小乘经部
		《贫穷老公经》一卷	小乘经部
		《前世三转经》一卷	大乘方等部
		《优田王经》一卷	大乘方等部
		《阿阇世王受决经》一卷	大乘方等部
		《诸经菩萨名经》二卷	大乘方等部
		《正意经》一卷	大乘方等部
		《明帝释施经》一卷	大乘方等部
		《福田经》一卷	大乘方等部
		《恒水经》一卷	小乘经部
		《顶生王故事经》一卷	小乘经部
		《求欲经》一卷	小乘经部
		《苦阴因事经》一卷	小乘经部
		《瞻婆比丘经》一卷	小乘经部
		《伏淫经》一卷	小乘经部
		《数经》一卷	小乘经部
		《波斯匿王太后崩尘土坌身经》一卷	小乘经部
		《频毗娑罗王诣佛供养经》一卷	小乘经部
		《鸯崛髻经》一卷	小乘经部
		《难提释经》一卷	小乘经部
		《相应相可经》一卷	小乘经部
		《慢法经》一卷	小乘经部
		《法海经》一卷	小乘经部
		《阿阇世王问五逆经》一卷	小乘经部

续表

僧人	时间	译经	类别
帛法炬（巨）	永嘉二年 西晋惠帝	《罗云忍辱经》一卷	小乘经部
		《佛为年少比丘说正事经》一卷	小乘经部
		《沙曷比丘功德经》一卷	小乘经部
		《群牛譬经》一卷	小乘经部
		《比丘避女恶名欲自杀经》一卷	小乘经部
		《灌洗佛形像经》一卷	大乘方等部
		《危脆经》一卷	小乘经部
	西晋惠帝	《大蛇譬喻经》一卷	小乘经部
	西晋惠帝	《罗汉迦留陀夷经》一卷	小乘经部
	西晋惠帝	《爪甲擎土譬经》一卷	小乘经部
		《衰利经》一卷	小乘经部
		《众生未然三界经》一卷	小乘经部
		《求欲说法经》一卷	小乘经部
		《罗旬喻经》一卷	小乘经部
		《楼炭经》八卷	小乘经部
帛法祖（帛远）	西晋惠帝	《惟逮菩萨经》一卷	大乘方等部
		《五百童子经》一卷	小乘经部
		《等集三昧经》一卷	大乘方等部
		《菩萨修行经》一卷	大乘方等部
		《菩萨逝经》一卷	大乘方等部
		《严净佛土经》二卷	大乘方等部
		《郁伽罗越问菩萨经》一卷	大乘方等部
		《大方等如来藏经》一卷	大乘方等部
		《如来兴显经》一卷	大乘华严部
		《持心梵志经》一卷	大乘方等部
		《无量破魔陀罗尼经》一卷	秘密部
		《檀特陀罗尼经》一卷	秘密部
		《善权经》一卷	大乘方等部
		《海龙王经》一卷	大乘方等部
		《贤者五福经》一卷	小乘经部
		《佛般泥洹经》一卷	小乘经部
		《大爱道般泥洹经》一卷	小乘经部
		《佛问四童子经》一卷	大乘方等部
		《调伏王子道心经》一卷	大乘方等部

续表

僧人	时间	译经	类别
帛法祖（帛远）	西晋惠帝	《五百王子作净土愿经》一卷 《三幼童经》一卷 《二童子见佛说偈供养经》一卷 《首达经》一卷 《注首楞严经》（卷数不详）	大乘方等部 大乘方等部 小乘经部 小乘经部 大乘方等部
帛法祚		《注放光般若》 著《显宗论》	大乘般若部 不详
帛尸梨密多罗	东晋元帝（317—323）	《大孔雀王神经》一卷 《孔雀王杂神经》一卷 《大灌顶经》十二卷	秘密部 秘密部 秘密部
帛延	东晋简文帝咸安三年（373）	《首楞严经》二卷 《须赖经》一卷 《上金光首经》一卷 《如幻三昧经》二卷	大乘方等部 大乘方等部 大乘方等部 大乘方等部
龟兹副使羌子侯	太康五年（284）	授竺法护梵书《不退转法轮经》三卷	

从表1—2所列龟兹僧徒翻译之经典类型，大致勾画出龟兹佛经传播的整体轮廓。从魏至东晋，龟兹国人向中土译介的佛典，以小乘经律占最大比例，这种现象，基本上符合该国向来小乘教占主导地位的实情。在大乘经方面，龟兹译师偏重方等，兼有少量法华、般若等部。在社会上流行佛教大小乘的同时，当时还有了密宗的经典和思想。比如表中列举的一些魔法咒语的佛经，也开始影响着人们的信仰。从4世纪起，就有库车人在信奉这些密宗的经典。①

很多学者认为西域早期甚至后来的小乘佛教的"说一切有部"主要来自罽宾地区。造成这种思想的原因就是没有注意罽宾佛教的历史变化。具体到龟兹的小乘佛教来源和发展，它是有一个变化的过程。如果说最早的时候是来自罽宾的有部，那么当迦腻色迦王时代，也就是相当

---

① ［德］克林凯特：《丝绸古道上的文化》，赵崇民译，新疆美术摄影出版社1994年版，第172页。

于1世纪左右，它受到犍陀罗小乘思想的影响更多一些，这种局面一直持续到3世纪末。大约4世纪开始，罽宾的小乘说一切有部的教义思想开始广泛影响到西域各国，尤其是北道一线的国家。鸠摩罗什正是在龟兹受到罽宾有部的广泛深刻影响的这一历史背景下成长起来的。鸠摩罗什带来了龟兹大乘佛教短暂的辉煌，之后又转向了小乘为主的局面，直到唐代这种形势才稍有改观。龟兹的这一佛教发展变化过程是值得认真梳理的。

龟兹佛教的说一切有部不仅仅来源于罽宾地区，在二三世纪，应该还受到犍陀罗小乘有部传播的影响。一个原因是，表1—2列举的很多大乘佛教的经典都来自大月氏国。当时的大月氏国的小乘有部也十分流行，这在前面已经说过，小乘随之传来的可能性是很大的。值得说明的是，当时的有部佛学基本上以犍陀罗为中心，而罽宾显然受其影响。另外一个原因就是，龟兹地区石窟的开凿深受犍陀罗艺术的影响。耿剑在《克孜尔佛传遗迹与犍陀罗关系探讨》中通过克孜尔佛传遗迹与犍陀罗题材的释读和比较、画面构图及人物组成的对比、形象的比较与溯源，得出克孜尔的佛传壁画曾经在一个时期部分地接受犍陀罗的影响。[①] 通过对犍陀罗佛传浮雕与克孜尔佛传壁画部分图像比较，有人认为"肯定犍陀罗与克孜尔有着必然联系。自然条件、社会条件等原因，犍陀罗与克孜尔发生了两种不同的主要艺术形式，但两种形式同样是特定时期佛教艺术的典范"。[②] 朱英荣也认为："龟兹文化受到过犍陀罗文化的影响，它的许多艺术观念、艺术风格、艺术技巧以及艺术处理方法来自犍陀罗。"[③] 只不过龟兹文化对犍陀罗文化进行了融合与改造，使其与本地的文化传统和艺术风格结合在一起。满盈盈认为："犍陀罗艺术元素是克孜尔石窟最早也是最重要的元素之一。它是一条河流，注入龟兹，激发了克孜尔石窟艺术的蓬勃发展。在克孜尔石窟艺术初创期，表现出对犍陀罗艺术的依赖与借鉴，为龟兹艺术模式的形成奠定了基础。在后来的发展过程中，克孜尔虽然融入

---

① 耿剑：《克孜尔佛传遗迹与犍陀罗关系探讨》，《南京艺术学院学报》2008年第5期，第40页。

② 耿剑：《犍陀罗佛传浮雕与克孜尔佛传壁画部分图像比较》，《民族艺术》2005年第3期，第106页。

③ 朱英荣：《龟兹文化与犍陀罗文化》，《新疆大学学报》（哲学社会科学版）1988年第1期，第24页。

了多种艺术样式，但也始终青睐于犍陀罗题材和叙事方式。"①

从以上可分析出，1—3世纪，罽宾地区并未成为西北印度佛教传播的中心，犍陀罗无论在造像艺术、大乘经典还是小乘有部上都是传播的主阵地。虽然罽宾后来有了《大毗婆沙论》的编撰成功，但是它的影响势头还比较弱，犍陀罗以及王国都城附近地区仍然是有部传播的中心。直到3世纪末罽宾有部才开始兴盛，这或许与前面说的它的趋于保守性和讫利多族的掌权和破坏佛法有关。这一时期西域的大小乘佛教的来源和接触主要是大月氏。尤其是西域的小乘有部，罽宾国并不是最初的主要直接来源地。小乘有部的传播发展路线就是"罽宾区（广义上以犍陀罗为中心的地区）②的小乘教，传到西方的吐火罗，再向安息、康居。再从吐火罗、康居、安息，越过葱岭，到达西域的沙勒与龟兹。据最近的发现，龟兹一带使用吐火罗语。早期的小乘教，是由此路线而传入的"。③季羡林先生这一点说得很明确："龟兹和焉耆地区的佛教信仰从一开始就是小乘，而且是说一切有部。这有其必然性。这里的佛教是从犍陀罗国传入的，而犍陀罗国是一个小乘的国家。"④

二　大乘佛教向西域的传播

印度佛教向西域的大力输入应该在迦腻色迦时代，季羡林认为：

公元二世纪初，迦腻色迦在位，大力推行佛教信仰，派人四处传教。此时，佛教早已在龟兹流布。迦腻色迦使佛教东传的势头加强了，龟兹当必受其影响。公元三四世纪，龟兹经济繁荣，文化也随之发展。用婆罗谜字母书写的佛经慢慢出现。19世纪至20世纪初期，西方所谓探险家来到了中国新疆敦煌一带，挖掘古代遗址，发现了许多有价值的文物，婆罗谜字母书写的吐火罗语A（焉耆语）和B（龟

---

① 满盈盈：《克孜尔石窟中犍陀罗艺术元素嬗变考》，《北京理工大学报》（社会科学版）2011年第2期，第149页。
② 印顺：《中国佛教论集》，中华书局2010年版，第6页。"说到罽宾区，汉、晋以来，一向指犍陀罗、乌仗那一带，贵霜王朝的政治中心。"
③ 释印顺：《中国佛教论集》，中华书局2010年版，第9页。或见蓝吉富主编《印顺、吕澂佛学辞典》（全三册），台南：中华佛教百科文献基金会2000年版，第1387页。
④ 季羡林：《鸠摩罗什时代及其前后龟兹和焉耆两地的佛教信仰》，《孔子研究》2005年第6期，第34页。

兹语）佛典，内容繁多，数量极大。对研究古代西域佛教，其中包括龟兹和焉耆佛教，起了决定性的作用。①

在中国南疆的塔里木盆地，从19世纪末至今，多次发现过大量的佉卢文文书，合计总数达1000件以上。② 而佉卢文曾是贵霜王国的官方文字之一并广为流行。在2世纪以后，佉卢文却成为新疆古代于阗、鄯善、疏勒和龟兹等国使用的主要文字之一，这反映了中国西域文化深受贵霜文化的影响。

斯坦因收集的汉佉二体钱，绝大多数出自和田附近各古城遗址。有少数流通于叶尔羌或库车等地。钱币上铭文有"王中之王"字样，说明于阗王袭用贵霜王朝君主尊号的历史事实。汉佉二体钱的出现，反映了于阗文化深刻受到贵霜帝国和中原文化两方面的影响。

这种佉卢文的历史给我们研究佛教带来了重要的信息。鄯善发现的佉卢文资料的年代在3世纪30—40年代至4世纪30—40年代。该阶段鄯善国官方突然大量使用佉卢文，这种突然性显然是受到外界的强烈影响所致。其影响源就是流落到鄯善国的贵霜人，较为明显的例证则是尼雅佉卢文简牍中书吏父子相传现象。③ 在鄯善国的书吏有祖—父—子或父子相传现象，因为流落到鄯善的贵霜人所带来的佉卢文，对鄯善人而言完全是陌生的。在这以前没有文字或毫无文字基础的鄯善人面对突然使用的佉卢文，其书写任务非贵霜人莫属。④ 贵霜对鄯善国的影响还表现在佛教和佛教艺术方面。在尼雅遗址、米兰古城附近、楼兰古城及其近旁的遗址等处都发现了佛教建筑遗迹和佛教遗物。这些佛寺遗迹皆以佛塔为中心，佛教遗物以塑像和壁画为主，它们均明显具有犍陀罗风格。⑤ 在上述遗址发现的许多木雕家具残件、装饰品、封泥印章等，其花纹图案的风格同样是犍陀罗式的。鄯善国境内具有犍陀罗风格的佛寺遗迹和佛教艺术，其时代几乎都是3世纪前半期以后。因此，似可认为佛教和佛教艺术在鄯善国的流

---

① 季羡林：《佛教传入龟兹和焉耆的道路和时间》，《社会科学战线》2001年第2期，第228页。
② 王炳华：《贵霜王朝与古代新疆》，《西域研究》1991年第1期，第35页。
③ 孟凡人：《楼兰鄯善国简牍年代学研究》，新疆人民出版社1995年版，第496页。
④ 林梅村：《贵霜大月氏人流寓中国考》，中国敦煌吐鲁番1988年学术讨论会论文。
⑤ 斯坦因：《斯坦因西域考古记》，向达译，中华书局1936年版。

行和发展，主要与贵霜衰亡后有相当一部分贵霜人流落到鄯善国的情况密不可分。① 黄文弼先生也认为："楼兰有晋泰始五年（269）年号之木简，为公元后第三世纪之遗物。由此言之，是贵霜王朝影响之东渐，与佛教之传播，始于公元后第二世纪之中期，至第四世纪之初期，亘二百余年矣。据此，是鄯善佛教非得之迦湿弥罗，而为由大月氏人所传入，似可肯定。"②

由于大月氏人的内迁和流动，直接带来西域佛教的兴盛和发展。当然这里面有大乘佛教也有小乘佛教的内容，因为当时的贵霜王国境内两种思想也是并行存在和发展的。但是就大乘佛教的传播而言，不得不提到的是三个国家，莎车、于阗和龟兹。大月氏的大乘佛教基本上就是先传到莎车，然后再到于阗和龟兹的。当然传播的情况不一样也分别带来不同的发展局面，这在后面章节将继续论述。

作为西域接受印度大乘佛教的桥头堡，莎车首先表现在经典的集结方面。莎车，位于于阗的西部，《法显传》中称为子合国，惠生记载的是朱驹波国，《魏书》《北史》《唐书》等正史《西域传》中记为朱居国、朱俱波国。《历代三宝纪》卷12阇那崛多所说的遮拘迦国和玄奘所说的斫句迦国是同一国名。③ 关于莎车佛教的资料记载，一是《历代三宝纪》卷12《新合大集经》卷60云：

> 于阗东南二千余里。有遮拘迦国。彼王纯信敬重大乘。诸国名僧入其境者并皆试练。若小乘学即遣不留。摩诃衍人请停供养。王宫自有摩诃般若大集华严三部大经。并十万偈。王躬受持亲执键钥。转读则开香花供养。又道场内种种庄严。众宝备具。兼悬诸杂花时非时果。诱诸小王令入礼拜。彼土又称。此国东南二十余里。有山甚崄。其内安置大集华严方等宝积楞伽方广舍利弗陀罗尼华聚陀罗尼都萨罗藏摩诃般若八部般若大云经等。凡十二部皆十万偈。国法相传防护守视。兼云有三灭定罗汉。在彼山窟寂禅冥卫。半月一月或有僧往山为罗汉净发。

二是唐僧祥撰《法华经传记》卷1云：

---

① 孟凡人：《楼兰鄯善国简牍年代学研究》，新疆人民出版社1995年版，第498页。
② 黄文弼：《西北史地论丛》，上海人民出版社1981年版，第248页。
③ 参见［日］羽溪了谛《西域之佛教》，贺昌群译，商务印书馆1999年版，第161—164页。

昔于阗王宫有法华梵本。六千五百偈。东南二千余里。有国名遮响槃国。彼王累世敬重大乘。诸国名僧入其境者。皆试其解。若小乘学则遣不留。大乘人请绮供养。王宫亦有华严大集摩诃般若法华大涅槃等五部大经。并十万偈。王躬受持。亲执户钥。转读则开。香华供养。又东南二十余里。有山甚岭难。峰上有石窟。口狭内宽。其内华严大集方等宝积楞伽方广舍利弗陀罗尼华聚陀罗尼都萨罗摩诃般若大云法华。凡一十二部。皆十万偈。国法相传防护守掌。

三是《大唐西域记》卷 12 记：

国南境有大山，崖岭嵯峨，峰峦重叠；草木凌寒，春秋一贯；溪涧浚濑，飞流四注；崖龛石室，棋布岩林。印度果人，多运神通，轻举远游，栖止于此。诸阿罗汉寂灭者众，以故多有窣堵波也，今犹现有三阿罗汉居岩穴中，入灭心定，形若羸人，须发恒长，故诸沙门时往为剃。而此国中大乘经典部数尤多，佛法至处，莫斯为盛也。十万颂为部者，凡有十数；自兹已降，其流寔广。

无论是来自北印度犍陀罗国的阇那崛多还是西去游历的王玄策，都对莎车国保存的大量的大乘经典有深刻的印象。一方面说明这里是大乘经典云集的地方，包括《华严》《大集》《方等》《宝积》《楞伽》《方广》《舍利弗》《陀罗尼》《摩诃般若》《大云》《法华》等众多部类的经典，而且保护得十分完好。另一方面说明这里也成为大乘佛教经典向东传播的重要据点。中原很多的大乘经典与于阗有密切的关系，但是很大程度上于阗的大乘典籍的来源也与莎车有直接的关系。莎车成为向西域南北线和中原输入大乘经典的中转站。

从我国古代游历者的作品《法显传》《五天竺国传》《大唐西域记》来看，北印的乌仗那、迦毕试、那揭罗曷、呾叉始罗；新疆的于阗、斫句迦，都是大乘佛教盛行的地带。传说龙树入雪山从老比丘得大乘经，斫句迦山区也有大量的大乘经；陀力的山岩中藏有大乘经等，都可以看出此一山区与大乘佛教的关系。从地理上看，大乘是从犍陀罗、乌仗那，通过大雪山及葱岭而东来的（法显等西去，玄奘回国，也都是这一路线）。中国初期（汉、魏、晋）的大乘教，受到这一地区的深切影响。① 莎车成为接受印度大乘佛教的枢纽。由于莎车的天然地缘优势，于阗显然受到影响，大乘佛教经典十分流行。两晋至南北朝，有史传录载而确认为从于阗输入的大乘佛典原本，包括以下数种：

1. 《大方广佛华严经》六十卷

《出三藏记集》卷9《华严经记》，是支法领从于阗得胡本，由北印度佛驮跋陀罗从元熙二年至义熙十四年翻译而成。

2. 《大般涅槃经》四十卷

根据《高僧传》卷2和《出三藏记集》卷14昙无谶的传记，他在罽宾得到《大般涅槃经》前分十卷（《出三藏记集》作十二卷），后因本品数不足，在于阗又获中分和后分，所以才译出四十卷《大般涅槃经》。刘宋时，慧观等人编为三十六卷，史称南本。

3. 《禅要秘密治病经记》

《高僧传》卷2记，北凉安阳侯沮渠京声在于阗求法时，从瞿摩帝大寺获得的天竺法师佛驮斯那授的《禅要秘密治病经记》二卷，在宋孝建二年（455）在竹园寺译出。他译出的经典还有很多，出自于阗的肯定不在少数。

4. 般若类经典

魏元康元年（291）在洛阳译出的《放光经》原本，是朱士行在甘露五年（260）在于阗求得。竺法护译的《光赞经》十卷，是由于阗沙门祇多罗在太康七年（286）赍来，是《放光》的同本异译。按《出三藏记集》中《合放光光赞略解序》的记载，两本皆来自于阗国。《历代三宝记》卷9载，周武帝世，先在邺齐受魏禅，梁武帝太清二年（548），中天竺优禅尼国王子月婆首那，遇于阗婆罗门僧求那跋陀持有《胜天王般若波罗蜜经》梵本，他在陈天嘉乙酉之岁（565）译出此经。

5. 《观世音忏悔除罪咒经》一卷、《法华经·提婆达多品》

《高僧传》卷13记载宋元徽三年，法献在于阗得《观世音灭罪经》（《出三藏记集》卷2作《观世音忏悔除罪经》一卷）。《弘赞法华传》卷2和《历代三宝纪》卷11又说同时获授《妙法莲花经提婆达多品》。《法华经传记》卷1引述《西域志》说："昔于阗王宫有法华梵本，六千五百

---

① 释印顺：《中国佛教论集》，中华书局2010年版，第12页。

偈。"说明在唐代以前，于阗境内流传有不同版本的《法华经》。

依上文所述，迄至南北朝顷，于阗国内流传的大乘佛典种类，至少包括法华、般若、华严、涅槃和秘密诸部。①

同时期北道的龟兹佛教也十分兴盛，僧侣人数一度超过1万人。《晋书·西戎传》记载当时龟兹"俗有城郭，其城三重，中有佛塔庙千所"②。这不仅说明佛教之兴盛，也说明当时的龟兹经济发达，人民生活富裕，所以才能供养这么多的僧人和寺庙。龟兹早期大乘佛教的流传情况的资料遗留下来的十分少见，但是我们可以通过这一时期它与内地的交往和龟兹籍僧人的译经情况，来认识当时的大乘佛教传播的信息。根据表1—2可知，当时的龟兹虽然小乘占有优势地位，但大乘佛教的传播也可以通过当时本国大乘佛教经典的流通情况来认识，这些经典主要有：

白延传译：《首楞严》《叉须赖经》《无量清净平等觉经》《菩萨修行经》

帛元信助法护译出：《正法华经》《光赞般若》《须真天字经》

帛法炬传译：《普曜经》

帛法祖参译：《等集三昧经》《菩萨修行经》《菩萨逝经》（《逝童子经》）《严净佛土经》（《文殊师利严净佛土经》）《郁迦罗越问菩萨经》《持心梵志经》《善权经》（《慧上菩萨问大善权经》）《海龙王经》，以及法祖所注之《首楞严》

帛延翻译：《首楞严经》《须赖经》《上金光首经》《如幻三昧经》

羌子侯授予法护：《不退转法轮经》（《阿惟越致遮经》）

总而言之，龟兹佛徒重译大月氏的大乘经典中，还是以方等部居多，当中法祖可称代表。法祖所译注的23部大乘经中，与大月氏佛徒重叠者共占10部。此外，正始与东晋年间的两位译经师帛延，以及太康年间的帛元信，传译经典虽然不多，但在种类上，却殆与大月氏人译出的大乘经典如出一辙，由此可见龟兹与大月氏方等部之深厚渊源。③《高僧传》卷2记载鸠摩罗什在王新寺的故宫中得到了《放光经》，"后于寺侧故宫中，

---

① 唐秀连：《龟兹国与西域的大乘佛教——从两汉至鸠摩罗什时代》，台北：法鼓山中华佛学研究所，《中华佛学研究》2006年第10期，第86—87页。
② 《晋书·西戎传》，中华书局1974年标点本，第2543页。
③ 唐秀连：《龟兹国与西域的大乘佛教——从两汉至鸠摩罗什时代》，台北：法鼓山中华佛学研究所，《中华佛学研究》2006年第10期，第94—96页。

初得《放光经》",说明当时的龟兹已经有了般若类的经典,这与于阗的大乘经典多少有些关系。建元十八年(382)九月,车师前部王弥第、鄯善王休密驮来长安朝秦,同随的还有车师前部的国师鸠摩罗佛提等高僧,他们所献的佛经有大品《般若经》《阿毗昙抄》《四阿含暮抄》《鼻奈经》等大、小乘经律。当然这部《般若经》和《光赞般若经》《放光般若经》以及后来鸠摩罗什译的《大品般若经》有所不同,但却是当时西域流行的胡文偈颂体经抄。在当时释道安的主持下,将这些经典全部译出,并由道安审定写有《序》文。

三 西域南北两道佛教传播的不同特点及其原因

《汉书·西域传》明确记载:"自玉门、阳关出西域有两道。从鄯善旁南山北,波河西行至莎车,为南道;南道西踰葱岭则出大月氏、安息。自车师前王廷随北山,波河西行至疏勒为北道;北道西踰葱岭则出大宛、康居、奄蔡焉。"这应该是西汉时代通西域的主线。

曹魏通西域路线,一般认为即《魏略·西戎传》所载:

> 从敦煌玉门关入西域,前有二道,今有三道。从玉门关西出,经婼羌转西,越葱岭,经县度,入大月氏,为南道。从玉门关西出,发都护井,回三陇沙北头,经居卢仓,从沙西井转西北,过龙堆,到故楼兰,转西诣龟兹,至葱岭,为中道。从玉门关西北出,经横坑,辟三陇沙及龙堆,出五船北,到车师界戊己校尉所治高昌,转西与中道合龟兹,为新道。

西域佛教的传播和发展在3世纪以后进入初期兴盛的阶段。但是在传播的过程中却出现了南北两线不同的佛教发展特点。汉唐时代的南道以于阗为中心,同时也是佛教的重镇;北道以龟兹为经济交通中心,同时也是佛教的文化中心。从汉魏晋时期西域与中原发生的佛教关系看,于阗向中原输入的佛教经典主要是大乘佛教,而龟兹国除鸠摩罗什外,大部分是小乘佛教。关于龟兹小乘的分布和发展,前节已经作了详细的论述,此处不再赘述。于阗的大乘佛教从260年朱士行求得《放光般若》到晋太康七年(286)于阗沙门祗多密持来《光赞般若》等大乘经,都说明当时于阗的佛教信仰状况。据《高僧传·鸠摩罗什传》,虽然未说于阗佛教状况,但靠近它的莎车国却是大乘佛教的国家。另外根据《法显传》《洛阳伽蓝记》中的宋云、惠生游记和玄奘的《大唐西域记》记载列表如下：

表1—3　　　　　　　古代新疆南北道大小乘分布

西域古国名	现在地址	《法显传》(399—412)	《伽蓝记》(518—522)	《西域记》(629—645)
《法显传》：鄯善国 《伽蓝记》：鄯善城 《西域记》：纳缚波国	新疆若羌县	国王奉法。可有四千余僧悉小乘学，诸国俗人及沙门尽行天竺法但有精粗	其城自立王为吐谷浑所吞。今城内主是吐谷浑第二息宁西将军总部落三千以御西胡	至纳缚波故国，即楼兰地也
《法显传》：焉夷国 《西域记》：阿耆尼国	新疆焉耆回族自治县	僧亦有四千余人。皆小乘学，法则齐整		国无纲纪，法不整肃。伽蓝十余所，僧徒二千余人，习学小乘教说一切有部。戒行律仪，洁清勤励，然食杂三净，滞于渐教矣
《法显传》：于阗国 《伽蓝记》：于阗国 《西域记》：瞿萨旦那国	新疆和阗县	众僧乃数万人，多大乘学，皆有众食。家家门前皆起小塔。作四方僧房，供给客僧及余所须	（未记当时盛行的情况）死者以火焚烧，收骨葬之，上起浮图	崇尚佛法，伽蓝百有余所，僧徒五千余人，并多习学大乘法教
《法显传》：子合国 《伽蓝记》：朱驹波 《西域记》：斫句迦	新疆叶城西南	一国王精进。有千余僧，多大乘学	人民山居，丑谷甚丰。食则麦面，不立屠杀。食肉者以自死肉。风俗言音与于阗相似，文字与波罗门同	淳信三宝，好乐福利。伽蓝数十毁坏已多，僧徒百余人，习学大乘教

从表1—3看到，南道的子合国（莎车）和于阗构成大乘佛教区域，而焉耆、龟兹甚至包括疏勒，都是以小乘佛教为主。当然我们这里说的不是铁板一块，两地均有大小乘分布，但是其占据的优势和主导地位是不一样的。

疏勒是东西交通中的枢纽，新疆南北两道交会处，也是佛教传入内地的必经之地。日本学者羽溪了谛指出："大月氏、安息、康居以及印度诸国与中国间之往来，皆取北道，而必通过龟兹。……龟兹与疏勒关系之密切，则佛教昔由疏勒方面输入自不为无理也。"① 黄文弼也说佛教早期传入新疆和内地的为大月氏和安息人，"佛教最初传入新疆及我国内地者，为月氏人及安息人……故中国内地及新疆之佛教文明最初确遵妫水大路而来……及逾葱岭，又分两支传播，一支至库车、焉耆、吐鲁番。一支至和阗、且末、鄯善。"② 作为东西交通重要地位的疏勒，最早接触了佛教，北道的龟兹和焉耆肯定受其影响，但是南道的于阗佛教也是由该地传入的，为什么在历史的同一时期和同一地理区域呈现出不同的传播和发展特点呢？

首先，这与西北地区印度佛教发展的背景密切相关。大月氏国的佛教是在占领了大夏以后才开始接触发展起来的。作为游牧迁徙的民族，最初的环境并不适合佛教的发展，在建立了贵霜王朝之后，生活逐步安定，成为农业的定居国，中间又经历了阎膏珍的婆罗门教崇拜，因此当时的佛教发展是缓慢的。到了迦腻色迦时期开始进入繁荣期，商业和手工业得到发展，城市人口增多。由于王国前期占领了整个印度的北部甚至到达了中部的很多地区，直接和南方的案达罗王国疆界接触，大乘佛教的思想也很快传播到北方。此时的迦腻色迦对佛教大力扶持，大小乘佛教同时得到发展，而且他试图学习阿育王做弘法者。其后的几代，虽然没有明确的记载，但也是支持佛教的，使佛教得到持续的发展和传播。犍陀罗处于当时贵霜王国的政治经济的中心区，希腊移民的聪明才智运用于造像之中，带来艺术的繁荣。这样佛经和艺术伴随着传入西域和中原。

由于大乘佛教的传播，附属于大月氏的印度北部的呾叉始罗、陀力、

---

① ［日］羽溪了谛：《西域之佛教》，贺昌群译，商务印书馆1999年版，第183—184页。
② 黄文弼：《佛教传入鄯善与西方文化的输入问题》，《西北史地论丛》，上海人民出版社1981年版，第259—260页。

乌苌等国以及中部的摩揭陀等国大乘佛教逐步兴盛。当3世纪以后大月氏国走向衰落的时候，印度中部的摩揭陀国开始崛起成了笈多王朝，大乘佛教一度又兴盛起来。这些背景对佛教传入西域和中原都具有重要的影响。

罽宾在迦腻色迦的时候是贵霜的属国，小乘有部一度盛行。据《西域记》，迦腻色迦以后，讫利多族重新掌握政权使佛教遭受破坏。到3世纪，吐火罗呬摩呾罗王平定迦湿弥罗国，建立伽蓝，召集僧徒，佛教得以复兴。① 或许是历史的原因，或许是上层集团的原因，当时的小乘有部盛行于罽宾国，这一点和周围的国家有所不同。强势地位的有部恢复了原有的局面，成为当时北印度和西域地区有部的佛学中心，禅法戒律之学盛极一时，从而对周围地区产生重大影响。

其次，由于南北道在地理位置上的不同，产生了来自不同印度地区的佛教渊源。虽然它们都属于新疆地区，但在与印度和中亚的接触上还是有一定的差别。对于北道的龟兹来讲，通过疏勒可以向西直达大月氏或康居、安息等中亚国家，也可由疏勒南下再到罽宾国。于阗通过子合（莎车或斫句迦），向西可从中路达大月氏，向南达罽宾、陀力、乌苌等国。也就是说，龟兹、疏勒更容易接受来自中亚国家的佛教，而于阗和莎车越雪山南下入印度的道路更近些。这样，或许早期的时候，龟兹更多接受的是来自中亚一带的小乘有部的思想，而于阗最早接触的是罽宾的有部思想。到迦腻色迦王时，两者主要受到大月氏佛教的影响，犍陀罗艺术和建筑也伴随进入。但是这时的西域佛教发展缓慢，直到3世纪以后才开始全面接受来自大月氏的佛教。这也就是说，在公元前后西域南北两道的佛教接受的都是小乘有部的内容。作为佛教接受的桥头堡莎车为什么与罽宾中断了联系，除了政治和僧团的原因，或许与道路阻断有关系。《名僧传》卷26《晋吴通玄寺释僧表传》记："闻弗楼沙国有佛钵。钵今在罽宾台寺。恒有五百罗汉供养钵。钵经腾空至凉州。有十二罗汉。随钵停。六年后还罽宾。僧表恨不及见。乃至西踰葱岭。欲致诚礼。并至于宾国。值罽宾路梗。于宾。王寄表有张志模写佛钵与之。又问宁复有所愿不。对曰。赞摩伽罗有宝胜像。外国相传云。最似真相。愿得供养。王即命工巧。营造金薄像。金光陕高一丈。以真舍利置于顶上。"② 葱岭以南的文化和宗

---

① 《大唐西域记》卷3，《大正藏》第51册，第887页上。
② 《卍新续藏》第77册，第358页中。

教越过喀喇昆仑山之后,首先接触到的就是塔里木北缘西端的疏勒和莎车等地,然后向东再传入于阗。

吴焯先生通过佛教考古和图像艺术分析认为,塔里木盆地南道的佛教文化,主要接受的是西北印度犍陀罗的风格;而盆地的北道,与南道明显不同,龟兹石窟的风格与阿富汗巴米扬石窟近似。南道的路线由犍陀罗至克什米尔再至于阗鄯善;北道由巴米扬至迦毕试再至疏勒龟兹。① 西域南北两道的佛教文化明显不同。

再次,与当时王权上层统治者的支持有很大的关系。根据鸠摩罗什传可知当时的龟兹国有部小乘教占据主导位置,《比丘尼戒本所出本末序》记载说龟兹寺甚多,修饰华丽,云:

> 拘夷国(龟兹)寺甚多,修饰至丽。王宫雕镂,立佛形像,与寺无异。有寺名达慕蓝百七十僧。北山寺名致隶蓝六十僧,剑慕王新蓝五十僧,温宿王蓝七十僧。右四寺佛图舌弥所统。寺僧皆三月一易屋床座,或易蓝者。未满五腊,一宿不得无依止。王新僧伽蓝九十僧。有年少沙门字鸠摩罗才大高明大乘学,与舌弥是师徒,而舌弥阿含学者也。阿丽蓝百八十比丘尼,输若干蓝五十比丘尼,阿丽跋蓝三十尼道。右三寺比丘尼统依舌弥受法戒。比丘尼外国法不得独立也。此三寺尼,多是葱岭以东王侯妇女,为道远集斯寺,用法自整,大有检制。②

剑慕王和温宿王都是当时西域诸国的国王,这些寺院肯定是在他们的支持下建立起来的。当然龟兹国王对小乘也是积极支持。佛图舌弥是鸠摩罗什曾经的小乘师父,作为皇亲国戚,跟随他学习本身就说明了皇家对他的重视。还有鸠摩罗什的母亲,也是出家跟着佛图舌弥学习的小乘之学。而当时的佛图舌弥掌握着七个寺院的权利,其中的右三寺比丘尼多是葱岭以东王侯妇女。从这些我们都可以看出西域王国贵族们对小乘佛教的大力支持以及小乘师在龟兹等国中的地位。

南道于阗初期流行小乘佛教,但时间不长便被大乘佛教所取代。根据

---

① 吴焯:《佛教东传与中国佛教艺术》,浙江人民出版社1991年版,第188页。
② 《大正藏》第53册,第79页下。

《于阗教法史》记载：先后造了333座寺院，绝大多数是大乘教派的。薛宗正先生认为："小乘佛教衰落似起于教权干政对王权的威胁以及此派排斥具有广泛群众衣墓法的传统地方神祇信仰。为了遏制小乘教团势力的膨胀及其干政倾向，于阗王朝尉迟氏家族开始尊崇大乘，小乘较衰。"[①] 由此可见，王权的力量和大乘佛教的兼容性起到一定的作用。

最后，塔里木盆地的龟兹、焉耆、鄯善等国在语言上以吐火罗语为主，于阗在语言上以东伊朗语系统的于阗塞语为主。这种语言和文化上的不同，带来了佛教文化上的极大不同，大乘佛教更适合于阗的社会文化需要。《于阗教法史》就记载了这一情况：

> 二部僧伽之持见情况如下：二部僧伽比丘和比丘尼中，行大乘法者执不妄想和首楞严三昧地；行声闻乘者执四谛。二部僧伽与在家人中，行大乘法者和行声闻乘者多少之数：行大乘法者约如马身之毛，行小乘法者约如马耳之毛，多少之数大约如是。[②]

于阗与莎车、疏勒等国从语言文化上具有极大的相似性，同时在地理位置上也有极大的相似性，因此它们接受的大部分是来自中印度的大乘佛教。

于阗的佛教在朱士行到达以前既有大乘也有小乘，但小乘占据主导地位。《高僧传·朱士行传》记载，260年他在于阗寻得梵文原本《放光般若经》后，派弟子法饶将梵本送回洛阳，但却遭到当地小乘僧团的阻扰，他们上言国王说："内地沙门欲以婆罗门书惑乱正典。王为地主，若不禁之，将断大法，聋盲汉地王之咎也。王即不听赍经。"此经后来依然在内地得到翻译，而译者竟是来自于阗的僧人无罗叉和竺叔兰等。[③] 说明当时的于阗不仅有小乘僧团，研习大乘佛教的僧人也已经出现，说明大乘佛派正在逐步兴起。

但是，小乘佛教在于阗很快被大乘取代。藏文版的《于阗教法史》

---

① 薛宗正：《正代于阗与佛法初传》，《西北民族研究》2005年第2期，第28页。
② 朱丽双：《敦煌藏文文书 P.t.960 所记守护于阗之神灵——于阗教法史译注之三》，《敦煌研究》2011年第4期，第116—117页。
③ 《大唐内典录》卷2，《大正藏》第55册，第236页上。

记载东晋至南北朝时期，于阗在牛头山、贡邦等地区兴建了几百座的寺院，而其中的绝大部分属于大乘佛教寺院，诸如赞摩寺、牛头山寺、王新寺、瞿摩帝寺、娑摩帝寺等皆属此列。这些名刹的陆续修建反映了大乘佛教在这一时期的兴起。薛宗正认为：小乘佛教衰落与于阗王朝尉迟氏家族开始尊崇大乘有很大的关系。可考的倡导大乘佛教的名王有尉迟毗梨耶和尉迟信诃，逾雪山伐迦湿弥罗的尉迟讫多以及兴建麻射寺的 vijaya-jiya（尉迟亚伽），他们大约都生活于南北朝时期，见于藏文载籍。其中尉迟毗梨耶兴建了瞿摩帝寺，作为大乘佛教的中心。此寺逐渐取代了小乘圣地赞摩寺的国寺地位。至尉迟信诃之世，又兴建了娑摩若僧伽蓝为新国寺，汉名王新寺。此王在位第三年十月十八日的一件世俗文书已在安得悦遗址发现，末署此王全称为"于阗大王，王中之王夷那□提婆·尉迟·陀信诃"。此寺历王三代，80 年始成，规模的宏大又胜于瞿摩帝寺。自此进入了大乘佛教的全盛时代。① 关于大乘佛法从北印度至于阗的东进途径，根据印顺法师在《初期大乘佛教之起源与开展》中指出，大抵是从乌仗那、商弥而到 Wakhan；然后一直向东（不一定经过塔什库尔干），经昆仑山东行；或经叶城到叶尔羌，即法显所到的子合，玄奘所说的斫句迦；或经皮山，或从于阗南山，抵达于阗，成为以大乘为主的教区。于阗和莎车一样以大乘佛教为主流信仰，很明显于阗的大乘来自莎车。1 世纪后期，于阗王广德杀莎车王贤并灭其国，将莎车属国并为己有，成为匈奴南下的障碍，匈奴遂谋攻于阗。②

第三节 魏晋时期的西域与中印佛教文化交流

一 西域是沟通中西文化交流的重要桥梁

西域由于地处东亚和西亚、欧洲的中部位置，在海运不发达的古代，自然成为沟通中西方经济和文化交流的重要桥梁。

东西方出土的考古资料证明，先秦时期就存在着东西方交往的事

---

① 薛宗正：《古代于阗与佛法初传》，《西北民族研究》2005 年第 2 期，第 28 页。
② 《后汉书》卷 88《西域列传》，中华书局 1965 年标点本，第 2925—2926 页。

实。河南安阳殷墟妇好墓出土的商代和田玉，俄罗斯阿尔泰山西麓巴泽雷克大墓发现的公元前5世纪至前4世纪的中国铜镜和丝织品，都说明东西方在丝绸之路上的贸易活动。而北方和西北方的游牧民族，如匈奴人、大月氏人和斯基泰人等，则扮演着东西方文化交往的主角。

公元前5世纪左右，鄯善、龟兹等国家就已经出现。汉王朝大败匈奴并派张骞出使西域，后设立了西域都护，其目的就是使中国和中亚、南亚、西亚诸国建立直接的贸易往来。从东汉至魏晋，内地对西域的统治时断时续，但是东西方的精神与物质的文化交往从未断绝。

西域在中西文化和商贸交流上，发挥着重要的地域媒介作用。从河西走廊的西端敦煌，分南北两道成为运输的主要路线。北道沿线由东而西依次分布着渠犁、乌垒、轮台（即轮头）、龟兹、姑墨、温宿、疏勒等部族，他们均从匈奴奴隶主统治之下获得解放，归属汉朝。轮台、渠犁扼北道之中部，地位显要，在政治、经济上为北道的安全畅通提供了保障，也是设立西域都护的治所。龟兹的社会文化受中原文化的影响很大，发展较快。它不仅地处西域中心，幅员广阔，而且军力强大，班超给汉和帝的上书中就说："若得龟兹，则西域未服者百分之一耳。"这条道路的西端为疏勒国。据《汉书·西域传》，此地有人口近两万，拥兵两千，也是西域大国。又"有市列，西当大月氏、大宛、康居道"，是通往葱岭以外中亚诸国的枢纽。疏勒在西汉时属北道，[①]但以后南道之莎车有分道至疏勒。东汉时，除中道、南道外，新北道也有支线可通此。《水经注》引《释氏西域记》云：葱岭之东，"有国名伽舍罗逝。此国狭小，而总万国之要道无不由"[②]。

从敦煌出发，塔里木盆地以南为南道，由东而西分别是楼兰、且末、精绝、扜弥、于阗、皮山、莎车，社会风俗特点较为相近。南道东端，以楼兰为大国，东西达900千米，其东部的楼兰和西部的尼雅，是重要城市。历史上许多的探险家、军事家和旅行家，如张骞、班超、法显、玄奘、马可·波罗等，莫不在尼雅留下足迹。昭帝时，更其名为鄯善，正式

[①] 参见岑仲勉《汉书西域传地理校译》，中华书局1981年版，第347页。
[②] 王国维校：《水经注校》卷2《河水篇（二）》，上海人民出版社1984年版。

纳入汉朝版图。① 此地遗址中发现了海外蚌贝珊瑚、残余的西式壁画和贵霜王朝的钱币等，说明了楼兰在吸收西方文明并促其东渐的事实。王国维认为：汉代"南北二道之分歧，不在玉门、阳关，即当自楼兰城始矣"。②

于阗是南道中西部的重要城郭，西汉时人口近两万。南道开通后，农业、手工业、商业日益兴盛，东汉人口达到八万余。据《魏书》《梁书》《佛国记》等载，东汉时于阗已有大城五座，小城数十，王城则有屋宇市井，十分繁荣。于阗是西域发展丝织业的第一个中心和最重要的贸易集散地。这里不仅有各种形式的物物交换，而且也出现中原货币交易。斯坦因在约特干遗址拾到汉五铢钱470余枚。以后又不断有发现，1977年11月在买利克阿瓦提遗址一次获得五铢及剪轮钱数千。并且有证据显示，于阗甚至自铸汉—佉二体钱，这表现出于阗人富有文化的创造力，以及他们与中原地区的文化联系。③ 汉—佉二体钱是新疆古代自铸货币之始，这本身也说明了古于阗在西域地区经济活动中占有的重要地位。莎车是塔里木盆地西南端的大城郭。西汉征服西域时，莎车积极内附，在维护西域汉道的立场上做出了大贡献。

西域在汉代就已经归属于中央政府，千百年来一直没有中断联系。汉代时设置西域都护，并派士兵屯田，中原文化在此扎根。在考古发掘中，有大量的汉锦、铜镜、木简和铜钱等物品出现。《汉书·西域传》记载龟兹王绛宾多次入朝并在长安长期滞留。他"乐汉衣服制度。归其国，治宫室，作徼道周卫，出人传呼，撞钟鼓，如汉钟家仪"。《后汉书·西域传》也记载莎车王"长于京师，慕乐中国，亦复参其典法。常教诸子，当世奉汉家，不可负也"。由此可见西域诸国与中原政府的联系十分密切。同时汉语与胡语在西域也是通用的。楼兰古城附近就曾发现700多件魏晋时期汉文文书。④

西域的独特文化同样也受到中原汉族的喜欢。据《后汉书·五行志》记载，"汉灵帝好胡服、胡帐、胡床、胡坐、胡饭、胡空侯、胡笛、胡舞，京都贵戚皆竞为之"。自张骞出使西域后，大量西域商人佣人来到内地。东汉诗人辛延年在《羽林郎》诗中写道："昔有霍家奴，姓冯名子

---

① 王国维：《王国维学术研究论集》，华东师范大学出版社1983年版，第153页。
② 王国维：《观堂集林》，《敦煌所出汉简跋十四》，中华书局1959年版。
③ 夏鼐：《"和阗马钱"考》，《文物》1962年第7、8期，第63页。
④ 刘文锁：《新疆历史文物》，新疆美术摄影出版社1999年版，第67—68页。

都。依倚将军势,调笑酒家胡。胡姬年十五,春日独当垆。长裾连理带,广袖合欢襦。头上蓝田玉,耳后大秦珠。两鬟何窈窕,一世良无所。"① 两种文化相互吸收、相互促进和发展。

同时西域又与中亚在民族民俗、语言、文化、经济生产活动方式等方面有着密切的联系。西域至中亚一代的少数民族,大多是以游牧生活为主,他们之间因为争夺地盘经常发生矛盾和战争。而北部的匈奴则是相对强大的民族,它不断骚扰和侵袭其他民族,造成这一区域的民族的不断迁徙和流动。这种迁徙和流动使得中亚和中国的新疆地区产生某种程度的文化连接和地缘沟通的因素。其中汉魏晋时期的大月氏就是典型代表,它在印度和西部文化向东方输入中,起到了极为重要的作用。

大月氏人的西迁,为汉代中原与中亚以至西亚之间的沟通建立了直接联系。公元前1世纪建立的贵霜王国,吸收了当时各种文化的精华,从而在中亚建立了一个各种文明共存并逐步融合的混合形态。希腊地理家托勒密,记载当时旅行家们沿东西商路到达中亚的许多情况,一位名叫马利奴斯者说由幼发拉底河渡口到中亚石塔,再往东可至赛里斯国,往南即印度之地。② 据《后汉书·西域传》载,他们"以金银为钱,文为骑马,幕为人面"。有"市列",所贩商品,不少来自伊朗和印度,如珠玑、珊瑚、琥珀、璧琉璃等,都是中国商人所需的西方宝物。贵霜成了东西、南北两大贸易路线的交会之地。它地处丝绸之路要冲,对促进东西方经济、文化交流起了极为重要的作用,在世界古代史中有着不可取代的地位。贵霜与印度很难分而论之。贵霜兴起之初,就将罽宾囊括在统治范围之内。而罽宾正是北方塞种南下后的聚居之地。

贵霜与中国历史关系中的一件大事就是佛教的东渐。印度佛教传入贵霜后,在迦腻色迦时代达到极盛,以至于成了佛教进入中国最大的来源地。

二 印度佛教早期输入内地方式的变化

由于大月氏在中印文化交流中的独有地位,早期的中国内地佛教的传

---

① 沈德潜:《古诗源》,中华书局1977年版,第60页。
② 张星烺编,朱杰勤校订:《中西交通史料汇编》第1册,中华书局2003年版,第29—35页。

入，也就与它建立了不解之缘。文献记载，公元前 2 年大月氏使者伊存口授佛经，到公元 3 世纪中期，也就是东汉三国时期，内地早期的佛教传播者大多数来自大月氏和安息、康居等中亚国家的僧人。他们多以"安"和"支"为姓，如支娄迦谶、安世高等。也就是说他们来自位于伊朗东部的安息和大月氏，当时属于贵霜帝国。但是在早期的佛教传播中，传教僧人主要聚居在驻中国的外国商人中，有的译者本身就是商人，因此带有私人性质的传教。由于他们未在西域作长期停留，直接迁徙到内地各处，使得中国早期佛教的输入带有一定的空降性，研究者一般把这一时期传播的途径称为"直传"。从传播路线来看，传播的最早途径是中亚的陆路，与贯穿欧亚大陆的、途经贵霜帝国的丝绸之路的繁荣差不多是同一时期。

但是这种所谓的"直传"并未能保持多长时间，从西晋开始西域的僧人来内地者逐步增多并成为主流。梁启超说过："中印交通，以西域为媒介，故必先明此三地相互之关系，然后佛教输入之本末可得言也。以吾所见，西域印度关系，以大月氏人侵入印度（西第二世纪）为最要关键；中国西域关系，以东晋时代五胡乱华，五凉独立（西第四纪末）为最要关键。"[①] 下面将两晋时期外来译经者列如下[②]：

  法护，月支，《僧传》云："其先月支人，世居敦煌。"
  支法度，月支。
  帛延，龟兹，《僧传》云："不知何许人。"《首楞严后记》云："龟兹王世子。"
  帛尸梨蜜，龟兹，《僧传》云："西域人。"今推定为龟兹。
  帛法炬，龟兹，各书不叙其氏籍，据《出三藏记集》卷 9 知为姓帛，当是龟兹人。
  竺叔兰，《僧传·朱士行传》云："本天竺人，父世避难，居于河南。"
  安法钦，安息。
  （以上为西晋）
  佛图澄，龟兹，"西域人，本姓帛氏。"今推定为龟兹。

[①] 梁启超：《佛学研究十八篇》，上海古籍出版社 2001 年版，第 92 页。
[②] 同上书，第 109 页。

僧伽跋澄，罽宾。

昙摩难提，月支，《僧传》云："兜佉勒人。"兜佉勒即月支异名。

僧伽提婆，罽宾。

僧伽罗叉，罽宾。

昙摩耶舍，罽宾。

鸠摩罗什，据《僧传》，父天竺人，母龟兹人。

弗若多罗，罽宾。

昙摩流支，《僧传》云："西域人。"国籍无考。

卑摩罗叉，罽宾。

佛陀耶舍，罽宾。

佛驮跋陀罗（觉贤），天竺。

昙无谶，中天竺，《魏书·释老志》云："罽宾人。"

支道根，月支。

支施仑，月支。

昙谛，康居，见《广弘明集》。

（以上为东晋）

如果说三国以前来中国内地传法的主要是中亚一带的大月氏、安息和康居等国，到了4—6世纪，则成为内地与印度本土僧人直接交往的时代。中国的僧人不再满足于西域所传而直接去印度求法，同时这一时期进入内地的印度僧人也日益剧增。

造成这种路径变化的原因，一是由于大月氏与其他中亚人的内迁，是历史某一时期发生的偶然事件，并不带有长期性，因此它的影响是阶段性的。随着贵霜王国的覆灭，这种影响也随之减少。二是印度佛教发展过程中的持续性和创新性，导致佛教重心的转移，具有地缘优势的罽宾僧团和西域僧团逐步显现。当然这种趋势是建立在交通不发达的早期，随着交流的增强和交通的发展，尤其是海路的畅通，这种趋势又不得不让位于直传。三是西域各族不仅精通本民族的语言文字，还熟悉印度佛经中的梵语、梵文，有的甚至受到汉文化的影响，学会了汉语。这种天然的语言优势，自然给佛经的翻译工作带来了极大的便利和优势。

在这一时期，北部印度的罽宾，成为影响中国佛教发展的重要源头。

多数来中国内地传法的印度僧人都来自罽宾,而向印度本土求法的中国僧人也无不与这一地区建立了联系。梁启超据此分析,"第二期以罽宾为中心,凡得八人,咸有良绩,小乘于是确立焉"。①

对这一问题要有全面的认识,不能一味强调罽宾作为传播中心的作用。其实仔细分析便知,这一时期真正对中国有贡献和产生较大影响的,反而不是来自罽宾的僧人,也不是小乘佛教,而是非罽宾籍的竺法护、鸠摩罗什和昙无谶。同时,这一时期也是接受大乘佛教的主要时期,尤其是鸠摩罗什和昙无谶的译经把中国的大乘佛教推向了一个高峰。为什么会出现这种现象呢?虽然这一时期有法显等人的西去求法,但是由于内地人毕竟对印度的地理、文化、语言等不了解,不可能获得系统、准确的大乘佛教的体系,而罽宾虽然当时变得比较开放,毕竟属于小乘系统。有部的系统禅法戒律修行或许体系完备,但是在哲学义理和百姓的信仰方面,却远不能符合内地人的心理。所以在传法中反而是西域的僧人更有成果。

到了隋唐,这种局面有所改观,因为西域通道完全畅通,中原政权的有效统治,使内地人去印度更直接更方便。这时候的中原内地,对于中介译经的东西已经远不能得到满足了,西行求法盛行,以至于产生了玄奘和义净这样的代表人物。与此同时,印度本土直接来中原的僧人也逐步增多,为中国佛教的发展做出了巨大贡献。

三 西域对内地的佛教输入及其影响

从佛教传入西域开始,西域人就用自己的语言翻译了各种梵语的佛教经典,这对印度佛教进入中国是至关重要的一个环节。纵观中国佛经翻译史,大量的佛经来源于西域,所谓的"胡本""胡语"虽然不能仅仅看成西域的版本,也许有中亚人的版本,但也包含有很多西域各民族语言的内容。敦煌地区发现的用古代于阗语抄写的佛经和在新疆库车发现的用龟兹语写成的经典片断都说明了这一问题。西域高僧在将印度佛经转译成"胡本"时,无意间加入了自己的思想和本地区的文化特色,从而形成了与印度佛学思想不完全相同的佛教作品。不仅如此,佛教在西域的停留还带来了内容上的新创造,像《华严经》《大集经》等经典,就形成了对内地影响深远的西域版本。在印度佛教向中国内地输入的过程中,西域诸国

---

① 梁启超:《佛学研究十八篇》,上海古籍出版社2001年版,第99页。

的高僧做出了重要的贡献和牺牲。而来自龟兹和于阗两国的僧人最为著名。

龟兹在对印度佛教向中国内地输入的过程中起着十分重要的作用。无论在佛教语言、译经活动还是艺术上都足以证明。中国内地接受的许多印度佛教文化，不是由印度本土直接传入，而是经过了龟兹的中介发展转变而来。从佛经翻译和佛法的传播来说，佛图澄和鸠摩罗什可谓是早期影响中国佛教发展至深至远的西域高僧，而他们皆来自龟兹。从佛教艺术上说，内地的绘画技法深深受到龟兹地区的影响。从克孜尔石窟到敦煌石窟再到内地，形成了一个明显的佛教艺术变化线索。西域的凹凸晕染法在龟兹石窟中展现充分并一度传到中原大地形成气候。琵琶、排箫、箜篌等影响中国千年的乐器也由龟兹传入，石窟中的壁画便是这一历史事实的最好证明。佛经翻译的语言方面，季羡林在作《大唐西域记》校注时指出：最早译过来的佛经不是直接根据梵文或巴利文，而是经过中亚和新疆一带今天已经不存在的许多古代语言转译过来的，比如焉耆语（吐火罗语 A）和龟兹语（吐火罗语 B）等都是。他说："反正从一些佛教固有名词的音译来看，龟兹和焉耆语言起了作用，而于阗则没有。我的意见倾向于佛教是通过丝路北道向东传布的。"[①]

龟兹地区早期流行的佛教既有小乘也有大乘，显然受到中亚的影响。3 世纪时，龟兹人来中原译经传教者为数不少，文献记载的译经僧就有白延[②]、帛延[③]、帛法祖、帛元信、法立和法炬、帛尸梨蜜多罗[④]等人。他们中间有王室子弟，普通的沙门，还有居士群体。梁启超总结认为："后汉、三国以安息、月支、康居人为多；两晋以龟兹、罽宾人为多；南北朝则西域诸国与印度人中分势力，隋唐则印度人居优势，而海南诸国亦有来者。"[⑤] 龟兹人在两晋期间来中原传教译经者最多，足见当时龟兹国内佛教的发展状况。

---

① 季羡林：《佛教传入龟兹和焉耆的道路和时间》，《社会科学战线》2001 年第 2 期。
② 《高僧传》卷一本传写作"帛延，不知何人"。《大唐内典录》《开元释教录》皆谓其为"西域人"，因姓白，白、帛同字，故应为龟兹人。
③ 唐代《开元释教录》的作者智升在帛延所译《首楞严经·后记》中将白延、帛延误判为一人。
④ 《高僧传》卷 1 有其本传。汤用彤校注：《高僧传》，中华书局 1992 年版，第 29—31 页。
⑤ 梁启超：《佛学研究十八篇》，上海古籍出版社 2001 年版，第 112 页。

在中国早期来内地传教的高僧中，对内地佛教发展影响较大的反而不是印度人，而是龟兹的佛图澄和稍后的鸠摩罗什。虽然佛图澄未记载他是译经家，但是他在内地早期佛教的传播中，却做出了巨大的贡献。龟兹佛教高僧佛图澄在北方后赵的佛教传播，给中国以后佛教的发展带来了深远的影响。以后的道安和慧远皆可看作这一传教的发扬者。能把具有残暴行为的石勒、石虎说服并实现成功传教，佛图澄在这一点上功不可没。从他的传教活动中我们可以看出很多与西域龟兹文化有关的内容。

　　为了树立人们对佛教的信仰，佛图澄通过预测、神咒、疗病以及其他种种方术来传教。而这些方式我们往往在印度人和中亚昭武九姓的传统方术中很容易看到。这种方式使得石赵统治者较为容易地接受了对佛教的信仰。总之在他的宣扬下，内地北方开始了佛教的大传播，石虎下书曰："其夷赵百蛮有舍其淫祀，乐事佛者，悉听为道。"自此"中州胡晋略皆事佛。"以致出现了"澄道化既行，民多奉佛，皆营造寺庙，相竟出家"。①

　　道安是佛图澄的弟子，在早期中国佛教发展史上占有重要地位。他的小乘思想与佛图澄有很大的继承关系。他南下襄阳又到长安，为当时的佛教传播、佛经翻译等方面做出了重大贡献。道安的弟子慧远也是继承了佛图澄的余脉。而龟兹高僧中影响更为深远的就是鸠摩罗什，梁启超评价说：

　　　　龙树性空教理，在中国最有势力，什实主导之，其功绩及于我思想界者至伟大……什在中国，历年虽暂，然其影响之弘大，乃不可思议。门下号称三千，有四圣十哲之目，北之僧肇、道融，南之道生、慧观，其最著也。佛教从学理上得一坚实基础，而为有系统的发展，自什始也。②

　　从佛图澄与鸠摩罗什的事迹，可以看到印度大乘佛教之进入内地，龟兹是其前卫。

　　据学者研究，一些早期汉文佛教徒的名称来源于龟兹语。如汉语中的

---

① 汤用彤校注：《高僧传》，中华书局1992年版，第352、346、352页。
② 梁启超：《佛学研究十八篇》，上海古籍出版社2001年版，第155—157页。

沙门、沙弥、菩提起源于龟兹语。季羡林先生考证"佛""弥勒""恒""须弥"等词是从吐火罗语转译而来,不直接来自印度。① 这种借代现象在汉文佛经中还很多,汉语和龟兹语在佛经中的渊源关系,充分说明龟兹佛教对中国内地佛教之影响及龟兹教徒在将佛教传到内地活动中所起的作用。

于阗作为西域接受佛教的重镇,在向内地传播过程中也产生了重要的影响。无罗叉,又叫无叉罗,于阗籍高僧。曹魏时的朱士行在于阗得到《大品般若》后,派弟子法饶带回洛阳。法饶和无叉罗皆是于阗人,二人将佛经带到陈留郡水南寺。元康元年(291),无叉罗译为《放光般若经》二十卷。② 祇多罗,又称祇多密,也是于阗人。西晋太康七年将《大品般若经》带到长安,后来竺法护译为《光赞般若经》十卷。他本人也曾译出《菩萨十住经》《普门品经》《十地经》《普贤观经》《弥勒所问本愿经》《如幻三昧经》《宝如来三宝经》等15部。

从语言上讲,古代于阗语也对中国内地产生很大的影响。比如"和尚"一词,又称"和上",成为我国对佛教僧人的普遍称谓,并远传到朝鲜、日本等国。北宋赞宁在他编撰的《宋高僧传·满月传》后的附论里说,"和尚"一词在印度称为"邬波陀耶",在于阗称为"和尚"。可见这一词语不是梵文直译,来源于古代于阗语。在古鄯善国发现的佉卢文书,就有"和尚"一词的相关记载。③

西域的早期译经大师不得不提到竺法护,他是月氏人,随家人迁徙至敦煌,后改姓为竺,名为法护。从早期中国佛教翻译史看,他应该是第一个对大乘佛教进行大规模全面翻译的僧人,给内地以后佛教的发展带来至关重要的影响。《出三藏记集》《高僧传》皆有其事迹。

他的足迹遍及西域、敦煌、酒泉、凉州、长安、洛阳,历尽千辛万苦,从事译经活动长达五十年。他所译出的经典,《出三藏记集》卷2著录为154部309卷,并谓其中95部尚存,64部已缺。《历代三宝纪》卷6

---

① 陈国光:《释"和尚"——兼谈中印文化交流初期西域佛教的作用》,《西域研究》1995年第2期。如佉卢文书第511号关于参加浴佛仪式的祈愿辞就对"有权威的国王、长老及中小和尚"表示了敬意。

② 《出三藏记集》卷7,《大正藏》第55册,第47页下。

③ 《浮屠与佛》,《再谈"浮屠"与"佛"》,这两篇文章皆收入《季羡林文集》第七卷,江西教育出版社1996年版。陈国光:《释"和尚"——兼谈中印文化交流初期西域佛教的作用》,《西域研究》1995年第2期。

载为210部394卷。《开元释教录》卷2则认为是175部354卷。现存的约有74部177卷。可以说他的译经超过了以前任何一位译经家的数量。他所译佛典，多数属于大乘佛典，小乘经典只是少数。他所翻译的佛经几乎涵盖了西域三十六国的流行经典，因此才有僧祐在《出三藏记集》中说："经法所以广流中华者，护之力也。"从这里也可以看到，西域诸地佛教发展对于内地佛教发展的重要影响。

从佛教艺术上讲，西域在吸收了印度佛教艺术的基础上，形成了自己的艺术特色，虽然在某种程度上还保存了原来的特征。公元前1世纪，佛教向北传播到大夏，希腊艺术与佛教结合形成了犍陀罗艺术。随后犍陀罗佛教艺术越过葱岭传入我国的西域。西域佛教艺术在汉魏晋时期空前繁荣，它与外来文化相结合，形成了西域风格特点。随着佛教的东传，又极大影响了内地的石窟和绘画艺术。敦煌石窟、炳灵寺石窟和云冈石窟等的早期艺术中，明显带有西域的造像壁画艺术风格特点。魏晋南北朝时期迎来了中国画发展史上的第一个高峰。三国东吴的曹不兴首开佛教艺术创作，在临摹印度、西域佛画范本的基础上，长期在寺庙里绘制佛教壁画。《太平广记》记载："江左画人吴曹不兴，运五千尺绢画一像，心敏手疾，须臾立成。头面手足，胸臆肩背，无遗失尺度。此其难也，唯不兴能之。"《宣和画谱》说东晋大画家顾恺之"尝于瓦官寺北殿画维摩诘像，将毕欲点眸子，乃谓寺僧曰：'不三日，观者所施可得百万。'已而果如之"。《洛神赋图》运用了墨线勾勒法，可能源于西域画风。[①] 而后来的张僧繇、曹仲达和杨子华等更是不同程度地直接或间接吸收了西域绘画风格与技法，创作出一幅幅传世名作。

以上事实说明，古代"西域"不仅是汉传佛教来源之一，更重要的是在中印佛教文化交流中肩负着关键的纽带和桥梁作用。

---

① 牛克诚：《色彩的中国绘画》，湖南美术出版社2001年版，第24页。

第二章

鸠摩罗什的佛学历程

第一节　鸠摩罗什对说一切有部的学习

一　对印度说一切有部经典的学习

鸠摩罗什少年所处的龟兹佛教环境，正是印度罽宾有部在龟兹影响深刻、占据主导地位的时代。在鸠摩罗什以前，龟兹就已经与罽宾的小乘佛教紧密联系在一起了。西域沙门智山，也曾经到罽宾学习禅法。后赵政权的传教大师佛图澄，就是学习了罽宾的小乘佛教之后，又来内地传教的。《高僧传》卷9本传记载他"再到罽宾受诲名师，西域咸称得道"。他是龟兹人看来是曾赴迦湿弥罗修学的。同传又载："虎以事问澄，澄因谏虎曰：王过去世经为大商主。至罽宾寺，尝供大会。中有六十罗汉，吾此微身亦预斯会。时得道人谓吾曰：'此主人命尽当受鸡身，后王晋也。'今王为王，岂非福耶。疆场军寇，国之常耳，何为怨谤三宝，夜兴毒念乎？"[1] 这里又提到罽宾寺，也透露着佛图澄的小乘教法来源于罽宾的信息。

耆婆携鸠摩罗什去罽宾留学，寻找高师大德进行佛学深造，本身就说明了罽宾佛教在龟兹人中的影响和崇高地位。鸠摩罗什回国以后，年二十，受戒于王宫，又从卑摩罗叉学《十诵律》。卑摩罗叉是罽宾人，[2] 当时来龟兹讲学或者传法，而他教授的《十诵律》也是当时罽宾说一切有部盛行的一部戒法。后来盘头达多又来到龟兹寻鸠摩罗什，这些都说明罽宾与龟兹之间的联系十分密切和广泛。像《十诵律》之类的有部律典，

---

[1]　汤用彤校注：《高僧传》卷9《佛图澄传》，中华书局1992年版，第345、350页。
[2]　汤用彤校注：《高僧传》卷2《卑摩罗叉传》，中华书局1992年版，第63页。

在当时的龟兹地区极为流行，它们的源头就来自罽宾。

小乘佛教的特点就是十分看重修行，同时对戒律遵守十分严格，认为只有这样才能达到阿罗汉的正果。《比丘尼戒本所出本末序》中记载"寺僧皆三月一易屋、床坐或易兰者。未满五腊，一宿不得五依止"。而比丘尼也是"用法自整，大有检制。亦三月一易房、或易寺。出行非大尼三人不行。多持五百戒，亦无师一宿者辄弹指之"。① 这一戒本是中原僧人僧纯、昙充在龟兹得到的，从而传向了内地。说明在4世纪末，龟兹地区十分流行和看重佛教戒律。在新疆库车附近发现的用吐火罗语写成的《波罗提木叉》佛经残卷，证明在贵霜王国流行的说一切有部佛经，同样也在龟兹地区使用。而这一佛经残卷，正是鸠摩罗什翻译的《十诵比丘尼戒本》。②

当时禅法传承者有二位大师一是达磨多罗，二是佛大先，被称为是"西域之俊，禅训之宗"，他们都在罽宾活动。觉贤译出的《修行方便禅经》，系统地介绍了二人的禅法，但现存禅经却只有佛大先的，达磨禅法已成秘传而不公开了。慧观作《修行地不净观经序第十六》云：

> 五部既举则深浅殊风。遂有支流之别。既有其别。可不究本详而后学耶。此一部典。名为具足清净法场。传此法至于罽宾。转至富若蜜罗。富若蜜罗亦尽诸漏具足六通。后至弟子富若蜜罗。亦得应真。此二人于罽宾中为第一教首。富若蜜罗去世已来五十余年。弟子去世二十余年。昙摩多罗菩萨。与佛陀斯那俱共。谘得高胜宣行法本。佛陀斯那化行罽宾。为第三训首。有于彼来者。亲从其受法。教诲见其涅槃。时遗教言。我所化人众数甚多。入道之徒具有七百。富若蜜罗所训为教师者十五六人。如今于西域中炽盛教化。受学者众。昙摩罗从天竺来。以是法要传与婆陀罗。婆陀罗与佛陀斯那。佛陀斯那愍此旃丹无真习可师。故传此法本流至东州。

当时的罽宾国内教授禅法的高徒有十五六人之多，足见当时禅法的盛行。

---

① （梁）释僧祐著，苏晋仁、萧鍊子点校：《出三藏记集》，中华书局2000年版，第410—411页。

② ［日］羽溪了谛：《西域之佛教》，贺昌群译，商务印书馆1999年版，第102页。

佛陀跋陀罗就是在此受法后将佛大先的禅法传到东土。

鸠摩罗什在长安译的很多经典，都是来自罽宾地区的。其中最具有突出地位的就是禅法戒律方面的，如《禅法要》二卷、《禅经》三卷、《禅法要解》二卷、《十诵律》六十一卷、《十诵比丘戒本》一卷等。而《成实论》十六卷也是鸠摩罗什在罽宾学法时接触的论卷，所以才有后来的翻译。鸠摩罗什译出的《坐禅三昧经》，是把西方佛学者特别是有部各家禅要著作加以编辑而成的，其中包括童受、世友、众护、众军、近护、胁尊者、马鸣等有部各大德的说法。[①] 前后秦时代罽宾僧人僧伽提婆、僧伽跋澄、昙摩耶舍、佛陀耶舍、卑摩罗叉、佛驮什等在关中的译经传法，使有部的《毗昙》《阿含》及《十诵》《四分》等律学直传入华；而稍后的佛驮跋陀罗又继其余绪，传承了佛大先的禅法，从而使内地的戒律禅法逐步走向系统。

二　鸠摩罗什接触的印度说一切有部思想

鸠摩罗什从小就接触和学习的是来自罽宾的小乘佛教思想，然后又到罽宾深造，结识了许多有部的名师，为他以后的佛学发展奠定了坚实的基础。虽然他后来转向了大乘，但是来自罽宾的小乘有部的思想、教团观念等一直影响到他的终生，尤其是来到长安后的一系列活动，十分明显地体现了这一特征。

《高僧传》特别提到，鸠摩罗什在六岁时学习的第一部佛教经典就是有部大师迦旃延子的《毗昙》，即《阿毗达磨发智论》。尽管鸠摩罗什是龟兹人，但是在佛学上对他影响最深远也是最多的就是罽宾说一切有部的僧团。从僧传中的记载可知，他在罽宾跟随盘头达多大师学习了小乘佛学的中、长《阿含经》和《杂藏》的基本内容。在回龟兹停留莎勒的途中研习了《阿毗达磨发智论》和《六足》论集的体系，这些都是构成他以后佛教哲学的基础。正是有了小乘佛教的这些知识，才有了他后来向大乘佛教转变的理论基础。日本学者横超慧日指出："无论是《般若经》的翻译还是解释，持有对于有部论《阿毗昙》的正确素养都是不可欠缺的条件。从这个角度看，在中国，在罗什以前，早已有如东晋支道林、符秦道安等许多《般若经》的热心研究者，但把《阿毗昙》作为辅助学问掌握

[①] 参见吕澂《印度佛学渊源略讲》，上海人民出版社1979年版，第59页。

的学者却一位也没有。就这一点而言，罗什来到作为根据地的罽宾钻研有部，其后又接近大乘，并经过刻苦努力转向大乘，在中国佛教史上，无论从哪一方面看，都应当说是无与伦比的第一人。"①

同时我们也应该看到，虽然鸠摩罗什后来转向了大乘佛学，但是小乘佛学的影响是始终抹不掉的，而且他也不可能脱离当时的环境。他在长安译经的岁月中，虽然知道《十诵律》和《成实论》属于小乘的理论，但是为了传法的需要，不得不认真翻译。与他配合的西域高僧中，他的两位师父来自罽宾，佛驮跋陀罗（觉贤）、昙摩流支以及昙摩耶舍也来自罽宾。因此，罽宾的说一切有部对他的影响是不可能清除掉的。这种影响不仅仅是在佛学理论上，也表现在宗教实践方面，其中就有以有部为中心的寺院主义思想。

第二节　大乘佛学的接收和信仰转变

一　鸠摩罗什大乘转变的时间

鸠摩罗什由小乘转变为大乘的时间、地点，各种佛教史籍的记载与学者的说法不一，多根据《高僧传》定为12岁，即公元355年。《高僧传》和《出三藏记集》的记载都肯定他在莎车国首次接触到大乘思想。《出三藏记集》记载：

> 其母携还龟兹。至月氏北山。有一罗汉。见而异之。谓其母言。常当守护此沙弥。若至三十五不破戒者。当大兴佛法度无数人。与沤波掬多无异。若戒不全无能为也。正可才明俊艺法师而已。什进到沙勒国。顶戴佛钵心自念言。钵形甚大。何其轻耶。即重不可胜。失声下之。母问其故。答曰。我心有分别。故钵有轻重耳。什于沙勒国诵阿毘昙六足诸门增一阿鋡。及还龟兹名盖诸国。时龟兹僧众一万余人。疑非凡夫。咸推而敬之。莫敢居上。由是不预烧香之次。遂博览四韦陀五明诸论。外道经书阴阳星算莫不究晓。妙达吉凶言若符契。性率达不砺。小检修行者颇非之。什自得于心。未常懈意。后从佛陀

---

① 转引自孙昌武《中国文化史上的鸠摩罗什》，《南开学报（哲学社会科学版）》2009年第2期。

耶舍学十诵律。又从须利耶苏摩咨禀大乘。乃叹曰。吾昔学小乘。譬人不识金以鍮石为妙矣。于是广求义要。诵中百二论。①

《高僧传》记载：

> 至年十二，其母携还龟兹；诸国皆聘以重爵，什并不顾。时什母将什至月氏北山，有一罗汉见而异之……什进到沙勒国，顶戴佛钵。心自念言："钵形甚大，何其轻耶！"即重不可胜，失声下之。母问其故，答云："儿心有分别，故钵有轻重耳。"遂停沙勒一年。其冬诵《阿毗昙》，于《十门》、《修智》诸品，无所谘受，而备达其妙；又于《六足》诸问，无所滞碍。……时有莎车王子、参军王子兄弟二人，委国请从而为沙门。兄字须利耶跋陀，弟字须利耶苏摩。苏摩才伎绝伦，专以大乘为化，其兄及诸学者，皆共师焉，什亦宗而奉之，亲好弥至。苏摩后为什说《阿耨达经》，什闻阴界诸入，皆空无相，怪而问曰："此经更有何义，而皆破坏诸法。"答曰："眼等诸法，非真实有。"什既执有眼根，彼据因成无实，于是研核大小，往复移时。什方知理有所归，遂专务方等。乃叹曰："吾昔学小乘，如人不识金，以鍮石为妙。"因广求义要，受诵《中》、《百》二论及《十二门》等。②

在与佛陀耶舍交谈的过程中，鸠摩罗什了解到大乘佛教，从而引起了学习的兴趣。在沙勒，他遇到了身为莎车王子的僧人须利耶跋陀和须利耶苏摩二人。其中苏摩才艺绝伦，弘扬大乘，鸠摩罗什宗奉之。苏摩为他说《阿耨达经》。鸠摩罗什经过与他反复论辩，深为大乘教义所折服，最终放弃小乘立场，专务大乘。此后又从受印度大乘中观学派的基本著作《中论》《百论》《十二门论》等，从而为以后的大乘佛学打下了坚实的基础。鸠摩罗什回龟兹后经常讲经说法，宣传大乘教义，连当时的公主也设大集，请开方等经。虽然看起来鸠摩罗什学习大乘佛教的知识是在少年时代，但是仔细推算，他的大乘转变真正的时期应该是在成年以后，或者

---

① 《大正藏》第 55 册，第 100 页上。
② 汤用彤校注：《高僧传》卷 2《鸠摩罗什传》，中华书局 1992 年版，第 46、47 页。

说是受具戒以后。因为20岁受戒在龟兹，承受的仍然是小乘师父的仪式，说明鸠摩罗什的大乘思想并未能独立起来。后经过国王的支持和自己的深度研习，才最终转变为大乘之师。如此推算，师父盘头达多来龟兹劝说鸠摩罗什，应该是他大乘佛教思想成熟和形成气候之始。

二　鸠摩罗什对中观学说的接受

据《高僧传》记载，鸠摩罗什在罽宾学习小乘之后，在回龟兹的路上，遇见莎车（即后来的斫句迦或子合国）的王子须利耶苏摩，才知道大乘之说和有龙树、提婆等人。后又回到龟兹，经过二十年的钻研，才得以完善自己的哲学思想。

鸠摩罗什在莎车最大的收获就是接触了龙树的中观论学，从而实现了他一生中佛学领域的伟大转向。不仅如此，他还将龙树作为自己崇拜和追求的理想目标。由于受到龙树著作的影响，鸠摩罗什甚至包括后来的其他译经者，转向了大乘经典译经的广泛领域。龙树所著的《十住毗婆沙》与《大智度论》中提到很多大乘经典，在此之前中国并未接触，都是之后才接触到的。从鸠摩罗什师承关系看，三论宗为本宗做了个世系表就是：龙树—提婆……青目……须利耶苏摩—鸠摩罗什。①

提婆在北印度传播龙树的中观学，才使得青目接触到龙树的作品而作注的。那么在北印度的龙树之学又是怎样传入西域的莎车的呢？通过《法显传》我们可以了解到，当时西域大乘占主导的国家只有于阗和子合（莎车），再向西过葱岭，过雪山再向南，几乎都是小乘佛教的天下，只有僧伽施国大小乘兼具。但是法显没有再往西去犍陀罗地区，根据后来世亲无著的事迹，该地区有大乘佛教的经典流行，也就是说法显的记载并不深入和全面。根据以上叙述，我们可以推测，罽宾以西和以南的地区是流行大乘佛教的，龙树的学说在此地区也是有迹可寻的。莎车王子须利耶苏摩正是从这些地区学到的龙树的理论并回到本国的。

当时的莎车（斫句迦）是接触大乘佛教思想的前头堡，于阗的大乘应该是由此传入的。但是从总体上分析，葱岭以东的中国西域部分，鸠摩罗什时代更为盛行小乘佛教。强大的教团势力让大乘思想传播缓慢。再加上西域诸国的争霸战乱，佛教的发展某种程度上受到了影响。而从当时的

---

①　吕澂：《印度佛学渊源略讲》，上海人民出版社1979年版，第126页。

情况和年代分析看，龙树的中观论学说和作品应该是刚刚传入莎车不久，还没有来得及向东传播。

鸠摩罗什一方面由于年轻气盛，容易接受新鲜事物，但是更为重要的是大乘思想尤其是龙树的中观哲学理论，更能够让他解决原来学佛中的很多谜团和困惑，使他的佛学思想得到广阔地发挥。在莎车期间，鸠摩罗什学习的不仅仅是四论，还接触了大量的大乘佛教的经典。但是我们必须清楚，真正使鸠摩罗什思想发生转变的是龙树的哲学理论。在某种程度上，他应该在这之前多少接触过一些大乘经典，比如在僧传中记载龟兹藏有的《般若经》就是其例，但是他却一无所知，缺乏的是哲学理论的指导，这和中国内地的僧人几乎具有很大的一致性。

竺法护比鸠摩罗什早半个世纪，就没有接触到中观论学，是历史给了鸠摩罗什一个机遇，让他把中观学和大乘教的许多经典带到中国。但同时又由于鸠摩罗什在龟兹和凉州的耽搁近四十年，又使得他没有接触到《大般涅槃经》，表现出历史的超越和滞后同时存在的特性。所以也造成虽然他传的般若学使中国佛教的佛学方向豁然开朗，但是其存在的历史又是十分的短暂，很快被涅槃学和其他内地僧人关心的领域代替。

三　鸠摩罗什所接触的大乘经典

鸠摩罗什初次学习大乘经典，实现人生的重大转变是在莎车国。据莎车不远的西北部是疏勒国，也就是《鸠摩罗什传》中提到的沙勒。两地距离很近，当鸠摩罗什在沙勒听到有大乘佛教的消息后，才决定前往莎车学习。这一地区是通往中亚和印度的要冲，当然两者也有一些区别。有关早期莎车佛教信息的记载资料缺乏，鸠摩罗什在那里结识了苏摩，开始学习了《阿耨达经》，后又受诵《中》《百》二论及《十二门》等。这说明当时的莎车国大乘佛教十分流行，而且龙树的中观论学已经传入到该区。随后的法显来到莎车，《法显传》记载："法显等进向子合国。在道二十五日。便到其国。国王精进有千余僧。多大乘学。"玄奘的《西域记》记载："淳信三宝。好乐福利。伽蓝数十。毁坏已多。僧徒百余人。习学大乘教。"从以上文献记载可推出，从4世纪至7世纪，莎车信奉的主要是大乘佛教。根据法显和玄奘的游记，西域诸国中以大乘教为主的国家还有于阗，两个国家靠得十分近，有密切关联是十分自然的事。

根据《出三藏记集》卷2记载，鸠摩罗什共译经35卷，分类如下：

大乘般若部：《新大品经》《新小品经》《金刚般若经》

大乘法华部：《妙法莲花经》

大乘华严部：《十住经》《十住毗婆沙论》

大乘方等部：《维摩诘经》《持世经》《贤劫经》《首楞严经》《无量寿经》《华首经》《菩萨藏经》《思益梵天所问经》《称扬诸佛功德经》《自在王经》《弥勒下生经》《弥勒成佛经》《诸法无行经》《文殊师利问菩提经》《菩萨诃色欲法经》

大乘中观论部：《中论》《大智度论》《十二门论》《百论》

大乘律部：《佛藏经》

小乘经部：《遗教经》《杂譬喻经》《坐禅三昧经》《禅秘要法》《禅法要解》《十二因缘观经》

小乘论部：《成实论》

小乘律部：《十诵律》《十诵比丘戒本》

鸠摩罗什的这些经典与他的学法经历中接触的佛经有很大的关系。他接受经典和佛学的地方对他影响较大的主要有四个地方：故乡龟兹、罽宾、疏勒和莎车。其所学经典的来源是十分清楚的。所有小乘佛教的经律论主要是在龟兹和罽宾获得的，但是它们都来源于小乘说一切有部占主导地位的罽宾地区。大乘方等部15部是最多的部类，是鸠摩罗什大乘佛教之学的主要部分之一。他的母亲临走之前对他说："方等深教，应大阐真丹。"看来鸠摩罗什当时掌握的大乘佛教内容，多数属于方等部经典。通过前面的分析，我们知道这些经典主要来自大月氏国家。[1] 传播大乘佛教的早期大师中，支娄迦谶就是大月氏人，竺法护原籍也是月氏，只不过遇到其师竺高座后才改姓名。从他们的译经看，当时贵霜王国流行的主要经典有《宝积》的《宝严》；《华严经》的《十地》《十住》与《入法界品》；净土经类的《阿弥陀佛》《阿閦佛》；般若类的《小品》与《大品》；《大集经》中的《般舟三昧经》；还有《维摩诘经》《法华经》和《首楞严三昧经》等。由于鸠摩罗什所译的很多经典都与二人重复，看来鸠摩罗什所译的大乘经律论都是来自大月氏国家。印顺大师就认为，"原

---

[1] 参见［日］羽溪了谛《西域之佛教》，贺昌群译，商务印书馆1999年版，第95页。

籍印度，生长龟兹，曾游学罽宾的鸠摩罗什。他们的译藉，可以看作大月氏（贵霜王朝）时代的大乘佛教。"①

　　鸠摩罗什的译经来源和他所接触的佛教既然是来自中印度和北印度地区，其传播的路线应该是由中印度和北印度地区首先传播到莎车及其附近地区，这里形成大乘佛教经典的聚集中心，然后再向西域和内地输入。第一，根据法显的《佛国记》和《高僧传》之《鸠摩罗什传》，鸠摩罗什时代西域诸国与大乘佛教有关的只有莎车、沙勒、子合国和于阗。（或许子合与沙勒同域异名）于阗在鸠摩罗什以前就流行大乘佛教，266年朱士行去于阗带回《放光经》就说明当时的般若流行情况。而在中国内地，东汉后期支娄迦谶已经将此经译出。支娄迦谶来自大月氏国，因此于阗的版本应该来自西方的大月氏。第二，鸠摩罗什的诸多经本都与西晋时期的竺法护译经相同，看来二者经本出于同一地方的可能性比较大。而《正法华经》即《法华三昧经》最早在吴废帝亮五凤二年（255）就由支强梁接译出，此人正是来自大月氏。但是从《法华经》产生的地域来看，它又是产生在中印度一带。好像是该经产生后，传播到北印度，接着又传入到了西域地区。第三，昙无谶后来所译的《大般涅槃经》，和鸠摩罗什年代相差不远，而该经产生于中印度的笈多地区。4—5世纪的无著和世亲，也是犍陀罗人。他们一个信奉小乘，一个信奉大乘，说明当时的犍陀罗地区是有大乘佛教流通的。而到后来，两人皆成为大乘佛教的大师，说明了当时中印度和北印度地区，大小乘佛教力量的发展变化趋势。玄奘在印度就听到过这样的传说：世亲为了学《大毗婆沙论》也到迦湿弥罗去偷听，回到犍陀罗后，就为大家讲说。因为是新事，听众特别多，世亲每讲一天，就归纳成一颂，讲了两年，共做成六百颂。虽是传说，但可以看出当时的罽宾地区还是盛行小乘有部的思想。第四，2—4世纪，大月氏的大乘佛教正处于逐步繁荣的时期，无论是西域还是中国内地，佛教的传入基本上来自北印度地区和中亚地区，这正是当时的贵霜王国的统治区域。从鸠摩罗什游历的路线看，译经来自大月氏地区，接触的主要是大乘方等部，这与大月氏流通的佛经一致。第五，上述已提到在库车附近所发掘之大月氏国语即用睹货罗（吐火罗）语所书的说一切有部的《波罗提木叉》残卷，就是鸠摩罗什来长安翻译的《十诵比丘戒本》；另外德国探险队在

---

① 释印顺：《中国佛教论集》，中华书局2010年版，第11页。

中亚所发现的《弥勒下生经》，根据谟纳氏 1907 年的报告，其跋尾为印度语译为睹货罗语，又由睹货罗语更译为土耳其语。① 而无论是竺法护还是后来的鸠摩罗什，他们所译的《弥勒下生经》都与中亚所发现的版本有密切的关系。

《高僧传》卷 2 还记载鸠摩罗什在王新寺时，"后于寺侧故宫中，初得《放光经》"，说明当时的龟兹已经有了般若类的经典。三国时期的朱士行在于阗得此版本，由竺叔兰和无罗叉遂在 291 年共译为《放光般若经》三十卷（或二十卷）。于阗和龟兹的版本具有一定的关联性，而莎车（斫句迦）和疏勒则是发生关联的重要地区。它们是由大月氏到疏勒，然后再传播影响到新疆南北两线的。鸠摩罗什是在莎车接受的中观学说，看来该学说形成后首先在北印度流传，然后传播到莎车的。从这里也可以看出，大乘佛教是从犍陀罗、乌仗那等北印度地区出发，继而越过大雪山和葱岭再向东来的。法显西去和玄奘回国经过的都是这一路线。

第三节　个人信仰品质的树立

一　鸠摩罗什对大小乘佛教的认识

鸠摩罗什对佛教大小乘的态度一直是学者议论的地方。这个问题我们必须全面地去看，而不能只强调其中一个方面。鸠摩罗什自小学习的是小乘一切有部的思想，但是到后来转向了大乘，通过传记资料可以了解得很清楚，他的这种转变是彻底的，以至于对小乘批判也十分激烈，而对大乘般若思想则又是终生去弘扬。因此他完全是一个大乘高僧。但他并没有完全放弃小乘佛教的理论，而是用它来为大乘佛教的发展服务。

鸠摩罗什的大乘佛学转变是在莎车国遇到苏摩王子。当接触到大乘佛学，尤其是般若空的观点后，专心倾向大乘，"方知理有所归，遂专务方等"。当时鸠摩罗什高兴地说："吾昔学小乘，如人不识金，以鍮石为妙。"② 把大小乘的区别比喻成金和石的关系。由此可以看出他当时对大乘转变的喜悦态度。他转向大乘之后，开始了研习和弘扬大乘佛教的道

---

① 参见［日］羽田亨《论汉译之佛典》，《艺文》第二年四号题；［日］羽溪了谛《西域之佛教》，贺昌群译，商务印书馆 1999 年版，第 103 页。
② 《大正藏》第 50 册，第 330 页下。

路。但是对于当时北道的西域诸国，尤其是龟兹小乘佛教主导天下的形势，鸠摩罗什并没有退缩，而是采取了相对激进的方式。他利用自己皇室亲属的优势地位，掀起了一场与龟兹王帛纯的政治变革紧密配合的宗教改革运动。通过这场运动，鸠摩罗什把大乘佛教在龟兹全面推开，并逐步传播到西域其他国家去。他在研读《放光般若经》时，曾有"魔来蔽文"，就是表现出与小乘斗法中不畏艰险的顽强意志。罗什并没有因为挫折经历改变自己的大乘佛学之路，来长安的目的，更大程度上是为了弘扬大乘佛教，完成自己的梦想。因此虽然已近老年，鸠摩罗什却表现出顽强的精神和毅力，倍加努力献身于译经事业之中。所有这些表现无不与他对大乘的热爱有直接关系。

关于鸠摩罗什的大小乘佛教思想，在他翻译的《大智度论》中明确提出"佛法有二种：小乘、大乘"①。并且说："佛法有二种：一者声闻辟支佛法，二者摩诃衍法。声闻法小故，但赞声闻事，不说菩萨事；摩诃衍广大故，说诸菩萨摩诃萨事。"② 在他译的《法华经》中对三乘与一乘作对比，宣称大乘经典为菩萨法。罗什在《大乘大义章》中说："后后五百岁来，随诸论师，遂各附所安，大小判别。"③ 很明显，在他的思想中具有十分鲜明的大小乘宗派不同的判教意识。但是他最突出的思想就是宣扬般若毕竟性空的佛学，贬斥小乘一切有部的理论。

《大乘大义章》之《次重问法身并答》云："但阿毗昙法摩诃衍法，所明各异。如迦旃延《阿毗昙》说，幻化梦响镜像水月，是可见法，亦可识知，三界所系，阴界入所摄。大乘法中幻化水月，但诳心眼，无有定法"④，"三十四心、九无碍道，九解脱道皆非佛说。何以故？四阿含、毗尼，及摩诃衍中无此说故，但阿毗昙者作如是分别。若佛有此说者，当求本末，而来难以之为过，不受所论。又三十四心九无碍九解脱道，以人通议故，是以于《大智论》中说，为分别佛与二乘为异耳。"⑤

《次问修三十二相并答》云："所问三十二思者，迦旃延弟子，自以

---

① 《大正藏》第25册，第711页中。
② 同上书，第266页下。
③ 《鸠摩罗什法师大义》卷上，《大正藏》第45册，第123页下。
④ [日] 木村英一编：《慧远研究——遗文篇》，东京：创文社，1960（11），第12页。
⑤ 《鸠摩罗什法师大义》卷中，《大正藏》第45册，第131页上。

意说耳，非佛所说。"① "迦旃延《阿毗昙》中，无漏法无有果报。何以故？声闻法中但说三界事，及小涅槃门。大乘法中，过凡夫法及小涅槃门，更说清净大乘事。"②《次问四相并答》云："言有为法四相者，是迦旃延弟子意，非佛所说。众经大要有二，所谓有为法、无为法。……此是他人意，非所信受，何得相答。如他人有过，则非所知。"③ 鸠摩罗什在区分大小乘时，主要针对的是迦旃延的《阿毗昙》。首先从不同内容的举例上阐述《阿毗昙》不是佛陀所说，没有宗教的继承性和神圣性，借此贬低小乘的一切有部的思想。同时还指出一切有部与龙树的中观般若空宗的区别，贬低有部是小乘，而般若思想则是大乘之学，将阿毗昙法和大乘法断然区分开来。

鸠摩罗什的大乘思想还表现在禅定修行之中。对于大小乘的修行不同，他认为二者从一开始建立的认识就存在质的差异。小乘学者根据的是众生空、十二因缘等教理开始修行，而大乘修者则由我法俱空，直指诸法实相开始修行，从而产生二者所得修行果位亦有不同。

鸠摩罗什少年开始学习的禅法是小乘的禅法，后又转向大乘。但到长安不久，应僧叡等人的要求，他译出《坐禅三昧经》和《禅法要解》。鸠摩罗什在《注维摩诘经》中强调定与慧的关系："出家凡有三法：一持戒；二禅定；三智慧。持戒能折伏烦恼，令其势微。禅定能遮，如石山断流。智慧能灭，毕竟无余。"④ 对烦恼而言，禅定只能遮而不能断，必须加般若智慧，才能灭断烦恼达到"毕竟无余"的境界。他对大乘禅法的开展，是建立在对小乘禅定反思的基础之上的。小乘禅定注重坐禅，有出定、入定的限制；大乘禅法则主张行、住、坐、卧间的常定，"七住以上，其心常定，动静不异"。⑤ 所以《大智度论》说："菩萨常入禅定。"⑥ 僧肇指出："小乘入灭尽定，则形犹枯木，无运用之能。大士入实相定，心智永灭而形充八极，顺机而作，应会无方。"⑦ 是说小乘禅者在证入八解脱中的最后一种灭尽定时，形犹枯木，而大乘菩萨的实相定，能形充

---

① ［日］木村英一编：《慧远研究——遗文篇》，东京：创文社，1960（11），第17页。
② 同上书，第18页。
③ 同上书，第37页。
④《大正藏》第38册，第358页下。
⑤《注维摩诘经》卷5，《大正藏》第38册，第379页上。
⑥《大智度论》卷17，《大正藏》第25册，第188页下。
⑦《注维摩诘经》卷2，《大正藏》第38册，第344页下。

八极。

鸠摩罗什大乘禅法的核心是"实相",《坐禅三昧经》中的解释是"诸法实相中,无净无不净。亦无闭,亦无出。观诸法等,不可坏,不可动,是名诸法实相"①。《大智度论》中说:"菩萨知诸法实相故,入禅中心安隐不着味","若得诸法实相,观五盖则无所有,是时便知五盖实相即是禅实相,禅实相即是五盖"。② 在《思惟略要法》中鸠摩罗什则对"诸法实相观法"进行了具体的阐释,"诸法实相观者,当知诸法从因缘生。因缘生故,不得自在"③。虽然他传的禅法起源于罽宾的小乘禅法,但是却利用大乘经典的内容创造出了实相禅法。

鸠摩罗什对一切执着都用中观破的方法给予对待,充分显示了大乘般若学的观点。《维摩诘经》第一品《佛国品》中提出:"大乘心是菩萨净土。"又有"随其方便,则成就众生;随成就众生,则佛土净,则智慧净。随智慧净,则其心净。随其心净,则一切功德净。"他的这种教化众生,忍辱不懈,并积极进取的人生价值取向,正是大乘佛法精神的最好实践者。

虽然鸠摩罗什是大乘佛教的积极倡导者,但是他却与小乘一切有部佛学有着天然的联系。他早期所学的佛教理论都是关于小乘学派的。我们不能绝对地把鸠摩罗什看成是反对小乘学派的人。如果说在龟兹,鸠摩罗什与小乘学派进行激烈的宗教斗争是弘法和政治的需要,那么他来到长安之后,则来了一个不小的转变。因为他的主要活动就是要在后秦统治集团的要求下,进行译经。为了译经事业的推进,他不得不与印度的僧人团建立良好的合作关系。同时又由于各种因缘和私人感情的存在,他对小乘又采取了部分包容的做法。他在龟兹的几位师父都是小乘有部的,但是我们不得不承认,鸠摩罗什和他们保持了良好的友谊。尤其是在长安的岁月里,两位师父先后找他,表现出的是亲密无间的感情。这种感情使得他们之间的派别分歧显得微不足道,相互包容和体贴反而成了主要方面。如果说鸠摩罗什与其他在长安的西域小乘僧人相互合作完成已经带有十分明显的政治目的的话,那么他与两位师父的合作却是真挚感情的流露。从这一点上

---

① 《坐禅三昧经》卷下,《大正藏》第15册,第281页下。
② 《大智度论》卷17,《大正藏》第25册,第188页上、第189页中。
③ 《思惟略要法》,《大正藏》第15册,第300页上。

讲，鸠摩罗什对小乘存有的包容思想是存在的。因此对当时内地佛教界和后秦政界要求的小乘译经，他还是考虑去完成的。在这种情况下，鸠摩罗什完成对《成实论》《十诵律》等小乘经论的翻译也是在情理中的。

鸠摩罗什鲜明的大小乘判教思想，给中国佛教带来了重要的影响。首先就是他传播的大乘中观般若学的理论，以犀利独有的思想区别了与原来传入内地般若学的内容，指出了它们的不同，更在哲学领域给予显著的分辨。在他的指导下，其弟子掀起了对般若学研究的高潮，僧肇、僧叡和道生等人的思想脱颖而出。尤其是僧肇的三论，对以前的般若学派进行了彻底的清算，从而划清了与中国玄学的界限，使佛教般若学和中国的佛教哲学有了自己的清晰体系，不再依附于玄学从而走上独立发展的道路。其次，小乘禅法传入中国内地较早，但是它缺少大乘般若思想的精神。他所出的禅经，虽然是杂采五家禅法，在实践上缺乏具体、可行的禅观，但是却代表了大乘佛教教理上的很高成就。这无疑促使中国佛教界不断反思印度佛教的种种差别，推动大乘佛教思想的独立化进程。最后，鸠摩罗什的大小乘判教的思想，带来了中国佛教界新的大小乘之争，南北朝时期的这些争论，又促进了判教理论的发展，最终使中国佛教的大乘意识得以树立。竺法度为昙摩耶舍之弟子，提出"无十方佛，唯礼释迦"的观点，结果被视为佛教界的"异端"，而遭到大乘主流思想者的反对。僧祐的"五时判教"云：

> 夫至人应世，观众生根，根力不同，设教亦异。是以三乘立轨，随机而发，五时说法，应契而化沿粗以至妙，因小以及大，阶渐殊时教之体也。自正法稍远，受学乖互。外域诸国或偏执小乘，最后《涅槃》显明佛性。而犹执初教，可谓胶柱鼓琴者也。[1]

这里指出任何佛法，可以从"五时"来进行区分，它们的发展是从粗至妙、从小到大次第展开的，而小乘佛教则是在被判为迷执的阶段出现的。僧祐评价说"关中大众，固已指为无间""大乘难诬，亦可验也"，毁谤大乘就会遭到堕地狱的罪过，弘扬大乘贬斥小乘的观念十分强烈。充分说明大小乘之间的对立与判别。鸠摩罗什的译经与弘传，使得印度佛教

---

[1] 《出三藏记集》卷5，《大正藏》第55册，第40页下。

内大乘与部派佛教的对抗，延伸到 5 世纪初中期的中国佛教。南北朝后期，吉藏、智𫖮等人的判教理论，进一步把大乘经典的地位抬高，以至于隋唐成为八大宗派皆为大乘的局面。

二 鸠摩罗什大乘信仰的成熟

鸠摩罗什在莎车接触了大乘佛学，从此开始了大乘事业的追求和弘扬。回到龟兹，他进一步研习大乘佛教经典，提高自己的佛学修养。由于国王的大力支持，他逐步在龟兹取得地位，大乘佛教开始占据上风，引来了龟兹及其西域周边国家佛教发展的重大转向。这给他带来声誉的同时，也带来了东土传教的可能。

鸠摩罗什 14 岁左右在莎车开始接触大乘佛教，当时学习的主要是龙树的中观论学，对大乘的佛学思想有了基础性的认识。但是他大乘佛学真正发展的时期是在回到龟兹后的岁月。刚到龟兹，他就开始向当时已经出家为尼的王子传授大乘佛教。《高僧传》记载当时的王子阿竭耶末帝出嫁信息："闻法喜踊，乃更设大集，请开方等经奥。什为推辩'诸法皆空无我'分别'阴界假名非实'。时会听者，莫不悲感追悼，恨悟之晚矣。"当时不少人开始归信大乘教。而鸠摩罗什只是一个少年，各方面还没有成熟，影响有限。到 20 岁的时候，他才开始受戒成为僧人，《高僧传》记载"至年二十，受戒于王宫，从卑摩罗叉学《十诵律》"①。当母亲离家出走时，他决心留下来弘扬大乘，随后进入王新寺。《比丘尼戒本所出本末序》中就记载说："王新僧伽蓝九十僧。有年少沙门大乘学，与舌弥是师徒，字鸠摩罗才大高，明而舌弥阿含学者也。"② 当时龟兹的寺院很多也很豪华，其中提到的七个寺院归师父舌弥管辖，鸠摩罗什则主持王新寺，有僧 90 人。也就是在王新寺，他发现了《般若经》等大乘经典，开始大量学习和研究大乘之学。

随着鸠摩罗什年龄的增加和学问的提高，开始受到国王的重视，地位逐步攀升。最后当他说服声满西域的师父盘头达多归信大乘的时候，终于使他成为声震西域的高僧。每年讲说，各地的诸王皆长跪于讲座两侧。③

---

① 汤用彤校注：《高僧传》卷 2《卑摩罗叉传》，中华书局 1992 年版，第 48 页。
② 《出三藏记集》卷 11，《比丘尼戒本所出本末序》，《大正藏》第 55 册，第 79 页下。
③ 汤用彤校注：《高僧传》卷 2《卑摩罗叉传》，中华书局 1992 年版，第 49 页。

从以上分析可以看出，龟兹国内当时的大乘佛典应该不在少数，鸠摩罗什在长安所译的佛经中，大部分还是来自龟兹。当时，王宫中已典藏了《放光经》的原本。隋朝的阇那崛多，又认为什公所译之《妙法莲花经》原本，系来自龟兹。①《高僧传》还记述，他在龟兹"停住二年，广诵大乘经论"，其时龟兹王宫内庋藏的大乘经籍，必然种类很多，若据鸠摩罗什的译经，应以方等部居多，并有般若、法华、秘密、宝积各部。

鸠摩罗什的大乘之学的崛起也充满了与小乘佛教斗争的内容。他在研读《放光般若经》时，曾有"魔来蔽文"。虽然带有神奇的传说性质，但表现的却是当时佛教大小乘之间的矛盾斗争。魔在空中说："汝是智人，何用读此。"鸠摩罗什回答："汝是小魔，宜时速去，我心如地，不可转也。"此番"魔"所说的话，十分清楚是对鸠摩罗什改学大乘的指责。他答曰"汝是小魔"的"小"字，也非常清楚是指小乘。在这一斗争过程中，鸠摩罗什表现出顽强的意志和专一的目标追求，表达了他对大乘佛教事业的矢志不移的态度。同时还有和他师父盘头达多的艰苦论争，最后才使师父信服大乘。②

我们还可以看到，在当时的龟兹国内，大小乘佛教是兼容的，同时存在的。鸠摩罗什虽然转向了大乘，但在20岁受戒以后，仍然跟着小乘教的卑摩罗叉学《十诵律》。在鸠摩罗什入住王新寺的时候，虽然与师父舌弥在王宫内分属大小乘，但是并没有看出他们之间的矛盾，可以说是互相容忍的。这种容忍在葱岭以西的北印度地区也有此倾向。这一地区虽然是有部的统治区，但是大乘佛教始终是流行的，大小乘并存的局面持续上千年而未能改变。这种精神也同样在龟兹国内存在。鸠摩罗什在龟兹的大乘传法，并不妨碍小乘佛教的继续发展。鸠摩罗什同多个小乘师父在同一地区活动，并没有出现过激的矛盾，这一点在早期的克孜尔石窟的佛教艺术中也有突出的表现。这充分体现了位于丝绸之路北道上的龟兹，对四方文化包容和吸纳的心态特点。印顺就此指出："从西北印而传入中国的小乘教，可说从来不与大乘相冲突。《西域记》说：大乘极盛的乌仗那，有五

---

① 隋朝阇那崛多、笈多共译的《添品妙法莲花经》序曰："昔敦煌沙门竺法护于晋武之世译《正法华》，后秦姚兴更请罗什译《妙法莲华》。考验二译，定非一本。护似多罗之叶，什似龟兹之文。余检经藏，备见二本，多罗与《正法》符会，龟兹则共《妙法》允同。"（《大正藏》第9册，第134页下）

② 汤用彤校注：《高僧传》卷2《卑摩罗叉传》，中华书局1992年版，第48页。

部律。《四分律》译者佛陀耶舍，是罽宾人，律序说是'昙无德部体大乘三藏'。小不碍大的罽宾佛教，成为中国古代小乘教的特色，并深刻影响了中国的大乘佛教。"① 孟楠在《略论龟兹文化的兼容性及其启示》一文中指出：自汉代以来，位于丝绸之路北道上的重镇龟兹由于其便捷的交通以及龟兹人开放的心态，尤其是在汉代统一西域后，打破了西域诸国原有的那种相互封闭、互不往来的局面，因而龟兹国在本地文化的基础上，源源不断地吸纳了来自不同地区的文化，从而使自己的文化显示出斑斓多彩的特点。其文化不仅有本地的龟兹文化，还有中原汉文化、印度文化、希腊文化和伊朗文化。②

由于鸠摩罗什的大乘佛教的弘扬，再加上国王诸贵的支持，大乘佛教在龟兹以及附近国家得到了广泛传播。在他未到凉州以前的时期，龟兹国内大乘佛教的思潮逐步占据优势地位。据《法华经传记》卷6引《外国记》中记：

> 达磨跋陀，唐云法贤，龟兹国人也。天性聪明，具通三藏，粗识外国言词，谓小为极，自生贡高，陵辱摩诃衍众，时有巡礼沙门名曰须梨耶诵达法华六千偈，无脱法，对法贤论所诵幽致，贤识三藏单浅，归心大乘，从须梨耶诵达法华，每日五遍为业云云。③

达磨跋陀，是龟兹国人也，唐代称为法贤，是一位从小看重小乘并凌辱大乘的学者。当他接受了《法华经》之后，归心大乘。据羽溪了谛研究："兹所谓巡礼沙门须梨耶者，当即鸠摩罗什大乘佛师须梨耶苏摩，其兄亦同习大乘教之须梨耶跋陀也。苏摩在疏勒曾授鸠摩罗什般若部经论，归依大乘，更来龟兹弘布《法华经》。达磨跋陀，必为才学卓越之龟兹人，后遇须梨耶，蒙其教化，乃奉大乘学，盖其初为纯粹之小乘教徒也。"④

至少在鸠摩罗什居停龟兹期间，龟兹的大乘佛教应占有一定的地位。在同时代开凿的龟兹石窟中含有许多大乘佛教图像。比如大像窟和中心柱

---

① 释印顺：《中国佛教论集》，中华书局2010年版，第10页。
② 参见孟楠《略论龟兹文化的兼容性及其启示》，《龟兹学研究（第一辑）》，新疆大学出版社2006年版，第337—342页。
③ 《法华传记》，《大正藏》第51册，第76页上。
④ [日]羽溪了谛：《西域之佛教》，贺昌群译，商务印书馆1999年版，第191—192页。

窟的出现，就说明了宗教崇拜内涵的变化。大像窟中以第47窟和第48窟为代表，表现的都是大乘佛教的内容。第47窟中涅槃佛像的头光和身光中分化出众多的佛体，一方面表现的是大乘的涅槃观，另一方面表现的是大乘佛教的佛身观。还有第17窟的卢舍那佛壁画和第38窟的立佛龛，都是大乘教法修行的反映。从时间上讲，第47窟的建造大约在4世纪下半期。这不但与6个碳十四测定的数据吻合，也与鸠摩罗什在龟兹弘扬大乘佛法年代相一致。鸠摩罗什离开龟兹后，小乘佛教重新占据优势而大乘佛教则转向了衰退。[1]

鸠摩罗什离开后的龟兹佛教情况，由于资料缺乏，情况不是十分明确。但呈现出的总体趋势就是大乘佛教的迅速衰落和小乘佛教的东山再起。法显是稍微晚于鸠摩罗什的西行求法高僧。鸠摩罗什离开龟兹的时间是385年，法显西行求法离开长安的时间是399年，二人没有机会见面。关于焉耆佛教信仰，法显说："僧亦有四千余人，皆小乘学。法则齐整。秦土沙门至彼，都不预其僧例也。"季羡林据此认为，当时龟兹必然也是小乘，僧徒数目，根据其他记载来推算，一定会比焉耆要多。[2] 据霍旭初的研究表明，鸠摩罗什东去后，克孜尔洞窟出现了"须摩提女请佛"和"降伏六师外道"等宣扬佛陀神通的壁画，"唯礼释迦"的思想十分突出。说明小乘势力得到了强化。[3] 所以等玄奘来龟兹的时候，尽习小乘之学了。《大唐西域记》卷1《屈支国》条中记："屈支国（龟兹）伽蓝百余所，僧徒五千余人，习学小乘教说一切有部，经教律仪取则印度。"[4]

这种情况也不是绝对的，当隋代的达摩笈多去龟兹的时候，其王仍信大乘佛教。《续高僧传》卷2记："又至龟兹国，亦停王寺。又住二年，仍为彼僧讲释前论。其王笃好大乘，多所开悟，留引之心，旦夕相造。笈多系心东夏，无志潜停。密将一僧间行至乌耆国，在阿烂拏寺，讲通前论，又经二年，渐至高昌。"[5]

---

[1] 参见丁明夷《鸠摩罗什与龟兹佛教艺术》，《世界宗教研究》1994年第2期。霍旭初《鸠摩罗什大乘思想的发展及其对龟兹石窟的影响》，《敦煌研究》1997年第3期。

[2] 季羡林：《鸠摩罗什时代及其前后龟兹和焉耆两地的佛教信仰》，《孔子研究》2005年第6期。

[3] 霍旭初：《鸠摩罗什大乘思想的发展及其对龟兹石窟的影响》，《敦煌研究》1997年第3期。

[4] 《大正藏》第51册，第870页上。

[5] 《大正藏》第51册，《续高僧传》，第434页下—第436页上。

三 龟兹国王的宗教变革与鸠摩罗什大乘弘法

在鸠摩罗什回到龟兹以前，龟兹国的佛教主要是罽宾说一切有部的小乘佛学占据主导地位，佛教教团也是以此为基础建立起来的。历代国王和上层贵族都支持小乘教的发展。但是当鸠摩罗什学习完大乘佛教再次回到龟兹后，却发生了历史性的变化。如果说，鸠摩罗什最早在莎车接触大乘教是出于自己兴趣的话，那么他回到龟兹以后却与政治挂上了钩。通过上面内容的分析我们知道，由于鸠摩罗什的弘扬，当时的龟兹开始偏向大乘佛教，大乘佛教一度兴盛。而到了他离去之后，恰巧也就是吕光西征之后，大乘佛教开始衰退，小乘佛教重新占据主导位置。直到盛唐，中原的佛教影响到龟兹以后，这种局面才有所改观。

如果我们稍加分析就会发现，鸠摩罗什学习了大乘佛教以后，面临着一种处境，当时小乘教势力强大的龟兹能不能容忍他。如果不能容忍，他起码在龟兹国是没有前途的。然而事情恰恰相反，他受到了国王的厚待，把他捧到远远高于小乘教师的位置。国王帛纯是他的皇亲，在支持佛教变革这件事上，表现了前后明显的转变，由支持小乘反过来支持大乘。这很明显是宗教领域中的一次重大变革。有些学者已经指出了这场宗教改革的存在。[①] 鸠摩罗什的小乘启蒙师父舌弥，宫中的八寺他却掌管七寺，可见其当时的地位和势力之大。但是在鸠摩罗什进入王新寺后，地位不断上升，最后到了西域诸国诸王皆跪伏的地步，其地位远远超越了舌弥。很明显，这些都是龟兹国王背后支持的结果。如果说这是龟兹王发起的一次宗教改革，鸠摩罗什就是这次改革的急先锋，起码是积极拥护者和执行者。

龟兹王帛纯为什么要进行一次这样的改革呢？它有什么样的历史背景呢？这是我们下面要进一步揭示的问题。

魏晋南北朝时期，中原战争纷乱，无心西顾，致使西域的各国之间出现相互兼并的态势。同时柔然、高车、嚈哒等游牧民族进入西域参与争夺战争。《汉书·西域传》中称："龟兹国，王治延城，去长安七千四百八十里，户六千九百七十，口八万一千三百一十七，胜兵二万一千七十六人。……能铸冶、有铅。东至都护治所乌垒城三百五十里。"可以看出龟

[①] 薛宗正：《鸠摩罗什彼岸世界的超越历程与此岸世界的复归》，《西域研究》1999年第2期。

兹是当时的一个大国。关于龟兹国的疆域，《三国志·魏书》卷30《乌丸鲜卑东夷传》记载："姑墨国、温宿国、尉头国皆并属龟兹也。"同样在《北史》卷97《西域传》中也有记载："姑墨国，居南城在龟兹西，去代一万五百里，役属龟兹。温宿国，居温宿城，在姑墨西北，去代一万五百五十里，役属龟兹。尉头国，居尉头城，在温宿北，去代一万六百五十里，役属龟兹。"自两汉经魏晋南北朝到隋唐近千年时间，龟兹国势力在塔里木盆地北道诸国中占据统治地位，对西域历史影响深远。

《汉书·西域传》载：广利责龟兹曰："外国皆臣属于汉，龟兹何以得受弥质？"这是有关西域南北道绿洲大国称霸现象的最早记载。但经过打击，西域强国的霸权主义受到遏制。不言而喻，西域南北道绿洲大国称霸现象因西汉统治西域而消失，一旦西汉的统治削弱，便会重新露头。据《后汉书·班超传》等，章帝罢都护后，龟兹再度称霸，姑墨、温宿、尉头皆受其役使，后被班超制伏。《班超传》引超疏称："姑墨、温宿二王，特为龟兹所置，既非其种，更相苦，其势必有降反"，知姑墨等亦不过胁从。①

魏晋时期，中原王朝已无力控制西域，大国争霸依然严重。据《晋书·张骏传》等记载，于咸康元年命将伐龟兹、鄯善。《晋书·吕光载记》称光伐龟兹，附近附庸侯王帮助守城。可知龟兹国当时称霸北道，旁国沦为附庸。帛纯逃走后，"王侯降者三十余国"。这似乎暗示龟兹是葱岭以东的霸主，或许有助于理解苻坚欲通西域而命吕光征龟兹的原因。

《晋书》卷97《四夷传》记龟兹国："俗有城郭，其城三重，中有佛塔庙千所，人以田种、畜牧为业。"由于龟兹地处北道的中心位置，并能连接南北各国，自然成为丝绸之路的商业重镇。繁荣的经济也促使佛教兴盛和寺院林立。

当时的小乘说一切有部一直在龟兹占据主导地位。但汉译佛经中也记载了不少出自龟兹人研习大乘的僧人。比如在上文中提到的沙门白延，曾在洛阳白马寺中译出《无量清净平等觉经》；另一帛延译出《须赖经》《首楞严经》《上金光首经》大乘经；授予竺法护《阿惟越致遮经》的龟

---

① 余太山：《两汉魏晋南北朝时期西域南北道的绿洲大国称霸现象》，《西北史地》1995年第4期。

兹副使羌子侯和助竺法护译《正法华经》的帛元信。无论是白延、帛延还是帛元信，皆来自龟兹王室家族，足以说明大乘佛教开始在皇室阶层中流行。这无疑与当时的小乘佛教僧团构成威胁和矛盾。龟兹王帛纯时，"王宫丽，焕若神居"，"胡人奢侈，富于供养，家有蒲桃酒，或至千斛，经数十年不败"。吕光打下龟兹后所获颇丰，"以驼二万余头，致外国珍宝，及奇伎异戏，殊禽怪兽，千有余品，骏马万余匹"①。在这种形势下，龟兹王逐渐萌生了称霸西域的念头。而保守的小乘佛教已远远不能适应其统治的需要，宗教改革势在必行。鸠摩罗什正是这一局势下的可用之人，因此得到龟兹王的大力支持。

龟兹王亲身前往温宿国迎接鸠摩罗什回国，让他广布大乘佛教，就是想以佛教的这种转变为突破口，实施政治改革的道路。为了给弘法铺开道路，专门将王新寺划归鸠摩罗什主持管理，与小乘佛教的势力呈现掎角之势。在鸠摩罗什的努力下，王新寺很快成了弘扬大乘空宗的据点。对于在西域北道得势独霸的龟兹来说，还要把这种改革和大乘的思想推及其他城邦，因此才出现了"西域诸国，咸伏什神俊，每年讲说，诸王皆长跪座侧，令什践而登焉"的历史现象。由于自身努力和龟兹王的大力支持，鸠摩罗什的大乘弘法得到了空前的成功，在未到中原之前，他已经是"道流西域，名被东川"的高僧了。

鸠摩罗什在龟兹的弘法并没有持久下去，首先遭遇的是与小乘势力的斗争。这场斗争同时引发了保守势力政治派与龟兹王之间的争权矛盾，从而引起了龟兹国的社会动荡不安。其次是引起了前秦王苻坚的注意，他不但要打击帛纯的霸权行为，还要将鸠摩罗什夺为己用。建元十三年（377）苻坚就闻西域有鸠摩罗什，"即遣使求之"②。于是发生了吕光西征龟兹，杀帛纯，鸠摩罗什变成阶下囚的历史事件。这一历史事件，龟兹王帛纯和鸠摩罗什的梦同时变得灰飞烟灭。帛震上台执政不久，小乘佛教全面复辟。稍后的昙无谶携《大涅槃经》准备在龟兹弘扬时，因"龟兹国多小乘学，不信涅槃"③，只好作罢并来到姑臧。

古代龟兹都城附近开凿的克孜尔石窟，其中的第47窟、第48窟和第

---

① 《晋书》卷122《吕光载记》，中华书局1974年标点本，第3056页。
② 汤球：《十六国春秋辑补》，卷82，后凉吕光，《丛书集成初编》，商务印书馆1937年版，第678页。
③ 《开元释教录》卷4，《大正藏》第55册，第520页中。

38窟等中心柱窟，表现的皆是大乘佛教的思想。如此浩大的工程，如果没有国王、贵族等的全力支持，没有巨大的财力和人力支撑，是很难办到的。这些都说明了鸠摩罗什在龟兹弘扬大乘佛教时，得到了龟兹王的倾力支持。①

---

① 霍旭初：《鸠摩罗什大乘思想的发展及其对龟兹石窟的影响》，《敦煌研究》1997年第3期。

第 三 章

中国内地佛教的早期发展与困惑

第一节 印度佛教的早期东传与内地佛教发展

一 大月氏大乘佛教的早期东传

汉哀帝元寿元年（前2），博士弟子秦景宪（一说景卢）从大月氏国的使者伊存口授浮屠（佛）经，佛教开始传入中国。虽然有楚王英奉佛和汉明帝感梦，但佛教并未普遍流传开来，直到东汉后期的桓灵时代，史料记载才逐渐丰富起来。今据《中国佛教史》第一、二卷，梁启超的《佛学研究十八篇》之《又佛教与西域》和羽溪了谛的《西域之佛教》[①]来综合列表如下：

表3—1　　　　　　　高僧内地传法译经情况

人名	来源地	时间	主要佛经	大小乘情况
安世高	安息	东汉桓帝和灵帝三世纪中	《安般守意经》《阴持入经》《大十二门经》《小十二门经》和《百六十品经》等	小乘禅法及阿毗昙学
支娄迦谶（简称支谶）	大月氏	汉灵帝光和、中平年间	《般若道行经》《般舟三昧经》《首楞严三昧经》等	大乘系菩萨乘，《道行般若波罗蜜经》，实系般若经的第一译

[①] 参见任继愈主编《中国佛教史》第一、二卷，中国社会科学出版社1985年版，书后附录；梁启超《佛学研究十八篇》，上海古籍出版社2001年版，第108—110页；［日］羽溪了谛《西域之佛教》，贺昌群译，商务印书馆1999年版，第95—102页。

续表

人名	来源地	时间	主要佛经	大小乘情况
竺佛朔	天竺	东汉桓灵帝时	《道行般若经》	大乘般若类
安玄（共严佛调）	安息	东汉灵帝时	《法镜经》和《十慧》各1卷	大乘系菩萨乘经
支曜	大月氏	灵帝中平中	《成具光明经》（一作《成具光明定意经》）	大乘方等部
康巨	康居	灵帝中平四年	《问地狱事经》1卷	小乘经
康孟详，竺大力	康居，天竺	献帝建安中	《修行本起经》2卷，《中本起经》（一作《太子中本起经》）	大乘佛教
维祇难，竺将（一作律）炎	天竺，天竺	吴孙权黄武三年	《法句经》2卷、《三摩竭经》、《佛医经》各1卷	小乘佛教
支谦	大月氏	吴孙权黄武初至孙亮建兴中	《大般泥洹经》2卷、《维摩诘经》2卷、《大明度无极经》4卷、《太子瑞应本起经》2卷、《无量门微密持经》等	广泛涉及大小乘经律，包括大乘《般若》《宝积》《大集》等经，（《开元释教录》卷二）
康僧会	康居	吴赤乌十年晋武帝太康元年	《六度集经》9卷（现存）和《吴品经》（《般若》五卷，已佚）等。又著有《安般守意》《法镜》《道树》三经的注解，并且都作了序文	大小乘兼有
支强梁接（正无畏）	月氏	吴废帝亮五凤二年	《法华三昧经》，即《正法华经》6卷（已佚），为《法华经》的第一译。（《开元录》卷二）	大乘法华部
帛延	龟兹	魏高贵乡公时	《无量清净平等觉经》2卷、《菩萨修行经》1卷、《首楞严经》2卷、《须赖经》1卷，《除灾患经》1卷	大乘经典方广部多数

续表

人名	来源地	时间	主要佛经	大小乘情况
昙柯迦罗（法时）	中天竺	魏嘉平中到洛阳	《僧祇戒心》，即摩诃僧祇部的戒本一卷	小乘戒律
康僧铠	天竺康居	魏嘉平四年于洛阳	《郁伽长者所问经》一卷、《无量寿经》二卷等四部	大乘佛教
昙谛（法实）	安息	魏高贵乡公正元元年到洛阳	《昙无德（法藏）羯磨》一卷	小乘佛教
安法贤	安息	魏代	《罗摩伽经》三卷、《大般涅槃经》二卷	大小乘佛教
竺法护	月支，世代住在敦煌	西晋太始二年至建兴元年	所译出的大小三藏经典共154部（此据《出三藏记集》卷2，《开元释教录》作175部）。现存《光赞般若波罗蜜经》10卷、《正法华经》10卷、《渐备一切智德经》5卷、《普曜经》8卷等86部	大乘佛经占主体兼有小乘佛经
聂承远	中国	西晋太康初至永嘉年间	《越难经》1卷、《超日明三昧经》2卷	
聂道真	中国	西晋太康初至永嘉年间	《文殊师利般涅槃经》1卷、《异出菩萨本起经》、《三曼陀毗陀罗菩萨经》1卷、《菩萨受斋经》1卷、《无垢施菩萨分别应辩经》1卷	大乘方等部的大乘佛经占主体，兼有小乘
竺叔兰、无罗叉	祖籍天竺，于阗	西晋元康年间	《放光般若经》30卷	大乘经
帛远，字法祖	中国河内人	西晋元康、永安之间	《菩萨逝经》1卷、《菩萨修行经》1卷、《佛般泥洹经》2卷、《大爱道般泥洹经》1卷、《贤者五福德经》1卷等16部（上述五部现存）	

续表

人名	来源地	时间	主要佛经	大小乘情况
强梁娄至（法喜）	西域	西晋太康二年	在广州译《十二游经》1卷1部	
安法钦	安息	西晋太康二年	在洛阳译《道神足无极变化经》4卷、《阿育王传》7卷等5部	
支法度	月氏	惠帝永宁元年	《逝童子经》1卷、《善生子经》1卷等4部（上述二部现存）	大小乘兼有
法立	不详	西晋惠帝	《诸德福田经》1卷、《楼炭经》6卷、《法句譬喻经》4卷、《大方等如来藏经》1卷	
法炬	龟兹	西晋惠帝	《优填王经》1卷、《楼炭经》6卷、《法句譬喻经》4卷和《佛说诸德福田经》1卷（均现存）	多小乘佛教
若罗严	不详	西晋	《时非时经》一部（现存）	
帛尸梨蜜多罗	西域	东晋元帝时	译出《大孔雀王神咒经》《孔雀王杂神咒经》《大灌顶经》等	杂密
竺昙无兰（法正）	西域	东晋	《采莲违王上佛授决号妙华经》1卷比、《陀邻尼钵经》1卷等61部63卷（《开元录》卷3）	小乘佛教
僧伽提婆（众天）	罽宾	前秦建元年间至东晋	《阿毗昙八犍度论》30卷、《中阿含经》60卷、《增一阿含经》51卷、《三法度论》2卷、《阿毗昙心论》4卷	小乘经论
迦留陀伽（时水）	西域	东晋太元十七年	《十二游经》1卷	
昙摩持	西域	前秦建元十五年	《十诵比丘戒本》1卷，《比丘尼大戒》1卷，《教授比丘尼二岁坛文》1卷	小乘佛教

续表

人名	来源地	时间	主要佛经	大小乘情况
鸠摩罗佛提	西域	前秦建元十八年	《四阿含暮抄解》2卷	小乘佛教
僧伽跋澄（众现）	罽宾	前秦	《鞞婆沙论》《尊婆须蜜菩萨所集论》《僧伽罗刹所集经》等，为《毗昙》的创译做出了贡献	小乘佛教
昙摩蜱	天竺	前秦建元十八年	《摩诃般若波罗蜜钞经》5卷	大乘般若类
昙摩难提（法喜）	兜（佉）勒（吐火罗）	前秦建元二十年至后秦建初六年	《中阿含经》59卷、《增一阿含经》50卷、《三法度论》2卷、《阿育王息坏目因缘经》1卷、《僧伽罗刹集》2卷	小乘经论
支施仑	月支	前凉	《须赖经》1卷	大乘方等部

由表 3—1 可知，东汉后期，支娄迦谶所译的经典多属于大乘佛教，说明在当时的贵霜王朝，迦腻色迦以后不久，大乘佛教的发展占据很重要的地位，处于逐步兴盛的时代。再后来的支曜、支谦、竺法护、支法度和支施仑等人皆来自大月氏，而他们所译出的经典都是以大乘佛教为主体，尤其是大乘的方等部、华严部和般若部占据多数，充分说明这一时期的大月氏国家大乘佛典十分流行。

支娄迦谶翻译的经籍中，绝大部分属于大乘经典的类别。其中的《道行般若》后收入《大般若经》之中；《文殊问菩萨署经》和《般舟三昧经》等被收入方等部；《兜沙经》被编集到《华严经》中；《阿弥陀佛国》和《平等觉》等经被辑录到《大宝积经》内；几乎涵盖了后来大乘经典的所有类型。当时处在 1 世纪，能拥有这么多的大乘经典，涉及的内容这么广泛和复杂，说明当时的大月氏国内大乘佛教已经发展到相当的程度。因此才有了后来支谦对大乘经典的继续大量翻译。这其中的经典就包括《维摩诘经》、许多有关菩萨的经典和相当多的各类咒经。稍后通过海道来内地的支强梁接在交州译出了《法华三昧经》。西晋时期的竺法护重译此经并定名为《正法华经》。竺法护应该看作是中国历史上第一位对大乘佛经进行规模和全面翻译的高僧，他译出的经典有159部，309卷，其中大多数属于大乘类。他的译经和西域三十六国游历，反映了北印度、中亚乃至葱岭周围诸国在贵霜王朝末期大乘佛教的发展情况。羽溪了谛据此认为：

> 大月氏国之于大乘教经典，即华严、方等、般若、法华、涅槃五大部，悉皆具备，而小乘教经典如《中阿含》《增一阿含》，亦完全无缺，四阿含之一部及其它多种多样之小经，亦甚流行，大小两乘教律、论及秘密部经典等亦有存在，可知大月氏国通行之佛典……质言之，由此国而输入中国之佛典，必不止如上所示也。至若由大月氏而传入中国之萨婆多部之戒律，今虽一部无传，然据晚近在库车附近所发掘之大月氏国语即睹货罗语所书的萨婆多部《波罗提木叉》残卷——即鸠摩罗什汉译《十诵比丘戒本》，可知《十诵比丘戒本》已为大月氏以其国语译出矣。……大月氏国之小乘教固相当流行，已如上所述，然大乘教之势力则显然较占优势，而属于大乘教之经典中，其占最大多数者当以宝积部大集部为第一，次为方等部，其次为华严，般若、法华、涅槃诸部为比较的少数……要之，大月氏国领域至为广大，故附近各部皆流行其国，不过就中方等部之经典流行最广最盛耳。①

根据中国遗存汉译佛典的情况，平川彰也认为："根据支娄迦谶译出的经典来探讨，可知公元1世纪末时，北印度已存在般若经系统、阿弥陀佛思想、华严系统思想、阿弥陀佛、观佛思想、心性本净说、文殊教理、般舟三昧、首楞严三昧、宝积经系统思想等。可以说，除了法华经相关经典不在支娄迦谶所译的经典中，其他重要的大乘佛教思想，都已出现于1世纪末的北印度。"他进一步认为："从传到中国的译经史探讨，知道公元1世纪的贵霜王朝时代，存在各式各样的大乘经典。既然有经典，当然就有作者和信奉者。而且不只是信奉者，理应还有六波罗蜜的修行者和首楞严三昧的实践者。因此可能也有为了修行这些法门的道场。教法是师徒相传的，所以必定会形成教团。可以把公元1世纪时的大乘佛教，想象成

---

① 参见［日］羽溪了谛《西域之佛教》，贺昌群译，商务印书馆1999年版，第102—103页。

这种情形。"①

二 早期中国的大小乘佛教发展

佛教最早传入中国内地的记载大约在西汉前2年，但是其传播的过程是缓慢的。这其中的原因不仅与交通、印度佛教自身的发展和传播等客观因素有关系，同时也与中国本土文化对其接纳的背景有至关重要的关系。这些因素都影响着早期中国佛教的发展状况和对大小乘佛派的认识。

在鸠摩罗什未到内地以前，进入中国内地的佛教经典已经不在少数，既有小乘的也有大乘方面的。总体来看，中国佛教的发展主要思想有两股思潮，一是安世高的禅学思想，二是般若经典类的思想。但是中国早期的佛教徒并未能将二者分开，它们是合并在一起而被同时接受的。

中国僧人模糊的大小乘观，可以通过对早期翻译佛典的认识中得知。道安以前，并未出现大乘和小乘的字眼，直到384年，在他所撰的《毗婆沙序》和《十法句义经序》两篇经序中提到小乘以前，我们从未在中国佛教徒的作品中找到有关小乘的记载。似乎是，中国佛教徒根本不知道小乘的存在。② 当时的道安，只是将阿含系列的经典列为小乘，并未能分清大小乘之间的真正区别。《十法句义经序》中说："（阿难）纂乎前绪，部别诸经，小乘则为阿含。"③ 《鞞婆沙序》又说："阿难……其后别其径，至小乘法，为四阿含，阿难之功于斯而已。"④ 由此看来，道安认为的小乘，是阿难整理众多杂乱佛经后，将四阿含系列经典作为小乘的，而不是从思想和信仰中去理解的。

同时中国僧人又把安世高早期所译的禅法和罽宾僧人带来的有部经论，看成是大乘教的东西。安世高所译的禅法《安般守意经》，在康僧会的《安般守意经序》中认为是"夫安般者，诸佛之大乘，以济众生之漂流也"。⑤ 道安的《阴持入经序》，也把该经看成"取证则拔三结，住寿

---

① ［日］平川彰：《印度佛教史》（上），释显如、李凤媚译，台北：商周出版社2004年版，第318—322页。
② 周伯戡：《早期中国佛教的小乘观——兼论道安长安译经在中国佛教史上的意义》，《"国立"台湾大学历史系学报》1991年第16期，第63页。
③ 道安：《十法句义经序》，《出三藏记集》卷10，《大正藏》第55册，第70页上。
④ 道安：《鞞婆沙序》，《出三藏记集》卷10，《大正藏》第55册，第73页中。
⑤ 《出三藏记集》卷6《大正藏》第55册，第43页上。

成道，径至应真，此乃大乘之舟楫，泥洹之关路"。① 慧远则把觉贤所译的《修行方便禅经》说成是"自达摩多罗与佛大先，其人西域之俊，禅训之宗，搜集经要，劝发大乘"。② 周伯勘分析认为，凡是被法经以后的经录视为小乘但在早期中国佛教视为大乘的作品，集中在禅定和论上。我们由此可以看出，早期中国佛教徒对大乘与小乘的看法，实和后人不同，自成一套系统。③

也就是说在鸠摩罗什来长安译经以前，中国佛教界对印度的大小乘教派认知模糊不清，佛教作品中始终未提及有关大小乘的教义区别。道安和慧远是当时佛教界的领袖，既研究大乘般若类的经典，又把阿毗昙理论和小乘禅法看得很重，也就是说他们把所有进入中国内地的经律论看作一个整体，不存在大小乘叛教的思想。直到鸠摩罗什来内地传教，叛教思想才逐步被内地僧人接受。但是这种过程有些缓慢，南北朝时期的许多高僧甚至对大小乘的叛教仍不关注。

造成早期中国佛教以上局面的原因或许有很多因素，但其中主要的因素应该有三个。一是印度佛教自身的发展状况，二是中国人对印度佛教的接受问题，三是译经僧人的问题。

首先，早期的大乘佛教经典形成的过程中，并没有很明显地反对小乘佛教的思想，斗争的色彩还不是很浓厚。比如《般若经》中并没有出现对小乘加以批判和否认的地方。到了《法华经》，这种叛教的味道才开始明显起来，但这已经是较后的事情。即使有了《法华经》的译出，没有佛教哲学理论的支撑，也是不能被人们理解和接受的。龙树的三论产生在3世纪中叶，那时候还没有传入中国，僧人也没有机会知道这些理论，所以一直对这方面的概念和理论是模糊不清的。

其次，当时的中国内地僧人感兴趣的并不是关于佛教大小乘教派的斗争和区别。当时佛教发展的背景都是在整个玄学笼罩下进行的，般若学和玄学的借鉴与糅合，是当时中国哲学首先发展的必然。这一时期般若学的盛行和"六家七宗"的出现，都充分说明了这一问题。中国人感兴趣的

---

① 《出三藏记集》卷6，《大正藏》第55册，第44页下—第45页上。
② 慧远：《庐山出修行方便禅经统序》，《出三藏记集》卷9，《大正藏》第55册，第66页上，此经又名达摩多罗禅经。
③ 周伯勘：《早期中国佛教的大乘小乘观》，《文史哲学报》第38期，"国立"台湾大学文学院发行，1990年，第242页。

是般若经的关于宇宙论的思想,"空"与"无"达到了历史的契合。同时也重视有部的禅法。道安在《安般注序》中说:"安般者,出入也。道之所寄,无往不因;德之所寓,无往不托。是故安般寄息以守成,四禅寓骸以成定也。"① "禅思守玄,练微入寂,在取何道,犹觇于掌,堕替斯要,而悕见证,不亦难乎?"② 慧远也大力推崇觉贤所译的《修行方便禅经》,说其禅法"运群动以至壹而不有,廓大象于未形而不无,无思无为而无不为,是故洗静乱者,以之研虑;悟彻入微者,以之穷神"③。用周伯勘的话说就是"有部的禅法是透过佛教对宇宙与生命的基本观念,如三界、四谛、五蕴、六根、六识、六界、十二因缘等,一步步地修行,理解上述的宇宙与生命的真象,而达到解脱。这样使玄学的'坐忘'得到进一步理论的充实。至于真正和大乘空观结合的般舟三昧,却因中国佛教徒并未明了'般若'真正的意义,而被忽视"。④

最后,早期翻译佛教经典的僧人并未对大小乘佛教的分歧和不同的思想有深刻的理解,从而导致翻译出来的作品不能准确反映当时印度佛教思想发展的真实面目。从安世高到支娄迦谶再到支谦,再到竺法护,并未对大小乘的教派思想的区分有所说明。在传教的过程中也未能把二者的区分贯彻进去,这与他们自身未能真正把握印度大小乘佛教的教义有直接的关系。像支娄迦谶、支谦和竺法护等人也似乎对大乘佛教并没有太多的关注和深入理解,甚至不清楚大乘与小乘教派之间的区别。平川彰分析,在汉译佛典翻译过程中,许多先前译出的经典,并未冠上"大乘"二字的头衔,而后出同本经典的译本上则有"大乘"的头衔。前后译本的内容,并无不同。例如唐代实叉难陀所译的《大乘入楞伽经》,先前已有求那跋陀罗所译的《楞伽阿跋多罗宝经》和菩提流支译的《入楞伽经》,两种译本都未在书名上注明"大乘"二字。许多早期的大乘经典自称为"方等",如大方等大集经、大方等无想经等。鸠摩罗什所译的《妙法莲华经》中所自称"大乘经"的名称,在竺法护译的《正法华经》里,全以

---

① 道安:《安般注序》,《出三藏记集》卷6,《大正藏》第55册,第43页下。
② 《出三藏记集》卷6,《大正藏》第55册,第45页上。
③ 慧远:《庐山出修行方便禅经序》,《出三藏记集》卷9,《大正藏》第55册,第65页中。
④ 周伯勘:《早期中国佛教的大乘小乘观》,《文史哲学报》第38期,"国立"台湾大学文学院发行,1990年,第256页。

"方等经"来取代。① 看来在早期大乘教经典的翻译过程中，并没有大小乘教派的明显分歧。正是在这种情况下，梁代僧祐撰的《出三藏记集》没有按大小乘经、律、论的架构对佛典进行分类，到了隋代法经的《众经目录》，才开始这么做。因此法经对《出三藏记集》评价说："然小大雷同，三藏杂糅。"②

第二节　内地佛教发展中的困惑与变革需求

一　汉魏西晋般若学的发展

从东汉后期的支娄迦谶，般若学就开始传译活动。后经支谦、竺法护、鸠摩罗什、玄奘等多人努力，基本上将印度西域的此类经典传到中国来。其中译经中影响较大的有支娄迦谶译的《道行般若》、无罗叉译的《放光般若》、竺法护译的《光赞般若》和鸠摩罗什所译的大小品般若和《金刚般若》，而玄奘所译的《大品般若》六百卷几乎涵盖了般若类的所有经典。此外还有梁代曼陀罗仙译的《文殊说般若》、支谦译的《大明度无极经》和陈代月婆首那译的《胜天王般若》。般若经典对中国佛教发展有着深远的影响和意义。

"般若"，意译为"智慧"，大乘佛学的意思是说只有修得智慧，才能抵达涅槃彼岸。吕澂说："般若，就其客观方面说是性空，就其主观方面说是大智（能洞照性空之理的智慧），把主观和客观两方面联系起来构成一种看法，谓之空观。"③

中国的般若学发展，经历了一个曲折的过程，它与中国总体佛教发展的命运息息相关。《般若经》最早的汉译本是《道行般若经》，翻译的年代是在东汉灵帝光和二年（179），译者为支娄迦谶与竺朔佛。由于初译此经，错误在所难免，支谦注意了这一点，对此经进行了重译，命名为《大明度无极经》。支愍度在《合首楞严经记》中有这方面的相关记载："有支越，字恭明……亦云出此经，今不见复有异本也。……恐是越嫌谶所译者辞质多胡音，所异者删而定之，其所同者述而不改。二家各有记录

---

① ［日］平川彰：《初期大乘佛教的研究》，东京：春秋社1968年版，第60—62页。
② 《众经目录》卷7，《大正藏》第55册，第148页下。
③ 吕澂：《中国佛学源流略讲》，中华书局1979年版，第46页。

耳。此一本于诸本中辞最省便，又少胡音，偏行于世，即越所定者也。"①虽然对支娄迦谶译本中的某些不准确词语和概念作了纠正，但是对原文的理解不准确，仍不能令人满意，因此才有了朱士行的前赴于阗求得梵文原本。道安在《道行经序》中说：

> 佛泥曰后。外国高士抄九十章为道行品。桓灵之世朔佛赍诣京师。译为汉文。因本顺旨。转音如已敬顺圣言了不加饰也。然经既抄撮合成章指。音殊俗异。译人口传。自非三达胡能一一得本缘故乎。由是道行颇有首尾隐者。古贤论之。往往有滞。仕行耻此。寻求其本。到于阗乃得。送诣仓垣。出为放光品。②

朱士行所求的于阗版本在元康元年（291）由无罗叉、竺法兰译出，以《放光品》为首故名为《放光般若经》，共九十品。《放光》与《道行》两版本，不但详略与结构互有出入，性质亦不相同，然而《放光》却成为流传较广的译本。其实，竺法护早在太康七年（286）已译出《光赞般若经》，比《放光般若经》要早，两本实际上是同本异译。道安对两译本皆有研习，他说：

> 放光光赞，同本异译耳。其本俱出于阗国持来。其年相去无几。光赞于阗沙门祇多罗以泰康七年赍来。护公以其年十一月二十五日出之。放光分如檀以泰康三年于阗为师送至洛阳。到元康元年五月。乃得出耳。先光赞来四年后光赞出九年也。放光于阗沙门无叉罗执胡竺。叔兰为译言。③

其实道安直至太元元年（376）始得《光赞般若经》。二者对比之后，他认为《放光般若经》："言少事约，删削复重，事事显炳，焕然易观也；而后约必有所遗，于天竺辞及腾，每大简焉。"是说该经虽然简洁明了，但是删减特别厉害，难免许多内容有缺漏。对于《光赞》的翻译，道安

---

① 《出三藏记集》卷7《合首楞严经记》，《大正藏》第55册，第49页上。
② 《出三藏记集》卷7《道行经序第一》，《大正藏》第55册，第47页中。朱士行的西行求法原因也见僧祐的《出三藏记集》卷13《朱士行传》和慧皎的《高僧传》卷4《朱士行传》。
③ 《合放光光赞随略解序》，《出三藏记集》卷7，《大正藏》第55册，第48页上。

说："言准天竺，事不加饰，悉则悉矣，而辞质胜文也。"是说该经采用直译方式，以求忠于原文，然与汉文却不相契，较为艰涩难读。这两种译本各有优势，但皆不能令人满意。

从以上分析可以看出，东汉时期的般若经内容和西晋时期的是不同的，这反映了般若经在印度本土也经历了一个逐步完善的过程。又由于龙树的中观理论形成在公元250年左右，早期的中国译经者不可能接触到大乘佛教的哲学支撑理论，因此虽然中国内地有了般若经的翻译，但却不能准确地去理解和把握它。刚起步的佛教基础和没有佛教理论支撑的般若学，只能依赖中国本土的固有文化和哲学基础去理解、去发展。因此才有了早期的"格义"佛教以及随之而产生的六家七宗。

西汉时期的经学一度占据统治地位，但是到了东汉逐步走向程式化，失去了生命力，谶纬兴盛。魏晋玄学的兴起企图挽救中国的哲学缺陷但最终也显得苍白无力。同时连年的分裂战争，使得老百姓甚至上层人士萌发了宗教需求的思想。这些都为佛教在内的传播和发展提供了条件。

支谶翻译《道行般若》，几乎与《老子》在汉末的盛行同时。至三国时，研究《般若经》已开始成为一门独立之学，即"般若学"。般若学是佛教以纯理论形式进入上层社会的开端，直到两晋，始终是佛教中的显学。名僧与名士的交游，也往往以般若学为契机。王室贵族和奉佛的士族官僚，几乎没有不研习《般若》的，《般若》成为名士玄谈的重要资料。东晋孙绰作《道贤论》，以七道人与七贤人相比拟，使名僧与名士、般若与玄学，相得益彰。《世说新语》和《高僧传》中记载的名僧研习的内容不仅包括佛教经典，还有儒家经典以及《老》《庄》《易》等著作。他们最大的特点就是以佛解玄、以玄释佛、内外兼修。道安总结说："以期邦人老庄教行，与方等经兼忘相似，故因风易行也。"[①] 慧远也认为"如今合内外之道以弘教之情，则知理会之必同"。[②]

佛玄最初的结合，产生了"格义"佛教，所谓"格义"，就是援引中国传统的儒、道概念去解释佛学概念，理解佛学的义理，融会中印两种不同思想，消除交流中的隔阂和抵触。由于般若学和玄学同属本体论的哲学思维，所以格义佛教解决的主要是有无、本末、色心的问题。由于受到了

---

① 道安：《毘奈耶序》，《大正藏》第24册，第851页上。
② 慧远：《三报论》，《弘明集》卷5，《大正藏》第52册，第34页下。

这种格义佛教思维的影响，玄学和佛学混杂在一起，使佛教哲学变得模糊不清，于是产生了对般若解释不同的学派。所谓的"六家七宗"就是这一背景下的结果，其中影响较大者有本无宗、即色宗、心无宗。这三宗虽然都标榜自己学说的纯真，其实都受到玄学思想和方法的影响，不可能解释清楚印度般若学的本质。这一点，僧肇在《不真空论》中作了详细的批驳。

无论是道安的本无说还是竺法深的本无说都渊源于王弼的本无理论。他们把万物的起源归结为"无"，显然是受到当时传统文化老庄理论的影响。道安的弟子慧远也说"无性之性，谓之法性"，认为法性就是"本无"，① 这一点与玄学家王弼的"贵无"理论一脉相承。

支道林为代表的即色宗主张"色即为空"。心无宗则主张空心不空物。他们都不同程度地受到了玄学思维的影响。

中土佛教发展的内部环境是鸠摩罗什译经传法成功的重要土壤。当时的中国佛教虽然有了一定的基础，但是仍未从早期的模糊状态中脱离出来。一是对大小乘的佛教不分，搞不清二者的区别。二是佛教哲学仍依附于中国玄学，对大乘佛教般若的思想了解不透彻。三是早期的译经问题太多，佛经的晦涩和深奥性，很难得到普及。

当鸠摩罗什来到长安后的短时期内，就聚集了近五千名各地的高僧。这些人中的大部分是自发而来的，都是来向鸠摩罗什听法和学习新知识的。在他们身上表现出强烈的对佛法的求知欲望。在获得鸠摩罗什译的《妙法莲华经》之后，僧叡的《法华经后序》说"真若披重霄而高蹈。登昆仑而俯昒矣。于时听受领悟之僧八百余人。皆是诸方英秀。一时之杰也"。这种真实的心理状态反映了当时中国内地佛教发展的具体状况。

中国以往的高僧用玄学方法去解释般若，产生的只能是"格义"佛教。僧叡在《毘摩罗诘堤经义疏序》中说："自慧风东扇、法言流咏以来，虽曰讲肆，格义迂而乖本，六家偏而不即。"② 鸠摩罗什传法译经的目的就是要纠正原来的认识和方法。在佛经翻译上就是提倡意译，打破原来旧译的约束。他在翻译《大智度论》时，之所以将初品完全地认真翻译，就是要纠正中国内地僧人长期以来对佛教哲学认识错误的问题，使佛

---

① 慧远：《大智论钞序》，《出三藏记集》卷10，《大正藏》第55册，第75页中。
② 《出三藏记集》卷8，《大正藏》第55册，第58页下—第59页上。

教学者脱离"格义"的弯路。这正是鸠摩罗什译经活动中贯彻的一个重要思想，而这一思想的渊源就是中国佛教发展的现实需要。

二 魏晋时期的西行求法

内地的西行求法自佛教传入不久就已经开始了。汉明帝时就曾遣使蔡愔等人求经，而中国僧人中西行求法的第一人当属三国时期的朱士行。他到达西域的于阗，此后中原僧人络绎不绝地来到西域。北魏的惠生、宋云奉命出使西域，游记中记载："从末城西行二十二里，至捍弥城。后人于此像边造丈六像及诸像塔，乃至数千，悬彩幡盖，亦有万计。魏国之幡过半矣。幡上隶书，多云太和十九年，景明二年、延昌二年。唯有一幡，观其年号是姚兴时幡。"[①] 此处记载在于阗境内的幡有万计，而其中的半数是魏幡，足见中原僧人到达于阗的人数之多。据初步统计，从魏晋至北宋，也就是印度佛教向中国输送的整个过程近千年的时间里，有史料记载的内地印度求法者达180余人，但大多数皆是由陆地经西域来完成的，由此足见西域在中印佛教文化交流中的媒介作用。[②] 以下是鸠摩罗什时代西行求法的高僧列表[③]：

表3—2 西行求法的高僧

姓名	西行时间	佛事活动	出处
僧纯、昙充	建元15年	在龟兹向舌弥求得《比丘尼大戒本》《尼受大戒法》《二岁戒仪从受坐至属授诸杂事》	《祐录》(《出三藏记集》)卷11
法领	392年	奉慧远师命，逾越沙雪，西寻众经，历17年始归	《高僧传》卷6《四分律序》
法显	弘始元年	同行5人出发，道经于阗，游历西域30余国，于海上返回	《高僧传》卷3《法显传》
智严	隆安初	西游罽宾，从佛驮先受禅法，后与佛驮跋陀至东土，并译出多经	《高僧传》卷3

---

① 杨衒之：《洛阳伽蓝记》，周振甫译著，江苏教育出版社2006年版，第186页。
② 参见梁启超《佛学研究十八篇》，上海古籍出版社2001年版，第97、108页。
③ 参见陆庆夫《丝绸之路史地研究》，兰州大学出版社1999年版，第247页。

续表

姓名	西行时间	佛事活动	出处
宝云	隆安初	与法显、智严相随西游于阗、天竺等国，后返回长安	《高僧传》卷3
竺道曼	建元十五年	西游龟兹寻经	《祐录》卷11
智猛	弘始六年	同行沙门15人，游西域诸国，得梵本多种，后还南方，译有《泥洹经》20卷	《高僧传》卷3
法勇（昙无竭）	永初元年	同行25人，经河西入高昌，至中天竺得梵本《观世音受记经》，海路返回广州	《高僧传》卷3
慧览	玄始中	西行至罽宾，于达摩比丘受禅法。还至于阗，后在建康传法	《高僧传》卷11
康法朗	晋末宋初	独至西域国寻经，后还	《高僧传》卷4
道泰	元嘉中	少游葱右，遍及诸国，得《毗婆沙》梵本，还内地	《高僧传》卷3
昙学	元嘉中	与沙门威德等八人，结志游方远寻经典。于于阗得听《贤愚经》，至高昌乃集为一部。又传到内地	《祐录》卷9《贤愚经记》
沮渠京声	玄始中	求法度流沙至于阗，从天竺法师学禅法，后还河西并译经多部	《高僧传》卷2

从表3—2可以分析，魏晋时期的西去求法的大多数僧人，都选择了南道的于阗，或许出于以下几个方面的原因：

一是从西行道路上讲，当时的南道更容易到达罽宾和印度等国。相比较而言，比北道的龟兹可能更方便、更快捷地到达葱岭以西。

二是于阗的大乘佛教的环境可能更吸引中国僧人的志趣。古代于阗以西的莎车，也就是斫句迦国，靠近葱岭，山中藏有大乘佛教经典十二大部近十万余颂。朱士行之得《放光般若》，支法领之得《华严》，昙无谶之得《大般涅槃》，都与于阗有密切关系。从汉译大乘佛经看，从于阗传入的原本就有般若部52卷、方等部34卷、涅槃部29卷、华严部139卷、法华部1卷、大乘论部3卷、大乘律部3卷、秘密部8卷,于阗确系内地大乘经典的渊源地。① 龟兹为影响内地佛教的又一重镇。无论是佛图澄还是鸠摩罗什,皆来自于此地。看来在高僧传法这一方面的贡献,龟兹实为西域最重要的国家。

三是北部的诸国当时经常发生战乱争霸的现象,与当时中原王朝的关系不好。而相对南道的于阗,则相对稳定和团结。上文提到的捍弥城有姚兴时期的幡和魏国的幡,本身就说明了南道诸国对中原王朝的认可,而龟兹的反叛也是历史事实,所以才有后来吕光的西征龟兹和焉耆两国。

三 道安对中国佛教的疑惑

佛教的"意译"改革方向是早期中国译经的教训总结和佛教界的要求。《高僧传》在新旧译之间作了一个对比:

> 属有支谦、聂承远、竺佛念、释宝云、竺叔兰、无罗叉等,并妙善梵汉之音,故能尽翻译之致。一言三复,词旨分明,然后更用此土宫商,饰以成制。论云:"随方欲语,能示正义,于正义中,置遂义语。"盖斯谓也。其后鸠摩罗什,硕学钩深,神鉴奥远,历游中土,备悉方言。复恨支、竺所译,文制古质,未尽善美,道更临梵本,重为宣译,故致今古二经,言殊义一。时有生、融、影、叡、严、观、恒、肇,皆领悟言前,词润珠玉,执笔承旨,任在伊人,故长安所译,口为称首。②

这一段话对以往的翻译者和鸠摩罗什及其助手们的翻译做了评价,认为前期的译者虽然有功,但还是以鸠摩罗什长安的译本最为称首。鸠摩罗什来长安的任务主要是翻译佛经,这与他的著书传教的想法大相径庭。但即使是译经,也主要是针对前人的译经进行重译,不是完全翻译新经。这种要求自始至终都在主导着他的翻译活动,但他却对此无可奈何。这种要求和压力,一方面来自后秦统治者,另一方面来自中国佛教界的高僧。更

---

① 陈国光:《释"和尚"——兼谈中印文化交流初期西域佛教的作用》,《西域研究》1995年第2期。

② 汤用彤校注:《高僧传》,中华书局1992年版,第141页。

深刻地说就是对佛经翻译改革的巨大要求。道安的弟子僧叡批评旧译《般若经》认为"求之弥至，而失之弥远"。僧叡在《小品经序》中总结道："考之旧译，真若荒田之稼，芸过其半，未巨多也……胡文雅质，按本译之，于丽巧不足，朴正有余矣。"统治者对旧译也有意见："大秦天王（姚兴）……每寻玩兹典以为栖神之宅，而恨支竺所出理滞于文，常惧玄宗坠于译人"，"有秦太子者（姚泓）……深知译者之失"。①

无论僧界内部还是政界，对以往的译经都有不满意之处。这种不满是鸠摩罗什进行翻译思想和方法改革的主要动力和渊源。因此在翻译工作中，他同弟子们慎重斟酌、再三推敲，不但要译出原意，同时力求文字通俗化，兼富优美文学色彩，推翻道安认为应以古朴文体为本的理论。

在翻译实践中，鸠摩罗什注重意译与音译的慎重选择，避免前人的缺陷。正如僧叡所言："胡音失者，正之以天竺，秦言谬者，定之以字义；不可变者，即而书之。是以异名斌然，胡音殆半。斯实匠者之公谨，笔受之重慎也。"② 他不但革新了翻译方法，还通过音译法，重新定名，去掉那些旧译中援引的中国当时流行的玄学术语，避免混淆佛学基本的思想。纠正旧译，如将"阴"、"入"、"持"，改为"众"、"处"、"性"。因此，他的翻译有大量的新造名词和音译名词。恰当的音译不仅克服了难懂的毛病，也丰富了汉语词汇，同时使译文保留一些异国色彩，故"有天然西域之语趣"，增加了文辞的美感。他同时力图在译经文体上有所改进，时有删削或改易，以追求译文简约流丽。最终翻译出《金刚经》《法华经》《维摩诘经》等都是富有文学韵味的佛经典籍。

由此可见，鸠摩罗什的佛教思想，既含有古印度的佛教材料，也包含他在西域的生活痕迹，同时也受内地姚兴集团和义学僧侣要求的制约。

虽然道安仍没有脱离"格义"的思想，但是他的革新思想和提出的问题，为中国佛教的下一步发展指明了方向和道路。他认为"先旧格义，于理多违"③，已经意识到佛教受到玄学的巨大影响，所以努力摆脱"格义"的错误，追求真正属于印度佛教的思想和内容。这对中国佛教而言，无疑是一次重大的突破。其弟子僧叡说："此土先出诸经，于识神性空，

---

① 《大正藏》第55册，第55页上。
② 僧叡：《大品经序》，《大正藏》第55册，第53页上。
③ 汤用彤校注：《高僧传》卷5《僧先传》，中华书局1992年版，第195页。

明言处少，存神之文，其处甚多。中百二论文未及此，又无通鉴谁与正之，先匠所以辍章遐慨思，决言于弥勒者，良在此也。"①

这是说道安因不能得到足够的、译经较准确的经典，所以他对性空与存神的疑问，就想到弥勒天宫去解决，这也是他信仰弥勒菩萨的一个重要原因。道安不仅在想而且也去做了。首先就是邀请了众多的罽宾和西域僧人来长安译经。道安被苻坚迎往长安之后，即注重传译佛典，此时来华之阿毗昙学者僧伽跋澄、僧伽提婆、昙摩难提等，他皆请出经，并参与僧伽提婆等有关《阿含》《毗婆沙》之传译。早期中国的佛教徒，由于不了解印度佛教部派产生分歧的原因之一在于对法相的组织和解释不同，不可避免地去研读以探讨法相见长的上座部佛教作品。僧叡在《毗摩罗诘提经义疏序》中说，"自提婆以前，天竺义学之僧并无来者"。② 因此这些高僧得到道安的重视。

其次，道安十分重视佛经的翻译，亲自参与译事，改进翻译水平，恐怕有与印度原本思想相违背的地方出现。如在道贤译出《比丘大戒》时，他认为以前的译本"其言烦直，意常恨之"，新译亦复如此，便令笔受慧常"斤（斥）重去复"。慧常乃曰："大不宜尔！戒犹礼也，礼执而不诵，重先制也，慎举止也"，且谓此系"师师相付，一言乖本，有逐无赦"，不可任意更动。道安亦从善如流，同意其说，"于是按梵文书，唯有言倒时从顺耳"③。在对小乘上座部经典的翻译中，他采纳了赵政的意见："昔来出经者，多嫌胡言方质，而改适今俗，此政所不取也。何者？传胡为秦，以不闲方言求识辞趣耳，何嫌文质。文质是时，幸勿易之。经之巧质有自来矣，唯传事不尽乃译人之咎耳。"④

道安显然已经意识到，如果不摆脱玄学式的般若研究，根本无法理解印度佛理，所以强调佛典的翻译必须保持原始的风貌。他在一部经译完之后，"铨定音字，详核文句"⑤，对字的发音也不放过。这和以前译经只是考校、书写译毕的佛典完全不同。他的译场已觉悟到唯有正确地掌握佛教的语言和基本概念，中国佛教才能突破格义的困境。这个觉悟，深深地影

---

① 《出三藏记集》卷 8，《大正藏》第 55 册，第 58 页下。
② 同上书，第 59 页上。
③ 《出三藏记集》卷 11《比丘大戒序》，《大正藏》第 55 册，第 80 页中。
④ 《出三藏记集》卷 10《毗婆沙序》，《大正藏》第 55 册，第 73 页下。
⑤ 《出三藏记集》卷 15《道安传》，《大正藏》第 55 册，第 108 页上。

响下一代的中国佛教徒。从5世纪初，中国佛教徒就有许多能精通佛教原始语言的人，鸠摩罗什的弟子中很多都是精通天竺国语言的，他们对中国佛教产生了根本性的影响。至此，中国佛教徒才开始打破受本土思想的束缚，准确理解印度佛理。

第三节　鸠摩罗什长安弘法前的环境因素

从整个中国古代佛教翻译史的影响地位评价，鸠摩罗什可谓是空前绝后的佛教典籍翻译的第一人。根据僧肇《什法师诔文》，鸠摩罗什卒于后秦弘始十五年（413），而来长安的时间为弘始三年（401），因此在长安待的时间是12年，其年龄从58岁至70岁。可以说鸠摩罗什是在年事较高的情况下开始他的译经事业的。虽然鸠摩罗什年事已高、时间很短，而且"鸠摩罗什所谙，十不出一"，但是却作出了非凡的成绩。因此有必要探讨一下他取得成就的背后原因。虽然论及此问题的前人学者较多，但不够深入系统。如果仔细分析，鸠摩罗什成功的原因应该从自身所具有的素质、外部的支持条件和中国内地佛教发展的内部条件等方面去看。

一　前后秦政权的崇佛与稳定的政治环境

魏晋南北朝是我国佛教发展最快的时期，大量的译经开始进入中原，从上层统治者到普通百姓，都开启了佛教的兴盛时代。鸠摩罗什来内地传教，与当时中原的政治发展环境是密不可分的。杜继文曾说过："汉魏佛教的兴起，主要是受国内社会政治危机和思想文化危机的激发；两晋与十六国以后，更多的是受民族关系，特别是五胡进入中原的推动。""这一时期我国民族关系复杂，民族对立突出，而唯有佛教能够顺畅地通行于各族之间，成为维系民族联结的重要纽带。"① 偏安南方的东晋政权，开始注重佛教的发展，五胡十六国中的大多数少数民族政权信奉佛教，最终把佛教推向中国历史发展的高潮。

当然五胡十六国并不是都信奉佛教，但在当时有主要影响的王朝中，

---

① 杜继文：《中国佛教的多民族性与诸宗派的个性》，中国社会科学出版社2008年版，第7、11页。

却都是信奉佛教的。如后赵的石虎、石勒与佛图澄；前秦的苻坚与道安；后秦的姚兴与鸠摩罗什；北凉的渠沮蒙逊与昙无谶，甚至包括后来的北魏政权等。为什么胡人政权崇信佛教呢？石虎下书曰："度议云，佛是外国之神，非天子诸华所可宜奉。朕生自边壤，忝当期运，君临诸夏。至于飨祀，应兼从本俗。佛是戎神，正所应奉。"许多学者以此来判断他们奉佛的原因，事情恐怕还有更深的讨论余地。[1] 吕春盛总结认为，胡族君主积极推动佛教的动机，除了君主个人信仰的因素之外，尚有其现实统治政策上的需要。亦即佛教在胡族的统治政策上扮演着重要的功能，包括为胡族政权提供合理化的理论、参与机要提供胡族君主参考的决策，维系动乱时代的人心稳固胡族统治，以及作为与汉文化相抗衡的文化政策等。此外，胡族长期的统治，使得华北社会从汉文化定于一尊的情形，渐转变为胡汉复合社会的多元性风貌，在这种较富包容性的多元化宗教心态之下，佛教也较容易普及于整个社会。[2]

前秦苻坚的崇信佛法带有明显的政治色彩，其最终目的还是为了自己的政权地位。在他的眼中，道安和鸠摩罗什不仅仅是高僧，而且是神器，可以笼络四方之士和百姓之心，因此有政治辅佐的特点。苻坚曾云："襄阳有释道安，是神器，方欲致之，以辅朕躬。"[3] 得到道安后，苻坚言听计从并让他参与军国大事，"坚敕学士内外有疑，皆师于安。故京兆为之语曰：'学不师安，义不中难'。"《晋书·苻坚载记》中详细记载了苻坚和道安之间的事迹。[4]

在道安的一再请求下，苻坚对西域高僧鸠摩罗什更是充满崇敬，即将遣使求之。《十六国春秋·前秦录》中认为"当有圣人入辅中国，得之者昌"。当苻坚决定西伐时，谓光曰："夫帝王应天而治，以予爱苍生为本，岂贪其地而伐之乎，正以怀道之人故也。朕闻西国有鸠摩罗什，深解法相，善闲阴阳，为后学之宗，朕甚思之。贤哲者，国之大宝，若克龟兹，

---

[1] 汤用彤：《汉魏两晋南北朝佛教史》，北京大学出版社1998年版，第134页。萨孟武：《南北朝佛教流行的原因》，收于《中国佛教史论集（一）》，台北：大乘文化出版社1977年版，第134—151页。
[2] 吕春盛：《五胡政权与佛教发展的关系》，《"国立"台湾大学历史学系学报》1990年第15期，第181页。
[3] 汤用彤校注：《高僧传》卷5，中华书局1992年版，第181页。
[4] 《晋书》，中华书局1974年标点本，第2913页。

即驰驿送什。"① 这些史料记载都充分说明，苻坚派吕光西征的重要目的之一就是礼聘鸠摩罗什。

鸠摩罗什在长安的译经，有许多不同于以往的地方。以往的译经多数是译者私人的事情，有时财力、物力都受到一定的限制。他的译经显然受到国家的大力支持，不仅在财力上提供充足的资金，而且在人力上配备众多高水平的译经助手。

后秦的建立者姚苌也是崇信佛法的。受其影响其子姚兴大力扶持佛教，使得关中长安成为当时中国佛教的北方中心。姚兴求得鸠摩罗什到长安后十分高兴，史载："兴待以国师之礼，甚见优宠。晤言相对，则淹留终日。研微造尽，则穷年忘倦。"② 由此可见，佛教不但能稳定普通民众的精神生活，也可以满足统治阶层的思想需求。总之，由于五胡少数民族政权对佛教的信仰和利用，使得统治者十分注重高僧的作用，乃至发生了多次为一名高僧而不惜战争的历史事件。从释道安，到鸠摩罗什，再到昙无谶，我们不得不说这种现象已不再带有偶然性，鸠摩罗什来长安，也是在情理之中。

国王的援助是鸠摩罗什能够专心致志于翻译不可缺少的条件。他在长安期间的主要靠山是后秦帝王姚兴。姚兴"少崇三宝，锐志讲集"，极力提倡佛教，鸠摩罗什到长安后，待之以国师之礼。姚兴对佛教的重视主要表现在：

其一，姚兴建立国家译场来满足鸠摩罗什的译经事业。姚兴将他安置在逍遥园中，专供他译经说法。鸠摩罗什译经的逍遥园亦成为我国著名的译经场。该园在长安城北，渭水滨，据《晋书·姚兴载记》，姚兴"起浮图于永贵里，立波若台于中宫"，园中又有澄玄堂，为他演经处，均极壮丽宏敞。可以说逍遥园译场的建立开风气之先。

其二，为鸠摩罗什配备高水平的译经助手。他们的年龄从19岁到70岁不等，学问文章，均极一流，"三千德僧同止一处，共受姚秦天王供养"。③

其三，姚兴还时常来园中亲自参加译经活动。《晋书·姚兴载记》记

---

① 汤用彤校注：《高僧传》卷2，中华书局1992年版，第49、50页。
② 同上书，第52页。
③ 《历代三宝纪》卷8，《大正藏》第49册，第75页上。

载:"兴如逍遥园,引诸沙门于澄玄堂听鸠摩罗什演说佛经。……鸠摩罗什持胡本,兴执旧经,以相考校,其新文异旧者皆会于理义。""兴既托意于佛道,公卿已下莫不钦附。"于是,整个朝廷皆视鸠摩罗什为圣人。王侯将相纷纷听他说法,请他译经,拜他为师。如大将军常山公姚显,左将军安成侯姚嵩,屡次请他讲述新经。正是由于统治者阶层的宠爱和大力支持,鸠摩罗什获得了译经得天独厚的优越条件,慕名而来者日益增多,以至于沙门自远而至者五千余人。

从安世高到竺法护,乃至后来的真谛,虽然个人能力也很高,但却受到当时社会环境的制约,未能实现应有的愿望。竺法护所处的年代,正是我国五胡入侵的北方战乱时期,为了逃避战乱,他背负经卷,游走于敦煌、长安之间,四处流浪。《出三藏记集》的自传中写道:"自敦煌至长安,沿路传译,写以晋文所获。"① 而真谛来华时,正值梁代的后期,抵达建康不久便发生了侯景之乱。此后便进入了南方一直战乱的年代,直到陈代的建立很长时间,仍不能平静下来。真谛辗转了多个地方,虽然有依靠的皇室贵族,但最后都因为战争而被迫停止译经,最后到达广州已经是身衰力竭了。因此真谛认为自己"弘法非时,有阻来意"。

十六国时期的北方是一个战争不断的社会,政权更替十分频繁,老百姓生活在极度困苦的环境之下。但是相对于这个战乱的大环境,又有局部稳定的小环境。后秦政权就属于这样一种局部稳定的小环境之一。后秦政权前后存在三十年之久,而姚兴在位就达二十年,是十六国后期北方的强国。鸠摩罗什译经正是在姚兴统治时期进行的,正处后秦的兴盛时期。姚苌夺取苻坚之位以后,很快进入了姚兴的统治时期。姚兴文略武治,政治开明,社会稳定。他十分重视人才的利用,大力倡导儒学和佛学。姚兴在位的时间长达二十余年(394—415),包括鸠摩罗什在长安期间的所有岁月(401—413)。正是由于姚兴的大力支持和稳定的外部环境,鸠摩罗什的译经事业才取得了非凡的成就。

二 道安时代的长安佛学和优秀僧人团基础

西晋时期,洛阳是内地佛教的中心,也是印度僧人传教的主要目的地之一,但是长安也是当时的佛教重镇,竺法护和帛远长期在长安译经并产

---

① 《大正藏》第55册,第97页下。

生重要影响。五胡乱华后，僧侣四奔。前秦政权长安建都，使长安佛教开始兴盛并逐渐成为当时北方的佛教中心。域外僧人尤其是西域、印度籍的高僧，纷纷来长安译经传教，特别是道安的到来，大批优秀义学僧人聚集长安，使得长安僧团的规模组建和扩大成为可能。

苻坚在长安建立前秦政权之后，开始大力弘扬佛教，他把道安从襄阳接到长安。道安在长安建寺招徒，各地的僧侣慕名而至，使当时的长安僧众人数达到历史性的高峰。道安在长安五重寺已经有"僧众数千，大弘法化"。他所靠的管理方法和手段主要有三个：一是深厚的佛学修养和儒学根基，尤其是道安当时的修行威望，是众多僧人慕名而至的重要条件；二是前秦苻坚的政治支持，敕令"学士内外有疑，皆师于安"，用政治权威来树立道安的威严，多少带有些政治的色彩；三是在襄阳的时候道安制定的僧团戒律仪轨："所制僧尼轨范佛法宪章，条为三例，一曰行香定座上讲经上讲之法；二曰常日六时行道饮食唱时法；三曰布萨差使悔过等法。天下寺舍，遂则而从之。"① 释僧纯、慧常、僧导、僧叡、慧详、慧嵩等人都是当时的僧人，为鸠摩罗什长安僧团的建立奠定了坚实的基础。

有关鸠摩罗什领导的译经场运作情况，僧叡在《大品经序》里有详细的记载：

> 法师手执胡本，口宣秦言，两释异音，交辩文旨。秦王躬览旧经，验其得失，咨其通途，坦其宗致；与诸宿旧义业沙门释慧恭、僧䂮、僧迁、宝度、慧精、法钦、道流、僧叡、道恢、道标、道恒、道悰等五百余人，详其义旨，审其文中，然后书之。以其年（弘始五）十二月二十五日出尽，校正检括，明年四月二十二日乃讫。文虽粗定，以释论检之犹多不尽，是以随出其论，随而正之。释论既讫，尔乃文定……②

鸠摩罗什主持的长安译经道场，是当时中国最大的译经场所，规模之大，前所未有。从译经的程序分析，有了译主、度语、证梵义、证梵本、

---

① 汤用彤校注：《高僧传》卷5《释道安》，中华书局1992年版，第183页。
② 《大正藏》第55册，第52页下—第53页上。

证义、笔受、润文、校勘等程序。译经过程中做到了分工明确，这是鸠摩罗什主持下的译场的突出特点。它体现了佛典传译工作的一大进步，是中国佛经翻译史上一个新的里程碑。同时，也是他"新译"区别于之前"旧译"的一个明显标志。①

鸠摩罗什在翻译中取得的成就，一是与长安先期的译经事业基础有关，二是与当时参加译场的优秀得力助手有很大关系。从竺法护开始，长安的译经事业就已经奠定了重要基础，到了道安时代，在苻坚的鼎力支持下，已经形成了一套相对完备的译经程序，并培养了一大批水平较高的译经助手。鸠摩罗什来到长安之后，很多参与过道安译经的高僧又参加了鸠摩罗什的译经活动。他们之间著名的如法和、僧䂮、僧叡、昙影、僧导等，都是鸠摩罗什新译场的重要人物。同时还有原在长安的法领、道标、道恒、僧肇，以及来自南方庐山的道生、慧叡、慧观，来自北方的道融、慧严、僧业、慧询等名僧，都参加了新译场工作。这些名僧大多都是各地选拔和慕名而来的义学僧，他们善文辞，精教理，有着良好的义理和文学基础，对后来他的译经的成功起到十分关键的作用。

无论多么优秀的译经，如果没有人读诵和弘扬它，经典也不会成为民众所有。参加这个译场的学问僧们后来分散到各地去，在中国南北极大地弘扬了鸠摩罗什翻译的大乘经典。这是鸠摩罗什译经得以迅速弘扬的重要条件。

三　吕光西征与鸠摩罗什东来的历史原因再探

北方十六国时期，氐族的首领苻坚在公元357年建立了前秦政权。他是一位雄心勃勃的帝王，不仅统一了北方的大部分地区，还想消灭东晋，拥有统一中原的宏伟大志。那么苻坚对于西域的态度又是怎样的呢？其实在没有进攻东晋以前，他就已经有了经营西域的思想和行动。《晋书》卷95载："郭黁，西平人也。少明《老》《易》，仕郡主簿。张天锡末年，苻氏每有西伐之问，太守赵凝使黁筮之。"《晋书》卷113《苻坚上》记："先是，梁熙遣使西域，称扬坚之威德，并以缯彩赐诸国王，于是朝献者十有余国。"②

---

① 苑艺：《鸠摩罗什佛经"新译"初探》，《天津师范大学学报》1984年第4期。
② 也见《资治通鉴》卷13，中华书局1974年标点本，第443页。

在建元十八年九月，苻坚派吕光等人率军七万，开始了历史上讨伐西域的战争。《晋书》卷114记载："坚于是以骁骑吕光为持节、都督西讨诸军事，与陵江将军姜飞、轻骑将军彭晃等配兵七万，以讨定西域。"①《晋书》卷122《吕光载记下》记："坚既平山东，士马强盛，遂有图西域之志，乃授光使持节、都督西讨诸军事，率将军姜飞、彭晃、杜进、康盛等总兵七万，铁骑五千，以讨西域，以陇西董方、冯翊郭抱、武威贾虔、弘农杨颖为四府佐将。"② 由于有西域内部人员的引导和进军途中未曾受到阻碍，西伐十分顺利到达龟兹城下。《晋书》卷122《吕光载记》对战争之事记载十分详细，最终结果是帛纯收其珍宝逃奔，王侯降者三十余国，吕光进入龟兹城。于是西域各路王侯不远万里，皆来归附。

这场战争发起的原因偏偏与一位高僧密切联系在一起。这位僧人就是龟兹国的鸠摩罗什。许多学者认为这是一场宗教战争，是中国历史上从未有过的为一名僧人而发起的战争。但我们不能否认苻坚战争的重要目的还是打通和经营西域。

在战争发动以前，西域诸国并没有表现出反叛中原王国的迹象。当苻坚派梁熙遣使西域，称扬坚之威德时，朝献者十有余国。《晋书》卷113《苻坚上》记："大宛献天马千里驹，皆汗血、朱鬣、五色、凤膺、麟身，及诸珍异五百余种。坚曰：吾思汉文之返千里马，咨嗟美咏。今所献马，其悉反之，庶克念前王，仿佛古人矣。乃命群臣作《止马诗》而遣之，示无欲也。其下以为盛德之事，远同汉文，于是献诗者四百余人。"本卷还记载："鄯善王、车师前部王来朝，大宛献汗血马，肃慎贡楛矢，天竺献火浣布，康居、于阗及海东诸国，凡六十有二王，皆遣使贡其方物。"

当车师前部王和鄯善王要求每年来朝贡时，"坚以西域路遥，不许，令三年一贡，九年一朝，以为永制"。苻坚践行吕光时的话说"西戎荒俗，非礼义之邦。羁縻之道，服而赦之，示以中国之威，导以王化之法，

---

① 《晋书》卷114《苻坚载记下》，中华书局1974年标点本，第2911页。《资治通鉴》记载为"秦王坚以骁骑吕光为使持节、都督西域征讨诸军事，与凌江将军姜飞、轻车将军彭晃、将军杜进、康盛等总兵十万，铁骑五千，以讨西域"。见卷104，中华书局1974年点校本，第3301页。

② 《晋书》卷122《吕光载记下》，中华书局1974年点校本，第3054页。

勿极武穷兵，过深残掠"。① 也不过说明了他羁服西域，以示中国之威的思想。

然而我们不得不承认，苻坚发动的这次战争确实有着他对佛教的一种情结。而道安对西域的鸠摩罗什仰慕已久，"安先闻鸠摩罗什在西国。思共讲析每劝坚取之"。希望苻坚有一天能把他请来。僧涉就是西域来的一位僧人，每当干旱之时，苻坚常常请他咒龙请雨。② 在苻坚心目中，道安和鸠摩罗什等僧人不仅是高僧，还是辅助治国之才，他在道安之上，可见鸠摩罗什在苻坚心目中的分量。

苻坚西征取得鸠摩罗什虽不是唯一目标，但却是重要目的之一。历史往往不是这么简单，它是各种复杂因素的集合体。我们注意到，在西伐的目标中主要是龟兹和焉耆，对南道的国家和北道的其他国家并未动武。③ 吕光在打下龟兹以后，掳掠到了鸠摩罗什，很快就班师回朝了。同时我们还发现，影响苻坚决定出兵的还有车师前部王弥寔、鄯善王休密驮的劝导。《晋书》卷114《苻坚下》记：

> 车师前部王弥寔、鄯善王休密驮朝于坚，坚赐以朝服，引见西堂。……寔等请曰："大宛诸国虽通贡献，然诚节未纯，请乞依汉置都护故事。若王师出关，请为乡导。"……加鄯善王休密驮使持节、散骑常侍、都督西域诸军事、宁西将军，车师前部王弥寔使持节、平西将军、西域都护，率其国兵为光向导。

《资治通鉴》则记载："（建元十八）九月，车师前部王弥寔、鄯善王休密驮，入朝于秦，请为向导，以伐西域之不服者，因如汉法置都护以统理之。"④《高僧传》也云：

---

① 《晋书》卷114《苻坚下》，中华书局1974年标点本，第2914页。
② 《晋书》卷95：僧涉者，西域人也，不知何姓。少为沙门，苻坚时入长安。虚静服气，不食五谷，日能行五百里，言未然之事，验若指掌。能以秘祝下神龙，每旱，坚常使之咒龙请雨。俄而龙下钵中，天辄大雨，坚及群臣亲就钵观之。卒于长安。后大旱移时，苻坚叹曰："涉公若在，岂忧此乎！"
③ 《出三藏记集》《高僧传》和《晋书》皆有记载。"十九年，即遣骁骑将军吕光将兵伐龟兹及焉耆诸国。"见苏晋仁、萧链子点校《出三藏记集》，中华书局2000年版，第532页。
④ 《资治通鉴》卷104，中华书局1982年点校本，第3301页。

时符坚僭号关中，有外国前部①王，及龟兹王弟并来朝坚，坚引见，二王说坚云，西域多产珍奇，请兵往定，以求内附。……至十七年（381）二月，鄯善王、前部王等，又说坚请兵西伐。十八年（382）九月，坚遣骁骑将军吕光、陵江将军姜飞，将前部王及车师王等，率兵七万，西伐龟兹及乌耆②诸国。

为什么前部王、车师王多次来劝说符坚西伐，他们与龟兹和焉耆有什么关系和矛盾？更为奇特的是龟兹王的弟弟亲自来中原劝说西伐自己的国家。车师前部国的国师为什么要劝导符坚发兵取佛像和鸠摩罗什？难道说真是在龟兹不利众生而在前秦才有利于众生吗？通过以下的分析，我们可以明白这其中的答案。

《晋书》卷95《郭黁载记》："苻坚末，当阳门震，刺史梁熙问黁曰：其祥安在？黁曰：为四夷之事也。当有外国二王来朝主上，一当反国，一死此城。岁余而鄯善及前部王朝于苻坚，西归，鄯善王死于姑臧。"

汉代的龟兹国力弱小，但是到魏晋发展迅速成为西域中举足轻重的大国。《魏书》卷30《乌丸鲜卑东夷传》记载："中道西行尉梨国、危须国、山王国皆并属焉耆，姑墨国、温宿国、尉头国皆并属龟兹也。桢中国、莎车国、竭石国、渠沙国、西夜国、依耐国、满犁国、亿若国、榆令国、损毒国、休修国、琴国皆并属疏勒。"

两汉之后，中原对西域逐步失去了控制，车师国也失去了汉代的戊己校尉所在地的优势。车师的地理位置紧靠焉耆，当时已经成为焉耆的附属国，二者的矛盾不言而喻。而当时的龟兹依靠优越的自然地理条件和地处丝绸之路的枢纽地位，很快成为经济繁荣的西域大国。在当时的周围环境之下，龟兹也走向了地区争霸的道路。虽然没有出现在正史资料里，却在佛教史里寻得蛛丝马迹。

《高僧传》记载鸠摩罗什在沙勒国和温宿国的时候说：

---

① 前部，古地名，全称为车师前部。《史记》称车师为姑师。《汉书·西域传》称："车师前国，王治交河城。……去长安八千一百五十里，西南至都护治所千八百七里"，包括今吐鲁番地区一带，交河故城即其王都城所在处。

② 乌耆，即焉耆，位于天山以南、塔里木盆地以北，开都河流经境内。《汉书·西域传》称"焉耆国，王治员渠城，去长安七千三百里。西南至都护治所四百里"。在今焉耆回族自治县，学界多以焉耆县四十里城子古城为其都城员渠城遗址。

沙勒国有三藏沙门名喜见，谓其王曰："此沙弥不可轻，王宜请令，初开法门。凡有二益：一国内沙门，耻其不逮，必见勉强；二龟兹王必谓什出我国，而彼尊之是尊我也，必来交好。"王许焉，即设大会，请什升座，说《转法轮经》。龟兹王果遣重使，酬其亲好。……于是声满葱左，誉宣河外。龟兹王躬往温宿，迎什还国，广说诸经，四远宗仰，莫之能抗。

无论沙勒还是温宿国，都以不同的方式献媚结好龟兹，龟兹在西域诸国的地位不言而喻。更有甚者，当鸠摩罗什在龟兹弘扬大乘之时，"龟兹王为造金师子座，以大秦锦褥铺之，令什升而说法。……西域诸国，咸伏什神俊，每年讲说诸王皆长跪座侧。令什践而登焉。其见重如此"。① 西域诸国诸王不得不服从于龟兹王的安排。

当时的龟兹王帛纯在我国史书记载中只是偶尔提到。当时龟兹王宫富丽堂皇类似长安，人民富庶，"胡人奢侈，富于供养，家有蒲桃酒，或至千斛，经数十年不败"。吕光平龟兹还师，"以驼二万余头，致外国珍宝，及奇伎异戏，殊禽怪兽，千有余品，骏马万余匹"。② 这种经济的富裕再加上称霸的野心，引起周围国家嫉妒和不满，他们不得不依附中原政权达到自保的目的。同时，龟兹国内部还蕴藏着一场政治斗争。这场斗争不仅与周围其他国家的矛盾搅和在一起，而且伴随了一场宗教的斗争。这场斗争的对立面正是龟兹王的弟弟帛震，他想联合其他诸国并利用教派之间的矛盾来夺取王位。

《晋书·吕光载记》记载了攻打龟兹的战争详情，最后龟兹王帛纯战败逃走，他的弟弟帛震成为新王。帛震也正是在战争之前游说苻坚"请兵往定，以求内附"的龟兹王之弟，这与帛纯是唯一一个坚决抵抗、拒绝投降的态度是截然相反的。这种隐藏的内部斗争，史书上没有记载，但是《高僧传》中《鸠摩罗什传》却无意中隐含了这一历史事实：有顷，什母辞往天竺，谓龟兹王帛纯曰："汝国寻衰，吾其去矣。"行至天竺，进登三果。

他的母亲已经觉察出这种形势，所以才说"汝国寻衰，吾其去矣"。

---

① 汤用彤校注：《高僧传》，中华书局1992年版，第48—49页。
② 《晋书》卷122《吕光载记》，中华书局1974年标点本，第3056页。

这句话引起了后人无限的猜测。尚永琪分析认为：3—4世纪的龟兹国，国力是比较兴盛的，这时候的耆婆对哥哥（帛纯）说"汝国寻衰"的预言，显然是不近情理的。也可能耆婆在政治方面感觉到了龟兹国的外部形势和内部格局方面的变化。就外部形势而言，作为西域诸国宗主国的前凉张氏政权，从353年张重华去世后，内讧迭起，君主更换频繁，陷入一片混乱之中，已经无力经营西域诸国；就国内格局而言，此时的龟兹王帛纯可能已有了摆脱中原控制、称霸西域的迹象。①

吕光西征十分顺利，攻打龟兹时7万人马对70万反而能胜，没有车师前部王和帛震的引导是不能想象的。鸠摩罗什是苻坚要"请"的人，但是吕光却对他以破色戒侮辱，而且其目标是龟兹王帛震的侄女，鸠摩罗什的表妹。这些现象不得不说明帛震与龟兹王之间的深刻矛盾。他们的这种做法，也表明对鸠摩罗什本人的憎恨。

这里面同时也蕴含了宗教战争的内幕。在鸠摩罗什未去罽宾以前，龟兹的佛教虽然也有大乘佛教的传播，但是占据主导地位的还是小乘佛教。鸠摩罗什及其母亲都是小乘佛教的学习修行者。说明在皇室中间，小乘佛教还是占有一定的优势。季羡林说过：龟兹和焉耆地区的佛教信仰，从一开始就是小乘，而且是说一切有部。这有其必然性。这里的佛教是从犍陀罗国传入的，而犍陀罗国是一个小乘的国家。但是不是纯粹的小乘呢？也不是的。克孜尔石窟的壁画有的就是小乘中有大乘成分。②

鸠摩罗什改宗大乘，是龟兹佛教一个重大的事件，必然要引起震动，也会受到小乘势力的挑战。这种斗争，在史料上记载匮乏，但仍有一些反映。鸠摩罗什母去天竺后，他居于王新寺，获得《放光般若经》，在研读此经时，曾有"魔来蔽文"。这段具有神奇色彩的传说，不为史凭，但不难看出是一种大小乘的斗争。

当鸠摩罗什转向大乘之后，龟兹王亲自把他接到国内，留在了王新寺。当时出家为尼的王子阿竭耶末帝，也请开方等经奥，思想转向大乘。"龟兹王为造金师子座，以大秦锦褥铺之，令什升而说法。"随后他在龟兹大力弘扬大乘佛法，讲法时周边各国王侯跪于两侧。这一切看起来都与

---

① 尚永琪：《鸠摩罗什》，云南教育出版社2009年版，第26页。
② 季羡林：《鸠摩罗什时代及其前后龟兹和焉耆两地的佛教信仰》，《孔子研究》2005年第6期。

龟兹王有极大的关系。当时的龟兹已经是小乘教团实力极大的时候,为什么帛纯在这个时候要大兴大乘佛教呢?因为在当时的西域争霸现象十分普遍,龟兹的位置促使它必须成为强大的国家才免受来自北方游牧民族的袭击。这时小乘教团势力雄厚,阻碍龟兹王的进一步发展,因此政治改革下的宗教改革势在必行。

鸠摩罗什配合白纯的政治改革而领导的大乘化运动虽盛极一时,却终归失败。因为龟兹王族内部的矛盾由来已久,王位之争一直未停止过。帛震不惜向苻坚出卖自己的哥哥而达到夺取王位的目的。同时他还和小乘保守势力勾结,抵制反对大乘佛教的改革。随着帛震的上台,小乘佛教也得以复辟,并在此后数百年间,一直占主导地位。630 年左右,玄奘曾于龟兹挂锡二月。《大唐西域记》卷 1 记龟兹佛教情况云:"伽蓝百余所,僧徒五千余人。习学小乘教说一切有部。经教律仪,取则印度,其习读者,即本文矣。尚拘渐教,食杂三净。"鸠摩罗什时代的龟兹石窟中的大乘佛教图像,如克孜尔等石窟的多佛情况,有克孜尔 38 窟主室前壁两侧的立佛龛、47 窟中的众多列佛、17 窟的卢舍那佛壁画等,正是鸠摩罗什在龟兹说法,葱岭东西佛教徒远集龟兹,修行大乘教法的反映。而鸠摩罗什离开龟兹后,大乘佛教开始逐渐衰退,小乘佛教复占优势,亦与史乘所载相合。[①]

四 鸠摩罗什优秀的综合素质

鸠摩罗什译经的成功与他深厚的佛学造诣,梵汉语言的精通以及对弘法事业的追求下高尚的严谨求真的人格修养有很大的关系。

1. 高深的佛学造诣

对印度佛学的深刻理解、无与伦比的辩才和渊博的佛学知识,造就了鸠摩罗什深厚的佛学素养,这是他译经成功的最基本因素。

鸠摩罗什天资聪慧,从《高僧传》中我们就可以了解到他是一位少年天才。鸠摩罗什"家世国相",祖上居高贵,根据推理应该是属于刹帝利种姓。其母身为龟兹国王妹,若依印度种姓划分来说也是刹帝利系。他都具有常人无法比拟的基因和地位的优越性。被誉为神童的他,7 岁出家,一天能背诵经文千偈。从早年历程来看,他确实是一位天才少年。

---

① 丁明夷:《鸠摩罗什与龟兹佛教艺术》,《世界宗教研究》1994 年第 2 期。

鸠摩罗什早年的勤奋使他掌握了丰富的佛教理论和知识。他在十几岁时就已经把小乘经典全部学完了，此后转向大乘之学后更是博览群书。强烈的求知欲望使他并不满足佛教内容，继续向外道知识学习。据《高僧传》中称："什以说法之暇，乃寻访外道经书，善学《围陀舍多论》，多明文辞制作问答等事，又博览《四围陀》典及五明诸论。阴阳星算，莫不必尽，妙达吉凶，言若符契。"这种杂糅诸教教义的态度，使他更好地拓展了自己的视野。在沙勒的时候，他学习了四吠陀[①]和五明诸论。他的学习范围广泛，涉及各种学问，且阴阳星算，莫不毕尽，妙达吉凶，言若符契。学习阴阳术数，使他后来随吕光父子至凉州，所言无不验。渊博的知识使他加深了对佛教思想的理解，为以后从事佛学研究和译经事业打下重要基础。

鸠摩罗什高深的佛法造诣还表现在他所具有的优秀辩才之中。在罽宾时就"折伏"外道，受到国王的尊崇和优厚的待遇。《高僧传》记：

> 达多每称什神俊，遂声彻于王，王即请入宫，集外道论师，共相攻难。言气始交，外道轻其年幼，言颇不逊。什乘隙而挫之，外道折伏，愧惋无言。王益敬异，日给鹅腊一双，粳米面各三斗，酥六升。此外国之上供也。所住寺僧，乃差大僧五人，沙弥十人，营视扫洒，有若弟子，其见尊崇如此。

到温宿国，鸠摩罗什又与一位自称神辩英秀的道士论辩，最后道士迷闷自失，稽首皈依。到达龟兹后，其罽宾小乘师父盘头达多来国劝他改回小乘，其结果则是在鸠摩罗什的辩说下，师父也开始学习大乘佛法，言："和上是我大乘师，我是和上小乘师矣。"

高深的佛学造诣，使鸠摩罗什年纪轻轻就已成为天竺、西域首屈一指的大乘论法师。在未来中原以前，他的名声早已在僧界传开，所以才有后来的道安写信给符坚，力荐鸠摩罗什来长安译经之事。

鸠摩罗什的学识是很卓越的。他和南方庐山的学匠慧远的来往书函，结集成《大乘大义章》。从对慧远有关教义提问的回答来看，鸠摩罗什对佛

---

① 吠陀（Veda）是知识的意思，指集录古代印度婆罗门教知识的文献。四吠陀是《梨俱吠陀》（颂诗）、《婆摩吠陀》（歌曲）、《耶柔吠陀》（祭词）和《阿闼婆吠陀》（咒语）。

法的深厚造诣和理解表现得淋漓尽致。而中国的佛教界从此才真正接受到大乘教义比小乘教义的优越性和两者的区别。僧祐在《出三藏记集》中，对鸠摩罗什的翻译作了很高的评价。他说："逮乎鸠摩罗什法师，俊神金照，秦僧融肇，慧机水镜，故能表发挥翰，克明经奥，大乘微言，于斯炳焕。"由于鸠摩罗什高深的佛学造诣，在翻经过程中能得心应手，发挥自如，教授的门徒道融、僧肇等汉僧对于佛典中深邃的哲理皆能悉心领会。

另外鸠摩罗什的两次破戒，都是因为他过人的才智引起的。吕光获鸠摩罗什后，"未测其智量，见年齿尚少，乃凡人戏之，强妻以龟兹王女"。[1] 姚兴认为他："聪明超悟，天下莫二。若一旦后世，何可使法种无嗣。"[2] 所以才给他伎女十人，并逼令受之。在他人看来，鸠摩罗什非凡的才智不但遭受到嫉妒，还对其出家感到惋惜。

在以前译者中，支谦祖籍是月氏人，由于在内地长期生活，所以对梵汉语也是精通。据说他通晓6国语言，曾师事支娄迦谶的弟子支亮，学问渊博。竺法护精通西域36国语言可谓学习语言的天才。虽然他们的语言能力都十分突出，但与鸠摩罗什的差距主要在对佛教的教义理解上。建立在深刻理解的基础之上，才能做到翻译中的得心应手和运用自如，才能更加注重佛学思想的准确翻译。鸠摩罗什对大小乘佛教的兼通，尤其是对二者区别的深刻理解和对大乘佛教的偏重，是他区别于中国以前诸佛经翻译家的最大标志。当然这种思想的来源与它的时代性息息相关，因为对以往的翻译家来讲并没有机会接触到龙树的四论学说和发展更加完备的大乘经典。固然有此因素，但鸠摩罗什的自身优越素质却是他日后译经质量胜出的最大因素。在鸠摩罗什看来，对异域佛教的理解，关键是正确掌握其内在的思想，而不是追求文字上的准确性，因此才有了他的以意为主的"新译"。正是鸠摩罗什对印度佛教内在本质思想的这种深刻理解和对佛法传播规律的深刻把握，才造就了他译经的长远流传。所以道宣对鸠摩罗什译经的评价是："绝后光前，仰之所不及，故其所译，以悟达为先，得佛遗寄之意也。"[3]

2. 梵汉互通的语言能力和文学才能

慧观的《法华宗要序》说："什自手执胡经，口译秦语、曲从方言，

---

[1] 释慧皎撰，汤用彤校注：《高僧传》，中华书局1992年版，第50页。
[2] 同上书，第53页。
[3] 《道宣律师感通录》，《大正藏》第52册，第437页下。

而趣不乖本，即文之益，亦已过半。"① 僧叡的《大品经序》说："法师手执胡本，口宣秦言，两释异音，交辩文旨。"鸠摩罗什这种非凡的语言翻译能力无人能比，令人赞叹。所有这一切都建立在他对梵汉两种语言精通熟练的基础之上。

鸠摩罗什的父亲鸠摩炎是天竺人，他9岁就到罽宾去学习，一直生活到12岁才回龟兹。再加上他的多个师父都来自罽宾，可以肯定地说，在语言方面，他从小就生活在可以学习梵语的优越环境之中。鸠摩罗什用梵语直接吸收释尊开创的佛教，这是他容易理解佛法深奥哲理的条件。

人们谈论最多的是关于鸠摩罗什的汉语水平。其实这是一个不需要怀疑的事实。他跟随吕光在凉州待了17年，正是在这一段漫长的时间里，逐步学会了汉语，而且学得很出色。他在凉州主要担任吕光的军事顾问，但是并未忘记自己的学习和弘法的任务。据《高僧传》："什停凉积年。吕光父子既不弘道。故蕴其深解无所宣化。""鸠摩罗什在这里十几年，虽然弘法事业没有大的进展，却有条件熟悉汉族文化，学习汉语，为他后来在长安的辉煌活动作了准备。"② 在鸠摩罗什滞留姑臧期间，当时活动在关中一带的僧肇，专程赶到姑臧，拜他为师。"后鸠摩罗什至姑臧。肇自远从之。什嗟赏无极。"③ 鸠摩罗什通过僧肇，了解了中国内地佛教的发展形势，佛经的翻译状况以及各派之间的理论异同。看来他在凉州期间并未停止对佛学的研究，尤其注意的是对中国以前佛经翻译的熟悉和研究。

正是由于对梵汉两语的熟悉，鸠摩罗什才深知翻译事业的艰难。通过对照语言文体，他知传译梵典，文字上之领会甚难。也正是在此基础上，才步入"意译"的轨道。

同时鸠摩罗什自身还有着高超的文学表达能力。《金刚经纂要刊定记》卷1云："然此一经，鸠摩罗什所译，句偈清润，令人乐闻，至今长幼高卑盈于寰宇，靡不受持此经也。"④《金刚经》有五译，但鸠摩罗什的译本最见流通，则其译事可以知矣。他不仅在释经中注重译文的文学色彩，而且本人也善诗文。《高僧传》自传中录有鸠摩罗什赠给法和的诗

---

① 《出三藏记集》卷8，《法华宗要序》，《大正藏》第55册，第57页上。
② 孙昌武：《中国文化史上的鸠摩罗什》，《南开学报》（哲学社会科学版）2009年第2期。
③ 汤用彤校注：《高僧传》卷6《僧肇传》，中华书局1992年版，第249页。
④ 《金刚经纂要刊定记》卷1，《大正藏》第33册，第170页下。

颂："心山育明德，流薰万由延。哀鸾孤桐上，清音澈九天。"他的《十喻诗》云："一喻以喻空，空必待此喻。借言以会意，意尽无会处。既得出长罗，住此无所住。若能映斯照，万象无来去。"① 鸠摩罗什在《答慧远书》中所写的诗偈：既已舍染乐，心得善摄不。若得不弛散，深入实相不。毕竟空相中，其心无所乐。若悦禅智慧，是法性无照。虚诳等无实，亦非停心处。仁者所得法，幸愿示其要。② 从这首宣扬佛教教义的诗中，可以看出作者对汉语古诗技巧的熟练运用和深厚的古体诗创作的功力。

3. 鸠摩罗什对内地人思想文化和对社会可接受程度的谙知

鸠摩罗什对中原内地文化的熟悉，是他得以译经成功不可忽略的因素之一。他在译《大智度论》时认为"梵文委曲，师以秦人好简，裁而略之"。③ 这说明，他对当时人们在接受外来思想观念中的障碍和观念十分了解。《大智度论》是一部数量巨大的论著，但鸠摩罗什却将龙树对《大品》经文初品的解释详细译出，因为这是中国僧人一直迷惑的哲学理论，这就适应了学者研究的要求。在深刻理解原文的基础上，他大胆地冲破梵文语法结构的框框，对原文进行了增减处理，并且对于不同的佛典，视其实际情况，采用了不同的翻译手段。譬如：译《妙法莲华经》时，则"曲从方言，趣不乖本"。④ 鸠摩罗什的汉译本文字流畅，很好地表达了原本《法华经》的思想本旨。

释道安认为中国佛教的发展"不依国主，则法事难立"，这句话在鸠摩罗什身上得到了最好的诠释。由于前凉王吕光父子不信佛教，他在姑臧停留的17年可以说是一事无成。但也使他深深明白了在内地"不依国主，则法事难立"的道理。因此在后秦长安的岁月里，他非常注意保持同王室的密切关系。对中土文化的深刻认识，是鸠摩罗什在翻译中下决心适合本土文化意味而进行改革的重要因素。

4. 对弘法事业的执着追求和严谨求真的人格素养

鸠摩罗什在龟兹国时，20岁就受了具足戒并成为一代名僧。他母亲离开龟兹国之前说："方等深教，应大阐真丹，传之东土，唯尔之力。但

---

① 欧阳询：《艺文类聚》卷76《内典》上，上海古籍出版社1965年版，第1294页。
② 汤用彤校注：《高僧传》卷6《释慧远》，中华书局1992年版，第217页。
③ 僧叡：《大智释论序》，《大正藏》第55册，第74页下。
④ 慧观：《法华宗要序》，《大正藏》第55册，第57页上。

于自身无利，其可如何。"他则回答道："大士之道，利彼忘躯。若必使大化流传，能洗悟蒙俗，虽复身当炉镬，苦而无恨。"这里充分表达了为弘法，鸠摩罗什不惜吃苦献身的精神，对佛教弘法事业的执着可窥一斑。虽然鸠摩罗什在凉州期间担当吕氏的参谋达17年之久，并且是一个人人生中最为宝贵的时期，但是他并没有因此消极，天天刻苦修行，甚至学习了中国的语言，希望能很快进入汉文化的中心地长安，传播深爱的大乘佛教。在姚兴发出邀请后，不顾长途跋涉的疲劳，很快来到长安。在长安的13年中，译经300余卷，平均每一个月就要译出两卷。孜孜不倦地对弘法的渴望之心完全奉献到了译经事业之中。即使在生命的最后时刻，还惦记着自己译经的质量问题，告别曰："因法相遇，殊未尽伊心，方复后世，恻怆何言。自以闇昧，谬充传译，凡所出经论三百余卷，唯《十诵》一部，未及删烦，存其本旨，必无差失。愿凡所宣译，传流后世，咸共弘通。今于众前发诚实誓，若所传无谬者，当使焚身之后，舌不燋烂。"①

　　鸠摩罗什主持译经态度极为严格谨慎，对于译文反复推敲，不断修改。譬如翻译《大品般若经》，弘始五年（403）四月于逍遥园始译，"其事数之名与旧不同者，皆是法师以义正者也"。弘始六年四月又作检校。七年十二月，《大智度论》译出，两相对照，对《大品般若经》再作改正。整个翻译过程有三译五校之说。又如《百论》，这是什法师到长安后不久的译作，由于"方言未融"，令读者"踌躇于谬文"，弘始六年便更译《百论》二卷，较之前译"文义既正作序亦好"。如僧肇在《维摩诘经序》中说"义学沙门千二百人于长安大寺请鸠摩罗什法师重译正本。什以高世之量，冥心真境，既尽环中，又善方言，时手执胡文，口自宣译，道俗虔虔，一言三复，陶冶精求，务存圣意，其文约而诣，其旨婉而彰"。② 例如，关于一些名相的翻译，鸠摩罗什在译时就费心斟酌。僧叡在《大品经序》中记载："胡音失者，正之以天竺，秦言谬者，定之以字义，不可变者，即而书之，是以异名斌然，胡音殆半，斯实匠者之公谨，笔受之重慎也。"③ 从这些细微之处可以看出鸠摩罗什对待翻译谨慎认真的态度。

---

① 释慧皎撰，汤用彤校注：《高僧传》，中华书局1992年版，第54页。
② 《大正藏》第55册，第58页中。
③ 同上书，第35页中。

鸠摩罗什的翻译对自己不熟悉的佛经格外慎重，并不轻易着手。据《高僧传·耶舍传》载，他在翻译《十住经》时，由于对这部经不熟悉，得到本子后一个多月都不敢动笔，就跟国王姚兴说："贫道虽诵其文，未善其理。唯佛陀耶舍深达经致，今在姑臧，愿下诏征之。一言三详，然后着笔，使微言不坠，取信千载也。"直到请教过他的老师佛陀耶舍，对原文的内容理解清楚了，才着手翻译。

日本学者谷响评价说："只有这样忠实的讲学专家来从事译经，才有可能译出完善优秀而精纯可靠的作品。"黄夏年据此也认为，在中国历史上，以士大夫为主的知识阶层，非常注重人格培养的优良传统，这表现在以实事求是的态度讲经注疏，鸠摩罗什就是体现这种人格力量的代表，于是他才能成为一代伟人，后人之师。鸠摩罗什大师的"虚己求真的高尚品德"，至今仍是僧俗两界的楷模，也是当今的"士大夫"们孜孜追求的完善人格。[①]

[①] 黄夏年：《四十五年来中国大陆鸠摩罗什研究的综述》，《佛学研究》1994年。

第四章

鸠摩罗什长安弘法的个性品质及文化碰撞

第一节 鸠摩罗什与姚兴政权的关系

政权与弘法的关系处理，是鸠摩罗什译经事业中的一项重要内容。无论是在龟兹还是在内地，与统治者的关系，是他感受最深刻的关系。尤其是在长安，由于他与姚兴之间的关系处理得当，促进了事业的成功。但总体来讲，鸠摩罗什与姚兴之间是互相利用的关系，姚兴靠他来实现自己的政治意图，而他靠姚兴来发展自己的佛教事业。这种政教关系构成了当时佛教发展的基本态势。

一 鸠摩罗什早年的政教关系

鸠摩罗什之所以能轻松自如地驾驭和处理好与统治者的政教问题，与他原来的背景有很大的关系。其实在未来长安之前，他在与统治者关系的处理方面就已经十分熟悉了。因此，道安的"不依国主，则法事难立"的经验总结，反而使鸠摩罗什成了这方面最好的实践者。

鸠摩罗什从小就在皇室中长大，得天独厚的条件使他得以尽快成长。根据高僧传的记载，他9岁就随母亲来到罽宾学习佛法。也是由于他的高贵地位，遇到的第一位师父盘头达多，就是当时罽宾王的堂弟。在他的勤奋努力和良好的天赋之下，"名播诸国，远近师之"。最后被罽宾王请入宫内，集外道论师，共同辩论。外道折服后赢得了罽宾王的青睐，"日给鹅腊一双，粳米面各三斗，酥六升"。鸠摩罗什住的寺院，则配备大僧五人，沙弥十人，用来服务。也就是说，在少年的时候，鸠摩罗什就已经受到皇家的恩宠，并开始与统治者打起了交道。

鸠摩罗什在回龟兹的途中，到了沙勒国，国王设立大会请他讲《转法轮经》。这时的他讲经，已经与政治纠缠在一起了。因为沙勒国王的目的，一是要灭灭本国沙门的傲气，二是可以引来龟兹王与本国的交好。而在沙勒国期间，他又结识了莎车国的王子、参军王子兄弟二人，并接触了大乘佛教，从此实现了人生的重大转变。

鸠摩罗什到达龟兹后，受到了隆重的接待，同时也迎来了与龟兹王共同发起的一场宗教改革和政治斗争。从最后的结果看，他既是重要的参与者，也是后来的受害者。但是参与的政治斗争经历，却使他与统治者的合作关系上更加轻松自如。由于激烈的内部斗争，他配合帛纯的政治改革而领导的佛教变革归于失败。

鸠摩罗什在跟从吕光政权的17年中，使他更加意识到与统治者关系的重要性。虽然他在姑臧未能实现弘法的愿望，但是针对吕光的侮辱和后来担当的军事参谋，他都给予忍耐和附和，而不是选择激烈地对抗。这说明鸠摩罗什在处理与统治者的关系上，已经达到了思想上的成熟。这为他以后来长安与后秦政权的相处打下了坚实的基础。

二 姚兴政权对鸠摩罗什及其弟子的政治利用

姚兴是东晋十六国时期开明的君主之一，从小就崇信佛教，《高僧传》中说他"（姚）兴少达崇三宝，锐志讲集"[①]。史载"兴既崇信三宝，盛弘大化，建会设斋，烟盖重叠。使夫慕道舍俗者，十室其半"[②]。姚兴年少时在长安任苻坚的太子舍人，事实上他是人质。苻坚死后，从长安逃奔回父亲处，被册立为皇太子。当时的苻坚也是崇奉佛教的君主，他为拥有道安，发动对襄阳的战役（379）；为道安成立长安译场；为取得鸠摩罗什，令吕光远征龟兹（382）。姚兴就是在这样一种佛教环境下成长起来的。

在鸠摩罗什抵达长安之后，姚兴以国师礼待之，两人经常在一起座谈。不仅如此，姚兴有时还亲自参加他的讲经和译经活动。《晋书·姚兴载记》记载："兴如逍遥园，引诸沙门于澄玄堂听鸠摩罗什演说佛经。……更出《大品》，鸠摩罗什持胡本，兴执旧经，以相考校，其新文

[①] 汤用彤校注：《高僧传》卷2《鸠摩罗什传》，中华书局1992年版，第52页。
[②] 同上书，第240页。

异旧者皆会于理义。"统治者阶层中喜好佛教的不在少数，他们在长安的译经活动中经常担任译场主持。根据《出三藏记集》整理如下表：

表4—1 　　　　　　　《出三藏记集》记录的译经活动

译场主持者	译经者	时间	地点	佛经名称
姚旻	竺佛念	391	安定	《王子法益坏目因缘经》
姚嵩	鸠摩罗什	404	长安	《百论》
姚兴	鸠摩罗什	404	逍遥园	《新大品经》
姚兴	鸠摩罗什	405	逍遥园	《大智度论》
姚嵩、姚显	鸠摩罗什	406	长安大寺	《新维摩诘经》
姚嵩	鸠摩罗什	406	长安大寺	《新法华经》
姚显	鸠摩罗什	407	长安	《自在王经》
姚泓	鸠摩罗什	408	长安	《新小品经》
姚显	鸠摩罗什	411	长安	《成实论》
姚爽	鸠摩罗什	412	长安	《四分律》
姚兴	昙摩崛多 昙摩耶舍	415	长安	《舍利佛阿毗昙》

姚兴不但在鸠摩罗什的指导下读经修禅，而且著《通三世论》论证过去世（前生）、现在世（今生）和未来世（来生）三世的真实存在，说明佛教因果报应、三世轮回理论的正确，并以此送鸠摩罗什请教。姚兴作为王者却能以学生的身份虚心向他求教，亲自聆听讲解经义，并将自己的著论呈上求取指正，表现出很高的文化意识和学术造诣。《历代三宝纪》卷8也有类似记载："兴既虚襟崇仰佛法，恒于大寺草堂之中供三千僧，与什参定新旧诸经，莫不精究，洞其深旨。"南方的佛教领袖慧远，道德学问为世人赞誉，虽然他并不在自己的管辖境内，但"姚兴钦德风名，叹其才思，致书殷勤，信饷连接"，《大智度论》译后不久，就特意送慧远，请为之作序，① 这种交往是非政治性的，而是学术文化上的朋友之交。

---

① 见《高僧传》卷6《慧远传》，中华书局1992年版，第218页。

姚兴信佛但不佞佛，不像后赵的石勒、前秦的苻坚等有"佞佛"之嫌。① 作为一个君王，在教权和皇权的天平上，姚兴始终以皇权为上，使宗教永远服务于政权。

1. 崇佛和崇儒并重

前秦是十分重视儒学的，苻坚统治时，姚兴为太子舍人，早年就有相当高的儒学素养。姚兴虽是羌人之后，但从小受到良好的文化教育，"虽处变乱中，学习不辍，不以兵难废业"②，在他还是皇太子的时候，即使戎马倥偬，也要忙里偷闲与"舍人梁喜、洗马范勖等讲论经籍"，在处理政事的闲暇，与耆老硕德在东堂"讲论道艺，错综名理"，吸引了诸生赴长安听讲，使后秦境内"学者咸劝，儒风甚矣"。③ 姚兴重视儒学，史记：

> 天水姜龛、东平淳于岐、冯翊郭高等耆儒硕德，经明行修，各门徒数百，教授长安，诸生自远而至者万数千人。兴每于听政之暇，引龛等于东堂，讲论道艺，错综名理。凉州胡辩，苻坚之末，东徙洛阳，讲授弟子千有余人，关中后进多赴之请业。兴敕关尉曰："诸生咨访道艺，修己厉身，往来出入，勿拘常限。"于是学者咸劝，儒风盛焉。④

《晋书》卷117《姚兴载记上》记载姚兴很重视儒家传统礼教制度。其母秦太后卒，关于如何服丧，在朝廷上产生了礼仪之争：尹纬主张传统的"既葬即吉"；而尚书郎李嵩认为应如汉人传统"素服临朝"，以体现"孝治天下"。姚兴采纳了后者，这说明他对儒家传统思想的重视和崇尚，也表现了他以儒学治国的决心。这种治学的态度和政治理念，决定了他以后接受佛教时，不是以佛教徒信仰的褊狭心态而是以文人具有的广博胸怀来对待佛教。

2. 利用鸠摩罗什的威望和能力，来推动佛教的发展

姚兴不惜用战争的代价换得鸠摩罗什，并帮助他建立译场，译出大量

---

① 十六国其他许多国王，如后赵的石勒（274—333）、前秦的苻坚（338—385）等，似乎都有"佞佛"之嫌，不妨参见杜继文《佛教史》，江苏人民出版社2006年版，第138—145页。
② 王亚荣：《长安佛教史论》，宗教文化出版社2005年版，第4页。
③ 《晋书》卷117《姚兴载记上》，中华书局1974年标点本，第2975页。
④ 同上书，第2979页。

的大乘经典。不仅如此，他还亲自登临译场，过问译经之事，认真学习和听讲佛经，使得自己的佛学思想有了长足的进步。

姚兴利用鸠摩罗什的威望，通过译经，促进了佛教在内地的传播与发展，佛教思想开始深入民心。而通过佛教，可以为战乱中的人们找到一丝精神上的宽慰。尤其是在稳定民众方面，佛教可以发挥重要的作用。同时姚兴通过为他建立译场，促使全国的优秀学生聚集长安，长安成为知识分子向往的地方。突出的表现是南北谈玄的贵族达人竞相以知识僧侣为师，知识僧侣成了玄谈的理论创制者；而佛籍译场即是理论的策源地。这种文化思想上的变化，使胡汉各族的界限空前缩小，也使佛教理论更深地渗透到中国的思想文化中。当时关中的佛教迅速发展，已经成为当时中国佛教发展的三个中心之一。[①] 四方学者，万里云集，长安遂成为全国佛教学术研究中心，如慧叡所言："关中洋洋十数年中，当是大法后兴之盛也。"[②]这就促使少数民族和汉族人之间的隔阂逐步缩小并走向融合。姚兴培养和网罗的大批人才，以佛法宣世，在一定意义上影响了世俗的政治统治，但也在王权和教团的矛盾中，刺激了佛教自身向适应中国社会传统宗教信仰需要的转变。

3. 通过发展佛教来树立统治者的王权权威

姚兴崇佛，是建立在尊王的思想基础之上的。他在崇佛的过程中，会自觉地思考帝王在佛教中的地位，并在宗教活动中加以实践。他所作的《通三世论》和《通三世》等文章，正是这种思想的具体表现。姚兴在《通三世论》中说："圣人见三世。若其无也，圣无所见；若言有耶，则为常嫌，明过去、未来。虽无眼对，理恒相因。苟因理不绝圣，三世无所疑矣。"他又另著《通三世》强调说："众生历涉三世，其犹循环，过去、未来，虽无眼对，其理常在。是以圣人寻往以知往，逆数以知来。"

姚兴为什么反复强调三世恒有、反复论证"三世"的存在呢？佛教初传中国时，大乘经典与小乘经典几乎同时翻译出来的，但人们对二者之间界限的认识还是很模糊的。小乘说一切有部主张"三世实有、法体恒有"，认为三世（时）一切事物和现象（法）皆有实体，真实存在。但大

[①] 任继愈：《中国佛教史》第 2 卷，中国社会科学出版社 1985 年版，第 3 页作"两晋时，中国佛教传播的中心有三处：长安、凉州和庐山"。

[②] 《喻疑》，《出三藏记集》卷 5，《大正藏》第 55 册，第 41 页中。

乘佛教经典《般若经》却主张"诸法性空",认为一切事物和现象皆虚幻不实,"三世"也是如此。鸠摩罗什翻译的《摩诃般若经·空品》即说:"过去世过去世空;未来世未来世空;现在世现在世空。"有人据此认为三世是不存在的。这种:"一切皆空"的"空观",一时成为当时流行的思想。但如果否认三世,就等于否认了三世轮回和因果报应,直接威胁到佛教存在的理论基础。姚兴持有的正是"三世实有"的观点,《通三世论》所表述的其实是般若空观思想传入时,人们所普遍表现出的疑惑和努力融合汇通的尝试。姚兴论证的结果是:三世是真实存在的,虽然其中的过去、未来两世,今世人的眼睛不能看到,但一至因缘合会就可看到。其犹如木头之中看不到火,而一旦条件具备,就会出火一样。

"三世实有"思想,从根本上符合统治阶级的政治利益。前世作恶,今世果报,来世未定。换言之,现世的社会秩序,统治者和被统治者、皇帝和老百姓之间的差别,在前生就决定了,反抗是没有任何用处的。一般老百姓只能做"逆来顺受"的顺民。魏晋南北朝以来,这种思想实际上一直是维护中国封建社会的稳定器。在十六国战乱的历史背景下,更是如此。[①]

贺世哲指出,西秦时期的炳灵寺与后秦时期的麦积山的三世佛造像,不像北凉石塔那样以交脚像的形式突出弥勒,而是三佛等高,形象雷同,没有个性,如不借助其他资料,很难区别各自代表哪世佛。这种图像的出现,可能与这两个石窟群所处的地理位置有关。麦积山、炳灵寺地近长安,佛教思想难免不受到以鸠摩罗什为首的长安僧团的影响。……当时的长安僧团正值姚兴与鸠摩罗什唱和三世论。[②] 杜斗城认为,正是在这种思想强烈的影响下,麦积山早期的石窟的题材都选择了"三佛"。与此相映成趣的是,麦积山早期的三佛窟,一般都规模宏大,造型雄伟,颇有帝王气象。像这样的巨制,根本不可能是一般官府和民众可以开凿的。其应是当时后秦王朝的"国家工程"。后秦姚氏,根源于羌,而陇南天水一带,正是他们的发源地之一,建都长安之后,天水既为故地,又为略地,地位

[①] 杜斗城:《麦积山的早期三佛窟与姚兴的〈通三世论〉》,《敦煌学辑刊》2007 年第 1 期。
[②] 贺世哲:《关于十六国北朝时期的三世佛与三佛造像诸问题(二)》,《敦煌研究》1993 年第 1 期。

非常突出，故姚兴派其弟姚嵩出镇天水。因此在天水麦积山出现后秦时期大规模的"三佛"题材的造像是不难理解的。① 新发现的遗迹证明，麦积山第90、165、74、78、51窟为后秦皇（王）家洞窟，此5窟乃为后秦立国前后5个帝王统治者所造石窟，有学者称为"姚秦五龛"②。

4. 建立僧官制度，将僧团和僧人置于政权管理范围内

姚兴以佛教服务政治的表现之一，就是建立了僧官制度，隶属在政权之内。由于当时长安城有僧尼万余人，为了实行朝廷对佛教的管理，姚兴设立了管理全国僧尼的行政机构，据《高僧传》卷6载："自童寿入关，远僧复集。僧尼既多，或有愆漏。兴曰：'凡未学僧未阶，苦忍安得无过。过而不劾，过遂多矣。宜立僧主以清大望。'因下书曰：'大法东迁，于今为盛僧尼已多，应须纲领宣授远规，以济颓绪。僧䂮法师学优早年德芳暮齿，可为国内僧主。僧迁法师禅慧兼修，即为悦众。法钦、慧斌共掌僧录，给车舆吏力。'资侍中秩，传诏羊车各二人。迁等并有厚给。……僧正之兴之始也。"他任命鸠摩罗什的弟子僧䂮为管理僧尼的最高僧官，即僧正；以鸠摩罗什的另一弟子僧迁为都维那，即副职。下设僧录，以纲纪统摄僧众，掌全国僧尼簿籍和有关事务。佛教的这一管理机构，是中国佛教史上首次由政府设立的僧官管理机构。自此中国封建社会僧官制度正式形成，这也标志着皇权高于教权事实的形成。除此之外，姚兴还下令使有才能的僧人还俗为官，辅佐他处理政务。这都表明了姚兴扶植佛教是为维护其统治秩序服务的。谢重光分析认为，姚兴建立僧官制度的根本目的是"通过行政干预，对付因僧团的发展而将可能在政治上和经济上给世俗政权带来的麻烦"。③ 因此，姚兴对僧官制度的建立则意在对佛教进行控制。

三　鸠摩罗什对姚兴政权的态度

鸠摩罗什开创了辉煌的译经事业，但是这一切与姚兴的支持和关心是分不开的。当时"四方义学沙门"齐集长安，安置和利用这些僧人是个很

---

① 杜斗城：《麦积山的早期三佛窟与姚兴的〈通三世论〉》，《敦煌学辑刊》2007年第1期。
② 考证见夏朗云《麦积山石窟早期大龛下层焚烧痕迹的考察——后秦开窟新证》，《敦煌研究》2004年第6期；《麦积姚秦五龛对云冈昙曜五窟的启示》，《2005年云冈石窟国际学术研讨会论文集》，文物出版社2006年版。
③ 谢重光：《中古佛教僧官制度和社会生活》，商务印书馆2009年版，第15—16页。

大的问题。《历代三宝纪》卷18指出："三千德僧同止一处，共受姚秦天王供养。"若无姚兴作为国主的佛教扶植政策，这一切都是难以设想的。鸠摩罗什与姚兴的私人关系可以说十分融洽和要好。两人之间在佛学方面经常进行交流，可以说二人如鱼得水，相处甚洽，友谊能够善始善终。

鸠摩罗什到长安时已年近六旬，再也没有时间来延误了，努力译经、讲经。由于经历的人生挫折，尤其是在凉州耽误的17年，让他深深意识到中原王国佛教发展的规则，诚如道安所言的"不依国主，则法事难立"。在那个战争慌乱的时代，普通人连最基本的生存都成问题，如果得不到政府的支持，是不可能有大规模的译经活动和弘扬佛法的。因此在许多事情上，鸠摩罗什对姚兴政权是配合与服从的。

《通三世论》是姚兴与鸠摩罗什之间的信件交流。虽然姚兴对佛学理论理解不是很深，但鸠摩罗什仍然给予了理论上的支持。他说："雅论大通甚佳。"这是站在大乘中观学派的立场上来答复姚兴的。他以俗谛的角度承认三世存在，并不与般若学相冲突。

鸠摩罗什在对其弟子僧叡谈及翻译工作时说："什每为叡论西方辞体商略同异云。天竺国俗甚重文制。其宫商体韵以入弦为善。凡觐国王必有赞德。见佛之仪。以歌叹为贵。经中偈颂皆其式也。但改梵为秦失其藻蔚。虽得大意殊隔文体。有似嚼饭与人。非徒失味。乃令呕哕也。"这虽然是对梵汉文之间翻译差别的提示，但却透露出他对翻译工作烦琐的体会，做这样的工作并不是什么愉快的事。

就鸠摩罗什自己的意愿而言，首要志趣似在弘扬大乘法理，而非译经，故常叹曰："吾若著笔作大乘阿毗昙，非迦旃延子比也。今在秦地，深识者寡，折翮于此，将何所论。"后外国沙门来云："鸠摩罗什所谙，十不出一。"[①] 他生前写过一则偈语，对其一生和品格做一总结，并给后来的佛学者留下意味深长的警示：心山育明德，流熏万由延。哀鸾孤桐上，清音澈九天。

鸠摩罗什早年为佛学云游西域，四处求学，得大乘佛法之精要，名扬西域诸国，学术至极后尊贵至极；被苻坚推崇却平生不能谋面，幸而被姚兴所识，生平所学方能流芳百世，使"大化流传，虽苦而无恨"，饱经人世沧桑，到老才佛光重现，如愿以偿。

---

① 汤用彤校注：《高僧传》卷2《鸠摩罗什传》，中华书局1992年版，第54页。

第二节 鸠摩罗什与长安僧团的关系

一 以鸠摩罗什为中心的长安僧团的建立

早在苻坚时期,鸠摩罗什的威名就已经誉满内地,而到了后秦,内地对他渴望的程度一直不减,最后又导致姚兴用兵。因此无论从佛学造诣还是戒律修行上他都是众僧敬仰的目标。而姚兴给予的政治地位和政治支持,快速地使以鸠摩罗什为首的长安僧团得到建立和扩大。

鸠摩罗什的长安僧团主要有原来长安的僧人,自己从凉州带来的僧人以及来长安后慕名而来的僧人组成。原来的长安僧人已经为数不少,他们其中的很多人是道安僧团的重要成员,有着较高的佛学造诣。而后来的僧人中,都是各地优秀的义学僧。因此,鸠摩罗什最后长安僧团的组成,可以说是聚集了全国各地的优秀精英人才。这样的一种群体,为鸠摩罗什的译经和传法提供前所未有的基础,也为以后译经的传播提供了重要条件。

鸠摩罗什刚到长安的时候,姚兴就开始给他组建僧团。沙门僧䂮、法钦、僧迁、僧叡、道恒、道标、道流、僧肇等 800 余人"咨受什旨"。这 800 学僧当时在佛学界有着一定的影响力,都是从各地来长安的僧人中选拔出来的高僧。其中提到的僧䂮、僧迁、法钦、道流、道恒、道标、僧叡、僧肇这些人,都是当时长安僧团中标领型的人物。又载"三千徒众,皆从什受法"。说明鸠摩罗什来长安后,加上慕名而来的僧人跟随他受法的弟子达到了 3000 人,这可以说是一个十分庞大的数据。由最初的核心成员 800 人,迅速扩大到 3000 人,不仅标志着鸠摩罗什僧团势力的壮大,而且僧团对政治以及其他方面的影响也日益扩大。但是僧团的人数日益在扩大发展,最后来长安的僧人达到 5000 余人。《晋书·姚兴载记》载:"今之新经皆鸠摩罗什所译。兴既托意于佛道,公卿已下莫不钦附,沙门自远而至者五千余人。起浮图于永贵里,立波若台于中宫,沙门坐禅者恒有千数。州郡化之,事佛者十室而九矣。"[①]

鸠摩罗什的弟子,其中秀杰知名者亦颇不少。后人称生、肇、融、叡为四圣。及至隋唐,乃有八俊十哲之目。八俊者,生、肇、融、叡、凭、

[①]《晋书》卷 117《姚兴载记》,中华书局 1974 年标点本,第 2985 页。

影、严、观。十哲者则于八俊之外,加道恒、道标也。① 汤用彤根据来源地把鸠摩罗什的弟子分为五类。第一类是原在关中的,有法和、僧叡、昙影、僧䂮、慧精、法钦、慧斌、道恒、道标、僧导、僧苞、僧肇、昙邕、佛念、道含。第二类是原从北方来的,有道融、慧严、昙鉴、昙无成、昙顺、僧业、慧询。第三类是原从庐山来的,有道生、慧教、慧观、慧安、道温、昙翼、道敬。第四类是原从江左来的,有僧弼、昙斡。第五类是不知来源地的,有慧恭、宝度、道恢、道悰、僧迁、道流、僧嵩、僧楷、僧卫、道凭、僧因、昙晷等。②

后秦长安僧团不仅得到了国主姚兴的支持,而且还颇具规模,形成了以鸠摩罗什为核心以及以他的佛学思想为独尊的教团组织。

二 鸠摩罗什对僧官机构的制约

为了管理和约束众多的僧人,姚兴建立了僧官制度和机构。但是这一机构是建立在鸠摩罗什长安僧人团的基础之上的,任命的僧人都是该僧团的成员,这就造成了对行政权力的垄断,其他僧团很难进入该机构。可以说以鸠摩罗什为首的长安僧团在政治上处于垄断的地位,对其他僧团本身就是一种排斥和威胁。

后秦以前,中国没有建立僧官制度体系,主要靠戒律和领导者的道行权威来加以约束和规范。王永会曾经指出:"魏晋虽为佛教传入中国的早期阶段,但成型的中国化佛教僧团已经出现。其时之佛教僧团,在组织形态上仍然一如原始佛教,依靠的是领导者的修行与道德权威。在管理制度上主要宗依佛制戒律,拥有高度的僧团依律自治的能力。同时,在并不完备的内律与中国本土思想和宗教习俗的调适融合中,因时因地因对象对旧规进行调整与创新,形成了初具规模的中国化的教团体制。"③ 严耀中也认为:"魏晋时僧团的维持主要靠自觉,僧团领导人也多以自身的模范来带动戒律的遵守。"④ 但从姚兴时代,内地开始建立僧官体系。《高僧传》卷6《僧䂮传》记载:

---

① 汤用彤:《汉魏两晋南北朝佛教史》,北京大学出版社1998年版,第228页。
② 同上书,第207页。
③ 王永会:《中国佛教僧团发展及其管理研究》,博士学位论文,四川大学,2001年,第20页。
④ 严耀中:《佛教戒律与中国社会》,上海古籍出版社2007年版,第147页。

僧䂮法师，学优早年，得芳暮齿，可为国内僧主。僧迁法师，禅慧兼修，即为悦众。法钦、慧斌共掌僧录。给车舆吏力。䂮资侍中秩，传诏羊车各二人，迁等并有厚给。共事纯俭，允惬时望，五众肃清，六时无怠。至弘始七年（405）敕加亲信、伏身、白从各三十人。僧正之兴，䂮之始也。

从上述记载还可以看出，姚秦设立的中央僧官由僧主（又称僧正）、悦众和僧录组成。三者的关系，以僧主为首，悦众次之，僧录再次。《大宋僧史略》说："所言僧正者何？正，政也。自正正人，克敷政令，故云也。盖以比丘无法，如马无辔勒，牛无贯绳，渐染俗风，将乖雅则。故设有德望者，以法而绳之，令归于正，故曰僧正也。"① 看来最高僧官的僧主或僧正，必须是"有德望者"，主要负责对僧尼进行教化和戒律约束。同时还说："西域知事僧，总曰揭磨陀那，译为知事，亦曰悦众。谓知其事，悦其众也。"② 据此可知，悦众必须对僧尼、寺院及僧团组织等的各项规制清楚明了，主要负责管理僧尼的日常事务。关于僧录的执掌，则"可能与掌管僧尼帐籍有关"③。敕令还对僧官的俸禄待遇作了具体说明："给车舆吏力。䂮资侍中秩，传诏羊车各二人，迁等并有厚给。……至弘始七年（405），敕加亲信、伏身、白从各三十人。"由此可知，后秦时期的僧官是被国家亲自敕封的，不是所谓的虚职，它改变了过去高僧依靠自己的戒律修行、佛学修养和众人威望来管理的局面，由国家直接来控制和管理。在一定程度上，增强了国家政权对佛教教团的掌控，并推动了教团的世俗化进程，对后世影响很大。

姚兴所任命的僧官，几乎是清一色的鸠摩罗什的弟子，这就标志着以鸠摩罗什为首的长安僧团占据着优势的政治地位。因此，鸠摩罗什及其弟子们牢牢地控制住后秦的佛教界。

第三节　鸠摩罗什与西域僧人团的关系

从建元十七年（381）到鸠摩罗什来长安前，在长安译经的域外僧人

---

① 《大正藏》，第54册，第242页下。
② 同上书，第242页中。
③ 谢重光：《中古佛教僧官制度和社会生活》，商务印书馆2009年版，第16页。

有 7 位：昙摩持、昙摩卑、僧伽跋澄、毗婆沙佛图罗刹、鸠摩罗佛提、昙摩难提和僧伽提婆。他们大多来自印度罽宾地区。当时的罽宾佛教对内地佛教的发展影响很大。到鸠摩罗什来长安时，后秦时期的域外高僧主要有昙摩耶舍、弗若多罗、昙摩流支、卑摩罗叉、佛陀耶舍和佛驮跋陀罗等人。这些高僧主要来自天竺和罽宾地区，可以称为西域或印度僧人团。他们与鸠摩罗什在长安合作共处，共同推动了中国译经事业的发展。但是他们之间的关系却千差万别，并不是一帆风顺，有的合作愉快，有的矛盾重重，有的最后决裂。这些历史事实，反映了当时佛教与政治以及佛教内部之间的派系斗争，是值得我们认真思考的问题。

一　鸠摩罗什与昙摩耶舍、弗若多罗和昙摩流支的关系

1. 鸠摩罗什与昙摩耶舍的关系

昙摩耶舍是罽宾人，拜师于弗若多罗。他于晋隆安（397—401）年间来广州白沙寺，由于精通《毗婆沙律》，被称为"大毗婆沙"。到晋义熙年间，来到长安，受到姚兴的殷勤接待。昙摩耶舍与昙摩崛多共译《舍利弗阿毗昙论》一部，凡三十卷。① 弘始九年（407）开译，弘始十年（408）承王命写出梵本。由于当时昙摩耶舍等人未通汉语，令人传译又恐其不谙经义，故暂且搁置不翻。这其中搁置的原因，道标作的《舍利弗阿毗昙序》云："但以经趣微远，非徒开言所契，苟彼此不相领悟，直委之译人者，恐津梁之要，未尽于善。停至十六年，经师渐闲秦语，令自宣译。"② 直到弘始十六年（414），耶舍等人才亲自开译。经过反复的讨论、修正、润色之后，在弘始十七年（415）译成。他们译经的地点在"长安石羊寺"，太子姚泓亲自参与其中。③

昙摩耶舍开始译经时，鸠摩罗什就在长安，虽然并未直接提到二者的关系，但一部佛经为什么持续八年才译完呢？另外这部佛经虽然像道标说的那样大义精深，但却未能流行开来。这内部之事，或许与鸠摩罗什僧团有一些关系。首先，《舍利弗阿毗昙论》本论的主要内容就是分类解说小乘之法，与鸠摩罗什提倡的大乘之学多少有些冲突，所以不会得到鸠摩罗

---

① 《大正藏》第 28 册，第 525 页下。
② 释僧祐撰，苏晋仁、萧鍊子点校：《出三藏记集》，中华书局 1995 年版，第 372—373 页。
③ 同上书，第 52 页。

什僧团的支持和宣传。其次，由于国家的译经重心主要集中在鸠摩罗什僧团这方面，所以昙摩耶舍和昙摩崛多的西域僧团不免遭到冷落，虽然有太子姚泓的支持，但还是不受重视，所以才出现"令自宣译"的结果。译经中的杰出人才都集中在鸠摩罗什一边，以至于出现要等昙摩耶舍自己掌握熟练汉语之后才重新开始翻译，这在以往的历史上是很难见到的。因此该经持续八年才最终完成，而且是鸠摩罗什死后的时间。再次，昙摩耶舍在南下江陵（今湖北荆州）后，住锡辛寺，大弘禅法，门徒三百余人，这与在长安时的情形截然相反。这里面受到鸠摩罗什僧团的挤压是十分明显的事情。但是昙摩耶舍却未像佛驮跋陀罗那样出走，说明他与鸠摩罗什的关系还没有达到决裂的程度，两人的关系还是维持了下来。刘宋元嘉年间，耶舍返回西域。[①]

2. 弗若多罗、昙摩流支与鸠摩罗什之间的关系

弗若多罗、昙摩流支与鸠摩罗什之间的关系又呈现出和昙摩耶舍不同的特点，因为两人是亲身和鸠摩罗什合作译经的，而且两人是先后与鸠摩罗什合作来完成《十诵律》的翻译工作的。弗若多罗是罽宾人，少年出家以戒节见称而专精《十诵律》部。虽然鸠摩罗什在龟兹时学习过《十诵律》，但是由于自己不善此行，所以不能记起全文。当他听说弗若多罗来关时，十分敬意，最后合作翻译《十诵律》。为什么两人能顺利合作译经呢？从《高僧传》二人的传中我们多少可以得到一些信息。一是弗若多罗得到姚兴的尊重。《高僧传》卷2《弗若多罗传》云"秦王姚兴待以上宾之礼"。二是鸠摩罗什译经传法，但律藏缺乏，这多少耽误了弘法事业的进展，因此才出现"咸共思慕"的情况。既然是大家共同所需，鸠摩罗什也顺此所需，于是"集义学僧数百余人于长安中寺，延请多罗诵出十诵梵本，鸠摩罗什译为晋文"。《出三藏记集》卷2将《十诵律》归于鸠摩罗什所译之中，并未提及弗若多罗。而隋费长房《历代三宝纪》卷8和唐智升《开元释教录》卷4则都将其归入弗若多罗名下。近代学人吕澂在《新编汉文大藏经目录》中复将《十诵律》划入鸠摩罗什所译。弗若多罗诵梵文，鸠摩罗什译为晋文，而且鸠摩罗什参与了整个《十诵律》的翻译和校勘工作，所以归属于鸠摩罗什门下也在情理其中。

---

① 其传见释僧祐撰，苏晋仁、萧鍊子点校：《出三藏记集》，中华书局1995年版。另汤用彤校注，汤一玄整理：《高僧传》，中华书局1992年版。

可惜的是《十诵律》完成三分之二，弗若多罗因病去世，翻译被耽搁下来。但是此律对中国僧人的作用十分重要，慧远就说："若能为律学之徒。毕此经本。开示梵行洗其耳目。使始涉之流不失无上之津参怀胜业者日月弥朗。此则慧深德厚。人神同感矣。"才有了慧远和姚兴请昙摩流支来长安与鸠摩罗什共同将此律译完的情节。他深知此律在内地佛教发展中的作用，所以"研详考核条制审定，而什犹恨文烦未善"。[1] 他临终还告别曰："凡所出经论三百余卷，唯《十诵》一部，未及删烦，存其本旨，必无差失。"可以看出他对此经翻译的重视程度。由此可见，鸠摩罗什与二人相处良好。

3. 卑摩罗叉、佛陀耶舍与鸠摩罗什的关系

卑摩罗叉和佛陀耶舍都曾经是鸠摩罗什的授业师父，和鸠摩罗什关系十分亲密。他们两人都是追随鸠摩罗什而来到东土的，所以呈现出不同于其他域外僧人的关系。总体来看，两个人都十分支持鸠摩罗什的译经事业，默默地配合他。即使听说鸠摩罗什破戒的事情后，也只是感到惋惜叹气，并没有出现明显的指责和矛盾。

卑摩罗叉，是魏晋时来华之罽宾国沙门，意译作无垢眼。至龟兹弘阐律藏，四方学者竞集其门下，鸠摩罗什亦从之受律。及至龟兹有乱，遂避难于乌缠。后闻鸠摩罗什在长安弘法，乃东行渡流沙，于姚秦弘始八年（406）抵长安，颇受鸠摩罗什之礼遇。鸠摩罗什示寂后，迁住寿春石涧寺，宣讲戒律，并重校鸠摩罗什所译之《十诵律》五十八卷，开演为六十一卷。后赴江陵，于辛寺结夏安居，宣讲《十诵律》，同寺之慧猷就师受业，师既精通汉语，学徒如林，律藏乃大兴；又应慧观之请，阐说律要，慧观辑录为《杂问律事》二卷，未久送至京师，僧尼竞相传写，为时人所推重。其后归返石涧寺。东晋义熙九年（413）后示寂，世寿七十七，或谓生卒年不详。时人尊为青眼律师。[2] 卑摩罗叉长于《十诵律》，如果他来得较早的话，就会与鸠摩罗什一起翻译《十诵律》。即使他后来南下，宣讲的也是鸠摩罗什所译的戒律，可见二人的关系非同一般。

佛陀耶舍是鸠摩罗什在沙勒遇到的老师，他与鸠摩罗什之间的关系应该是知心知己的关系，一生都追随鸠摩罗什。鸠摩罗什在沙勒跟从耶舍受

---

[1] 《高僧传》卷2《昙摩流支传》，中华书局1992年版，第62页。
[2] 其传记见《出三藏记集》卷3，《高僧传》卷2、卷11和《开元释教录》卷3。

学时两人就甚相尊敬。鸠摩罗什东归龟兹前，耶舍还曾竭力挽留。当耶舍知道他为吕光所掳之事，对沙勒王叹曰："我与鸠摩罗什相遇虽久，未尽怀抱，其忽羁虏，相见何期。"① 表达了对鸠摩罗什的思念之情。达摩弗多死后，耶舍前往龟兹弘法。鸠摩罗什自姑臧写信相邀。佛陀耶舍千方百计去追随鸠摩罗什。

当耶舍抵达姑臧后，才发现鸠摩罗什已被姚兴迎入长安。后来听说他为姚兴所迫破戒之事复叹曰："鸠摩罗什如好绵，何可使入棘林中？"鸠摩罗什在长安听说耶舍已达姑臧，遂劝姚兴迎请。起初，姚兴并未同意。但后来，姚兴命他译出经藏，鸠摩罗什却说："夫弘宣法教，宜令文意圆通。贫道虽诵其文，未善其理，唯佛陀耶舍，深达经致，今在姑臧，愿下诏征之，一言三详，然后着笔，使微言不坠，取信千载也。"正是在鸠摩罗什的力荐下，姚兴才遣使将耶舍迎至长安并"自出候问"。由于师父耶舍的帮助，鸠摩罗什"即以弘始十二年（410）译出《四分律》，凡四十四卷，并《长阿含》等"。② 耶舍后来离开姚秦，到了罽宾，还惦记中原译经之事，寻得《虚空藏经》一卷，交给商贾，嘱其传与凉州诸僧。

从以上事实我们可以分析，佛陀耶舍是众多西域僧人中与鸠摩罗什关系最好的一位。他是一位有情有义的高僧，不为名利所获，这也是与鸠摩罗什默契相处的重要原因。当然我们也应该看到，之所以佛陀耶舍能受到姚兴厚待，为他于城南造寺，给布绢万匹，一方面与他的佛学才能有关系，另一方面也与鸠摩罗什的推荐和帮助有关系。可以说，佛陀耶舍是鸠摩罗什受伤的心灵得到安慰的人，也是无私无悔、任劳任怨帮助鸠摩罗什成就译经事业的人。

二 佛驮跋陀罗与鸠摩罗什僧团的关系

佛驮跋陀罗是北天竺迦毗罗卫国人，以禅定和戒律出名。他去罽宾投师以禅法闻名的佛大先。后跟随中国求法的僧人智严来到内地。当听说鸠摩罗什在长安后，随之拜访。当时的鸠摩罗什在教习禅法，受到姚兴统治集团的厚待。而佛驮跋陀罗来长安后也开始教习禅法。

---

① 释僧祐撰，苏晋仁、萧鍊子点校：《出三藏记集》，中华书局1995年版，第537页。
② 此据《高僧传》卷2，中华书局1992年版，第67页。《出三藏记集》卷14作"四十五卷"。

由于禅法的分歧，佛驮跋陀罗被指责妄语，被以鸠摩罗什弟子僧䂮、道恒为首的僧官摒弃。他被迫离开长安。南方庐山的慧远为佛驮跋陀罗说情的同时邀请他来庐山译经传授禅法。在庐山，他译出了《修行方便禅经》的修禅著作。法显回国后带来了《大般泥洹经》等经典，两人进行了合作翻译。后又受到邀请，翻译了法领从西域带回的《大方广佛华严经》，刘宋元嘉六年圆寂，年71岁。

鸠摩罗什与佛驮跋陀罗之间发生的排挤事件，是中原佛教史上一个重要的事件。真实的历史无法再现，我们只能从众多材料中去分析那段历史。

对于佛陀跋陀罗被长安僧团摒弃的原因，近现代学者在各自的著作中，都有提及或论述，表达他们对此事的不同意见，现列举几位比较有代表性的学者的意见。

1. 孤峰智灿在所著《中印禅宗史》一书中认为，觉贤来到长安之后的境遇，与鸠摩罗什相异其趣，什受朝廷保护，声势赫赫，觉贤则避俗，权修禅业，教养弟子，原静者皆入于觉贤门下。当时在长安佛教界，似乎成为鸠摩罗什与觉贤两者相对立的情势，结果鸠摩罗什门徒虚构事实放逐觉贤。①

2. 汤用彤在其所著《汉魏两晋南北朝佛教史》一书中认为，觉贤之所以被摒，必非仅过在门人，而其与鸠摩罗什学问不同，以致双方徒众不和，则为根本之原因也。②

3. 吕澂在其著作《中国佛学源流略讲》一书中，表达了他的意见，如该书说：觉贤之禅与鸠摩罗什异途，所以他在长安住了不久，就受到鸠摩罗什门人的排挤，并借故说他犯戒被摒而离开长安。③

结合文献史实，我们认为有以下三个方面：

（一）学派、禅法的异途是导致二人关系疏远的基础

首先从二人的经历来看，佛驮跋陀罗主要在罽宾学习佛法，属于小乘说一切有部的学系。虽然他大小兼弘，但是基本上属于小乘为主的一位佛教学者。而鸠摩罗什早年也曾经在罽宾学习说一切有部，但是后来他却舍

---

① [日]孤峰智灿：《中印禅宗史》，释印海译，中国佛学院刊印，海潮音社1972年版，第84页。
② 汤用彤：《汉魏两晋南北朝佛教史》，北京大学出版社1998年版，第218页。
③ 吕澂：《中国佛学源流略讲》，中华书局1979年版，第77页。

小放大，成为弘扬大乘佛教的高僧。尤其在龟兹的岁月，鸠摩罗什对小乘持的是一种激进的批判态度。两人不同的学派从而导致不同的佛学思想。在东宫的一场关于空义的辩论，就是二人佛学思想产生分歧的结果。《高僧传》卷2《佛驮跋陀罗传》说：

  时秦太子泓欲闻贤说法，乃要命群僧，集论东宫。鸠摩罗什与贤数番往复，什问曰："法云何空。"答曰："众微成色，色无自性，故虽色常空。"又问："既以极微破色空，复云何破微。"答曰："群师或破析一微，我意谓不尔。"又问："微是常耶。"答曰："以一微故众微空，以众微故一微空。"时宝云译出此语，不解其意，道俗咸谓贤之所计，微尘是常。余日长安学僧复请更释，贤曰："夫法不自生，缘会故生。缘一微故有众微，微无自性，则为空矣。宁可言不破一微，常而不空乎。"此是问答之大意也。

  在《高僧传》中这一事件也被列为两人分歧的因素之一。汤先生分析说："据此，贤之谈空必有什公之意不同。而其主有极微，以致引起误会，谓极微是常。而什言大乘空义说无极微，则似贤之学不言毕竟空寂如什师也。"①

  其次，二人在禅法上有很大的不同。这种不同既有传承派系方面的区别，又有内容方面的差异。《出三藏记集》卷2提到鸠摩罗什所译的禅经有：《十二因缘观经》一卷；《禅法要解》二卷，或云《禅要经》；《禅经》三卷，一名《菩萨禅法经》，与《坐禅三昧经》同；《禅法要》三卷，弘始九年（407）闰月五日重校正。

  宣方认为确系鸠摩罗什所译之禅经唯有《祐录》所列之《禅经》《禅法要解》《禅法要》三种。其中前两种现存，即《大正藏》十五册收录之《坐禅三昧经》和《禅法要解》。至于其他种种，则皆系伪托，不足为凭。②汤用彤依《历代三宝纪》，认为《众家禅要》三卷即是《坐禅三昧经》二卷。③依僧叡的记载，《众家禅要》是鸠摩罗什根据众多门派的禅

---

① 汤用彤：《汉魏两晋南北朝佛教史》，北京大学出版社1998年版，第218页。
② 宣方：《鸠摩罗什所译禅经考辨》，《中国哲学史》1998年第1期。
③ 汤用彤：《汉魏两晋南北朝佛教史》，北京大学出版社1998年版，第216页。

法所抄写撰编，内容十分庞杂，并不是翻译的一本书。①

鸠摩罗什编撰的《禅要》主要是以五门组织，而五门所用的材料又是从七家之书抄集而成，包括大小乘的禅法。由此来看他的禅法没有鲜明的师承，不讲源流，不得宗旨。如慧观在《修行地不净观经序》就表述了自己不满情绪：

> 禅典要密，宜对之有宗。若漏失根源，则枝寻不全；群盲失旨，则上慢幽昏，可不惧乎！……然弃本寻条之士，各以升降小异，俱会其宗，遂述穴见。偶变其津垒，昏游长夜，永与理隔，不异哀哉！

吕澂解释说：关于禅法的典籍，要义深隐，必须有人指示教授，才能得到所宗，否则就失去了根本宗旨，这显然是指鸠摩罗什说的，因为综合七家之说来编写的禅法，无所专宗，也无所传授。② 在修禅的人看来传承是至关重要的，传承上接佛陀，代表了禅法的宗旨，如果没有传承只是在义解上下功夫，正是弃本寻条之士，昏游于长夜之中。而鸠摩罗什弘扬禅法所缺的就是传承，所以慧观在《修行地不净观经序》中说："若能审其本根，冥训道成，实观会古，则万境齐明，冲途豁尔而融，体会象于无形。然后知凡圣异流，心行无边。"

关于佛驮跋陀罗的禅法师承，汉语佛教文献中记载了如下几种资料：

1. 《达摩多罗禅经》开始部分佛大先所写的序言，提及其师承渊源："佛灭度后，尊者大迦叶、尊者阿难、尊者末田地、尊者舍那婆斯、尊者优波崛、尊者婆须蜜、尊者僧伽罗叉、尊者达摩多罗，乃至尊者不若蜜多罗，诸持法者，以此慧灯次第传授，我今如其所闻而说是义。"

2. 慧远和慧观分别为《达摩多罗禅经》作的序中，提到当时罽宾禅法传承情况。慧远说："今之所译，出自达摩多罗与佛大先，其人西域之俊，禅训之宗，搜集经要，劝发大乘，弘教不同故有详略之异。"慧观提

---

① 僧叡：《关中出禅经序》，《出三藏记集》卷9，《大正藏》第55册，第65页上一中。文云："初四十三偈是究摩罗罗陀法师所造，后二十偈是马鸣菩萨之所造也。其中五门是婆须蜜、僧伽罗义、沤波崛、僧伽斯那、勒比丘、马鸣、罗陀禅要之中抄集之所出也。六觉中偈是马鸣菩萨修习之，以释六觉也。初观淫、恚、痴相及三门、皆僧伽罗义之所作也。息门六事，诸论师说也。菩萨习禅法中，后更依《持世经》益《十二因缘》一卷、《要解》二卷，别时撰出。"

② 吕澂：《中国佛学源流略讲》，中华书局1979年版，第76页。

到:"昙摩多罗菩萨,与佛陀斯那,俱共咨得高胜,宣行法本。佛陀斯那化行罽宾,为第三训首。……佛陀斯那愍此旃丹无真习可师,故传此法本流至东州。"从中可看出佛大先禅师的传承一是来自罽宾,由富若罗传授;二是来自印度,由婆陀罗传授。

3.《出三藏记集》也列有两种传承说法:一是"萨婆多部记目录";二是"长安城内齐公寺萨婆多部佛陀跋陀罗师宗相承略传"。

印顺法师在《说一切有部为主的论书与论师之研究》书中结论说:

> 依经序,传承是很明白的。禅法本有二系:罽宾旧传的渐系,富若蜜罗,就是"禅经"的不若蜜多罗,弟子名富若罗;佛大先就是从富若罗学习的。另一系,从天竺新传来罽宾的,是昙摩罗,就是"统序"说的达磨多罗。达磨多罗传与婆陀罗,婆陀罗传给佛大先。在这新来的传承中,佛大先是达磨多罗的再传。然在罽宾旧传的禅系中,达摩多罗与佛大先,"俱共咨得高胜",是同从富若罗修学,又有同学的关系。禅学的师承,时间的出入极大,或四五十年一传,也可能四五年一传,或展转互相受学。这一传承的次第,当然是直接从佛陀跋陀罗或智严得来的消息。①

佛驮跋陀罗之禅法师承,主要是以佛大先所教授上座系说一切有部禅修为主;以来自中印高僧达摩多罗所教授大乘禅法为辅。汤先生分析说:

> 而觉贤之禅,乃西域沙婆多部,佛陀斯那大师所传之正宗。其传授历史,认为灼然可信。觉贤弟子慧观等,必对什先出禅法不甚信任。慧远为觉贤所作译《禅经序》,谓觉贤为禅训之宗,出于达磨多罗与佛大先。鸠摩罗什乃宣述马鸣之业,而"其道未融"。则于什公所出,直加以指摘。按什公译《首楞严经》又自称为菩萨禅。而觉贤之禅则属小乘一切有部,其学不同,其党徒间意见自易发生也。②

---

① 印顺:《说一切有部为主的论书与论师之研究》,中华书局2011年版,第619页。
② 汤用彤:《汉魏两晋南北朝佛教史》,北京大学出版社1998年版,第217页。

另外就是二人在禅法修行中不同的风格。觉贤特别不能见容于鸠摩罗什之处，是他弘扬的禅法重守静，显神异，在一般民众中有很大的号召力，"四方乐静者，并风闻而至"。这同鸠摩罗什的重义理、尚清谈，"往来宫阙，盛修人事"者迥然有异。

（二）佛驮跋陀罗对鸠摩罗什地位的威胁

佛驮跋陀罗在佛学造诣上并不比鸠摩罗什强，但是他却对鸠摩罗什带来政治地位的威胁。这其中最主要的因素就是鸠摩罗什在禅法领域的薄弱和对大乘佛教最新发展理论的陌生。

鸠摩罗什禅法方面的薄弱主要表现为没有师承以及所传禅法的不完善上。只有明白各家各派的思想要点以及学说的本源，然后才能对观根性而化运有方。因为僧叡法师曾在为鸠摩罗什作的译经序中谈到自己是从鸠摩罗什处禀受禅法的，而鸠摩罗什的禅法从何处得到传授，却是不得而知的，因此，才有慧观在《修行地不净观经序》中说了批判鸠摩罗什禅法的话。慧远法师在为佛陀跋陀罗所译禅经作的《庐山出修行方便禅经统序》中，也表达出同样的意思："如来泥洹未久，阿难传其共行弟子末田地，末田地传舍那婆斯；此三应真，咸乘至愿冥契于昔。……其后有优波崛。……今之所译，出自达磨多罗与佛大先。"[①] 通过经序可以了解到，鸠摩罗什和佛陀跋陀罗二人的门下都十分重视禅法的师承传授。佛陀跋陀罗的门下，更是强调自己所学禅法的正统性，而对鸠摩罗什所传禅法，怀有极大的不信任感。

鸠摩罗什的禅法不仅仅师承不正宗，而且确实有一些问题在里面。

对于鸠摩罗什所传禅法，慧远法师在《庐山出修行方便禅经统序》中，表达了自己的意见，如该经序说：

> 五部之学并有其人，咸惧大法将颓理深其慨，遂各述赞禅经以隆盛业，其为教也。无数方便以求寂然，寂乎唯寂，其揆一耳。而寻条求根者众。统本运末者寡。……每慨大教东流，禅数尤寡，三业无统，斯道殆废。顷鸠摩耆婆宣马鸣所述，乃有此业，虽其道而未融，

---

① 释僧祐撰，苏晋仁、萧錬子点校：《出三藏记集》卷9，中华书局2000年版，第343—345页。

盖是为山于一篑。①

在慧远法师看来，鸠摩罗什在禅法的弘传上，其功固不可灭，但他所传禅法，主要是马鸣的著述，说禅并不透彻，所传禅法也不完整。他直接说鸠摩罗什的禅法不贯通，相对于整个禅法要质与精神来说如"为山于一篑"微乎其微，由此可见，慧远法师对鸠摩罗什所传的禅法不十分满意。

而对佛陀跋陀罗所传禅法的态度，慧远在经序中说：

> 佛大先以为澄源引流，固宜有渐，是以始自二道开甘露门，释四义以反迷启归涂以领会，分别阴界导以正观，畅散缘起使优劣自辨。然后令原始反终妙寻其极，其极非尽，亦非所尽，乃曰无尽，入于如来无尽法门。非夫道冠三乘智通十地。孰能洞玄根于法身。归宗一于无相。静无遗照，动不离寂者哉。②

慧远对佛驮跋陀罗所译的禅法持的是一种赞美的态度，由此看来鸠摩罗什的禅法确实是有其不完善的地方。

坐禅是僧人重要的实践活动。鸠摩罗什刚到长安时就讲授禅法和翻译禅经，实出僧叡等人的要求，并非他本人的倡导。当时的形势是"沙门坐禅者恒有千数，州郡化之，事佛者十室而九矣"③。可知当时中国僧人对禅法急切的程度。但是当佛驮跋陀罗来到长安不久，跟着鸠摩罗什学禅的僧人急剧减少，纷纷转向佛驮跋陀罗。所谓"教习禅道，门徒数百"，"贤在长安大弘禅业，四方乐靖者并闻风而至"，就是当时情况的写照。甚至作为鸠摩罗什门下核心成员的慧观，也转到佛驮跋陀罗门下学习禅法。可见佛驮跋陀罗的教习禅法、广授弟子，对鸠摩罗什的长安僧团和地位产生了重要影响甚至是威胁。这就触及以鸠摩罗什为核心的长安僧团的利益。最终的结局就是以僧䂮、道恒为首的后秦僧官管理机构，以"先言五舶将至虚而无实。又门徒诳惑互起同异。既于律有违理不同止"④ 的理

---

① 释僧祐撰，苏晋仁、萧鍊子点校：《出三藏记集》卷9，中华书局2000年版，第344页。
② 同上书，第345页。
③ 《晋书》卷117《姚兴载记（上）》，中华书局标点本1974年，第2985页。
④ 汤用彤点校：《高僧传》卷2《佛驮跋陀罗》，中华书局1992年版，第71页。

由，将佛驮跋陀罗排挤驱逐出长安。

由于排挤事件的发生，跟随佛驮跋陀罗学习禅法的弟子"或藏名潜去，或逾墙夜走，半日之中，众散殆尽"，这里多少与以僧䂮为首的僧官机构的一些高压措施有关。而对于佛驮跋陀罗的被逐，当时的僧界大多人倾向于对他的同情支持。慧远就致信姚兴，认为"贤之被摈，过由门人"，并邀请佛驮跋陀罗南下翻译佛经，从正面对佛驮跋陀罗给了支持。从这些事实，我们都可以分析出鸠摩罗什和佛驮跋陀罗两僧团之间存在的尖锐矛盾以及鸠摩罗什的僧官集团在斗争中所起的作用。

鸠摩罗什在佛学方面的弱点，还表现在对印度新发展思想的陌生。虽然这与他本人的佛学造诣没有关系，但却影响着他的思想进步。鸠摩罗什是385年进入姑臧的，此后佛教在印度和西域的发展，他显然是陌生的。西域初期的大乘是以般若为主的，而到了5世纪左右华严、涅槃等经开始在西域流行起来，对于大乘新思想的发展，鸠摩罗什并不了解。鸠摩罗什在译《华严经》的《十地品》时，"一月余日，疑难犹豫，尚未操笔"。这说明了他对华严思想的陌生。而当佛陀耶舍至长安以后，鸠摩罗什经过虚心求教，"共相征决，辞理方定"。才算在佛陀耶舍的帮助下解决了疑难，翻译了《十住经》。可见当时鸠摩罗什仍然不理解华严思想的奥义。兼于他对华严的陌生，那么与觉贤的分歧在情理中。

（三）佛驮跋陀罗和鸠摩罗什相同的孤傲性格

鸠摩罗什孤傲的性格在他的传记中表现得淋漓尽致，这已经成为人们周知的事实。昙摩耶舍、弗若多罗、昙摩流支、卑摩罗叉、佛陀耶舍等西域高僧来长安之后，都能和鸠摩罗什有着良好的合作经历。针对鸠摩罗什的破戒问题，尤其是他的两位师父，表现出十分的宽容。然而对于佛驮跋陀罗来讲，也属于那种带有自负和孤傲的性格，这不得不说是两人产生不合的重要因素之一。佛驮跋陀罗性格耿直，不媚权贵，他曾当面批评鸠摩罗什，"君所释，不出人意，而致高名，何耶？"什曰："吾年老故尔，何能称美谈。"此番话语是对鸠摩罗什本人的轻视和直接挑战，或许对鸠摩罗什的破戒表示不满。所以觉贤的性格刚直，直言不讳也是他被摈的原因之一。另外一个就是他的自负妄语的性格。《高僧传》本传中记载他在罽宾时就发生过这种事情。传记说他"后于密室闭户坐禅忽见贤来惊问何来。答云，暂至兜率致敬弥勒。言讫便隐。达多知是圣人未测深浅。后屡见贤神变乃敬心祈问。方知得不还果"。这种自负妄语的性格，一直到长安时仍然没有改变，后语弟子云："我昨见本乡有五舶俱发。既而弟子传告外人，关中旧僧咸以为显异惑众。"这显然让鸠摩罗什僧团抓住了把柄成为被排斥和摒弃的直接原因。虽然后来慧远为其求情开脱，但是联系佛驮跋陀罗的经历，其弟子的妄语"言得阿那含果"似乎与他平时的言语性格有一定的关联。这种性格与当时的佛教界的提倡确实是有相悖之处，更与鸠摩罗什的性格特点格格不入。鸠摩罗什不希望别人超过他，因此佛驮跋陀罗的被摒和驱逐在所难免。

第四节　鸠摩罗什破戒的思想渊源与历史影响

鸠摩罗什的破戒一直是古今中外学者关注的问题。有关他破戒的文献记载共有三次事件，其中《出三藏记集》和《高僧传》中的《本人传》记载有两次，内容一致。另外在《晋书》的《艺术传》中也有相关记载。第一次破戒发生在吕光征服龟兹之后。《高僧传》云：

> 光既获什，未测其智量，见年齿尚少，乃凡人戏之，强妻以龟兹王女，什拒而不受，辞甚苦到。光曰："道士之操，不逾先父，何可固辞。"乃饮以醇酒，同闭密室。什被逼既至，遂亏其节。

第二次破戒发生在来长安以后。《高僧传》云：

> 什为人神情朗澈，傲岸出群，应机领会，鲜有论匹者。笃性仁厚，泛爱为心，虚己善诱，终日无倦。姚主常谓什曰：大师聪明超悟，天下莫二，若一旦后世，何可使法种无嗣。遂以妓女十人逼令受之。自尔以来，不住僧坊，别立廨舍，供给丰盈。

从这两篇记载来看，鸠摩罗什的破戒是完全被迫的，不是出于个人的意愿。《晋书·鸠摩罗什传》中也提到一次破戒事件：

> 尝讲经于草堂寺，兴及朝臣、大德沙门千有余人肃容观听，鸠摩罗什忽下高坐，谓兴曰："有二小儿登吾肩，欲鄣须妇人。"兴乃召

宫女进之，一交而生二子焉。①

《晋书》中的记载，和传记中的内容差距很大，是说鸠摩罗什无法控制自己的欲望而不顾戒律的约束主动去做，而前两次都是被逼破戒。很多人认为这是后人的伪造，但又没有证据否认此说。此事发生以后，在长安城掀起不小的风浪，许多佛教僧侣竞相效仿，一时间佛教内部秽风盛行。《高僧传·鸠摩罗什传》云："每至讲说，常先自说譬喻，如臭泥中生莲花，但采莲花，勿取臭泥也。"这里是说鸠摩罗什在讲经时，常常用譬喻的方法告诫弟子不要学他。看来鸠摩罗什也已经意识到事情的危害程度。他的师父佛陀耶舍听说破戒之事以后，发出的是叹息之声："鸠摩罗什如好绵，何可使入棘林中？"②为了以理服人，以免其他僧人效法，鸠摩罗什变化把戏："聚针盈钵，引诸僧谓之曰：'若能见效食此者，乃可畜室耳。'因举匕进针与常食无别。诸僧愧服，乃止。"正是有了这些文献记载，鸠摩罗什的破戒问题，成为历代僧人和学界议论关注的焦点。有人认为，《晋书》中的记载是不实的，属于"伪说"，鸠摩罗什的破戒是强迫的，有的认为僧传中的记载是隐瞒真实情况，以维护他的高僧形象。但无论如何，鸠摩罗什的破戒已经构成历史事实。本书旨在对鸠摩罗什破戒的思想渊源做一些探究，以便更好地认识当时的佛教社会环境和僧人的受戒情况。

一 鸠摩罗什破戒的思想渊源

鸠摩罗什的破戒其实既有主观原因也有客观原因。主观原因应该是他自身的因素，但是由于历史久远，文献资料不详，我们已经没有办法考证，还是有些地方值得推论。首先是来自其父母的影响。鸠摩罗什的父亲鸠摩炎，自葱岭以西而来龟兹做了国师，按照佛教戒律规定，他不应该结婚生子，但是在耆婆的坚持下还是这样做了。他父母的这种做法对鸠摩罗什起到了一定的影响，认为虽然犯戒却也相安无事。鸠摩罗什12岁时归国途中遇一罗汉云："若至三十五而不破戒者，当大兴佛法，度无数人，与优波掘多无异。若戒不全，无能为也，正可才明俊义法师而已。"其实

---

① 《晋书》卷95，中华书局1974年标点本，第2501—2502页。
② 汤用彤点校：《高僧传》卷2《佛陀耶舍传》，中华书局1992年版，第66页。

这一伏笔是在为他以后的破戒开脱。可见鸠摩罗什在早期的时候,就已经有这种苗头了。罗汉相面预言此事,不如说是传记作者为鸠摩罗什日后的破戒埋下伏笔。僧传中记载他:"性率达,不砺小检,修行者颇非之,什自得于心,未常懈意。"显然少年时代的鸠摩罗什轻狂不羁,为世人所非议。其次,如果说第一次破戒是吕光所逼,误入歧途,可以原谅,但是到了长安之后,虽然有姚兴所迫,还是可以躲得过去的。事情发生后,鸠摩罗什并没有想到内地僧界对犯戒之事的看重,因此他想方设法为自己的作为辩解开脱并表示出极大的忏悔。这不得不说与他的主观因素有关系。

鸠摩罗什的犯戒也有着一定的客观因素。我们有必要对鸠摩罗什时代他学习和弘扬佛法的社会环境,印度和西域的戒律遵守情况做一番分析。鸠摩炎的破戒是否有着一定的社会环境因素?作为连皇位都能放弃的他,为什么就不能坚守住戒律呢?僧传中没有交代鸠摩炎结婚后还是否仍是国师,但这一事实就可以说明在僧人和俗家人之间尚有交换的余地,当时还不是限制得十分严格,不然耆婆不会求婚,鸠摩炎也不会婚娶。

到底在当时的西域诸国有没有这种遵守戒律不严或对佛教徒犯戒事件的管理松散的现象呢?我们首先来看当时西域的佛教戒律的历史史实。当时的龟兹是小乘有部一统天下的,其《十诵律》较早在西域流行。《高僧传·卑摩罗叉传》记罽宾人卑摩罗叉"先在龟兹,弘阐律藏,四方学者,竞往师之,鸠摩罗什时亦预焉"。鸠摩罗什就是从卑摩罗叉修习《十诵律》。《出三藏记集》卷11《比丘尼戒本所出本末序》中在谈到龟兹境内的比丘寺院时说:"寺僧皆三月一易屋、坐床或易兰者,未满五腊,一宿不得无依止。"比丘尼寺院"用法自整,大有检制。亦三月一易屋或易寺,出行非大尼三人不行。多持五百戒,亦无师一宿者辄弹之"。①《比丘尼戒本所出本末序》还记载,到龟兹比丘尼寺出家的妇女"多是葱岭以东王侯妇女,为道远集"。看来当时龟兹某些寺院中的戒律遵守严格。季羡林推测,三月必易房、床、座,大概也出于不欲久,防止生思爱的目的。②新疆克孜尔石窟是龟兹石窟中的典型代表,壁画内容

---

① 《出三藏记集》卷11,《大正藏》第55册,第79页下。
② 季羡林:《鸠摩罗什时代及其前后龟兹和焉耆两地的佛教信仰》,《孔子研究》2005年第6期。

主要有本生、因缘、譬喻等内容，李瑞哲认为从壁画内容上分析，是小乘佛教戒、定、慧三学在佛教实践中的反映。根据佛教"九分教"或"十二分教"的划分，这些壁画内容都属于律藏系统，这些故事画绘在石窟中，起到强化戒律、静思禅定的作用。①小乘佛教的戒律虽然在龟兹已经比较完备，是否就已经得到了很好的严格遵守是个问题。克孜尔石窟中的壁画其目的就是警戒当时的人们要遵守戒律。但是从另一方面说，如果社会上的僧人都能严格遵守戒律，壁画也就失去了它的必要性。因此可以猜测，当时的龟兹社会中存在着一股不遵守佛法戒律的风气。

鸠摩罗什在龟兹的年代是4—5世纪，这一时期的西域佛教深受犍陀罗和罽宾佛法的影响。在西域地区，流行的佛教很明显形成了大乘和小乘两个区域。大乘区域以莎车和于阗为中心，而小乘有部的佛教则在龟兹、焉耆和鄯善等国流行。无论从地域还是佛教渊源关系上，龟兹都与鄯善有着密切的联系。鄯善国的佛教发展信息，可以让我们了解当时龟兹国的某些情况。3—5世纪，鄯善流行着一种自中亚大月氏传来的佉卢文。这种文字在南道和北道均有发现，但主要集中在于阗以东的尼雅和楼兰，也就是当时的鄯善国区域。在库车地区发现的最古老的吐火罗语写本，则都是根据同一种字音表的古老字形写成的，可断定为5世纪或6世纪。北路上出自西部（龟兹）和中部（焉耆）的最古老的纸张写本，都推断为6世纪（至少是6世纪）。彼诺说："继佛教在西域立足后的这几个世纪，我亲眼目睹了出现在同一种文字类型中的语言分化。一方面，梵语被确立为西域的宗教语言，这是通过贵霜王朝，特别是受迦腻色迦国王保护下一个小乘教派——说一切有部，而最终使大藏经梵文化的。这一小乘教派是在塔里木盆地确立了他们的地位，又由立足此地的其他教派所延续，特别是法藏部信徒，他们使用了西北部的一种类似普拉克利塔语风格的语言，此语言又被简称为犍陀黎语（犍陀罗语）……它的使用经证实，一直持续到7世纪。"②

这些佉卢文文献有不少涉及古代鄯善国佛教的资料。文献中记载的僧

---

① 李瑞哲：《新疆克孜尔石窟壁画内容所反映的戒律问题》，《西域研究》2008年第3期。
② ［法］彼诺：《西域的吐火罗语写本与佛教文献》，耿升译，《龟兹学研究》第三辑，第26页。中文载《法国汉学》，《法国汉学》丛书编辑委员会编、敦煌学专号第五辑，中华书局2000年版。

人可以娶妻生子，过着俗家的夫妻生活；继承财产；置办田产，拥有土地或葡萄园等，而且还可以自由买卖；可以吃肉和饮酒，过的是世俗人的生活。我们首先看僧侣可以娶妻生子的文书：

1. Kh. 418："据法师菩达伐摩（Buddhavarmā）申称，法师舍利布多罗（Sāriputra）曾领登纽伽·阿没托之女尸舍特耶作养女。法师舍利布多罗将该女正式嫁给法师菩达伐摩为妻。该妇女尸舍特耶之儿，名布没那伐提耶被嫁给法师夷伐洛·阿塔摩为妻。该阿塔摩已死。于是……"①

2. Kh. 655：菩度娑（Budhosa）是僧人菩达尸罗（Buddhasira）之子。②

3. Kh. 419：菩地罗（Budhila）及菩达耶（Budhaya）是僧人阿塔莫（Athamo）之子。③

4. Kh. 474："叶吷县领地叶波怙之姊妹哲蒂女神县领地之沙门众力娶为妻室。"国王致税监谕令称：沙门众力（Samghapāla）拥有妻室、子女。"彼若系合法夫妻，根据法律，应给儿女均等财产。"这里允许僧人结婚，拥有子女、同子女生活在一起而成为户主便顺理成章。④

5. Kh. 621：僧人孙陀罗（Sundara）之女与陶工之子私奔。⑤

6. Kh. 147："唯 9 月 5 日，是时凡户主，人均一份"，这些户主以"布尼人之村落为界"，随之罗列主名 36 个，最后又注明"太侯卢达罗耶（Rutraya）和沙门寿友（Jivamitra）告病"⑥。显然，鄯善国的僧人可以有户主的身份。

从这些文书记载可以看出，鄯善国僧侣可以娶妻生子，并拥有户主身份。佛教的五戒在这里似乎成为一纸空文。

关于鄯善国僧人可以饮酒食肉的文书有十几件。文书 272（古卷）记国王给州长索阇伽说："现传闻税监和差役已将征收到的酒全部饮完。"文书 329（古卷）中又命令州长索阇伽："现在且末酿酒业盛行。当此谕

---

① T. Burrow, A Translation of the Kharoṣṭhī Documents from Chinese Turkestan, London, 1940, p. 84. 王广智：《新疆出土佉卢文残卷译文集》，载《尼雅考古资料》，新疆文化厅文物处编印，1988 年，第 183 页。
② T. Burrow, A Translation of the Kharoṣṭhī Documents from Chinese Turkestan, p. 136.
③ T. Burrow, A Translation of the Kharoṣṭhī Documents from Chinese Turkestan, p. 85.
④ 林梅村：《沙海古卷——中国所出佉卢文书初集》，文物出版社 1988 年版，第 119 页。
⑤ 同上书，第 141 页。
⑥ 同上书，第 187—188 页。

令到达汝处时,务必即刻将五头橐驼(所能驮载)之酒交左尔格耶,日夜兼程送来。""此酒务必于 4 月 5 日运至且末。绝不允许任何酒……"文书 652 中僧人达摩啰陀把地卖给司书莱钵多伽,因此得到酒 10 希及 agjsdha。文书 345 中僧人阿难陀犀那向注瞿钵借谷物 30 米里马之后,他又向注瞿钵借酒 15 希。文书 358(古卷)记:"汝处寺主正在挥霍和浪费自己领地的酒肉。"①

这种食肉饮酒的风气,不但在鄯善存在,还影响到西域其他地区,乃至唐代的河西地区也深受其影响。唐宋敦煌僧人饮酒,在很多藏经洞出土文献中有记载,P.2032 文书背《后晋时代净土寺诸色入破历算会稿》载,"粟柒斗卧酒,寒食祭拜及第二日园内造作,众僧食用","油七升半、苏升半、粟一石九斗卧酒沽酒,试经日造局席,看诸寺僧官及众僧等用"。P.2049 背《净土寺诸色入破历算会牒》云:"粟二斗,垒盐团街日沽酒众僧吃用。""粟壹硕肆斗,卧酒。二月八日侍佛人及众僧斋时用",等等。此类记载的文书还有 P.2642、S.1519(2)、S.5039 和 S.6452(3)等。由此可见敦煌地区的僧人是普遍饮酒的。这种饮酒之风不但在敦煌地区有,甘州、肃州、瓜州和于阗地区也普遍存在。S.4899 文书记载:十二月"十八日粟壹硕壹斗、麦叁斗付丑子卧酒屈肃州僧用,粟壹斗勘僧席(籍)用"。② P.2629 文书记:"廿六日,衙内看甘州使及于阗使僧酒壹角。"③ 在晚唐五代归义军及其周边政权派出的使团中都有僧人参加,文书指出用酒来招待使团僧人,可以证实甘州、于阗地区的僧人也同样饮酒。

对于禁止僧人吃肉,戒规中也有明文规定,而敦煌僧人还有吃肉的风气,文书中记载吃䐑(肉做的佳肴)的较多。如 P.4909 文书记:"(壬午年正月)二日,解斋面柒斗,炒䐑油两升",二月八日"炒䐑油一升",三月五日"炒䐑油两合"。P.3490 文书云:"油伍胜(升)两抄,北院修造中间肆日众僧及功匠斋时解斋夜饭,炒䐑、等用","油半抄,驼(驮)淤日造馎饦、炒䐑,众僧斋时用"。④

---

① 夏雷鸣:《从佉卢文文书看鄯善国佛教的世俗化》,《新疆社会科学》2006 年第 6 期。
② 唐耕耦、陆宏基:《敦煌社会经济文献真迹释录》第 3 辑,全国图书馆文献缩微复制中心 1990 年版,第 184 页。
③ 同上书,第 271—276 页。
④ 谭蝉雪:《唐宋敦煌岁时佛俗》,《敦煌研究》2001 年第 1 期。

不仅如此，敦煌僧人还过着有妻有子的世俗生活。P. 3394 文书记僧张月光有子嗣，过着家庭生活。P. 2032 文书背（3）记"布八尺，索校授弟亡，吊索僧正小娘子用"；该文书背（12）记"布二尺，张阇梨新妇亡时吊用"；通过以上文书，我们可知索僧正、张阇梨和索僧统娶有妻子。这说明，在敦煌地区僧人可以娶妻生子，当时的佛教戒律遵守十分松散。①

敦煌地区唐宋时拥有大量的粟特人，他们原来生活在中亚一带，信仰的佛教是小乘的说一切有部，他们将小乘的思想带入鄯善，随着部落的内徙，又同时将鄯善的佛教风气带到了敦煌等地。

鄯善国佛教世俗化的源头，不但与康国有关系，更与当时的贵霜王朝有关系。在东汉中期以后，特别是在灵帝时期，中亚地区的居民，包括月支人、康居人、安息人以及一部分北天竺人，陆续移居于中国境内，成为一股移民的热潮。在西北的于阗和鄯善地区也同时迁来了成批的中亚移民。② 此后贵霜就发生了战乱，因此，当时贵霜王国有不少居民是为了逃避本国的战争与灾难才迁移到中国来的。③ 鄯善国的佉卢文资料大体在 3 世纪 30—40 年代至 4 世纪 30—40 年代。鄯善国官方在该阶段突然大量使用佉卢文，显然是受到外界的强烈影响。其影响就是流落到鄯善国的贵霜人，较为明显的例证则是尼雅佉卢文简牍中书吏父子相传现象。④ 可以认为大月氏的佛教尤其是犍陀罗地区的艺术风格，由于贵霜人的内迁而带到了这里。黄文弼也认为："贵霜王朝影响之东渐，与佛教之传播，始于公元后第二世纪之中期，至第四世纪之初期，亘二百余年矣。据此，是鄯善佛教非得之迦湿弥罗，而为由大月氏人所传入，似可肯定。"⑤ 因此可以肯定，鄯善国佛教的世俗化源头应该与西北印度的贵霜王朝有一定的关系。

龟兹和焉耆无论从语言文化，还是佛教上，都与印度有着密切的关

---

① 参见李正宇《唐宋时期的敦煌佛教》，载郑炳林主编《敦煌佛教艺术文化论文集》，兰州大学出版社 2000 年版，第 382 页。

② A. H. 达尼著，I. H. 库雷希主编：《巴基斯坦简史》，第 1 卷，四川人民出版社 1974 年版，第 226—227 页。

③ 马雍：《东汉后期中亚人来华考》，《新疆大学学报》（哲学社会科学版）1984 年第 2 期。

④ 孟凡人：《楼兰鄯善国简牍年代学研究》，新疆人民出版社 1995 年版，第 496 页；林梅村：《贵霜大月氏人流寓中国考》，中国敦煌吐鲁番 1988 年学术讨论会论文。

⑤ 黄文弼：《西北史地论丛》，上海人民出版社 1981 年版，第 248 页。

系。《大唐西域记》卷1记载:"阿耆尼国,文字取则印度。……国无纲纪法不整肃。伽蓝十余所。僧徒二千余人。习学小乘教说一切有部。经教律仪既遵印度。诸习学者。即其文而玩之。""屈支国(龟兹),文字取则印度。粗有改变。管弦伎乐特善诸国。……伽蓝百余所。僧徒五千余人习学小乘教说一切有部。经教律仪取则印度。其习读者。即本文矣。"虽然龟兹的佛教主要受到罽宾小乘的影响,但当时罽宾属于贵霜王朝的附属国,属于小乘有部的同一体系。因此龟兹多少受到印度本土佛教世俗化的影响。

《慈恩传》卷2记载玄奘在屈支(龟兹)遇到的佛教情形时,云:

> 有高昌人数十于屈支出家,别居一寺……明日,王请过宫备陈供养,而食有三净,法师不受王深怪法师报"此渐教所开,而玄奘所学者大乘不尔也"。受余别食。①

《大唐西域记》卷1记载阿耆尼国(焉耆)时云:"戒行律仪,洁清勤励,然食杂三净,滞于渐教矣。"② 焉耆和龟兹毗邻,都是小乘盛行之国,"三净"和"渐教"就属于小乘的内容。小乘的律藏允许吃"三种净肉"(称为"三净"),③ 大乘戒律则不许食肉,《大般涅槃经》卷4和《楞伽经》等有明确的记载。④ 因此在内地佛教看来,这是违背佛旨精神的做法。其实这种情况在印度也是存在的,《慈恩传》卷3云:"又东行三十余里,至因陀罗势罗窭诃山。东峰伽蓝前有窣堵波,谓僧(斯赠反)娑(此言雁)。昔此伽蓝依小乘渐教,食三净肉。"⑤ 看来小乘的这种要求

---

① 孙毓棠、谢方点校:《大慈恩寺三藏法师传》,中华书局1983年版,第25—26页。
② 季羡林等:《大唐西域记校注》,中华书局1985年版,第48—53页。
③ 《南传大藏经》第3册,第417页;《五分律》卷22,《大正藏》第22册,第149页下。《四分律》卷42《大正藏》第22册,云:"有三种净肉,应食。若不故见,不故闻,不故疑,应食。"《十诵律》卷26《大正藏》第23册,第1906页云:"三种净肉听瞰。何等三?若眼不见,耳不闻,心不疑。"《慧琳音义》卷25《大正藏》第45册云:"三种净肉,一不见杀,二不闻杀,三不疑杀为己杀等是。"
④ 《大般涅槃经》卷4《大正藏》第12册,第386页上;参见南本《大正藏》第12册,第626页上。《楞伽阿跋多罗宝经》卷4《大正藏》第16册,第513页下—514页上;《入楞伽经》卷8《遮食肉品》,《大正藏》第16册,第561页上,于阗国三藏法师实叉难陀《大乘入楞伽经》卷6《断食肉品》,《大正藏》第16册,第622页下。
⑤ 孙毓棠、谢方点校:《大慈恩寺三藏法师传》,中华书局1983年版,第73—74页。

并不是龟兹自己的主张,而是源自印度本土。

从另一角度分析,鸠摩罗什的父亲鸠摩炎,也是逾越葱岭而来的印度人,之所以能够答应耆婆的婚事,说明在遵守戒律上十分自由。而几乎与鸠摩罗什同时代的昙无谶,其经历也和鸠摩罗什十分相似。《魏书》卷99《卢水胡沮渠蒙逊传》载:"始罽宾沙门曰昙无谶,东入鄯善,自云能使鬼治病,令妇人多子。与鄯善王妹曼头陀林私通发觉,亡奔凉州,蒙逊宠之,号曰圣人,昙无谶以男女交接之术教授妇人,蒙逊诸女子妇皆往受法。"昙无谶也存在破戒问题,而且比鸠摩罗什更甚。僧传中记载他是中天竺人,又有说他是罽宾的,因此他的这种思想来自印度本土。由此两例,我们可以看出,作为印度初期兴盛之地的北印度和中印度地区,在遵守色戒问题上确实存在散漫自由的现象。而这种风气肯定深深影响了龟兹。鸠摩罗什的母亲耆婆,能够主动看上鸠摩炎,而且没有遭到皇室任何阻拦的情况下两人结婚,本身就说明了当时龟兹的戒律执行松散的现象。

当然西域诸国对佛教的戒律遵守程度,也受到本国自然条件的影响。在自然条件上,西域诸国都面临着恶劣的环境。虽有农耕,但耕地面积狭小。从人口规模讲,僧侣人数大大超出正常范围。《后汉书·西域传》中记载的人口最多的于阗才有八万人,龟兹国大概不会比它多到哪里去。《法显传》记载的于阗当时的僧人有数万人。当时的焉耆有人口三万人,而《法显传》记有僧徒四千余人。《晋书·四夷传》记载当时龟兹"俗有城郭,其城三重,中有佛塔庙千所"[1]。看来僧侣人数一度超过万人。这么多的僧尼如果不从事劳动生产,不参与世俗生活、政权建设和军事斗争,是很难想象的。他们不可能像中原僧人一样是专职的。佛教的世俗化在所难免。

二 破戒的历史影响

破戒问题之所以成为众人关注焦点,一方面鸠摩罗什是名人,而其身份又是僧人,遵守佛教戒规是理所当然的事情。另一方面传记中的描写,带有一定的神秘和隐瞒性,引起后人的猜测。虽然评论人数众多,但归纳起来不外乎三种态度。一种认为,鸠摩罗什第一次是针对他的王妹,第二

---

[1] 《晋书》卷97《四夷·龟兹国传》,中华书局1974年标点本,第2543页。

次是主动向姚兴提出要求。这种毫不掩饰的破戒，严重违反戒律，是僧人中的败类。持这种观点的人不在少数。一种认为鸠摩罗什的两次犯戒皆是强迫所致，并非出自其真心。而且鸠摩罗什既蓄家室，常感惭愧，故每升座说法，常先自说："譬如臭泥中生莲花，但取莲花，勿取臭泥。"僧肇称为"逼令受之""寓形于俗"。① 第三种认为鸠摩罗什犯戒是事实，但是由于他对中国佛教的巨大贡献，这种失误显得十分渺小，可以谅解。这一观点在中国古代高僧中间占据主流地位。无论是僧祐还是慧皎的传记中，都是持这种观点，他们一方面为尊重历史事实，一定要把破戒写入文中；另一方面又通过许多的情节来为鸠摩罗什开脱。慧皎在《高僧传序录》中说："自前代所撰多曰名僧。名者本实之宾也。若实行潜光，则高而不名。寡德适时，则名而不高。"慧皎在这里力辩高僧、名僧之异，认为鸠摩罗什之功绩不在德行而在学问。鸠摩罗什只可谓名僧不可谓高僧也。② 慧皎直接批评鸠摩罗什说："童寿有别室之想……若以近迹观之，盖亦圭璋之一玷也。"陆扬说："僧祐和慧皎之所以将其记录在他们所撰的鸠摩罗什传中，是为了让读者注意到鸠摩罗什生命中存在的这个污点，以及形成这个污点的深层原因。"③ 7世纪时的高僧道宣在他的《道宣律师感通录》中亦有自己的评价：

> 又问："俗中常论，以沦陷戒检为言。"答："此不须相评，非悠悠者所议论。鸠摩罗什师今位阶三贤，所在通化。然其译经，删补繁缺，随机会而作。故大论一部，十分略九。自余经论，例此可知。自出经后，至诚读诵，无有替废。冥祥感降，历代弥新。以此诠量，深会圣旨。又文殊指授令其删定，特异恒伦。岂以别室见讥，顿亡玄致，殊不足涉言耳。"④

鸠摩罗什的破戒虽然是历史事实，但是人们更关心的是他的译经和贡

---

① 僧肇：《广弘明集》卷23《鸠摩罗什法师诔》，《大正藏》第42册，第264页中。
② 熏风：《哀鸾孤桐上清音澈九天——翻译家鸠摩罗什的一生》，《北京社会科学》1990年第3期。
③ 陆扬：《解读〈鸠摩罗什传〉：兼谈中国中古早期的佛教文化与史学》，《中国学术》2006年第23辑，商务印书馆2006年版。
④ 《大正藏》第52册，第437页下—第438页上。唐朝僧人僧祥也在他的《法华传记》中引用了道宣的评论，参看《大正藏》第51册，第52页上。

献，至于背后原因，反而少有人去追究。中国历代僧人对于他的这种经历还是采取了宽容的态度。

第五节　鸠摩罗什的道术利用

一　早期印度、西域传教者与神异道术

古代印度人对自然现象充满了憧憬和向往，产生了很多有关天文、哲学、医术等领域的作品。后来的佛教理论和思想很明显受到这些内容的影响，许多佛教经典也有相关的记载。正是基于社会中民众的这种对大自然的神秘思想，也成为佛教传播中利用的一种手段。据《大宝积经》卷85《授幻师跋陀罗记会》云：

> 时王舍城国王大臣、婆罗门居士、一切人民，皆于如来深生尊重，以诸上妙饮食衣服卧具汤药恭敬供养。于彼城中有一幻师名跋陀罗，善闲异论，工巧咒术，于诸幻师最为上首。摩竭提国，唯除见谛之人及于正信优婆塞优婆夷等，诸余愚人皆被幻惑，无不归信。

这里提到的是一名叫跋陀罗的外道传教者向王舍城传教的事迹。为什么他能让很多人信服呢？因为他是一名幻师，会一些幻术，归信他的都是佛教所谓的"愚人"。

从这里可以看出，幻术对于传教有很大的帮助，虽然有时候算是一种欺骗手段，但是佛教自身也在使用这种手段。首先表现在佛经的编撰方面。如何才能把诸佛和菩萨描绘成民众畏惧和信仰的形象呢？就是要赋予他们神圣的法力，佛经中称为神通力。《大乘义章》解释神通说："其神通者，就能彰名，所为神异目之为神，作用无壅谓之为通。"[1] 不仅仅是佛和菩萨能具有这种神通力，如果一般的比丘和比丘尼修行到一定的程度，也可以具备这种神通力。《杂阿含经·弟子说诵第四品》："若有比丘得神通力，自在如意，欲令此树为水、火、风、金、银等物，悉皆成就不异。所以者何？谓此枯树有水界故。是故比丘，禅思得神通力，自在如

---

[1] 慧远：《大乘义章》卷20，《大正藏》第44册，第855页。

意，欲令枯树成金，实时成金不异，及余种种诸物，悉成不异。"① 这样的一种修行对于普通的佛教徒来讲，具有很大的吸引力。因为如果长期修行，他们会得到一种超乎常识、体能的不可思议的力量。

其次，佛教徒在传播佛教的时候也往往利用这种手段。龙树是大乘佛教哲学的奠基者，在他的传记中充分体现了他所拥有的诸道术的知识，以及其在传教中的作用。《龙树传》中记载他开始时学习"天文地理图纬秘谶。及诸道术无不悉综"。听说有隐身之术，他又去学习隐身法。虽然由于此术惹祸，但是后来的传教却派用上场。当他在与外道婆罗门斗法之时，"用咒术化作六牙白象。行池水上趣其华座。以鼻绞拔高举掷地"。结果将婆罗门折服。这种隐身术，多次在后来的传法高僧中出现。佛陀跋陀罗在罽宾学法时，传中记载"后于密室闭户坐禅忽见贤来惊问何来。答云。暂至兜率致敬弥勒。言讫便隐。达多知是圣人未测深浅"。他这里通过隐身术的使用，来说明自己禅定修行后达到的神通力。

《法苑珠林》中"祈雨篇·祈祭部"记载：

> 如大云轮晴雨经云："佛言：若请大雨及止雨法，汝今谛听，其请雨主于一切众生，起慈悲心，受八戒斋，于空露地，应张青帐，悬十青帆。净治其地，牛粪涂场。请诵咒师坐青座上。若在家人受八戒斋，若比丘者应持禁戒，皆着清净衣，烧好名香。……复以净水置新瓶中，安置四维。随其财力，办作种种食，供养诸龙。复以香花散道场中，及与四面，各用纯新净牛粪汁，画作龙形。……若时无雨，读诵此经一日二日乃至七日，音声不断，亦如上法，必定降雨。"②

祈雨是高僧们在传教中经常使用的手段之一，但是这种方法却不是来自他们自身的创造，而是学习佛经内容所知道的，很大程度上反映了印度本土的事实背景。《高僧传·佛图澄》云："时又久旱，自正月至六月，虎遣太子诣临漳西釜口祈雨，久而不降，虎令澄自行，即有白龙二头降于祠所，其日大雨，方数千里，其年大收。"③《高僧传·涉公》云："长安

---

① 《杂阿含经》卷18，《中华藏》第32册，第842页中。
② 《大正藏》第53册，第761页下。
③ 汤用彤校注：《高僧传》卷1，中华书局1992年版，第351页。

涉公能以秘咒，咒下神龙，每旱，坚常请之咒龙，俄而龙下钵中，天辄大雨。"①虽然佛经中的记载具有一定的神话性，但高僧完全可以通过自己掌握的天气预测经验，并配合佛经中的仪式，实现神通的效果，从而达到传教的目的。

佛经高僧在学习戒律知识的同时，为了传教的需要，很多人也兼习道术。通过早期来内地传教的印度和西域高僧，我们可以了解他们在这方面的情况。早期的译经大师安世高"博学多识，贯综神模，七正盈缩；风气吉凶，山崩地动；针脉诸术，睹色知病。鸟兽鸣啼，无音不照"②。高僧传记载他"好学外国典籍，及七曜五行、医方异术乃至鸟兽之声，无不综达……即通习华言，于是宣译众经，改梵为汉……义理明析，文字允正，辩而不华，质而不野……穷理尽性，自识缘业，多有神迹，世莫能量"。在广州城，为了度化徒众，他当场变了一个魔术，造成"观者填陌，莫不骇其奇异"。③ 三国时期来吴的康僧会，世居天竺。传中说他："明解三藏。博览六经。天文图纬，多所综涉。"当时的支谦、支亮也是"世间伎艺多所综习"。康僧会说服孙权传教，用的是舍利之法。康僧会"乃共洁斋静室，以铜瓶加几，烧香礼请"。经过了21天后，五色舍利终于出现，于是"权大嗟服，即为建塔，以始有佛寺故，号建初寺，因名其地为佛陀里，由是江左大法遂兴"④。善律的昙柯迦罗"善学四韦陀论，风云星宿，图谶运变，莫不该综"⑤。维祇难，也是天竺人。传中记载他在家乡印度信奉佛经的故事。云：

> 时有天竺沙门。习学小乘多行道术。经远行逼暮。欲寄难家宿。难家既事异道。猜忌释子。乃处之门外露地而宿。沙门夜密加咒术。令难家所事之火欻然变灭。于是举家共出。稽请沙门入室供养。沙门还以咒术变火令生。难既睹沙门神力胜己。即于佛法大生信乐。乃舍本所事出家为道。依此沙门以为和上。受学三藏妙善四含。游化诸国

---

① 汤用彤校注：《高僧传》卷1，中华书局1992年版，第373页。
② 释僧祐著，苏晋仁、萧錬子点校：《安般守意经序》，《出三藏记集》卷6，中华书局1995年版，第244页。
③ 汤用彤校注：《高僧传》卷1，中华书局1992年版，第4页。
④ 同上书，第6页。
⑤ 同上书，第13页。

莫不皆奉。①

维祇难入佛教的经历，完全是由于小乘师父通过道术咒语来传教说服的他。可以看出，无论是大乘僧人还是小乘僧人，普遍掌握一些神异道术，并在佛教传播过程中发挥着重要作用。昙无谶的传记云：

> 其本中天竺人。初学小乘兼览五明诸论。……谶明解咒术所向皆验。西域号为大咒师。后随王入山。王渴须水不能得。谶乃密咒石出水。因赞曰。大王惠泽所感遂使枯石生泉。邻国闻者皆叹王德。于时雨泽甚调百姓歌咏。王悦其道术深加优宠。②

昙无谶最擅长的就是咒术，被誉为"西域大咒师"。他在与沮渠蒙逊交往的日子，多个事件都是通过咒语来展现他的佛教神通的，从而骗取了统治者的信任。不但如此，还受到北魏拓跋焘的青睐，试图通过战争将他夺回。这多少与鸠摩罗什的经历有些相似。

二 鸠摩罗什学习的神异道术

鸠摩罗什在未到内地之前，就已经"道震西域，声被东国"。他的名气一直传播到了道安那里，所以才发生了道安劝说苻坚西迎鸠摩罗什的事件。那么，鸠摩罗什在苻坚眼里到底是一个什么样的人物呢？建元十九年（383），苻坚派遣骁骑将军吕光，率领七万大军，侵伐龟兹等国。临行，苻坚嘱咐吕光说："闻彼有鸠摩罗什，深解法相，善闲阴阳，为彼学之宗，朕甚思之。若剋龟兹，即驰驿送什。"③ 这里苻坚不仅仅说鸠摩罗什"深解法相"，是著名的佛教大师，同时还说他"善闲阴阳，为彼学之宗"，很显然对鸠摩罗什的术数能力也是十分欣赏。因此苻坚所谓的神器，不仅仅是看重高僧的佛学之才，还有神奇预测等方面的能力。

鸠摩罗什的这种神异道术从小就开始学习了。首先，他早年是学习小乘佛教的，后来转向大乘之学，阅读了大量的佛教经典书籍。在早年龟兹

---

① 汤用彤校注：《高僧传》卷1，中华书局1992年版，第21页。
② 汤用彤校注：《高僧传》卷2，中华书局1992年版，第76页。
③ 释僧祐著，苏晋仁、萧鍊子点校：《出三藏记集》，中华书局2008年版，第532页。

的时候，他学习的是《毗昙》之学，后来到了罽宾，又学习了杂藏《中阿含》《长阿含》凡四百万言，并且能让外道折服。在停沙勒的一年，他继续学习，在莎车国，遇到须利耶苏摩，实现了由小乘学者向大乘高僧的转变。鸠摩罗什深入研究了《方等经》，尤其接触到了龙树体系的《中论》《百论》和《十二门论》等。回到龟兹后，在研习所学知识的基础上，又学习《放光经》等大乘经论。佛经里面的很多内容都有神异色彩的道术知识。

其次，印度、西域的佛教传播者也是鸠摩罗什接收神异道术知识的源头。他的一生结识了很多的师父，仅仅传记中明确提到的就有佛图舍弥、盘头达多、佛陀耶舍、须利耶苏摩、卑摩罗叉五位之多。鸠摩罗什的师父之中，大多数来自印度的罽宾地区。后来与他共同合作的佛驮跋陀罗，来自中天竺。他们都是擅长神异道术的高僧。先于鸠摩罗什来中原的佛图澄，也是学自罽宾。因此鸠摩罗什的神异道术的知识主要来源于印度地区。

僧传记载佛陀耶舍，是罽宾人也，属于婆罗门种。开始学习的是外道。当他得知鸠摩罗什在姑臧的时候，就要去寻鸠摩罗什。由于国人留之，只好密装夜发不让人知道。传记云：

> 弟子曰：恐明日追至不免复还耳。耶舍乃取清水一钵以药投中，咒数十言，与弟子洗足，即便夜发。比旦行数百里，问弟子曰：何所觉耶？答曰唯闻疾风之响，眼中泪出耳。耶舍又与咒水洗足住息。明旦国人追之。已差数百里不及。行达姑臧。①

如果从佛教神通的角度分析，佛陀耶舍的手段属于神足的特异本领，如鸟儿一样快速飞行。《高僧传》中对天竺僧人犍陀勒的描述是："有人健行，欲随勒观其迟疾，奔驰流汗，恒苦不及。"②

在长安与鸠摩罗什共同译经的佛驮跋陀罗，是中天竺人，后来到北天竺罽宾。僧传记"常与同学僧伽达多共游罽宾。同处积载。达多虽伏其才明。而未测其人也。后于密室闭户坐禅忽见贤来惊问何来。答云。暂至

---

① 汤用彤校注：《高僧传》卷2，中华书局1992年版，第66页。
② 汤用彤校注：《高僧传》卷9，中华书局1992年版，第369页。

兜率致敬弥勒。言讫便隐。达多知是圣人未测深浅"。看来佛驮跋陀罗学会了隐身之术。龙树早年的时候，就精通隐身术。不仅如此，佛驮跋陀罗还和鸠摩罗什一样具有预言的能力。僧传记载他泛海来中国广州时的事迹：

> 贤以手指山曰。可止于此。舶主曰。客行惜日调风难遇。不可停也。行二百余里。忽风转吹舶还向岛下。众人方悟其神。咸师事之。听其进止。后遇便风同侣皆发。贤曰。不可动。舶主乃止。既而有先发者一时覆败。后于暗夜之中忽令众舶俱发。无肯从者。贤自起收缆。一舶独发。俄尔贼至留者悉被抄害。①

佛图澄与鸠摩罗什同是西域龟兹来内地传法的高僧，前者是使用神异道术的高手，在传教方面取得明显成效。《晋书》中就说他"少学道，妙通玄术。永嘉四年，来适洛阳，自云百有余岁，常服气自养，能积日不食。善诵神咒，能役使鬼神"②。在初次见石勒时，石勒问他佛教有何灵验？"澄知勒不达深理，正可以道术为征，因而言曰至道虽远，亦可以近事为证，即取应器盛水，烧香咒之，须臾，生青莲花，光色耀目，勒由此信服，澄因而谏。"这样就获取了石勒的信任，以后每遇军机大事便向佛图澄请教，而佛图澄的预言也经常灵验，于是借机提出弘扬佛教和建寺院、收佛徒的主张。"于是中州胡晋略皆奉佛。"③ 佛图澄的这些道术咒语大多数来源于印度的罽宾。他是在罽宾受诲名师，学到小乘之法之后才来中原传教的。从他的弟子道安的思想来分析，佛图澄所传的佛教属于印度的说一切有部理论体系。僧传还记载他"以麻油杂胭脂涂掌。千里外事皆彻见掌中如对面焉"。这在《求那跋陀罗》传中的宝意也有这种手段，说他"常转侧数百贝子。立知凶吉。善能神咒。以香涂掌。亦见人往事"。宝意的梵文名叫阿那摩低，本是康居人，但世居天竺。求那跋陀罗是中天竺人，也是道术高手，多次预言战事成功。④ 佛图澄的这种预知手段也是来源于印度。从以上的分析可以得知，鸠摩罗什的这些道术手段，主要源自印度和西域地区。

---

① 汤用彤校注：《高僧传》卷2，中华书局1992年版，第70页。
② 《晋书》，中华书局1974标点本，第2485页。
③ 汤用彤校注：《高僧传》卷9，中华书局1992年版，第346页。
④ 汤用彤校注：《高僧传》卷3，中华书局1992年版，第130—134页。

最后就是鸠摩罗什自己学习的外道知识。《高僧传》记载的印度高僧其中多数在少年时期都有学习外道的经历。这有些像中国内地的高僧,许多人开始接触的是老庄和儒学一样。看来在印度本土,像五明杂论、天文医术和咒语等一类的内容成为人们日常学习的基本内容。后期大乘佛教的密教,就是吸收了当时社会上流行的密术咒语而发展起来的。可见印度的古代社会是一个普遍重视和流行道术咒语的社会。佛陀耶舍,是罽宾人也,属于婆罗门种,开始学习的是外道。求那跋陀罗,"本婆罗门种。幼学五明诸论。天文书算医方咒术靡不该博。后遇见阿毘昙杂心"。

有的在学习佛教之后,仍然学习其他如阴阳、预言征兆等之类的知识。求那毘地是中天竺人,少年时就开始学习佛教,从师天竺大乘法师僧伽斯。能"谙究大小乘将二十万言"。但是他还"兼学外典明解阴阳。占时验事征兆非一"。① 这种习惯在许多高僧的经历中有所体现,由此可知鸠摩罗什对外道的学习不是他的独创。

鸠摩罗什对佛教事业的献身和传播佛教的需要,对各种外道的知识充满了求知欲望。因此他在疏勒和莎车国,不仅接触了大乘佛教,而且学习了大量的外道知识。这一区域地处中西交汇之处,印度和中亚的东西在这里分南北两道然后再输往内地。这里保存有大量的各类文献书籍。《历代三宝纪》卷12《新合大集经》六十卷记载的遮拘迦国:"此国东南二十余里。有山甚崄。其内安置大集华严方等宝积楞伽方广舍利弗陀罗尼华聚陀罗尼都萨罗藏摩诃般若八部般若大云经等。凡十二部皆十万偈。国法相传防护守视。"此地可以看成储藏大乘佛经的图书馆。而作为当时这一地区的疏勒国,则流行小乘佛教,从鸠摩罗什学习的内容来看,应该包含大量的小乘佛典以及其他各种杂类的书籍。僧传记载他在这里学习的外道经书有《围陀含多论》《四围陀》和五明诸论。② 这些知识既有利于帮助修行者理解经典,又有利于传教的展开,是僧人在传教过程中不可或缺的知识。另外他还学习了大量阴阳星占等方面的书籍,这些"杂学"知识,帮助了他能预示吉凶的变化和发展结果,为后来的佛教传播发挥了重要的作用。

---

① 汤用彤校注:《高僧传》卷3,中华书局1992年版,第138页。
② 释僧祐著,苏晋仁、萧鍊子点校:《出三藏记集》卷中《鸠摩罗什传》,中华书局1995年版。

三 鸠摩罗什对神异道术的利用

《高僧传》称鸠摩罗什在西域龟兹时就"阴阳星算,莫不必尽,妙达吉凶,言若符契"。不但苻坚认为鸠摩罗什"善闲阴阳,为彼学之宗",甚至连后来的吕光也把他看成是这方面的人才了。他俘获鸠摩罗什后,进行了百般的戏弄,使他首次破了戒,由此可见吕光并没有把他当作高僧看待。但是当他跟随吕光进入凉州以后,或许是为了自我的安身,多次向吕光等人献计。由于鸠摩罗什的道术能力的展现,吕光开始把他作为一位能掐会算的异人,《出三藏记集》传记中记载说:"始敬异之。"鸠摩罗什在姑臧的岁月,《晋书》记载他共献计策六次。

第一次发生在吕光返回中原的途中。吕光夜间把军队安置在后山下,鸠摩罗什虽然及时劝阻,但是没有得到采纳。最后夜里下起了暴雨,将士死伤者数千人。这一次虽然改变了吕光对他的看法,但是所看重的不是他的佛教才能,而是预测天气的本领。从此鸠摩罗什获得了吕光的信任,充当起以后的军事和政治的顾问。第二次就是吕光欲留在西域自立为王,鸠摩罗什对他说:"此凶亡之地,不宜淹留,中路自有福地可居。"果然大军返回到凉州的时候,就听说苻坚被姚苌所害的消息,于是占据河右。这一次对于吕光建立凉州政权,起到了很大的作用,鸠摩罗什正式成为吕氏政权的政治参谋。第三次和第四次都是有关政权内部反叛的事件。或许鸠摩罗什事先预见了事情的发生,但是他却与自己的道术联系在一起,更是为了突出自己的价值所在。第五次反映的是鸠摩罗什所掌握的杂学道术,特别是医学方面的知识。是说吕光的中书监张资得病之后,请来外国道人罗叉为他治疗。罗叉通过道术把吕光给欺骗了,还得到很多的钱财。鸠摩罗什把事情揭穿了,并发挥自己的道术能力,以五色系作绳,结之烧为灰末投水中,以此来判断病的好坏。结果是张资医治无效死亡,鸠摩罗什的道术得到应验。第六次是关于对异象的判断。文献记载:"咸宁二年有猪生子,一身三头。龙出东厢井中,到殿前蟠卧,比旦失之。"吕纂以为是美瑞,将大殿改号为龙翔殿,改九宫门改号为龙兴门。他与鸠摩罗什对棋曰:"斫胡奴头。"什曰:"不能斫胡奴头,胡奴将斫人头。"后来吕纂被杀。鸠摩罗什在这里用的是谶纬占卜之术。

从以上在凉州的六次道术运用来看,鸠摩罗什主要是用来维护自己的生存地位,并未想着依靠吕光父子弘扬佛教。他在凉州的 17 年,吕光父子不弘扬佛教，致使他无力可使。虽然做起了军事政治的参谋，但这确实是鸠摩罗什的应急之策。

来到长安之后，在姚兴的大力支持下翻译佛经成为鸠摩罗什追求的事业。因为有了稳定的环境和物力财力的支持，他很少使用道术。但是由于他的个性品质的原因，最后终于发生了中国佛教史上影响较大的破戒事件。为了化解矛盾，维护自己的形象，鸠摩罗什不得不再次拿出自己的道术，将事件平息。在《晋书》和敦煌文书中就记载着其中的两个故事。关于"吞针"的故事，《晋书》卷95鸠摩罗什传云：

> 兴尝谓鸠摩罗什曰："大师聪明超悟，天下莫二，何可使法种少嗣。"遂以伎女十人，逼令受之。尔后不住僧坊，别立解舍，诸僧多效之。什乃聚针盈钵，引诸僧谓之曰："若能见效食此者，乃可畜室耳。"因举匕进针，与常食不别，诸僧愧服乃止。

关于"纳镜于瓶"的故事，敦煌文书S.381号《鸠摩罗什别传》有云：

> 后什公至，即于此园立草堂寺，同译经律。后因译《维摩经不思议品》，闻芥子纳须弥。秦主怀疑，什将证信。以镜纳于瓶内，大小无伤。什谓帝曰："鸠摩罗什凡僧，尚纳镜于瓶内，况维摩大士，芥子纳须弥而不得者乎？"帝乃深信，顶谢希奇。

关于这两则事例，在释金髻撰的两首《鸠摩罗什法师赞》中也有提到。S.6631、P.4597和P.2680文书记载：

> 善哉童受，母腹标奇。四果玄记，三十辟交。吕氏起慢，五凉运衰。秦帝生信，示合昌弥。草堂青眼，葱岭白眉。瓶藏一镜，针吞数匙。生肇受叶，融睿为资。四方游化，两国人师。

同卷文书的另一首诗记载：

> 诞迹本西方，利化游东国。毗赞士三千，抠衣四圣德。内镜操瓶

里，洗涤秦王或。吞针糜钵中，机诚弟子色。传译草堂居，避地葱山侧。

第一次纳镜于瓶的事件，是因为鸠摩罗什所译的《维摩诘经》中的不思议品有关于芥子纳须弥的情节，姚兴对此持怀疑态度。鸠摩罗什为了让他相信，才以镜纳于瓶内，而大小无伤。第二次是鸠摩罗什为了封住弟子们关于自己破戒流言的口，而不得已使出的道术手段。

鸠摩罗什所具备的道术，是印度、西域佛教传播者普遍学习的。他来到内地后，先后多次使用，成为他的生活中不可缺少的一部分，也为他的个人性格色彩增添了内容。

第 五 章

中观学说的输入及其
产生的文化冲击

鸠摩罗什在内地传教的主要内容之一就是龙树的中观理论，这也是其佛教哲学思想的主要方面。鸠摩罗什在莎车应该说是偶然的机会遇到了须立耶苏摩，也从此接触了大乘佛教的哲学思想，这在当时称得上是一股新潮的思想。这种新潮的思想并没有迅速地传播，而是速度很慢，以至于时隔近四十年后鸠摩罗什到达长安，对于内地来讲仍然是一种新的思想，代表了大乘佛教的最新发展理论。鸠摩罗什就是在接收了龙树的这种新思想之后，并将其作为自己终生信奉的佛教理论。在长安的传教译经中，他传授的思想主要是般若思想，在翻译的经典中，中观四论和般若经典影响最大，对中国佛教发展产生重大的影响。

第一节　中观理论和般若思想的输入

一　中观学派四论的翻译

鸠摩罗什花费了很大精力来翻译龙树和提婆的中观学派的四论，全面系统地介绍了印度般若学的理论哲学发展，让中国僧人开始真正接触印度的佛教哲学。

《大智度论》是《摩诃般若波罗蜜经》的注释书，鸠摩罗什先译经，后译论，又同时修订完成。对《大智度论》的翻译，《大智度论记》说：

究摩罗耆婆法师以秦弘始三年，岁在辛丑，十二月二十日至长安。四年夏，于逍遥园中西门阁上，为姚天王出《释论》，七年十二月二十七日乃讫。其中兼出经本禅经戒律百论禅法要解，向五十万言，并此《释论》一百五十万言。论初品三十四卷，解释一品。是全论其本二品已下，法师略之取其要，足以开释文意而已，不复备其广释，得此百卷。若尽出之，将十倍于此。①

由此看来《大品般若经》译文的确定，与《大智度论》的翻译是交错进行的，所以僧叡《大智释论序》说："经本既定，乃出此释论。"《大智度论记》作者是以会编经论的时间为最后翻译时间，实际上先译经，后译论，在《大智度论》的经与论先后译出，论讫而后经定。经论会编为一，也就不妨说经与论同时译出了。②

从广度来说，《大智度论》这部书内容丰富多彩，包罗万象，包括印度佛教不同时期的思想。另外，此论还涉及印度历史、地理、文化、艺术及其他方面的内容，提供了许多研究印度佛教的背景材料，堪称一部能够立体反映当时印度佛教状况的百科全书。

从深度方面来说，《大智度论》以缘起性空的根本教义对摩诃般若波罗蜜进行了彻底探究。"大智度"是摩诃般若波罗密的意译。贯穿本论的主线即摩诃般若波罗蜜。《论》在开篇的第一卷便明确指出"佛法大海，信为能入，智为能度"，在佛法的修正过程中，如果没有摩诃般若波罗蜜作指导，就像盲人临渊一样危险。只有掌握了摩诃般若波罗蜜的真实意义，才算真正掌握佛法的真实意义。《大智度论》卷100说："菩萨有两种：一者般若波罗蜜道；二者方便道。"这两种菩萨的关系如何呢？回答是："方便即是智慧（般若），智慧淳净故名方便。"由此可见，般若是体，方便是般若所起的利他之用，就像真金与真金所打造的金饰一样。如果我们理解了这一道理，便掌握了深入《大智度论》法藏的钥匙。

此外，他翻译的《中论》《百论》和《十二门论》，这三部论是龙树和提婆发挥般若空义思想的重要著作，是印度早期中观学说的结晶。由于鸠摩罗什的传译，使般若中观学在中国发扬光大。

三论中鸠摩罗什首先翻译的是《百论》，上下两卷。他曾经两度翻译此论。该论的方法就是"唯破不立"，其目的就是要破斥所有的大乘佛教

---

① 《出三藏记集》卷10，《大正藏》第55册，第75页中。
② 印顺：《〈大智度论〉之作者及其翻译》，载《永光集》，台北：正闻出版社2004年版，第7页。

的外道。这种思想方式直接影响了以后的中国佛教诸宗派。

弘始十一年（409）于大寺译《中论》4卷，《十二门论》1卷。《中论》是印度大乘佛教的先驱者龙树所作，大约成书于2世纪中后期。龙树菩萨的主要思想，可说集中地表现在其所著《中论》一书中。《中论》中阐述的缘起性空思想是佛法的基本精神，因而也成为大乘佛教得以建立的理论基础。《十二门论》作为中观学派论典籍之一，其义理大体上不出中论的范畴。本论通过十二个角度，即十二种门径阐述大乘空观的思想，论证佛教的无生法忍、毕竟空寂的道理。门径虽说有十二种，但实际上却不出三种，那就是空、无相、无作三门。"大分深义所谓空"是本论的宗要之体。由般若导修六度万行，趣入万德圆满的果，这是本论的宗要之宗。因果的胜妙之用不离实相空义之体。"略解摩诃衍义"，即是本论的宗旨，摩诃衍即是大乘，因为大乘内容不出真俗一谛。真谛谈性空，俗谛谈六度万行和济法相。假使能够明了大乘空义的真谛，就能通达大乘，具足六波罗蜜无所障碍。所以要以般若空义为先导，而激起万行，圆满成就万德。该论的思想形成，配合中、百二论，对当时印度思想界产生极大冲击，为大乘佛教的建立和进一步发展奠定良好的基础。

再后来，三论学说兴起，直接以龙树和提婆的三论为理论基础，经过帝王的支持和三论学僧的弘扬，到隋代，吉藏就创立了中国较早的一个佛教宗派——三论宗。三论宗在唐代虽然很快就失传，但它的般若学思想却为后来的各家所吸收和运用，对天台宗、华严宗、法相宗、禅宗的思想都产生了一定的影响。

二 般若类经典的重译和新译

鸠摩罗什重译的般若经典是《大品般若经》和《小品般若经》，而新译的是《金刚般若蜜多经》。弘始五年（403）四月二十三日，鸠摩罗什于逍遥园始译《大品般若》，全名应为《摩诃般若波罗蜜经》，凡二十七卷九十品，三十二万余言。[①] 弘始六年（404）四月，校《大品经》竟。僧叡所撰的《大品经序》记载：

---

① 《出三藏记集》卷2载其为24卷；《历代三宝纪》卷8云30卷；《开元释教录》卷4则记为40卷。

（鸠摩罗什）以弘始五年（403），岁在癸卯，四月二十三日，于京城之北逍遥园中出此经。法师手执胡本，口宣秦言，两释异音，交辩文旨。与诸宿旧义业沙门释慧恭、僧䂮、僧迁、宝度、慧精、法钦、道流、僧叡、道恢、道标、道恒、道悰等五百余人，详其义旨，审其文中，然后书之。以其年十二月十五日出尽。校正检括，明年（弘始六年，即公元404）四月二十三日乃讫。

以后又随着《大智度论》的传译"随而正之"，经过了多次反复修改。在《晋书》载记17《姚兴上》也有记述：

　　兴如逍遥园，引诸沙门于澄玄堂听鸠摩罗什演说佛经。鸠摩罗什通辩夏言，寻觅旧经，多有乖谬，不与胡本相应。兴与鸠摩罗什及沙门僧䂮、僧迁、道标、僧睿、僧恒、僧肇、昙顺等八百余人，更出《大品》，鸠摩罗什持胡本，兴执旧经，以相考校，其新文异旧者皆会于理。[1]

　　鸠摩罗什为什么这么看重《大品般若经》的翻译并多次修改呢？主要就是来源于中国统治者和僧教界的压力或者说是要求。秦王亲自监督佛经翻译的过程，对旧经反复比较，验其得失，很明显是对旧译的不满才是鸠摩罗什重译的主要目的。僧叡也指出旧译的错误在于"典摸乖于殊制。名实丧于不谨。致使求之弥至而失之弥远"。

　　在鸠摩罗什以前已经有了对《大品般若经》的两次翻译，第一次是西晋武帝太康七年（286）由竺法护翻译的《光赞般若波罗蜜经》10卷；第二次是西晋惠帝元康元年（291）由无罗叉、竺叔兰共译的《放光般若波罗蜜经》30卷。但是《光赞摩诃般若蜜经》并不是一个内容完整的经典，只相当于后来无叉罗所译的《放光摩诃般若蜜经》30卷九十品中最初的三十品，也是鸠摩罗什所译的《摩诃般若波罗蜜经》27卷九十品中最初的二十九品。而《放光摩诃般若蜜经》内容虽然完整，但是译文艰涩，也不是很理想。鸠摩罗什正是在这两个译本的基础上加以改进的。再后来的玄奘也译过《摩诃般若波罗蜜经》，但是由于他采取的方式是直

———————
[1]《晋书》，中华书局1974年标点本，第2984页。

译，虽然词义准确，忠实了梵文的原貌，但是部头过大，内容繁杂而且还缺后三品，所以不大适合中国人好简的性格，反而不如鸠摩罗什的版本得到较为广泛的流通。历来古德在读诵讲说《般若经》时，基本上都依据了鸠摩罗什翻译的秦本。

鸠摩罗什还翻译了十卷本的《小品般若经》。僧叡的《小品般若经》序记载："以弘始十年二月六日。请令出之。至四月三十日。校正都讫。"《出三藏记集》卷2载其为七卷。鸠摩罗什是应秦太子姚弘之请，翻译此经。《小品般若经》序记："有秦太子者。寓迹储宫拟韵区外。玩味斯经梦想增至准悟大品。深知译者之失。"① 看来旧译的《小品经》问题也很多。在此之前，《小品般若经》也已经有了几种译本：东汉灵帝光和二年（179），支娄迦谶译的《道行般若经》十卷；三国吴黄武七年（228），支谦译的《大明度经》六卷；前秦苻坚建元十八年（328），昙摩俾、竺佛念译的《摩诃般若钞经》五卷。鸠摩罗什之后，唐玄奘所译《大般若波罗蜜多经》第四会凡十八卷与第五会凡十卷的内容也与此经相类。② 北宋的施护译二十五卷本《佛说佛母出生三法藏般若波罗蜜多经》为其同本异译。但是最后流行的还是鸠摩罗什译本。

《金刚般若蜜多经》是鸠摩罗什新出的译本，也是般若类经典中篇幅较短的经，但是它却包含了般若学的基本思想，在中国流传很广，影响很大。禅宗的很多思想都是依据了此经典。

鸠摩罗什重译和新译的般若经典对中国佛教的发展产生深远的影响，它们成为后世最流行的般若经典译作。

三　鸠摩罗什的印度般若思想

建立在反对小乘佛教基础之上的大乘中观理论，一方面吸收了原来般若学的基本思想，另一方面创立了以破为主、破立皆显的哲学思维方法和论证方法。鸠摩罗什所接受的正是龙树的这些基本理论，他还常常以龙树的弟子来自称，很大程度上遵循了印度的般若思想。纵观鸠摩罗什的般若思维，不外乎有以下四个方面：

---

① 《大正藏》第55册，第54页下。
② 参见印顺《初期大乘佛教之起源与开展》，台北：正闻出版社1994年版，第599、602、603页。

首先，鸠摩罗什对整个佛教哲学的认识是建立在怀疑论否定一切的思维基础之上的。他的怀疑一切、否定一切的观点构成了全部译著的基本思想。比如鸠摩罗什对名相实有概念的解释，认为一切名色"如幻如化，毕竟空寂"，都没有自身的确定性，这就否认了一切事物的客观存在。"不生不灭，不常不断，不一不异，不来不去"的"八不"内容也是这一思维方式的典型表达，运用双向否定的思维来达到肯定的结果。

其次，就是他的唯心主义思想占据主导地位。认为般若智慧是一种超越经验和知识的灵智，含有神圣的超越能力，是一种主观对客观事物的直观。在他看来，"名言"和"名相"不是通往真理的桥梁，而是障碍，认识是人的主观行为而不是对客观实在的反映。"一切诸法，皆空如幻"，"从忆想分别而起。无有主故，随意而出；无有主故，随意而成"。这种典型的主观唯心主义构成了他的哲学基础。他把般若分为实相般若、观照般若和文字般若三种，认为般若是包含实相、功能和形式的三者统一的直觉思维。

再次，就是"中道"的思维方式。这种不着两边的思维，在某种程度上带有朴素的辩证法的特征。鸠摩罗什特别推出的《维摩诘经》的主旨思想，就是宣扬佛法不二的道理，认为任何事物都有不二的哲学含义。中观学派的二谛包括真谛和俗谛。真谛就是一切现象都是空的但不是真空；俗谛就是一切现象都是有的但是幻有。看问题既不能执着于有，也不能执着于空。这才符合中道的思想。这种先分别而后综合的思维方式对以后中国大乘佛教的认识论和真理论发展及其影响非常深远。

最后，是他的诡辩的相对论思想。《大智度论》卷1说："一切实，一切非实，及一切实非实，一切非实非不实。"《大智度论》卷12又说："相待者，如长短彼此等。实无长短，亦无彼此，以相待故有名。"这些思想充满了神秘的诡辩论非此非彼，把问题模糊化。与此相对的慧远则受到中国传统文化的影响，非要在"法性""法身"等问题上找到一种实际存在的实体，客观唯心主义的思想倾向十分明显。在慧远以前，中国佛教已经对神不灭论信任不疑。他后来作的论文《沙门不敬王者论》《明报应论》《三报论》等，都是在"形尽神不灭"的思想指导下完成的，认为"神"是常存不变的。

第二节　鸠摩罗什与慧远的对话

　　东晋时期是我国佛教开始兴旺和大发展的时期。在鸠摩罗什未到长安以前，中国佛教的发展仍然处于一个探索的阶段。但是在某些高僧的思想中，已经对佛教的教义有了较为深刻的思考。僧传记载，慧远著《法性论》，鸠摩罗什见而叹曰："边国人未见经，便暗与理合，岂不妙哉！"[①]然而鸠摩罗什的东土之行，引起了中原佛教界的极大重视和兴趣，慧远作为当时佛教界的领袖之人，带着询问、交流的想法，与他书信往来频繁。《大乘大义章》，或名《鸠摩罗什法师大义》《问大乘中深义十八科并鸠摩罗什答》，即是两人书信往来的结集，共计十八章。这是研究两位大师思想与交流的宝贵文献。对于这部书信结集，显然我们不能通过它来揭示鸠摩罗什和慧远的全部佛教思想，但却能反映出当时内地佛教与印度佛教在思维方式，对佛学义理的认识、看法方面的不同之处。因此杜继文先生指出："这些说法，注意了其友谊的一面，忽略了他们在理论上的分歧，从而降低了《大乘大义章》的意义。鸠摩罗什摈弃说一切有部而独尊龙树、提婆的中观学，慧远承魏晋般若学之余绪却大唱阿毗昙，二人在佛教的哲学基础上极不相同。慧远是在汉文化传统的熏陶中成长起来的，鸠摩罗什则长期在浸透着西方思辨精神的典型佛教环境中活动，见地不同是很自然的。《大乘大义章》相当集中地保存了这两种佛教体系、两种文化形态相互交涉的痕迹。中国佛教素以融会调合著称，在这里还可以看到它顽强坚持的一面。"[②]

　　从佛教发展史与思想史的角度看，其研究价值和意义是不容否定的。一方面，《大乘大义章》的论议是印度思维和中国思维互相映照的结果，在印度哲学和中国哲学思维方法的对比上具有重要的意义。鸠摩罗什的父亲是印度人，本人生于龟兹国，但他少年就去印度学习佛学，所以他的思维方法带有印度的色彩。慧远则是在汉文化传统的熏陶中成长起来的，自小熟读六经，尤善老庄，其师道安亦是中原人，所以他具有传统的中国思想。鸠摩罗什正是从慧远的提问中理解了内地思维与印度思维的不同，因

[①]　《高僧传》卷6《释慧远》，《大正藏》第50册，第360页上。
[②]　杜继文：《〈大乘大义章〉析略》，《世界宗教研究》1991年第2期。

此《大乘大义章》相当集中地保存了这两种佛教体系、两种文化形态相互交涉的痕迹。另一方面，从慧远提问的内容可以窥见当时中国佛教界对印度佛教教义关注的焦点和理解接受的程度。在慧远之前出现的学者也很多，只可惜他们的论著几乎都已散失，没有流传下来。所以慧远的问答对于揭示当时的佛教状况，有极其重要的价值。

一　鸠摩罗什与慧远思想的比较

关于《大乘大义章》的研究，许多学者书中多有涉及，甚至有这方面的硕博论文。[①]《大乘大义章》议论的问题很多，重点是般若思想中的"法性""法身""四大""五根"等问题，从中可以看出两人的不同思想。

1. 关于法性问题，从慧远与鸠摩罗什的一问一答中可以看出，两人存在差异

鸠摩罗什通过"实相"来解释"法性"，他把"实相"分为三个层次，云"诸法实相者；假为如、法性、实际"。又说："此三同一实也，因观时有深浅，故有三名：始见其实，谓之如，转深谓之性，尽其边谓之实际"。又解释说："空有差品是为如，同为一空是为法性……实际者，以法性为实，证故为际。""是三皆是诸法实相异名。"也就是说，把握了"实相"就理解了"诸法性空"观念。进一步再解释"法性"，"以清净观得诸法本性，名为法性"。然而"法性无性"，所以"法性"就是"诸法实性"。《大乘大义章》中直接反映慧远"法性"观的叙述如下：

> 经说法性，则云，有佛无佛，性住如故。说"如"则明，受决为如来。说真际，则言真际不受证。三说各异，义可闻乎？又问：法性常住，为无耶？为有耶？若无，如虚空，则与有绝，不应言性住。若有而常住，则堕常见；若无而常住，则堕断见；若不有不无，则必有异乎有无者。辨而诘之，则觉愈深愈隐。想有无之际，可因缘而得也。

[①] 吴丹：《〈大乘大义章〉研究》，博士学位论文，苏州大学，2008 年；解兴华：《〈大乘大义章〉试析》，硕士学位论文，西南大学，2007 年。

这段文字显示的是慧远对鸠摩罗什关于"法性"解释的疑问。在鸠摩罗什未到长安之前，慧远强调的法性是"法真性"，不是空，而是实有、真有。《高僧传》说："先是中土未有泥洹常住之说，但言寿命长远而已。远及叹曰：'佛是至极则不变，无变之理，岂有穷耶？'"因著《法性论》曰："至极以不变为性，得性以体极为宗。"① 唐代元康的《肇论·宗本义疏》中曾引用慧远的一段话："自问云：性空是法性空乎？答曰：非。性空者，即所空而为名，法性是真法性，非空名也。"② 慧达认为慧远的本无与法性是一回事，"庐山慧远法师本无义云，因缘之所有者，本无之所无。本无之所无者，谓之本无。本无与法性同实而异名也"。③ 在与鸠摩罗什接触并通信几次之后，慧远表现出一定的疑惑性，认为法性是"无性"。代表观点如下：

  尝试论之，有而在有者，有于有者也；无而在无者，无于无者也。有有则非有，无无则非无。何以知其然？无性之性，谓之法性。法性之性，因缘以之生。生缘无自相，虽有而常无，常无非绝有，犹火传而不息。夫然，则法无异趣，始末沦虚，毕竟同净，有无交归矣。④

  从这里可以看出慧远前后思想观念的变化，他的观点显然受到了鸠摩罗什所译的《大智度论》的影响。但即使后来认为的法性是"无性"，他也未能改变认为实体存在的传统思维，总在追求一种肯定的、实在的东西。这种思想的来源，就是受到中国本土文化的影响，和玄学本体不变的思想有关系。同时也是受到早期《阿毗昙心论》提倡的"自性"常有理论的影响。⑤

  2. 色法观的差异

  慧远与鸠摩罗什在"四大""五根"问题上也有分歧。"四大"是

---

① 《高僧传》卷6《释慧远》，《大正藏》第50册，第360页上。
② 《肇论·宗本义疏》，《大正藏》第45册，第165页上。
③ 《续藏经》，上海涵芬楼影印本1923年版，第1辑，第二编乙，第23套，第4册，第429页。
④ 慧远：《大智论钞序》，《出三藏记集》卷10，《大正藏》第55册，第75页下。
⑤ 可参考吕澂《中国佛学源流略讲》，中华书局1979年版，第81页。

地、水、火、风。"五根"是眼、耳、鼻、舌、身。慧远认为，菩萨法身受生之刑，与人受生之刑是一样的，都由四大、五根所构成。菩萨有神通，而神通们以四大五根为本。鸠摩罗什在回信中不赞成这种看法。他说："不应以四大五根为实，谓无此者，即不得有法身也。""欲界色界众生，以四大五根桎梏，不得自在。""一（切）有为法，皆虚妄不实。……虚妄之甚，无过四大。"

慧远说："《大智论》以色、香、味、触为实法有，乳酪为因缘有。……夫因缘之生，生于实法……谓从因缘而有异，于即实法为有。"①在《大乘大义章》第九章《次问造色法并答》中，慧远问道：

> 经称，四大不能自造，而能造色。又问：造色能造色不？若能造色，则失其类。如其不能，则水月、镜像，复何因而有？若有之者，自非造色如何？又问：水月、镜像，色阴之所摄不？若是色阴，直是无根之色，非为非色。何以知其然？色必有象，象必有色。若像而非色，则是径表之奇言。如此，则阿毗昙覆而无用矣。②

慧远立论的根据是"因缘之生，生于实法"，所以把"有"分为"因缘有"和"实法有"，并以"实法"作为"因缘法"形成的依据。他认真研习《阿毗昙心论》，吸收了其中"自性常定"，借"众缘"而有的观点，但是更多的是从中国传统文化的角度去理解印度佛教。他承认天地是实，"以生生为大"，天地"运化"之功在于生死因缘。"元气"变而为地水火风，"四大"和合而成人身；及至命终身亡，"四大"离散，故"四大"是实，肉身为"空"。认为"四大"是"无明"、"贪爱"等精神因素假以成形、流转诸有的物质元素，显然是受到中国古代哲学的影响。

鸠摩罗什很快就体会了慧远浓厚的小乘佛学色彩的"实法"观念。他对"实法"观念的解释既有肯定又有否定，说：

> 造色之法，不离四大。而今有香之物，必有四法：色、香、味、触；有味之物，必有三法：色、味、触；有色之物，必有二法：色、

---

① 可参考吕澂《中国佛学源流略讲》，中华书局1979年版，第136页中。
② 《大正藏》第45册，第131页中。

触；有触之物，必有一法，即触法也。余者或有或无。如地必有色、香、味、触；水有色、味、触，若水有香，即是地香。何以知之？真金之器，用承天雨，则无香也。火必有触，若有香者，即是木香。何以知之？火从白石出者，则无香也。风但有触，而无色也。①

鸠摩罗什概括性地回答道：

> 经言，一切所有色，则是四大及四大所生。此义深远难明。今略叙其意。地、水、火、风，名为四大，是四法，或内或外。外者何也？则山河风热等是。内者，则骨面温气等是。四大如是，无所不在，而众生各各称以为身，于中，次生眼等五根。②

> 或言，次第而生。如大劫尽时，无所复有，唯有虚空。尔时虚空中，有诸方风来，互相对持。后有天雨，风持此水。水上有风，扰动而生水沫，水沫积厚，于乃成地，从生草木等。佛观一切水色，初始皆从风出，以能持故，足以说，所有尽皆以四大为根本。今之色、味等，亦为四大因缘，四大亦为色等之因缘，但以初得名故。如谷子中，大有色有味等，芽时色味等亦有四大，但分别先后因果，得其名耳。③

很显然鸠摩罗什坚持的是怀疑、否定一切的般若中观观点，他不可能让慧远彻底理解。而鸠摩罗什以四大为所造，以四尘为能造；不以眼见为实，而以触尘为实，则明显是受了《成实论》的影响。《成实论》说："地、水、火、风，因色、香、味、触故成四大。"又说"实有坚相""有坚等诸触"。论中虽破四大实有，而不破坚相等实有的，这显然是不彻底的。所以鸠摩罗什批评说："佛说，一切色，皆虚妄颠倒不可得触，舍离性，毕竟空寂相。诸阿罗汉以慧眼，诸菩萨以法眼，本未了迭，观知色相。何得言定有色相耶？诸佛所说好丑彼此，皆随众生心力所解，而有利益之。法无定相，不可戏论。"④

---

① 《大正藏》第45册，第122页下。
② 同上书，第131页中。
③ 同上书，第132页中。
④ 同上书，第133页上。

二人很难在理论层面上沟通,最关键的就是他们的理论基础是不同的。慧远坚持的是决定论,而鸠摩罗什强调的是非决定论。

3. 慧远与鸠摩罗什的分歧还表现在"法身"问题上

慧远理解的法身是:"一谓法身实相,无来无去,与泥洹同像;二谓法身同化,无四大五根,如水月镜像之类;三谓法性生身是真法身,能久住于世,犹如日现。此三各异,统以一名,故总谓法身。"① 这里从三种角度去理解法身。首先是说法身的实相是"无来无去",也就是空无的。其次,说法身是变化的,不能看成是各种元素物质,它是虚幻的。最后,只有修行体悟法身才是真法身,才能长久于世。其形象方面是:"从凡夫人至声闻得无著果,最后边身,皆从烦恼生,结业所化也,从得法忍菩萨,受清净身,上至补处大士,坐树下取正觉者,皆从烦恼残气生,本习余垢之所化也。自斯以后生理都绝。"② 而且认为法身是看得见的形象:"众经说佛形,皆云身相具足,光明彻照,端正无比,披服德式,即是沙门法像,真法身者,可类此乎?"③ 并由此产生疑问:

> 三十二相于何而修?为修之于结业形,为修之于法身乎?若修之结业形,即三十二相非下位之所能;若修之于法身,法身无身口业,复云何而修?若思有二种,其一不造身口业,而能修三十二相,问所缘之佛,为是真法身佛?为变化身乎?若缘真法身佛,即非九住所见。若缘变化,深诣之功复何由而尽耶?若真形与变化无异,感应之功必同,如此复何为独称真法身佛妙色九住哉?④

从这里可以看出,慧远将法性和法身混为一谈,执意追求真实存在的法身。这些思想形成的基础与中国传统文化的影响不无关系。而鸠摩罗什认为慧远本身的立论基础就是错误的,不应该承认一个真实的法身存在。"法身可以假名说,不可以取相求。"⑤ "诸佛所见之佛,亦从众缘和合而

---

① 《大正藏》第 45 册,第 123 页上。
② 同上书,第 123 页中。
③ 同上书,第 125 页中。
④ 同上书,第 127 页上。
⑤ 同上。

生，虚妄非实，毕竟性空，同如法性。"① 鸠摩罗什认为法身是因缘和合而成，虽有相但其本质是空的，因此"不须戏论有无之实也"②。

二 两者思想差异的原因分析

《大乘大义章》虽然是慧远和鸠摩罗什两位高僧交流、问答的书信，但是在信中能清晰看出两人不同的思想和观点。鸠摩罗什作为理解印度佛教的权威，深受中国僧人的崇敬，因此他的看法深刻影响着慧远等人的思想。在这期间，虽然慧远的思想有所改变，但是从后来他的著述来看，很多本质的内在的东西并没有得到改变。也就是说，两个人自始至终都存在着思想上的差别。追究这种不同的源头，与两人不同的文化背景有密切关系。鸠摩罗什主要接受的是般若空宗的思想，尤其是龙树的三论，是他立学的基础。而且对小乘的破立思想，是他始终追求的领域，在这方面甚至达到了极致。从中可以觉察到他对龙树思想的崇拜和继承，也暴露出印度传统的思想文化对他的深刻影响。鸠摩罗什还受古代西域民族传统文化的影响，对追求个人的解脱作为一切宗教哲学思想的出发点，带有明显的虚脱、虚无主义色彩。慧远的思想基础主要来源有三个：魏晋玄学的思维方式、传统中国民众的信仰思想以及中国佛教早期小乘阿毗昙的影响。但是终归起来，慧远的思想主要还是来源于中国本土传统文化内容。

《大乘大义章》是鸠摩罗什和慧远两人探讨佛教问题的书信交流，但这些问题却是当时印度佛教进入中国内地后的至关紧要和佛教界关注的内容。在交流中，两人既有共同的思想，同时也有太多的不同观点和看法。这些不同的观点和看法产生的基础就是中印不同的文化背景。通过这些不同思想的展现和交流，从中透视出，印度佛教在进入中国内地之后，如何与本土的佛教文化发生碰撞的，印度佛教应该在哪些方面给予改造使之适合中国本土文化的需要和发展。同时我们也应该看到它又是如何以其独特的思想魅力激活并推动了中国传统哲学的发展。因此，可以说他们的讨论推动了佛教中国化的进程。

---

① 《大正藏》第45册，第129页上。
② 同上书，第130页中。

第三节　僧叡对印度般若思想的辩疑

鸠摩罗什带来的般若思想在中国内地广泛传播，使得内地僧人开始正确认识印度佛教的般若学和大乘佛教。作为鸠摩罗什四圣弟子中的僧叡、道生和僧肇，无论在领会理解还是在传播发展般若学上，都作出了重要贡献。虽然鸠摩罗什所传的般若思想产生广泛的影响，但是他的毕竟空和对法身理解的思想，一直受到中国僧界的质疑，并最终导致中国佛教哲学兴趣的转变。这种质疑发生的背景根基于中印两种文化的不同，因此它不仅仅发生在僧界，甚至统治者自身也有类似的表现。

一　僧叡对印度般若学的学习

姚兴著有《通三世论》请教于鸠摩罗什，其文说：

> 余以为三世一统，循环为用，过去虽灭，其理常在。所以在者，非如《阿毗昙》注言：五阴块然，喻若足之履地，真足虽住，厥迹犹存。当来如火之在木，木中欲言有火耶，视之不可见，欲言无耶，缘合火出。经又云：圣人见三世。若其无也，圣无所见；若言有耶，则犯常嫌。明过去、未来，虽无眼对，理恒相因。苟因理不绝，圣见三世，无所疑矣。①

在另一著作《通三世》中他再次强调："众生历涉三世，其犹循环，过去未来，虽无眼对，其理常在。"② 这里姚兴很明显反对把三世因果说成是虚假不实的东西。而鸠摩罗什则给以纠正，他说：

> 佛说色阴，三世和合，总明为色，五阴皆尔……又云：若无过去业，则无三途报。……固知不应无过去，若无过去、未来，则非通理，经法所不许。又十二因缘，是佛法之深者，若定有过去、未来，则与此法相违。所以者何？如有谷子、地水时节，芽根得生；若先已

---

① 《广弘明集》卷18，《大正藏》第52册，第228页上。
② 同上书，第228页下。

定有，则无所待有，若先有，则不名从缘而生。又若先有，则是常倒。是故不得定有，不得定无，有无之说，唯时所宜耳。①

认为对于三世，则应说："法若决定有所从来，有所从去者。生死则应无始。是法以智慧推求。不得有所从来，有所从去。是故生死无始。是事不然。"②

但是姚兴在《答安成侯姚嵩》中，进一步表达了自己的思想："然诸家通第一义，廓然空寂，无有圣人。吾常以为殊太遥远，不近人情。若无圣人，知无者谁也。"③ 对于统治者来讲，不可能长期处于一种空幻不实的地位，而老百姓也不希望长期生活在一种空空无望的状态之中，因此鸠摩罗什的这种"幻空"的思想，始终不能与当时中国社会和文化相符合，产生矛盾和质疑在所难免。姚兴这种"三世实有"的观点，与南方庐山慧远几乎是同一种内容，都是当时社会背景和固有文化观念的反映。

通过与鸠摩罗什中观学派的交流，慧远晚期的佛学思想也发生了某种程度的转变。他在《大智论抄序》中说："咸生于未有而有火于既有而无。推而尽之。则知有无回谢于一法。相待而非原。生灭两行于一化。""有而在有者，有于有者也；无而在无者，无于无者也。有有则非有，无无则非无。何以知其然？无性之性谓之法性，法性无性，因缘以之生。"④ 慧远已经对原来所持的"法性实有"开始有所变化，认为"无性之性"才是一切事物存在的本性，也就是法性，事物的产生，必须具有一定的因缘条件。这显然受到鸠摩罗什般若思想的影响。

虽如此但慧远并没有丢弃"至极""真是"等原来所理解的法性论的理论基础。在《大智论抄序》中，他又说"常无非绝有。犹火传而不息。夫然则法无异趣、始末沦虚"。他坚持的"反鉴求宗"和"斯其至也，斯其极也"，表明慧远的基本思想依然是原来内容。《高僧传》卷6本传就曾经说"求宗不顺化谓反本。求宗者不以生累其神。超落尘封者不以情累其生。不以情累其生则其生可灭。不以生累其神则其神可冥。冥神绝境故谓之泥洹"。因此对于鸠摩罗什的理论，慧远并没有全盘接受，而是

---

① 《答后秦主姚兴书》，《广弘明集》卷18，《大正藏》第52册，第228页中。
② 《中论·观邪见品》，《大正藏》第30册，第38页下。
③ 《广弘明集》卷18《答安成侯姚嵩书》，《大正藏》第52册，第230页上。
④ 《出三藏记集》卷10，《大正藏》第55册，第75页中—第76页上。

有所保留的,他无法摆脱本土的现状和文化。

作为鸠摩罗什四圣之一的弟子,僧叡经历了佛经翻译的整个过程,他在鸠摩罗什来长安前已经拥有深厚的佛学基础,所以对鸠摩罗什的般若思想的理解应该是深刻而有着一定的权威性,因此鸠摩罗什译经的许多重要经典都是由他来作序。然而,僧叡在此过程中其思想却发生变化,由最初对鸠摩罗什思想的积极接受和倡导到后来的质疑并有所转变。鸠摩罗什长安僧团内部的这种转变,最能体现出他传授的般若思想与中国内地文化发生的撞击和矛盾状况,也最能说明般若思想在内地人中的接受和发展变化情况。

僧叡早年从僧朗听《放光经》,后又师事道安,对道安在研讨佛教思想和组织佛经翻译上的严谨态度,推为当时第一。道安死后,鸠摩罗什入关,僧叡就成了鸠摩罗什译场中最主要的助手,担任笔受和参正者。据说《成实论》译出之后,鸠摩罗什令僧叡宣讲。他启发幽微,与鸠摩罗什的理解十分接近,什叹曰:"吾传译经论得与子相值,真无所恨矣。"姚兴称他"乃四海标领,何独邺卫之松柏?于是美声遐布,远近归德"。① 由此可见,他可能是鸠摩罗什门徒中地位最高的一位。

僧叡开始与鸠摩罗什共事并接受其思想,基本上是持积极的态度,在多个序中我们都能感受到他对鸠摩罗什的敬仰之情以及对所译经典的赞美。比如他对大小品般若经的评价,在《大品经序》中赞美道:"摩诃般若波罗蜜者。出八地之由路。登十阶之龙津也。夫渊府不足以尽其深美。故寄大以目之。水镜未可以喻其澄朗。故假慧以称之。造尽不足以得其崖极。故借度以明之。"在《中论序》中又对中观学说的意义和几部主要论著作出了论述:"是以龙树大士。折之以中道。使惑趣之徒望玄指而一变。悟之以即化。令玄悟之宾丧咨询于朝彻。……百论治外以闲邪。斯文袪内以流滞。大智释论之渊博。十二门观之情诣。寻斯四者。真若日月入怀无不朗然鉴彻矣。"② 僧叡的这些序言和评价对印度般若学的理解和传播起到了十分重要的作用。

二 僧叡对印度般若学的疑问

弘始八年(406)夏天,鸠摩罗什重译出《法华经》,使长安又兴起

---

① 汤用彤点校:《高僧传》卷6《僧叡传》,中华书局1992年版,第245页。
② 《出三藏记集》卷11,《中论序》,《大正藏》第55册,第76页下。

研习此经的高潮。这时的僧叡对《法华经》也进行了认真的思考,与般若经的思想作了对比,敏锐地发现了般若经典思想的不足。他在《法华经后序》中指出:"至如般若诸经,深无不极,故道者以之而归;大无不该,故乘者以之而济。然其大略,皆以适化为本。应务之门,不得不以善权为用。权之为化,悟物虽弘,于实体不足。皆属法华,固其宜也。"①

他认为般若经最大的缺陷就是"于实体不足",有权无实。这里实际上暴露出僧叡对鸠摩罗什的性空思想开始产生疑问,也说明他一直在思考般若思想与中国固有文化的融合问题。这与慧远的提问如出一辙,都是受到中国原有思想的影响所致。

如果说僧叡接触到的鸠摩罗什的这些译经,还不足以使他的思想发生实质性的变化,那么在鸠摩罗什于413年逝世后,于417年接触到了法显所带进的《大般泥洹经》,使他再也不能隐藏自己的思想了。《喻疑》云:

> 每至苦问佛之真主,亦复虚妄,积功累德,谁为不惑之本,或时有言,佛若虚妄,谁为真者若是虚妄,积功累德,谁为其主如其所探,今言佛有真业,众生有真性,虽未见其经,证明评量意便为不乖。②

也就是说,僧叡在关中受教于鸠摩罗什之时,针对他极力宣扬的一切虚妄、五蕴皆空,就已经提出质疑:如果一切都是虚妄、都是虚空,那么"佛"本身是不是也是虚妄空之一?如果连佛都是空的话,那么世界上又有何者是真?这一在鸠摩罗什那里长期得不到答案的问题,如今终于在《大般泥洹经》显现。僧叡在《喻疑》中认为:

> 佛有真我,故圣镜特宗而为众圣中王,泥洹永存,为应照之本,大化不泯,真本存焉,而复致疑,安于渐照而排拔真诲,任其偏执,而自幽不救,其可如乎此正是法华开佛知见,开佛知见,今始

---

① 《出三藏记集》卷8,《大正藏》第55册,第57页中。
② 《出三藏记集》卷5,《大正藏》第55册,第42页上。

可悟。①

《大般泥洹经》还认为，世间众生的特征是"无常、苦、无我、不净"的，佛的特征则是"常、乐、我、净"，简称涅槃四德。既然人人都有佛性，则人人亦当具有"常乐我净"的因素，人人亦当成佛。这类观点同鸠摩罗什弘扬的空观对比，差别确实很大，对于长期禁锢于般若学的虚无主义，连热切的信仰、微茫的希望也被冷却破灭了的僧侣来说，无疑是一场精神上的革命。因此僧叡在《喻疑》中发自肺腑地说："此公若得闻此'佛有真我，一切众生皆有佛性'，便当如白日朗其胸衿，甘露润其四体，无可疑也。"由此看来《大般泥洹经》云的"泥洹不灭，佛有真我。一切众生，皆有佛性。皆有佛性，学得成佛"，正是高僧追求的真理所在。

第四节 《肇论》体现了中印佛教文化的糅合

僧肇是最早跟随鸠摩罗什的弟子，深得鸠摩罗什的教诲，尤其是在领会印度般若思想方面，更是远在其他弟子之上，因此他不仅被称为什门"四圣""八俊""十哲"之一，又被称为"解空第一"。僧肇年轻时期就遍读了各种经史，爱好老庄，读过老子《道德经》后认为："美则美矣，然期栖神冥累之方，犹未尽善。"后来看到《维摩经》，披览玩味，很高兴地说"吾知所归也"，于是出家为僧，"善学《方等》兼通三藏"。鸠摩罗什在姑臧时，僧肇去投奔了他，从此成为鸠摩罗什最亲近和欣赏的弟子。由于僧肇得到鸠摩罗什的指教很多，所以对鸠摩罗什翻译的佛经和传授的思想领会较多，再加上他的天资聪慧，逐渐形成了自己的一套哲学体系理论。在《大品般若经》译出不久，僧肇写了《般若无知论》，鸠摩罗什读之称谓曰："吾解不谢之，词当相挹。"以后僧肇著《不真空论》和《物不迁论》等。

除此之外，僧肇的著述还有《维摩诘经注》《百论序》《长阿含经序》《定藏论》《梵网经序》《金刚经注》《法华经翻经后记》《鸠摩罗什法师诔》等，而最著名最有影响同时也代表了他本人佛学思想的就是

---

① 《出三藏记集》卷5，《大正藏》第55册，第41页下。

《肇论》。现存《肇论》一书是梁陈间人汇编成集的，其中除收集《物不迁论》《不真空论》《般若无知论》三篇重要著作和《宗本义》《答刘遗民书》外，还有《涅槃无名论》长文一篇。对于这篇长文的真伪，中外有关学者的看法分歧颇大。汤用彤和石峻认为该文并非僧肇所作。[①] 日本学者横超慧日撰写《涅槃无名论及其背景》一文，提出相反的论据，肯定《涅槃无名论》确系僧肇所作。侯外庐和吕澂对汤用彤的论据也持有某些异议，[②] 认为对这个问题需要做进一步的研究和考证。在僧肇哲学体系中，最大的特点就是将中印两种文化进行了最完美的结合，在充分理解和接受印度般若思想的基础上，运用中国的本土文化尤其是老庄概念，去诠释分析印度般若理论体系，从而走到了当时中国佛教哲学的高峰。这使得中国佛教真正摆脱了方术与玄学化的影响，走上了独立发展的道路。这一结果是僧肇异质文化与中国本土文化会通的结果，他的思想体现的正是中印两种文化的交流与圆融。考察这种圆融，不仅有助于我们领会僧肇的思想，而且对我们如何应对当今世界范围内的不同文化的对话与沟通也有启发。下面通过僧肇最著名的四论，来分析他的思想中包含的中印文化的不同与融通之处。

一 《物不迁论》与中印思想的结合

《物不迁论》所探讨的是事物的动与静、变与不变的问题，着重论述事物变化与否的问题，也是哲学宇宙观的根本问题。论文题名为《物不迁论》，思想主旨就是即动而求静，以明动即不动。所谓的"不迁"，是针对小乘执著于"无常"的人而言的，太执着"无常"就不懂得宇宙的真实。慧达在《肇论疏》说明了这一点，他说："今不言迁，而云不迁者，立教本意，只为中根执无常教者说，故云中人未分于存亡。"[③]

同时《物不迁论》也是为了反对小乘有部理论的。有部认为"未来来现在，现在流过去"，万物现象在变，本体不变，也就是主张过去、现

[①] 参见汤用彤《汉魏两晋南北朝佛教史》，北京大学出版社1998年版，第476页。石峻《读慧达〈肇论疏〉述所见》，载1944年国立北平图书馆《图书季刊》新第5卷第1期。

[②] 载日本国京都大学人文科学研究所研究报告，塚本善隆编《肇论研究》，法藏馆昭和47年版。见侯外庐《中国思想通史》第三卷第十章，人民出版社1998年版；吕澂《中国佛学源流略讲》，中华书局1979年版，第101页。

[③] 《续藏经》上海涵芬楼影印本1923年版，第1辑第2编乙第23套第4册，第442页。

在、未来三世的小乘说法。而僧肇根据般若中观空宗,提出"不来亦不去"的观点。由此可见,僧肇《物不迁论》正是为了坚持大乘空宗的理论立场。

动与静的讨论也是魏晋玄学的主题之一,王弼的《老子》第十六章注说:"凡有起于虚,动起于静,故万物虽并动作,卒复归于虚静,是物之极笃也。""虚"即"无"也,"有"的起因在于"无","动"的起因在于"静",所以万物的种种活动虽一起发生,从根本上说是要回到虚静的,这是事物最终极的道理。由这里可以看出,王弼讨论动静问题是和他讨论有无问题相联系的。郭象的"崇有独化"学说则与王弼不同,他认为运动变化是事物存在的状态,而且是绝对如此的状态,《齐物论》注中说:"日夜相代,代故以新也。夫天地万物变化日新,与时俱往,何物萌之哉!自然而然耳。"郭象认为,事物每时每刻都在变化之中,新的总是代替旧的,事物和时间一起俱往,哪里有什么东西使它如此呢?这是事物自然而然的状态。这里郭象把事物的运动变化和它的自生自化联系在一起,这是他"崇有独化"体系的合理要求。① 如果说,以王弼为代表的贵无派的观点认为"以无为本",是以"本无""寂然大静",是主张"非动",在生出万物的本体"无"是静的,而被生产出来的"有"则是动(变化)的;那么以郭象为代表的崇有派却受了庄子的影响认为一切都是变化无常的,静止的东西并不存在,"崇有独化",是"万有""以变化为常",是主张"非静"。

而僧肇的《物不迁论》则认为事物不应该将动与静两个概念给予分割,他秉持中道的策略,认为动静是无差别的,是非动非静,动静皆空。该文引《放光般若经》云:"法无去来,无动转者。寻夫不动之作,岂释动以求静?必求静于诸动。必求静于诸动,故虽动而常静。不释动以求静,故虽静而不离动。"接着他说:"然则动静未始异,而惑者不同。缘使真言滞于竞辩,宗途屈于好异,所以静躁之极,未易言也。"② 这个意思是说在动中隐含着静,而静中又有动,因此虽动而常静。所以说佛经中说的事物无运动变化,并不是离开运动去追求静止。在动中看到静不离开

---

① 汤一介:《僧肇的〈肇论〉在中国哲学史上的地位》,载《佛教与中国文化》,宗教文化出版社 1999 年版。
② 《肇论》,《大正藏》第 45 册,第 151 页上。

动去求静，那么虽然是静，但并非离开动的静。他又举例说明了这一主张，如《肇论》卷1云："然则旋岚偃岳而常静。江河竞注而不流。野马飘鼓而不动。日月历天而不周。复何怪哉。"① 据此，僧肇得出结论：其实动静没有什么差异，只是迷惑的人的不同看法。把动和静看成是不同的人不能根据佛教的真理而有无休止的争辩，于是使佛教真理在人们的争论中得不到彰明。那么僧肇则以"非有非无"的中道观立论，而证之以"非动非静""动静皆空"。虽然僧肇试图解决王弼和郭象各执一偏之弊，但是他的理论出发点却是佛教"诸法本无自性"的空宗理论，本身就带有一定的狭隘性。②

关于事物与时间的不连续性，僧肇说："人则求古于今。谓其不住。吾则求今于古。知其不去。今若至古。古应有今。古若至今。今应有古。今而无古。以知不来。古而无今。以知不去。若古不至今。今亦不至古。事各性住于一世。有何物而可去来。"他认为现在和过去并无关系而且依附于时间的事物"各住一世"。仔细分析僧肇的"性住"说，片面强调时间的间断性，否认时间的连续性，是其物不迁论理论诡辩的实质。向秀、郭象在《庄子·天道注》中说："当古之事，已灭于古矣，虽或传之，岂能使古在今哉？古不在今，今事已变，故绝学任性，与时变化而后至焉。"过去的事物只存在于过去，不会延续到现在，现在的事物也转瞬即逝，不会延续到将来，它们各自在不同时间里彼此独立，不相关联。他又在《庄子·养生主注》中说："夫时不再来，今不一停，故人之生也，一息一得耳。向息非今息，故纳养而命续。"向和今之间没有延绵连续的关系，否定了事物运动在时间上的连续性。僧肇主张运动归结为静止，并否认时间的连续性。他还援引孔丘、庄周的话，加以发挥论证。将仲尼所说的"回也见新，交臂非故"歪曲成过去只存在于过去，绝不会延续到现在。他还引"藏山""临川"的典故，说："庄生之所以藏山，仲尼之所以临川，斯皆感往者之难留，岂曰排今而可往？"③ 庄周的原意是说虽然人们看不见，但山在变，舟也在变，一切事物都在潜移默化。孔丘的原意

---

① 《肇论》，《大正藏》第45册，第151页中。
② 汤一介：《僧肇的〈肇论〉在中国哲学史上的地位》，载《佛教与中国文化》，宗教文化出版社1999年版。
③ 《庄子·大宗师》：夫藏舟于壑，藏山于泽，谓之固矣，然而夜半有力者负之而走，昧者不知也。《论语·子罕》：子在川上曰："逝者如斯夫，不舍昼夜"。

也是讲事物如流水一样在不分昼夜地流动。僧肇则解释为事物在一瞬间成为过去，它只停留在过去的时间里，因而感叹事物的消逝难以挽留，并不是说事物可以从现在延续到将来。他任意改造的目的，就是来论证自己形而上学的观点。但后来又进入"各住一世"的不迁思想之中，切断了时间、事物、因果的连续性，逐步脱离龙树的中道思想，更加强调静的地位，认为事物都处于不迁的状态。也就是说，僧肇的结论有些倾向于小乘说一切有部的"三世实有，法体恒存"的论点，与中观的万物性空的缘起法说法反而有些相斥。无怪乎鲁宾逊说"物不迁论读起来很像说一切有部与中观论典的混合体"[①]。

总之，僧肇的这些立论很明显受到印度中观般若学说的影响，用思辨近似诡辩的方法来理解动静的关系。同时，他的理论又受到玄学家向秀、郭象思想影响，没有脱离中国本土文化思想的影子。

二 《不真空论》体现的中印哲学思想

《不真空论》是探讨万物有无、宇宙本体问题的论文，集中反映了僧肇的佛教宇宙观，是他的全部佛教理论的思想基础。它所论述的对象是宇宙间的一切事物、一切现象是否真正存在的问题，即有、无和真、假的问题，认为一切都没有自性，即没有自身质的规定性，因而一切都是性空的。什么是"不真"，"不真"指"假名"，"诸法假号不真"，"故知万物非真，假号久矣"。什么是"空"，万物从假名看来是不真，执着假名构画出来的诸法自性当然是空。所谓"不真空"就是"不真"即"空"。

《不真空论》提出的背景是因为当时所传的般若学，发展方向偏离了佛教教义。造成这一现象的原因是由于当时佛教初传东土，尚处于萌芽状态，到魏晋时期，主导思潮是玄学，而对于外来的佛教而言，只有依附于玄学，才能在中土的孕育发展中奠定基础。于是名士以三玄来发挥玄理；名僧以三玄来诠释佛理。但是难免发生"与理多违"的情形。僧肇在深刻领会鸠摩罗什所传来的大乘中观般若学说的基础上，对当时的般若学说提出了许多修正的看法，对原来的玄学式的六家七宗进行了驳斥，并建立了一套中印文化结合的般若理论系统，使佛教逐渐摆脱玄学的依附，走上

---

① 参见理查德·鲁宾逊《印度与中国的早期中观学派》，郭忠生译，南投：正观出版社1996年版，第256页。

自身发展的道路。

僧肇将当时般若学六家七宗的基本理论归纳为三个派别，并给予批判。心无论者的基本观点是："无心于万物，万物未尝无。"他认为这种见解"得在于神静，失在于物虚"。强调人当，自静其神，不追逐外物，是其所得，没有认识到外物本自空虚，是其所失。即色论者的"明色不自色，故虽色而非色"。他认为这种见解看出了事物是有因缘和合而成的，并无自性，却没有领会既成之物就是非物。本无论的"情尚于无多，触言以宾无"，他认为过于强调无，把有看为无、无也看作无，而没有认识到万物非有非无。这三家学说，都属于一己偏见。这表明僧肇的佛学理论是般若学各派思想斗争的结果，是晋代佛教思想发展的必然。就这个意义上说僧肇的《不真空论》是对魏晋玄学的一个总结。

僧肇提出的"非有非无"本体论的理论基础，主要依据大乘空宗般若学的中观学说。龙树菩萨《中观论》所云："众因缘生法，我说即是无；亦名是假名，亦是中道义。"① 中观学的核心就是"缘起性空""色无自性"和"中道"思想。空宗坚持"俗谛看来万有实存，真谛观照万法皆空"的二谛说，认为真谛所见是"空"，俗谛所见是"假"，所以添加一"中"谛者，"实非名不悟，故寄中以宣之"，目的是进一步论证佛学的"空"论。僧肇在此基础上，批判吸收魏晋玄学和中国玄学化佛学的思维成果，从多个角度对宇宙实相为"空""不真，故空"进行了论证。

肇师从以下两个方面来体现中道第一义谛思想：第一，从缘起法的"不真"义上体现"不真空"的思想；第二，从事物的现象与自性的比较上来体现中道义。如本论中说："欲言其有，有非真生，欲言其无，事象既形，象形不即无，非真非实有，然则不真空义，显于兹矣。"② 中道义透过假有、自性空来说明，在论中三次提到"即万物之自虚"来说明万法当下的空寂性。而对诸法的本无观、有无观的论述，主要是为了显示"诸法皆空"这一真理。空是一切法的本性，是诸法的真实面目，它不是人们强加给万物的代名词，它本来就是诸法的真相。僧肇就是根据这一思想在论中发挥了他的"不真空"思想的，故论云："非离真而立处，立处

---

① 《大正藏》第 30 册，第 33 页中。
② 《大正藏》第 45 册，152 页下。

即真也"。

僧肇深得鸠摩罗什传播的龙树中道实相的义谛,并用中国的语言表述为不真空论,教人超脱现实世界,达到超绝一切的宇宙实相彼岸:"无相之体,同真际,等法性,言所不能及,意所不能思。"①《不真空论》通过对宇宙万物性空的分析,目的还是让人们通过修智的宗教实践,从而达到佛教信仰者向往的最高境界,求得人生的根本解脱。这与当时深刻的社会历史根源和阶级根源有密切关系。他生活在东晋末年,社会阶级矛盾越来越尖锐,农民阶级和地主阶级的对抗越来越严重。在这种历史环境下,僧肇宣扬取消有无、彼此、是非的差别,这就起了麻痹劳动人民的斗志,消弭劳动人民的反抗精神的政治作用。因为"废舍有为,则与群生隔绝,何能随而授药?"② 十分明显,僧肇不真空论的社会意义在于诱骗人们离开社会政治。僧肇宣扬佛教的出世主义人生哲学,这就既要讲现实世界是虚空的,又要讲虚空的现实世界是存在的。

三 《般若无知论》对中印思想的糅合

《般若无知论》所探讨的是哲学认识论的问题,是僧肇在《大品经》译出后写作的一篇重要论文。论文要点在解释般若之作为无相与其无知的性质。论首先引经说:《放光》云,般若无所有相,无生灭相。《道行》云,般若无所知,无所见。般若有照物之用,似乎照即有所知,应有其相。现从两方面分析般若的性质,说明其无知、无相的道理。

王弼认为对宇宙本体是不能用感性认识和理性认识去把握的。他在《老子注》第二十五章中说"用智不及无知",用智慧还不如"无知"更接近本体。而"圣人茂于人者神明也……神明茂,故能体冲和以通无"。③ 只有圣人靠天生的神明才能体认本体。向秀、郭象也大讲"不知为知"的思想,主张"以不知为宗"。郭象在《庄子·大宗师》注中说:

> 天者,自然之谓也。夫为为者,不能为而为,自为耳;为知者,不能知而知,自知耳。自知耳,不知也,不知也则知出于不知矣;自

---

① 《注维摩诘经》,《大正藏》第 38 册,第 411 页下。
② 《注维摩诘经》,《大正藏》第 83 册,第 409 页中。
③ 《三国志(魏志)·钟会传》注引何劭《王弼传》。

为耳，不为也，不为也则为出于不为矣。为出于不为，故以不为为主；知出于不知，故以不知为宗。是故真人遗知而知，不为而为，自然而生，坐忘而得，故知称绝而为名去也。

郭象的"知"与"无知"问题和他讨论的"为"与"无为"问题是一致的，都是其"崇有独化"体系的内容。在他看来"物各有性"，但任何事物不能知其他事物之"性"，只能知其"迹"，而不能知其"所以迹"。所以它不能知其他事物之"性"；只能知自己之"性"，知自己之"自性"，实际上是"不知"。只有"无知"才可"彼我玄同""化尽无期"。故曰"知出于不知，故以不知为宗，是故真人遗知而知。"

僧肇说："夫有所知，则有所不知。以圣心无知，故无所不知，不知之知，乃曰一切知。"僧肇的般若无知论把般若空宗的观点概括为"以无知之般若，照彼无相之真谛"。他认为，万法性空，真谛无相，如认识到万法之假有，必须排除了一切世俗之认识，而用般若圣智的智慧来认识，因为这是超越世俗的所谓能知与所知之上的一种特殊的智能，只有这种智能才能洞照"诸法性空"之真谛。

僧肇的认识论对老、庄有继承和发展，但又摆脱老庄而归到佛教。其目的是否定一般人的正常的认识规律，而让人们用佛教的圣知去认识世界和问题，明显是宣扬佛教出世主义的思想。

四 《涅槃无名论》的哲学转向

在《肇论》五篇之中，《涅槃无名论》排在最后，主要是由于其写作的年代最晚。《高僧传·僧肇本传》记载："（肇）及什亡之后，追悼永往，翘思弥厉，乃著《涅槃无名论》。"① 又据僧肇《鸠摩罗什法师诔》云："（什以）癸丑之年，年七十，四月十三日薨于大寺。"② 癸丑乃秦弘始十五年，即晋义熙九年。而据《高僧传》本传载肇死于义熙十年，故《涅槃无名论》一文只能作于义熙九年至十年。其写作的动因则是有感于安城侯姚嵩书，这个内容在《上奏秦王表》上有载。③

---

① 汤用彤校注：《高僧传》卷6《僧肇传》，中华书局1992年版，第250页。
② 《广弘明集》卷23，《大正藏》第52册，第264页中。
③ 汤用彤校注：《高僧传》卷6《僧肇传》，中华书局1992年版，第251—252页。

《涅槃无名论》主要讨论了五个问题，从如何看待涅槃分为"有余""无余"，重点论述涅槃是"有"还是"无"的问题，由此涉及涅槃作为法身法存在，涅槃与众生的关系，以及涅槃的悟得及顿渐等问题。《涅槃无名论》是对整个《肇论》的归纳，也是僧肇一生学说的总结。因此，此论在表达上比其他论著要清楚明白，逻辑结构也更加严密系统。《玄得》一节作为《涅槃无名论》的终端结论，就是讲涅槃是个人脱去玄言后的精神境界，这个境界乃是世人追求的产物，更重要的是指出了个人的本真状态。从这意义上说，对涅槃境的探讨是对人的觉醒这一时代命题的更深度的思考。其目的就是更好更自在地让人把握世界的圆融、宁静、寂照的主体性。因此，《涅槃无名论》一文真正实现了中华学术的一大转向，使思维的重心从客体转向主体；对超越之路的求索从客体转向人自身。日本学者柳田圣山在《禅与中国》中指出"人们指出，心的深处已经没有了一种纯粹起分别的心，这本是极简单的问题，但中国的知识分子其实经过了相当的曲折阶段才把印度佛教的般若波罗蜜思想理解成心灵问题"[①]。而《涅槃无名论》其价值就是率先打破了这种曲折，真切地记录了此一心灵的历史转变印记。

五　僧肇学说在中国哲学史上的地位

汉代的经学未能解决中国哲学本体论的问题。魏晋的玄学家从王弼、何宴开始讨论这一问题。他们虽然刨根问底，直探本源，但是却未能深化。僧肇在这一问题上可谓是大大超出了二人的思维世界。僧肇领会了印度般若中观宗的哲学思辨，运用了魏晋玄学的体用学说，加以融会贯通，以具有感染力的文字阐发了大乘空宗的基本思想。社会意识是社会存在的反映，僧肇的这种哲学思想正是适应东晋门阀士族统治和民族统治的需要而产生的，是一定社会历史条件下的产物。在中国玄学理论的影响下，佛教哲学一直未能走出"格义"的漩涡。鸠摩罗什带来的龙树中观理论改变了中国哲学发展的轨道，但是其真正的实践者却是僧肇。他在对以往佛教哲学进行了总清理的基础上，把般若学研究又推向了新的高度。他是真正在理解印度佛教哲学基础之上，又结合中国传统思想而创立自己佛学体

[①]　[日] 柳田圣山：《禅与中国》，毛丹青译，读书·生活·新知三联书店1988年版，第73页。

系的里程碑人物。从此，中国佛教哲学走向了自我独立发展的道路。魏晋南北朝时期的哲学流派辈出，学说纷呈，但始终离不开体用的论述。"对于体用之问题领会尤切。而优美有力文笔直达其意。成为中国哲理上有数之文字。""僧肇解空第一，其所作论，以谈至'有无''体用'问题之最高峰，以后诸公已难乎为继也。"①

第五节　从般若"空"到涅槃"有"
——晋宋之际中国佛学思潮发生的重大转变

东晋以前，虽然传入我国内地的佛教经典已不在少数，但是相应的佛教义理研究体系十分缺乏。大乘般若经典的传译引起了中国上层阶级和知识分子的偏爱，他们纷纷用玄学理论来解释般若思想，于是出现了"格义"佛教和六家七宗杂派。鸠摩罗什来长安后重译和新译了般若类经典，尤其是把中观学派的四论介绍到内地来，从而掀起了研究般若学的高潮。但是鸠摩罗什去世后，般若学的研究思潮没有保持兴盛的势头，随后而至的法显的《大般泥洹经》译出，使学者们的关注重心开始向涅槃学转移。《大般泥洹经》中虽然认为："一阐提"（谓善性灭绝者）没有佛性，不能成佛，但是它提出"如来常住，法、僧亦然"，"佛身是常，佛性是我，一切众生皆有佛性"，认为佛性是一种自在的实体。而大乘佛教的般若经和《法华经》都没有讲佛性。这就引发了南北朝乃至隋唐"佛性"哲学的大辩论。

晋宋时期这种佛教哲学思潮的转向，历来受到学者们的关注，它影响了当时整个中国哲学的发展轨迹。任继愈指出："佛性论，作为人性论来看，它是中国哲学史上继玄学本体论之后必然出现的一个高潮。它是接着玄学本体论讲的，具有时代特征，它反映了南北朝到隋唐的时代思潮。当时佛教各宗各派，都以自己的立场阐明自己的理论体系。各家的佛性论也成了辨识不同学说流派的一个重要标志。如果把佛性论看作人性论，那就不止是佛教界的事，它实际上具有中国哲学史的普遍意义。"② 佛教思想的这一转变，以中华传统文化为基础，有来自异域印度佛教思想的影响，

---

① 汤用彤：《汉魏两晋南北朝佛教史》，北京大学出版社1998年版，第237、238页。
② 任继愈：《〈中国佛性论〉序》，《哲学研究》1988年第6期。

更反映了当时历史时代的变化。只有从多维的角度全面地分析,才能揭示其历史的真面目。

一 佛教思潮从般若"空"到涅槃"有"的重大转变

鸠摩罗什在译出般若类经典和中观四论后,开始大力弘扬般若理论,在三千名弟子中产生了重大的影响,带来了佛教界研究般若学的高潮。僧叡为《大智论》《十二门论》《中论》还有大小品般若经写了序,对般若思想有着深刻的理解。僧肇则是般若理论研究的最优秀的弟子,他连续写出了《不真空论》《物不迁论》《般若无知论》等作品,对于当时僧界脱离六家七宗的认识,独立研究佛教义理,起到了关键的作用。甚至连当时的后秦大王姚兴,也参与了般若问题的讨论。

但是在般若学兴起的同时,也引来了内地僧人的冷静思考,那就是般若学的"性空"与传统文化的"实有"问题。这种思考随着涅槃经典的传入,队伍不断壮大,乃至形成了一股新的哲学思潮。

竺道生则是从般若学向涅槃学转变的关键性人物,在中国佛教史上是最先讨论佛性问题的高僧。他提出"善不受报""众生佛性""一阐提皆可成佛"和"顿悟成佛"等说法。道生依据《法华经》的"开佛知见"说首先确认众生本有佛性。在《妙法莲华经疏》中指出:"闻一切众生皆当做佛。"[①]"一切众生莫不是佛,亦皆泥洹。"[②] 由此看出道生持佛性本有的观点。在《维摩诘经》的注中,他以肯定和表诠的方式提出了"佛性我"的说法。这一概念对"生死我"做了否定,使涅槃佛性的落实成为可能。而这一"佛性我"正是向"如来藏"思想转化的潜质。他在对《泥洹经》做了细致研究之后,得出了"一阐提人皆得成佛"之说。这在当时引起了人们的非难,因为在六卷本的《泥洹经》中没有直接提到一阐提有佛性的理论,该经甚至还说:"一切众生皆有佛性……除一阐提。"但道生在基于自己的认识和思想之上,认真推敲并大胆地提出了自己的看法,由此带来了被逐出建康佛教僧团的遭遇。昙无谶译的《大般涅槃经》传到建康后,改变了这一局面,道生的观点和地位重新得到了尊重和认可。该经明确提到了"一阐提"有佛性问题。该经卷28中说:"一切众

[①] 《妙法莲华经疏》卷上,《大正藏》第27册,第5页下。
[②] 《妙法莲华经疏》卷下,《大正藏》第27册,第13页上。

生，乃至五逆、犯四重禁及一阐提，悉有佛性。"这表明以为"部分众生不能成佛到主张一切众生都能成佛是佛性说的共同趋势，为中印两国一些佛教学者所共同提倡。"①

虽然竺道生与涅槃佛性的思想最接近，但是在他以前已经有了佛性问题的觉悟和讨论。东晋时期的慧远和鸠摩罗什的争辩之中，已经接触到与涅槃相关的法身、法性问题。鸠摩罗什认为"法身""佛身"是"皆从众缘生，无有自性，毕竟空寂，如梦如化"。② 即使"诸佛所见之佛，亦从众缘和合而生，虚妄非实，毕竟性空，同如法性"③。总之，"法身可以假名说，不可以取相求"④。从这里可以看出，鸠摩罗什强调的"法身""法性"并不是什么独立自在的实体，而是以般若智慧悟证诸法实相毕竟空寂。在慧远看来，"有佛无佛，性住如故"，这就是承认有常住不变的法性。他认为"因缘之生，生于实法"。"因缘之所化，应无定相；非因缘之所化，宜有定相。"⑤《高僧传·释慧远传》记载："先是中土未有泥洹常住之说，但言寿命长远而已，远乃叹曰：'佛是至极，至极则无变，无变之理，岂有穷耶？'因著《法性论》曰：'至极以不变为性，得性以体极为宗。'"⑥ 这里的至极指涅槃佛性，指具有的本质。是说法性是常住不变、永恒的本体，它的本质是恒常不变的。即使慧远在晚年所写作的《大智论抄序》中对"法性"的论述往般若学的方向上做了一定程度的修正，但从根本上讲，他仍保留了对"法性"为一"至极不变"之性的基本规定。⑦

鸠摩罗什的弟子虽然最忠信于般若学，但是随着中国佛教认识的深化发展，却不得不转向对涅槃佛性的探讨。僧叡就是最早注意到涅槃佛性说

---

① 方立天：《佛性述评》，《求索》1984 年第 3 期。
② 慧远、鸠摩罗什：《次问念佛三昧并答》，载《鸠摩罗什法师大义》卷中，《大正藏》第 45 册，第 134 页下。
③ 慧远、鸠摩罗什：《次问修三十二相并答》，载《鸠摩罗什法师大义》卷上，《大正藏》第 45 册，第 129 页上。
④ 同上书，第 127 页上。
⑤ 慧远、鸠摩罗什：《问实法有并答》，载《鸠摩罗什法师大义》卷下，《大正藏》第 45 册，第 136 页中、下。
⑥ 汤用彤校注：《高僧传》卷 6《慧远传》，中华书局 1992 年版，第 218 页。
⑦ 参见赖鹏举《中国佛教义学的形成——东晋外国罗什"般若"与本土慧远"涅槃"之争》，《中华佛学学报》2000 年第 13 期；刘剑锋《涅槃"有"与般若"空"义理论争的发展——从庐山慧远到竺道生》，《江西社会科学》2007 年第 11 期。

的一位。他在早期比较关注《般若经》中观思想，但在接触《法华经》后，认为《法华经》优于《般若经》，因为此经关注法性"实体"。尤其是他在看到法显译出的《大般泥洹经》，此经中云"泥洹不灭，佛有真我。一切众生，皆有佛性。皆有佛性，皆得成佛"。然后写了《喻疑》，认为此经"佛有真我，故圣镜特宗，而为众圣中王。泥洹永存，为应照之本……此正是《法华》开佛知见"[①]。僧叡所追寻的实体佛性在《泥洹经》中找到了答案，从而由对般若学的兴趣转向对涅槃学的思想研究。他的思想代表了当时许多内地高僧对这种思潮的关注和研习。

即使在众人公认的"解空第一人"的僧肇身上，我们也能感受到他后来与鸠摩罗什不同的变化。他的《宗本义》把性空、本无、实相、法相视为等同概念，认为涅槃为"非有非无"而又"不离有无"的"妙存"。这样就承认了涅槃实体的永恒性。僧肇是否著有《涅槃无名论》尚不定论，但该论为当时著名之佛教论文则无可疑虑。论中云："经曰：涅槃非众生，亦不异众生。维摩诘言：若弥勒得灭度者，一切众生亦当灭度。"这里的意思是说，不觉悟的众生当然不可能得道成佛，而觉悟的众生就能和弥勒一样可以得道成佛。佛教作为一种宗教需要给人们指示一条得道成佛之路，否则其意义将会落空，从而失去人们的信仰。看来这种意识在当时已经十分显现了。

昙无谶的《大般涅槃经》传到南朝之后，迅速流行起来。再加上其后《如来藏经》《胜鬘经》《楞伽经》《央掘魔罗经》和《大法鼓经》等经的陆续译出，为涅槃佛性学说的兴起提供了直接的经典依据。南北朝时期围绕佛性问题，出现了一些派别，有讨论涅槃佛性经典《大般涅槃经》的涅槃师，有探讨菩萨修行的十个阶位的地论师，有研习大乘瑜伽行派唯识学的奠基性著作《摄大乘论》的摄论师等派别。这些师说都以"佛性"为理论重心，对所谓成佛的原因，佛性本有还是始有，什么是成佛内在依据的正因佛性，成佛是顿悟还是渐悟等问题进行了深入而广泛的探讨，推动佛性说充分地、多方面地展开。据吉藏《大乘玄论》，自梁至陈隋，倡佛性说者有十二家之多，由此可见佛性学说的流行。不仅如此，隋唐年间中国化的佛学宗派也都以"佛性"立义。基于此，有人认为晋宋之后的

[①] 《喻疑》，《出三藏记集》卷5，《大正藏》第55册，第41页下。

中国佛学发展史，实际上是以佛性说为主流的发展史。① 方立天曾指出：在齐梁间，《成实论》学说大兴，并合"涅槃"以盛行，至陈代般若学"三论"复兴，并夺《成实论》之席，而与"涅槃"合流。涅槃佛性理论始终是南朝佛学理论的中心。在北方，慧嵩、道朗曾列席昙无谶的译场，道朗提出了"非真非俗中道"为佛性说。北朝虽然也重视毗昙学，也讲《成实论》，但是最后又都归结为涅槃学。②

二　转变原因的考察

1. 佛教发展进步的需要与空宗自身思想的缺陷

龙树的中观空宗是印度大乘佛教初期发展的产物，应该说它对大乘佛教的初步建立理论上给予了支撑。由于历史条件的制约，任何理论都是时代的产物，都不是完美的和需要发展的。虽然龙树的般若性空学，已经纠正了前期的一切皆空即"恶趣空"的缺陷，实现了对原有般若思想的超越，甚至鸠摩罗什和僧肇所继承的般若中观思想在主张扫除诸法假有幻相的同时，也谋求显示诸法实相。在某种程度上我们还可以认为它为大乘佛教的佛性说埋下了种子，固然像汤用彤所说："《涅槃》佛性之说，为《般若》法身实相之引申，《涅槃经》为《般若经》理论应有之结案。"③ 但是我们不能不说，它毕竟未能发生实质性的转变，一切法"毕竟空"，于"毕竟空"中能成立"缘起有"，这是中观派的特色，这种思想最终使人们缺少了信仰和实践佛教的动力，这既是它的理论缺陷所在，也为佛教的进一步发展提供了空间。

事实上，印度后来的瑜伽行派就发展了中观学派的思想。二者虽然有继承性，但也含有不同的甚至是相互矛盾的思想内容。前者主张"空"，后者主张"有"，以致在印度佛教史上发生过彼此互相批判的"空有诤论"。日本玄睿的《大乘三论大义钞》卷3，曾记载了"空有诤论"的实情："言空有诤论者……佛灭已后千有余年，南印度界建至国中，有二菩萨一时出世：一名清辨，二号护法。为令有情悟入真理，立空、有宗，共成佛意。清辨菩萨借空拨有，令除有执。护法菩萨借有排空，令舍空见。

---

① 赖永海：《中国佛性论》，中国青年出版社1999年版，第26—27页。
② 方立天：《魏晋南北朝佛教》，中国人民大学出版社2006年版，第352页。
③ 参见汤用彤《往日杂稿》，《汤用彤全集》第5卷，河北人民出版社2000年版，第102页。

是以峨峨兮两边,山崩荡荡焉。"① 印顺曾说:"有宗、空宗所论诤的重点所在,……重在虚妄分别——依他起性。空宗以为,这是毕竟空的;唯识宗说:这不能说是空的,虚妄分别是有的。"② 后来的《楞伽》《胜鬘》等经论,都是承认妄法无自性,但皆别立妙有的不空,以此为中道。由此而知,唯识宗的思想来源不得不追踪到小乘佛教思想那里。

佛陀论"空"的根本目的就是要人们破除贪执,而人最大的执着又是"我执",因此,只有将"空"观落实在人生论上,强调"无我",才能使人们消除忘掉烦恼。随着佛教的发展,这种思想逐渐有了变化。早期小乘佛教虽然没直接强调"佛性",但在部派佛教时期的《大毗婆沙论》《舍利弗阿毗昙》《成实论》等不少典籍中,却论及"心性本净"或"自性清净心"。这与佛性观念有很大关联,是"佛性"观念形成的一个基础。③ 部派佛教更加关注形而上学问题,说一切有部所谓的"三世实有""法体恒存"就出现了。犊子部等部派也持"我法具有"论,认为不仅事物本身的"法"是实有的,作为事物主宰的"我"也是实有的。说一切有部的这种思想影响了后来唯识论的建立者世亲,正是在吸收了有部的这种思想的基础上,才实现了对大乘初期佛教的发展和革新。

专述佛性思想的《大般涅槃经》类的经典,大约出现于3世纪后,在印度中观学派之后,属印度大乘佛学发展的中期。《大般涅槃经》集出后,明确肯定了涅槃佛性实有、佛性常驻、一切众生皆有佛性。"虽复受身万端,而佛性常存。"④ 因有佛性,故可以由修行而得涅槃。佛性与涅槃密不可分。杜继文认为:"一般佛经甚至是部派佛教认为涅槃就意味着与世间的绝对对立,是对人生的彻底否定。像般若经类、中观派以毕竟无所有否定涅槃的实在性,认为涅槃至多是一种世俗谛,其实性空。而像瑜伽行派经论和《胜鬘经》等的产生,促使大乘佛教的整个世界观和伦理体系均为之大变,推动菩萨行转到了建立涅槃世界的新方向,《大般涅槃经》即是它的总结和系统化者。"⑤ "它对美好未来的规划,以及由此给人

---

① 《大正藏》第70册,第147页上。
② 印顺:《华雨集》(一),台北:正闻出版社1993年初版,第297—301页。
③ 参见姚卫群《佛性观念的形成和主要发展线索》,《中华文化论坛》2002年第2期。
④ 《大般涅槃经集解》卷19,《大正藏》第37册,第454页下。
⑤ 杜继文:《汉译佛教经典哲学》(下),江苏人民出版社2008年版,第263页。

们带来的炽热的希望,与般若中观给人以空蒙虚无的世界,以及由此带来的冷漠和无望,形成极为强烈的对比。大乘佛教由此获得了继续存在和持续发展的最新的合理性根据,具有了最新的震撼力和诱惑力。"①

其实这里涉及中国佛学深度发展的问题。在道安时代,中国佛教译经的来源主要是罽宾的说一切有部,对于龙树的中观空宗学说一无所知,更谈不上大乘中期的唯识学派的理论。道安最初跟随的是来自龟兹的佛图澄,而佛图澄的思想学自罽宾的有部体系。南下以后的道安,在襄阳和长安主持过大规模的译经,而他接触的译经僧人也主要是来自罽宾地区,翻译的佛经也是小乘有部的内容,因此对于道安来讲,他的思想深受有部理论体系的影响。他其中最为推崇的就是毗昙学说,认为:"阿毗昙者,数之苑薮也。其在赤泽,硕儒通人,不学《阿毗昙》者,盖阙如也。……是故般若启卷,必数了诸法,平数以成经,斯乃众经之喉衿,为道之枢极也,可不务乎?可不务乎?"②《阿毗昙心论》和《阿毗昙杂心论》的共同特点就是都认同"有"和诸法自性,《界品》提道:"诸法离他性,各自住已性,故说一切法,自性之所摄。"他们认为"三世实有""法体恒存"。这不仅对道安有很深的影响,对慧远、僧叡、道生等一大批人都有很深的影响。慧远是道安的得力弟子,在庐山时就请僧伽提婆重译了《阿毗昙心论》和《三法度论》,使南方的毗昙学一度兴盛。同样在庐山的竺道生,肯定受到了慧远这种思想的影响。而道安在长安的时候,僧叡同时在长安。凭借道安在当时的地位和威望,影响了当时长安的佛学潮流,僧叡就是其中的一位。也就是说,有部的实有理论一直深深影响着东晋时期的中国高僧,而鸠摩罗什的很多优秀弟子就属于其中的一部分。

中国的高僧虽然没有接触龙树的空宗理论,但是凭着对佛教实践的深入思考,已经意识到佛教发展中"实有"理论存在的合理性。虽然龙树的中观学说促进了大乘佛教的发展,但是后来的事实证明中观学说也不是完美无缺的。而中国佛教在这一点上走了与印度佛教异曲同工的道路。这与当时高僧们的努力和他们身上所具备的深厚的中国传统文化积淀有很大的关系。因此般若学的失势和涅槃佛性潮流的兴起,应该是佛教自身发展

---

① 杜继文:《汉译佛教经典哲学》(下),江苏人民出版社2008年版,第272页。
② 《出三藏记集》卷10,《大正藏》第55册,第70页上。

的必然要求和结果。历史证明,任何一个名人甚至是伟人,都不可能脱离他所处的历史阶段,都有自身的缺陷和受到历史条件的限制。僧叡真切指出:"什公时虽未有《大般泥洹》文,已有《法身经》,明佛法身。即是泥洹,与今所出,若合符契。此公若得闻此佛有真我,一切众生皆有佛性。便当应如白日朗其胸衿,甘露润其四体,无所疑也。"① 在《大般泥洹经》之前,已有"明佛法身,即是泥洹"的《法身经》存在。若通过《法身经》再来理解《大般泥洹经》,于"一切众生皆有佛性"的涅槃佛性论就容易接受了。僧叡认为,鸠摩罗什未曾听说《法身经》,更未能见到《大般泥洹经》的译出,也就无法进入对涅槃佛性的肯定了。②

2. 佛教为了更适应我国传统思想文化的需要

般若学以纯理论形式进入中土上层社会,它不承认任何实体的存在,认为佛性、涅槃不过是一种名言假设,佛是众生的自我创造,彼岸的净土也非真实存在。这些思想与中国传统的思维方式是相互矛盾的。鸠摩罗什最亲近的弟子僧叡对此都感到迷惑不解,在《喻疑》中不断自问:"佛若虚妄,谁为真者?若是虚妄,积功累德,谁为其主?"僧叡在《法华经后序》中说般若其用在"虚",只是用来渡世的"善权"之道,本身有根本缺陷,即"于实体不足"。在《喻疑》讲到法显译出《大般泥洹经》的盛况后说:"此经云:泥洹不灭,佛有真我,一切众生,皆有佛性。皆有佛性泥洹永存学得成佛;佛有真我,故圣镜特宗而为众圣中王,为应照之本。"③ "佛有真我"是实体,"泥洹永存"也是实体,众生"皆有佛性"也是实体,这样一来,般若就不再是单纯的破除世惑的工具了,有了确切可以照得的实体,一切宗教修习,也不再是"空",而是有了理想的目标可以实现。

慧远的佛性思想具有由玄学到般若再到涅槃佛性的过渡性质,反映了玄学与佛学般若学和涅槃佛性说三股思潮的交汇过程。慧远的法性论本自道安"本无"义,是慧远前期受玄学影响而致。《肇论疏》中记载:"庐山远法师本无义云:因缘之所有者,本无之所无。本无之所无者,谓之本无。本无与法性,同实而异名也。"这里的"无"与"法性"是同一含

---

① 《喻疑》,《出三藏记集》卷5,《大正藏》第55册,第42页上。
② 参见潘桂明《中国佛教思想史稿:第1卷(上)》,江苏人民出版社2009年版,第289页。
③ 《喻疑》,《出三藏记集》卷5,《大正藏》第55册,第42页上。

义。慧远承认有一个形而上的实体，绝对的"无"存在。同"法性"本体一样是永恒的、不变的。慧远和僧叡对实体属性的追求，反映了当时内地僧人的普遍心理，这种心理建立的基础就是中国本土的传统思想文化。

魏晋玄学，开始主要以何晏、王弼为代表的"本无"之学为潮流，后来过渡到以向秀、郭象为代表的"玄冥""独化"崇有学说。

王弼的本无论来源于《老子》的"有生于无"的命题。《老子略例》说："无物之所以生，功之所以成，必生乎无形，由乎无名。无形无名者，万物之宗也。"玄学家把本体"无"也叫作"道"。王弼的《老子三十四章注》说："万物皆由道而生。""道"是产生万物的本源。显然这里的"道"与老子所说的道有所不同。这就是王弼"贵无"学说的基本理路。

郭象在形式上否定了王弼的本无说，认为每个事物的个体存在就是"自有""自生"。他在《庄子序》中主张"神器独化于玄冥之境"，"绵邈清遐，去离尘埃而返归冥极"。好像从宇宙观上缓和了有与无的对立。郭象在《庚桑楚注》中认为："夫有之未生，以何为生乎？故必自有耳，岂有之所能有乎？"又说"有之不能为有，而自有"。这里是说无不能生有，有也不能生有，有也不能说是有，而是自有。这样，世界上就存在一个个无限多而毫无联系的绝对的"有"。这种"以有体无"的精神境界，就是万物自足自性，各当随性而逍遥。

六家七宗除心无宗外大多主张三界为虚幻，心识为实有，这与玄学家追求的玄远境界有一致的地方，而与印度般若学的一切皆空的主张差距较大。道壹说："若神复空，教何所施？谁修道？"[①] 如果连心识都否定掉了，人生还怎么能谈得上解脱呢！因此，心识只能真存而不能空。以慧远为代表的中土"形灭而神不灭"说、竺道生的佛性本有论、隋唐各宗（除法相宗外）的佛教心性说以及宋代理学改造过来的"理"本体说，事实上并没有完全按照印度的中观理论模式去发展，可见文化交融之中还存在一个体用与主次的问题。

涅槃佛性学说之所以呈现出完全不同于印度的情况，主要是由中国传统文化背景决定的。中国自古以来就盛行灵魂不死、祸福报应的思想，认为善恶报应是天地鬼神的报应或惩罚。因此，对上帝鬼神的敬畏和对祖先

---

① 安澄：《中论疏记》引《即色游玄论》，《大正藏》第65册，第95页上。

的祭祀，在人们的意识和生活中占据重要地位。《左传·昭公七年》曰："人生始曰魄，既生魄，阳曰魂。"孔颖达作注曰："魂魄，神灵之名，本从形气而有；形气既殊，魂魄各异，附形之灵为魄，附气之神为魂也。"人死时，魂离开形体而升天，魄附在人体而归于地。那么人生命的逝去只是形体的消亡，有一种东西是永恒的，那就是灵魂。古人对魂的概念作出了多种多样的解释，例如《说文》："魂，阳气也。"《论衡·纪妖》："魂者，精气也。"《易·系辞上》："精气为物，游魂为变。"《灵枢经》："随神而来往者谓之魂。"但无论哪种解释，人的死亡即使魂离开了形体，都认为人死后灵魂是不灭的。中国人就是在这种传统思想观念上去理解和接受佛教理论的。因而佛教传入中国后，虽然般若学的"无我"与玄学具有相似性，但一直不能被人们领悟，反而小乘的"有我"一直有着很大的市场。早期《理惑论》中提到的"佛道人死当复更生"和"魂神固不灭矣，但身自朽烂耳"，以及东晋慧远的"法身观"和"神不灭论"的体系论证，皆是在中国传统文化背景下形成的。正因为如此，当佛教涅槃佛性理论传来我国后，立即受到了国人的普遍重视和欢迎。而相反，鸠摩罗什的"一切皆空""无我"的业报理论，将"我"的存在给否定到了，最终净土也不复存在了。

因此，佛性理论迎合了中国传统文化的观念，"中国思想世界主流所追求的终极境界并不是真正的绝对与超越，而是在社会生活中实现人生的圆满"。① 涅槃学的理论满足了这种需求，这是佛性理论能够在中国受到重视并迅速发展的重要原因。

佛性论的提出和盛行，还有其深刻的思想原因，那就是一种外来文化的传入，必须在思想上迎合时代的主流思想，否则就有可能被视为异端而受到排斥。在印度佛性学说传入之前，中国传统哲学有着十分丰富的人性论内容。孔子讲性说："性相近也，习相远也。"认为人的天性是相近的，但由于后天的习才产生差异。后来孟柯讲性善，荀况则讲性恶，这些人性问题成为后来争论的重要内容。汉魏时期经学大讲性情。董仲舒认为"如其生之自然之资，谓之性；性者，质也"。（《春秋繁露·深察名号》）也就是性是生而有之的质。他进而提出有圣人之性、斗筲之性和中民之性之分，只有后者才可以真正称得上为性。何晏、王弼皆用道家的观点来解

---

① 葛兆光：《中国思想史》，复旦大学出版社2001年版，第414页。

释《论语》中的"性情"。何晏说:"性者,人之所受以生者也。"(《论语集解·公冶长注》)"凡人任情,喜怒违理。颜回任道,怒不过分。迁者,移也,怒当其理,不移易也。"(《论语集解·雍也注》)认为性是先天之生,情是后天之欲,人们不能任情喜怒违道、违理。王弼也说:"性相近也……今云近者,有同有异,取其共是无善无恶,则同也;有浓有薄,则异也。虽异而未相远,故曰近也。"[①]认为性不分善恶,只有厚薄的分别。向秀、郭象继承了《庄子》思想,则认为人性是大自然的天性,是不能改变的。强调"自足其性",坚持无为,安于本分,才能得到快乐和满足。这种主张显然是一种维护封建统治的说教。经过魏晋玄学的激流,南北朝时期,中国传统的人性论则更适合人们的理性追求,这些都促进了佛性思想的传播和推广。

人人皆能成佛的思想同样也与中国传统思想有相适应之处。儒家文化中推崇的人人皆可为尧舜的思想,长期以来深入人心,并发挥着巨大影响。佛教为了和儒家适应,就必须吸取、容纳儒家这些观点,并加以改造成自身的思想。竺道生人人可以成佛思想的提出,显然是受到儒家思想的启发。

《大般涅槃经》的"一切众生皆有佛性",是中国传统思想"人性善"内涵的具体体现。从孟子倡说以来,性善说一直占主导思想地位。因为从逻辑推理上讲,从人的善良本性出发可以导出行为主体的良性道德行为。

孟子把人性归结为善,认为"人皆有不忍人之心",善的现实表现就是仁义礼智。《告子》(上)云:"仁义礼智,非由外铄我也,我固有之也。弗思耳矣。"在这点上,圣人与凡夫是没有区别的,因此说"舜,人也,我,亦人也"。"尧舜与人同耳。"这样的结果就必然是"人皆可以为尧舜"。因此有学者指出,道生的"一切众生皆有佛性"与孟子的"人皆可以为尧舜"在立论上是十分相似的。孟子把先天固有的抽象善性作为人类本质,道生则把抽象的更为彻底的佛性作为众生的最终本质。在孟子那里,善性被规定为仁义礼智,这正是圣人垂范的最高法则,是圣人之理。道生的佛性既为妙善,也为佛法真理,如果抽去其中的宗教意义,那

[①] 皇侃:《论语集解义疏·阳货》引《论语释疑》,《文渊阁四库全书》第195册,上海古籍出版社1987年版。

么，所谓佛性与人性在内涵上的一致性则是不言而喻的。① 林伟指出，《涅槃经》建立在"妙有"基础上的佛性理论，更接近中国人的思维方式，更适应汉语语境的理解和研究环境。从理论传统方面讲，从孟子开始的关于儒学"心性论"的理论传统，为从印度佛性论向中国佛性论的转变乃至中国佛学的产生提供了理论上的桥梁。尽管儒家的目的是转凡成圣，佛教的目的是悟道成佛，前者强调去恶存善，后者突出灭除烦恼，但是，在思维方式和逻辑推论方面却有着异曲同工之妙。这便是在汉语语境中，中土佛学由般若学向涅槃学转向的思想和学理基础。对于那些在般若学"空观"中艰难跋涉的佛学界的精英们来说，这无疑是一条希望之路，此后的中国佛教便是沿着佛性论的思路前行。②

3. 南北朝时期我国政治和社会发展的需要

晋宋时期佛教这一思潮的转折，有其深刻的社会历史背景。玄学冲击了秦汉以来等级森严的社会权威和道德观念，使人们的思想处于一种虚无缥缈的状态之中。然而统治阶级不可能长期沉溺于清谈，也不会容忍动摇一切权威、蔑视封建性宗法、门阀士族秩序的言行占统治地位；而社会上的绝大多数人，也不能长期处于像般若宣传的那种空幻无实、悠悠无望的生活状态。换句话说，不论从哪个角度，恢复权威，树立对生活的信心，成了一种普遍的要求。而在继续动荡不安的社会中，要确立起这样的信心，采取宗教信仰的形式，就成了最方便易行的方式。③

般若思想对于统治阶级和社会统治的不足，其实在鸠摩罗什时期就已经显现。对于那些大力扶植佛教的帝王们来说，信佛、崇佛的最终目的是要维护对世俗社会的统治。但是，般若学旨在论证客观世界的虚妄不实的理论，并不能为魏晋南北朝的各个封建政权提供合法性的论证。姚兴作《通三世论》，咨询鸠摩罗什说："三世一统，循环为用，过去虽灭，其理常在。"④ 这是反对把三世因果说成是虚假不实。他又在《答安成侯姚嵩》中，对当时流行的般若学却提出严厉的批评。"然诸家通第一义，廓然空

---

① 董平：《道生佛性说与孟子人性论的比较》，《齐鲁学刊》1986年第1期。
② 林伟：《南北朝佛教思想变化与佛像风格演变的内在关联》，《哲学研究》2008年第2期。
③ 参见方立天《魏晋南北朝佛教》，中国人民大学出版社2006年版，第373、378页。
④ 《广弘明集》卷18《通三世论》，《大正藏》第52册，第228页中。

寂，无有圣人。吾常以为殊太迳廷，不近人情。若无圣人，知无者谁也。"① 这个圣人指的是佛教圣人，但是却暗含对统治者地位的认可意识。连当时僧肇在《表上秦主姚兴》中也表达了相同的看法，他说："若无圣人，谁与道游？顷诸学徒莫不踌躇道门，怏怏此旨，怀疑终日，莫之能正。"这显然与鸠摩罗什的般若思想有矛盾之处。看来在走向社会需求这一方面，般若学思潮已经不再适应发展的需要。

南北朝时期，是我国魏晋门阀制度中士族和庶族交织发展的时期。新兴的庶族势力登上最高统治舞台，必须改变过去玄空的思想，为自己的上台寻找新的理论和思想。《大般涅槃经》宣扬的"一切众生皆有佛性"，"人人能成佛"，甚至是"一阐提"的人也能成佛，正好适合新统治者集团的利益。回顾南朝宋齐梁陈政权的交替频繁，滥杀无辜，人人皆能做皇帝的倡导，对他们来说是最好的解释。刘裕作为寒族，要打破门阀制度的壁垒，为自己的皇命寻找依据。一直到齐梁，短暂的王朝，政权更替的频繁，统治者都是在为自己寻找合法的依据。尤其在梁朝，涅槃学的发展达到辉煌成就，陈朝也是兴盛不衰。

而相对于同时期的北朝，则情况出现了相反的局势。北魏的政局相对稳定，未发生朝代更替。皇帝不希望众生都能成佛，皆有佛性。北魏在攻下凉州之后，佛教文化俱迁平城，北魏主要承续的是后秦和北凉的佛教。涅槃学的发展虽然得以延续，没有停止，但是却转变了方向，大力提倡"三世恒有"，皇帝即佛祖的权威尊严，法身造像一时兴盛。赖鹏举经过研究指出：昙曜以"千佛衣"为主尊的五窟造像，乃基于"十方三世"的基本造像内涵，沿袭了4世纪以来北传阿富汗佛教与北凉佛教的石窟造像，更以第18窟千佛衣主尊的新造像来进一步诠释北魏涅槃学对"十方""三世"不动境界的含摄，成为尔后北齐佛教"卢舍那佛衣造像"的伏笔。在涅槃主尊含摄的内涵上，昙曜将传统的十方三世佛像具体延伸至十方三世的净土，使涅槃思想的具体内涵始于"法身"而终于"净土"，自此净土思想成为尔后佛教石窟造像思想与禅法的重要结论。② 而利用"三世"造像表现最为突出的就是"不生不灭""万世一系"的涅槃实有

---

① 《广弘明集》卷18《答安成侯姚嵩书》，《大正藏》第52册，第228页上。
② 赖鹏举：《北魏佛教由"涅槃学"到"净土学"的开展——云冈"昙曜五窟"的造像》，2005年云冈国际学术研讨会论文集（研究卷），文物出版社2006年版，第615页。

境界思想。

在印度佛教中不甚受重视的佛性理论从传入中国开始，就成为中国佛教的主流，原因众多。般若学进入中国以来，因其理论的思辨性符合中国士大夫盛谈玄学的偏好，得到了极大的发展，对佛教在中国立足起到了很大作用。但是，随着佛教在中国的流传和普及，就需要佛教理论能够适应一般下层民众的知识水平，能够被他们理解和接受，般若学的思辨性恰恰又成为佛教进一步发展的阻碍。纯粹的哲学理论思辨已经不能满足人们对佛学的需要，人们对宗教修行实践的需求逐渐显现。

南北朝与东晋十六国相比，社会较为稳定，但南北方战乱仍常年不断，社会不平等的制度和统治者的横征暴敛给广大人民带来了苦难。在这种社会背景下，佛教以来世安乐和成佛的教义赢得了广大信徒，得到迅速传播。南方地区"家家斋戒，人人忏礼，不务农桑，空谈彼岸"①；北方地区《魏书·释老志》记载"所在编民，相与入道"。在佛教得到普及的情况下，涅槃佛性说宣称的一切众生皆有佛性，人人可成佛，不仅对于追求长生不老以及来世尊荣安富的王公贵族具有强大的吸引力，而且对于广大中下层人民也同样有吸引力。封建统治阶级倡导涅槃佛性学说的目的，不仅因为他们自己的信仰，也因为他们希望广大百姓相信"成佛"的教义，追求虚构的彼岸世界，从而忍受现实社会的苦难。宋文帝曾说过："若使率土之滨皆纯此化，则吾坐致太平夫！"②而他本人也是竺道生及其弟子的积极支持者。普通百姓渴望摆脱苦难，他们在现实中找不到出路，就寄托于佛教来世的天国得以安慰。这对于统治阶级安定封建社会秩序，巩固其统治地位是有利的。杜继文说："《大般涅槃经》关于'一切众生皆有佛性'的判断，为人生指出了一条无限自由和幸福的出路，提升了人生的现实价值，也给每个人以生活的自信和勤于实践的勇气。正是佛教史上的又一大创新，为佛教长期流通于社会，提供了新的武器。"③在门第森严的南北朝社会制度下，却盛行着"人人悉有佛性"的平等理论，赖永海指出："从表面上看，这是一种反常现象。实际上，它不但合情，而且合理。说它合情是因为人们在现实生活中饱尝等级森严的门阀制度之

---

① 《南史》卷70《循吏·郭祖深传》，中华书局1975年标点本，第1720页。
② 《答宋文帝赞扬佛教事》，《弘明集》卷11，《大正藏》第52册，第69页上。
③ 杜继文：《汉译佛教经典哲学（下）》，江苏人民出版社2008年版，第284页。

苦，自然会产生一种渴望平等的欲求，'众生悉有佛性'的理论恰恰迎合了这种欲求，给人一种虚幻的平等出路的精神慰藉。因此二者一拍即合，有情众生从平等佛性说中得到精神上的满足，平等佛性理论从备受等级之苦的众生那里获得了大量的信徒。"①

第六节 三论学的兴衰

一 南北朝时期三论学的兴盛

鸠摩罗什及其弟子是三论之学最早的弘扬者和研究者，尤其是僧肇的理论把中国般若学研究推向巅峰。但是进入南北朝以后，佛教界的旨趣很快转向到了对涅槃佛性的追求，般若学盛极而衰，陷入了低潮。在梁武帝的支持下，摄山派三论学开始复兴，直到吉藏，著书立说、广开法筵，树立起三论宗的大旗。但是初唐以后，各大学派纷纷兴起，由于三论宗无人继承，开始逐渐衰落。

鸠摩罗什来到长安之后，首先译出了《大品经》，然后译出《中》《百》《十二门》三论还有《大智度论》。应该说，其后的三论宗主要依据的是三论经，但也包含了《大智度论》和其他的大乘经典。而其主要阐述和围绕的还是般若理论和思想。鸠摩罗什所传龙树中观之学有四论，为何只收三论呢？吉藏在《三论玄义》中有回答："五者此之三部同是大乘通论。故名三论。""以智度论对三论。则智度论为别论。三论为通论。"

对于鸠摩罗什来讲，他毕生追求的事业就是弘扬大乘般若的思想和龙树的中观理论学说，甚至把自己看成龙树的传人。这从他的传记经历、译经和传教思想中可以明显看出。他的这种主流思想，也成为众多弟子继承和发扬的内容，因此才造就了僧肇这样"解空第一人"的优秀人才。也正是在鸠摩罗什的推动下，掀起了般若学研究的高潮，取得了自汉以来的最高成就。以僧肇所著的《物不迁论》《不真空论》《般若无知论》等为代表的般若研究成果，开辟了中国式般若学前进的新领域。因此后世讲到关河般若传承之时，都将鸠摩罗什和僧肇看作同等的

---

① 赖永海：《佛性学说与中国传统文化》，宗教文化出版社2004年版，第61页。

地位。吉藏在讲三论传承时经常提到"什肇山门义"①。他的《净名义疏》《净名略疏》直接引用肇公之成句，或文字略增减，占十分之三四。此外在大师的著作中，引用肇公之语的达百余处之多。吉藏大师在所著《百论疏》卷1中认为："若肇公名肇，可谓玄宗之始。"② 实际上把僧肇看成了三论宗的创始人。

另一个就是僧叡，对龙树中观哲学有独特的理解，《大智度论》《十二门论》《中论》等的序文都是由他所作。由此可以看出鸠摩罗什对他的信任和厚爱。《中论疏》云："什公门徒三千，入室唯八，叡为首领。"③

此外昙影，作为什门八俊之一，也是传中观正义者。鸠摩罗什对他寄予厚望，曰："传吾业者寄在道融、僧叡、昙影乎？"④ 昙影著有《中论疏》及《中论·序》，对于龙树的中观学说也是有独到的研究。

自鸠摩罗什圆寂以后，加上北方长安地区的战乱，其弟子大多流离分散，北方留下来的应该不在少数，但是相关资料十分缺乏，因此般若流传模糊不清。宋初至梁，佛教义学一直盛行《涅槃》《成实》。对于《般若》三论的研求，虽然有余绪，但是没有什么影响。宋初的僧导作《三论义疏》，但更重视《成实》，竺道生作《二谛论》并注《小品》，却被称为涅槃大师，其余皆影响甚微。齐梁二代虽然有众多名僧涉及过《般若》三论，但只是作为辅助之用，善者很少。以至于周颙在其《三宗论》中说六十七年，妙音中绝。直到辽东僧朗480年来摄山，三论传承才有名目。汤用彤分析认为，僧朗虽为法度的弟子，但是三论之学未必源于法度，得之于关中之说也有可疑，因此僧朗师承般若《三论》之事亦不可考。而吉藏言武帝舍《成论》，开善闻朗义，均故为夸大之词。⑤ 此种说法具有一定的道理。

僧朗的再传弟子是僧诠，僧诠的再传弟子是法朗。关于法朗去摄山止观寺学习，《续高僧传·法朗传》卷7云：

---

① 《大正藏》第42册，第29页上。
② 同上书，第232页上。
③ 同上书，第1页上。
④ 同上。
⑤ 汤用彤：《汉魏两晋南北朝佛教史》，北京大学出版社1998年版，第527—531页。

> 乃于此山止观寺僧诠法师，餐受《智度》、《中》、《百》、《十二门论》并《花（华）严》、《大品》等经。于即弥纶藏部，探赜幽微。义吐精新，词含华冠，专门强学课笃形心。可谓师逸功倍，于斯为证。永定二年十一月，奉敕入京住兴皇寺，镇讲相续。①

由于法朗的精勤努力和大力弘扬，三论学派终于得到皇家认可。陈武帝永定二年（558）十一月法朗奉敕入京驻锡兴皇寺，大力弘扬三论。《续高僧传·释法朗传》卷7说：

> 常众千余，福慧弥广。所以听侣云会，挥汗屈膝。法衣千领，积散恒结。每一上座，辄易一衣，阐前经论，各二十余遍。二十五载，流润不绝。②

三论一派从此誉动京畿、风靡华夏，出现了历史上的重大转机。"朗门二十五哲"中就包括吉藏、罗云、法安、慧哲、法澄、道庄、智矩等人。

自南北朝以来，南方重涅槃、成实之学，北方轻视义学，般若三论因之处于衰落之势。直到陈永定年间，在法朗大师的努力下，才开始走出山门，发扬光大，从而为吉藏三论宗的成熟奠定坚实的基础。"而齐周颙作《三宗论》，梁武帝亲讲《般若》，均与此学之兴，有甚大之助力焉。"③

三论学派真正的集大成者是吉藏，也是三论宗的真正创建者。吉藏是安息侨民，生于金陵，七岁便从兴皇寺法朗出家受教。隋时他曾移住会稽的嘉祥寺一个时期，因此后人也称他作嘉祥大师。隋炀帝大业初年吉藏受请到长安住在日严寺。这一段时间里他完成了《中论疏》《百论疏》和《十二门论疏》，创立了三论宗。三论宗由吉藏开创以后，帮他恢宏的有同门的慧均和弟子慧远，门下知名的还有智拔、智颙、智命等，又有硕法师传元康，再传道慈，成为日本三论宗的正传。但是唐初武德六年吉藏圆寂后，各大学派纷纷兴起，天台、慈恩各宗和它相竞，三论宗开始走向衰落，到会昌法难以后逐渐灭寂。

---

① 《大正藏》第50册，第477页中。
② 同上。
③ 汤用彤：《汉魏两晋南北朝佛教史》，北京大学出版社1998年版，第523页。

二 吉藏对中观理论的发展

三论宗是隋唐时期最早出现的中国佛教八大宗派之一，是印度龙树的中观学说经鸠摩罗什传译之后在中国的传播和发展过程中形成的佛教宗派。虽然鸠摩罗什翻译了四论，但中国佛教者却以《中论》《百论》《二十门论》三部论立名为三论宗。又以般若经所明之空义为宗旨，故又称般若宗，或称空宗。隋吉藏曾住浙江会稽嘉祥寺，讲经八年，大弘三论教义，故又名嘉祥宗。

吉藏的三论宗思想源于龙树提婆的中观三论，在破斥他派之中，基本上保持了印度般若中观风格。但又在某些观点中，他受到中国传统文化以及当时流行思想的影响，对中观空宗又有所发展甚至是发生了某些转变，已经不是完全的印度式的中观学了。在印度佛教的保持和佛教中国化转变这一选择中，吉藏始终表现得十分矛盾，最终未能走出这一思想，从而为三论宗的衰落埋下了隐患。

吉藏的思想主要集中在二谛、八不中道和佛性论等方面。这里主要关注的是吉藏对中观学说的继承发展和不同，从而探究印度佛教在中国的变化。

1. "八不"和缘起性空

《中论·观因缘品》第一说"不生亦不灭，不常亦不断，不一亦不异，不来亦不出"。这八不的思想就是龙树中观缘起性空的根本理论。所谓缘起性空者，即是说宇宙万有的一切事物都是由因缘组合而成，既然是由因缘所成则一定是无自性的，无自性就是"性空"。《大品般若·道树品》中说："诸法和合因缘生，法中无自性，若无自性，是名无法。"[①]《中论·四谛品》也说："众因缘生法，我说即是空。"[②]《十二门论》亦说："众缘所生法，即是无自性，若无自性者，云何有是法。"[③] 中观学的理论基础就是认为一切万物都是由因缘和合而成的，也就是所谓的"缘起"。由于是因缘的和合，所以一切事物又是无自性的。这种无自性就叫作"性空"。"若法众缘生，即是寂灭性""因缘所生法，我说即是空。"

---

① 《摩诃般若波罗蜜经》卷 22，《大正藏》第 8 册，第 378 页上。
② 《中论》卷 4，《大正藏》第 30 册，第 33 页中。
③ 《十二门论》卷 1，《大正藏》第 30 册，第 195 页下。

说明了缘起与性空是一体不二的，性空即是缘起。吉藏以缘起性空之理而说明宇宙万物皆是空无自性，无自性即是般若实相。所以吉藏在《中论疏》卷1云："以万法皆是因缘，无有自性，以无自性，是故不生。"为了论证缘起和性空思想的圆融性，《嘉祥宗要》用八义来概括之：

> 一者明本性是空，但遇缘故有，有止还本性，故言性空也。二者明本性是空，而末是假有，如是意，故性空也。三者，本性常空，无有不空时，故言性空也。四者，只明因缘诸法是空，故言性空也。五破性得有此空，故言性空也。六者，破无性法，此法明止空有性，故言性空也。七者明无所有法性是空，故言性空也。八者，有所无法性空故言性空也。今略明八意异相，而大意无异，但是一性空。如是诸法性空，随义便用，用一即废之，须得意，如空中织罗纹也。①

这样吉藏进一步将空宗思想给予延伸，解决了许多人迷茫的宇宙本体的问题，也构成了其他理论的基础。

在缘起性空的理论指导下，吉藏认为事物的本体是无自性的空寂，不是用语言、行为、思维所能表达，是一种无所得的境界。在他看来"无所得"是一切佛法之精义。所在究极观之，佛说一切法无不是在显示无所得之理，如果离开无所得则无佛法可言。吉藏在《中论疏》卷2中说："佛虽说一切名教，意在无所得一相一味，谓离相、解脱相。"② 说明一切佛教经典都在申明无所得之旨，所以吉藏说："得与无得，盖是众经之旨归，圣观之渊府。"③ 这就是说"无所得"既是如来出世说法之本意，也是般若思想的中心之所在。吉藏大师认为一切佛教经论之所以倡导"无所得"之义，乃是因为心有所得、法有所执是一切有情的烦恼和痛苦的根源。所以，要消除烦恼和痛苦就必须首先断除"有所得"之心。因此，吉藏说："若有所著，便有所缚，不得解脱生老病死忧悲苦恼。……故有

---

① 《大乘玄论》卷2，《大正藏》第45册，第34页上。
② 《中论疏》：共二十六卷，隋吉藏撰，收于《大正藏》第42册。此书继承了僧朗、僧诠、法朗等三论宗之传统，并以一家之独特见解注释了《中论》。此《疏》为学习《中论》的主要著述。
③ 《法华游意》，《大正藏》第34册，第637页中。

依有得为生死之本，无依无著为经论之大宗。"①

2. 二谛说

吉藏的二谛论直接来源于《中观·观四谛品》，"然四论皆有二谛之言。今且依中论文以辨之。论文云，诸佛依二谛为众生说法。一以世俗谛。二第一义谛也。"②《中观·观四谛品》云：

> 世俗谛者。一切法性空。而世间颠倒故生虚妄法。于世间是实。诸贤圣真知颠倒性。故知一切法皆空无生。于圣人是第一义谛名为实。诸佛依是二谛。而为众生说法。若人不能如实分别二谛。则于甚深佛法。

龙树的中观一般以二谛为标准，以世俗谛来说一切法是有，以胜义谛来说一切法空。吉藏认为"故众经莫出二谛。众经既不出二谛。二谛若明故众经皆了也"。《中观》所说的二谛被吉藏十分看重。

但是吉藏却把二谛延伸发挥，提出二谛是教的观点。他引用法朗的话说："山中师手本《二谛疏》云：二谛者，乃是表中道之妙教，穷文言之极朔。道非有无，寄有无以显道。理非一二，因一二而明理。故知二谛是教也。"③ 在此基础上，他将这真俗二谛分为"于二谛"和"教二谛"，由此于教二谛建立了三论宗的二谛学说。对于于教二谛的释义为："一者随顺众生故说有二谛，即教谛。二者于众生有二谛，即于谛也。"④

于谛者，吉藏论曰：

> 诸法性空，世间颠倒谓有，于世人为实，名之为谛；诸贤圣真知颠倒性空，于圣人是实，名之为谛。此即二于谛。诸佛依此而说，名为教谛也。⑤

> 于谛者，色等未曾有无，而于凡是有，名俗谛，约圣是空，名真谛。于凡是有名俗谛故，万法不失，于圣是空名真谛故，有佛无佛，

---

① 《三论玄义》，《大正藏》第45册，第7页上。
② 《二谛义》卷上，《大正藏》第45册，第78页中。
③ 同上书，第86页中。
④ 《二谛义》卷中，《大正藏》第45册，第103页中。
⑤ 同上书，第86页下。

性相常住。教谛者。诸佛菩萨了色未曾有无。为化众生故说有无,为二谛教,欲令因此有无悟不有无故,有无是教。①

吉藏这里的于谛是众生所持有的二谛,教谛是佛随顺众生所持二谛方便而说的二谛教义。于谛中的俗谛指的是世人执诸法是实有,真谛是圣人视诸法是性空。圣人说这二谛的原理就是教谛。通过提出这种理论的目的就是让人开悟。吉藏自言其二谛论本于《中论》,可是结果却超出了《中论》的二谛义。

3. 中道观

《中论·观四谛品》中说:"众因缘生法,我说即是无。亦为是假名,亦是中道义。未曾有一法,不从因缘生。是故一切法,无不是空者。"空、假、中被吉藏称为"三是义",三者具有同样的意义,就是因缘所具有的三义。吉藏解释道:

略明因缘凡有三义。一者因缘是空义。以因缘所生法即是寂灭性故知。因缘即是空义。二者因缘是假义。既无自性故不得言有。空亦复空故不得言空。为化众生故以假名说。故因缘是假义。三者因缘是中道义。即此因缘离于二边。故名为中道。②

吉藏把这种中道认为是第一义,说"第一义是中道"③。此中道观有二谛中道观、八不中道观、中假中道观、无所得中道观等。

吉藏认为"八不则是中道"④,"中道即不生不灭八不义也"⑤。因为诸法实相本来是非生非灭、非非生非非灭,离四句绝百非,不着一切法。生灭亦是相对而说,若能悟入诸法实相本来空寂,远离二边之见,不着于任何一法,即是八不中道观。

二谛中道者,是说真俗二谛是相对而立,"真"是以俗为真,是对俗谛而说的真谛,本来非真非俗,离此真俗二边之见,即是二谛中道。首先

---

① 《大乘玄论》卷1,《大正藏》第45册,第23页中。
② 《中论疏记》卷1,《大正藏》第42册,第7页上。
③ 同上书,第8页下。
④ 同上书,第1页下。
⑤ 《中论疏记》卷2,《大正藏》第42册,第22页上。

吉藏认为中道为二谛之体,说"皆以中道为二谛体"。而吉藏所说的"中道为二谛体",中道对二谛是超越的,说:

> 所以明中道为二谛体者。二谛为表不二之理。如指指月。意不在指。意令得月。二谛教亦尔。二谛为表不二。意不在二。为令得于不二。是故以不二为二谛体。又今明二谛是教门。为通于不二。故山中师云。开真俗门说二谛教故。二谛是教门。教门为通不二之理。故以中道不二为体也。①

在这里吉藏论证了不二为中道二谛体,驳斥了成实师等其他学派的说法。

4. 佛性论

吉藏所处的环境已经大大不同于龙树和鸠摩罗什时代了。南北朝时期佛教思潮以议论佛性为主,随着印度后期大乘佛经的译传,如来藏、自性清净心等真常思想逐步成为佛界议论的焦点,因此吉藏受到当时社会的影响是不可避免的,他的三论宗也远远涉及龙树三论所没有的领域。

吉藏十分关注佛性问题,将中道与佛性结合起来,认为中道就是佛性。他说:

> 若了如是中道。则识佛性。若了今之佛性。亦识彼之中道。若了中道。即了第一义空。若了第一义空。即了智慧。了智慧即了金光明诸佛行处。若了金光明诸佛行处。则了此经云光明者名为智慧。若了智慧即了佛性。若了佛性即了涅槃也。②

认为只有明解了中道,才能有智慧,最终得入涅槃。吉藏从这一思想出发,把诸派分为正因佛性十一家,认为它们既是正因佛教,又不是正因佛教。说"上来十一家所说正因,以是为是故,并非正因佛性。若悟诸法平等无二,无是无非者,十一家所说,并得是正因佛教"。③ 认为"第一

---

① 《二谛义》卷下,《大正藏》第45册,第108页中。
② 《大乘玄论》卷3,《大正藏》第45册,第37页下。
③ 同上书,第42页中。

义空名为佛性。不见空与不空。不见智与不智。无常无断名为中道。只以此为中道佛性也。若以此足前十一师，则成第十二解"。① 他认为的中道是佛性可称得上是第十二种说法。对于南北朝时期争论的佛性"本有""始有"问题，他认为"佛性非本非始，但为众生说言本始也"。② 也就是说正因佛性没有本有也没有始有，说有本有和始有是佛为众生说方便而言的。在说明理外众生无佛性时，他说"不但草木无佛性，众生亦无佛性也。若欲明有佛性者，不但众生有佛性，草木亦有佛性"。③ 很明显这里用中观中道的破立之法来谈佛性，对事物的两个方面皆给予否定，其目的就是都统摄到他的中道佛性范畴之内。为了达到这一目的，他更是把法性、真如、般若、实际、法界、八识、一乘、如来藏自性清净心等概念混淆和模糊。认为它们都是佛性的不同名字，含义是一样的。这种不着两边，最后统统给予否定的思想和方法，还是恢复到了龙树和鸠摩罗什的般若理论中去了。这也构成了三论宗派必然衰败的重要因素。

吉藏的努力，并未能延续三论学在中国独立成派的事实。但是空观理论毕竟是大乘佛教建立的重要基础，因此它的思想广泛地被以后的天台宗、华严宗和禅宗等继承和发扬。

三 三论宗在唐代初期的衰落

三论宗的急剧衰落，有着深刻的历史原因。近代的许多佛教学者都关注这一问题，但真正深入研究者不多，大部分观点大同小异没什么新意，更谈不上系统性，迄今为止没人来专门讨论三论宗衰微问题。

1. 三论宗理论创新不足，未能走出中观学的套路和般若学理论上的缺陷

三论宗宣扬的主要是龙树的三论，与般若经论密切相连，又被人们称为般若宗。吉藏在所著《百论疏》卷1中认为："若肇公名肇，可谓玄宗之始。"④ 而且他的注论中很多内容都参考僧肇的论点，由此可见三论宗直接继承的是鸠摩罗什和僧肇的学问。

吉藏的三论宗是建立在对其他派别批判的基础上形成的理论，他的批

---

① 《大乘玄论》卷3，《大正藏》第45册，第37页中。
② 同上书，第39页下。
③ 同上书，第40页中。
④ 《大正藏》第42册，第232页上。

判方法其实就是对龙树中观哲学的继承和延伸，但其结果没有脱离中观的本质，因此也没有形成自我理论的创新。在《中论》的开篇龙树就讲了"八不"以彰显这一主题，它们是"不生亦不灭，不断亦不常，不一亦不异，不来亦不出"。这体现了中观"破除一切法"，否定一切事物存在的思想。龙树认为万法万物皆由因缘和合而成，都是假象，没有实在的东西。吉藏认为，"以生死、涅槃、凡圣、解惑，皆是假名相待，无有自性，称为因缘义"。① "八不者，盖是正观之旨归，方等之心骨，定佛法之偏正，示得失之根源。违之，即八万法藏冥若夜游；悟之，即十二部经如对白日。……即知'八不'为众教之宗归，群圣之原本。"② 中论举八不为例来显中道，认为凡事物都有两个面，这种不这不那的公式，不能说明任何事物，只是一些诡辩或者说是做一些文字的游戏。这些理论都为龙树的破立方法的建立奠定了基础。《中论》的二十五品都是以破的论证来完成的，提婆的《百论》更彻底破斥了小乘派和外道思想。吉藏在批判别派时用的主要方法就是"破邪显正"。《中观论疏》卷1曰："就说教意中，凡有二意：一者破邪；二者显正。""佛欲断如此等诸邪见，即破邪也。令知佛法，故谓显正也。"③ 他的这一思想来源于龙树的中观学理论。吕澂指出："三论宗用来思辨和批评一切的，是'破而不立'的方法，他们不留一点执着为他人所破。这样归于得的方法乃渊源于印度中观的理论。"④ 吉藏在《三论玄义》中说他破的有四家"一摧外道，二折毗昙，三排成实，四呵大执"。其实还有后来的地论、摄论诸师。他所标榜的维护大乘，其实是彰显无所得的本家思想。

　　吉藏的理论除了八不外还包括二谛和中道思想。《中论》上说"因缘所生法，我说即是空，亦为是假名亦是中道义"。吉藏就说"八不则是中道"，"中道即不生不灭八不义也"。⑤ 在承认"一切皆空"的基础上，中观学提出了二谛论。龙树说："诸佛依二谛，为众生说法：一以世俗谛，二第一义谛。若人不能知分别于二谛，则于深佛法，不知真实义。"⑥ 吉

---

① 《中观论疏》卷1，《大正藏》第42册，第5页下。
② 《中观论疏》卷2，《大正藏》第42册，第20页上。
③ 《大正藏》第42册，第16页上。
④ 吕澂：《中国佛学源流略讲》，中华书局1979年版，第318页。
⑤ 《中论论疏》卷1，《大正藏》第42册，第1页下、第22页上。
⑥ 《中论》卷4《观四谛品》，《大正藏》第30册，第32页下—第33页上。

藏十分看重二谛，认为"故众经莫出二谛。众经既不出二谛。二谛若明故众经皆了也"。他把真俗二谛分为"于二谛"和"教二谛"，由此建立了三论宗的"二谛"说。什么是于教二谛呢？"一者随顺众生故说有二谛，即教谛。二者于众生有二谛，即于谛也。"① 看来于谛是众生所持有的二谛，而教谛则是佛随顺众生所持二谛方便而说的教义。虽说俗有真空，但有是假有，非实有，空是假空，非实空。远离有空二边，折中二边称为中道。无论是"八不"还是"二谛"，吉藏都把它们归纳到中道的理论之内。龙树把中道观作为根本的方法论，既不着有（实有），也不着空（虚无的空），说白了就是折中主义的表现。

从以上论述可以看出，吉藏基本上保持了龙树中观哲学的那一套，虽然在某些概念上有所延伸和发展，但是却不出中观论的实质。

吉藏所处的时代，是讨论涅槃佛性盛行的时期，再加上南北朝后期印度无著世亲新大乘佛教经典的传入，"如来藏""自性清净心"等真常思想，进入僧人的视野，成为佛教界关注的热点问题。在这种社会背景下，吉藏不可能不受到这些思想的影响，也不可能不谈论和涉及这些问题。但是他又是如何论述这些问题的呢？

吉藏首先将中道与佛性挂起钩来，认为中道就是佛性。他说："离断、常二见，行于圣中道，见于佛性。"② 还说"一往对他，则须并反。彼悉言有，今则皆无。……故云非真非俗中道为正因佛性也"。③ 他认为诸派皆言佛性，并把它们分为正因佛性十一家，诸经也言有佛性，比如《金光明经》说的如来藏和《华严经》说的发菩提心等皆是说佛性义的。但是它们所说的都不是真正的佛性，并云："但河西道朗法师与昙无谶法师。共翻涅槃经。亲承三藏作涅槃义疏。释佛性义正以中道为佛性。尔后诸师。皆依朗法师义疏。得讲涅槃乃至释佛性义。师心自作各执异解。悉皆以涅槃所破之义以为正解。"④ 也就是说，中道才是真正的佛性，并且这种说法是正宗的，源于与昙无谶同翻译《大般涅槃经》的道朗法师的《涅槃义疏》。接着他继续论证中道为佛性的问题：

---

① 《二谛义》卷上，《大正藏》第45册，第103页中。
② 同上书，第86页上。
③ 《大乘玄论》卷3，《大正藏》第45册，第37页上。
④ 同上书，第35页下。

故《师子吼》菩萨问言:"云何为佛性?以何义故名为佛性?"如是凡有五问佛性。如来次第答。……复云:"所言空者,不见空与不空"对此为言,亦应云:"所言智者,不见智与不智"。即:不见空除空。不见不空除不空。除智又除不智,远离二边,名至中道。又言:"如是二见,不名中道。无常无断,乃名中道。"此岂非以中道为佛性耶?是以除不空则离常边,又除于空即离断边。不见智与不智义亦如是。故以中道为佛性。……是故今明:"第一义空名为佛性。不见空与不空,不见智与不智。无常无断名为中道。"只以此为中道佛性也。①

这里从一切皆空的思想和中道的方法来说明中道为佛性的理论,这种对任何事物的两个方面都给予否定的论证方法,很明显发挥的是龙树的中道哲学理论,其目的就是将所有佛家的理论都统摄到他的中道范畴之内。

《二谛义》中云:"《大品》为除虚妄,《涅槃》为显妙有故也。然此两语相成,要除虚妄,妙有得显,亦妙有得显,虚妄即除。虽两经相成,要前洗于虚妄,妙有方显也。然此即是今家涅槃有所无、无所有义,洗妄即涅槃有所无义,显有即是涅槃无所有义。故经云:空者二十五有,不空者大般涅槃也。"② 有人认为,"大涅槃不空"说明吉藏脱离了《般若经》和龙树作品中之"一切皆空"的范围而转向了有。③ 这是对吉藏思想理解的有误,他是在利用涅槃的思想来说明中道的佛性。他接着又说:"又二谛空有二境,生权实二智……一切导师皆由二智生,岂止在《大品》而不通《涅槃》耶?以二智通故,二谛亦通也。"④ 很明显这里说空有二谛能生权实二智,而十方诸佛莫不由二智生,空有二谛不能只通于说空的《大品般若经》,也应该通于说有的《涅槃经》。进一步说就是用空有二谛的理论来统摄《涅槃经》的思想。不仅如此,最后吉藏将涅槃等同于中道,如《二谛义》云:"若常住涅槃,三点具足,四德圆满,妙有涅槃是为第一义谛。"⑤ 吉藏的核心思想就是八不中道和二谛论,八不就是中道,

---

① 《大乘玄论》卷3,《大正藏》第45册,第37页中。
② 《二谛义》卷下,《大正藏》第45册,第114页下。
③ 杨惠南:《吉藏》,东大图书1989年版,第154页。
④ 《二谛义》卷下,《大正藏》第45册,第114页中。
⑤ 同上。

非有非无是中道，涅槃是中道，无疑将八不和涅槃建立了联系，来说明中道是佛性说的合理性。如果说这还不能包含全面的话，他干脆将当时流行经典《法华》《涅槃》《华严》等经中的法性、真如、般若、实际、法界、八识、一乘、如来藏自性清净心、首楞严三昧等概念统统纳入中道理论体系中来。吉藏《大乘玄论》卷3说：

> 经中有明佛性、法性、真如、实际等，并是佛性之异名……故于《涅槃经》中名为佛性，则于《华严》名为法界，于《胜鬘》中名为如来藏自性情净心，《楞伽》名为（第）八识，《首楞严经》名首楞严三昧，《法华》名为一道一乘，《大品（般若）》名为般若法性，《维摩》名为无住、实际。如是等名，皆是佛性之异名。①

既然它们都是《三论》和《般若经》所讲的"中道"，因此无论是《法华》还是《涅槃》等经，都成了《般若》一经，"《法华》、《涅槃》皆《般若》异名"。② 不仅如此他甚至说："诸大乘经通为显道，道既无二，教岂异哉？故亦得名为一部。"③ 虽然后来吉藏积极融通与当时流行的《法华经》和《涅槃经》的思想，但是其目的却是想将"一乘""佛性"等概念和思想统摄到他的中道范畴之内，必然不会实现自我的超越和理论的创新。

龙树的中观理论虽然为初期大乘佛教的发展作出了巨大贡献，但是为了批判小乘的需要，却把一切事物和法看成"空"，也就是所谓的"一切皆空"，同时又用中道的方法分析问题。这种不着两边的辩证，最后甚至把一切都给否定掉了。这直接导致佛教徒对信仰方面的信心缺失，否定了佛教还存在彼岸世界的事实，因此才有了后来世亲、无著唯识理论对它的修正和发展。在印度，前者属于"中观学派"；后者属于"瑜伽行派"，因为它们的不同思想（前者主张"空"，后者主张"有"），以至在印度佛教史上发生过彼此互相批判的"空有论诤"。文献记载："为令有情悟入真理，立空、有宗，共成佛意。清辨菩萨借空拨有，令除有执。护法菩

---

① 《大乘玄论》卷3，《大正藏》第45册，第41页下。
② 《大品经义疏》卷5；引见《卍续藏经》第38册，第67页中。
③ 《净名玄论》卷5；引见《大正藏》第38册，第885页上。

萨借有排空，令舍空见。是以峨峨兮两边，山崩荡荡焉。"① 这说明龙树的空宗对于佛教自身的发展有明显的不足，而这些内容恰恰是吉藏继承的核心，所以吉藏开始就已经注定了他失败的命运。

吉藏虽然对当时的佛教发展思潮比较熟悉，但是并没有顺应潮流，而是仍然用中观理论尤其是中道的哲学方法和般若的思想去分析对待当时的新思想。它最初的目的是批判佛家异说而彰显自身，后来又企图将其他诸家的佛性、真如等概念、思想，统摄到他的中道三论派之中。但是他却始终没有走出中观学的理论套路和阴影，还是恢复到了龙树和鸠摩罗什的般若理论中去了，以至于发生了与时代的不合拍，这也构成了三论宗派必然衰败的重要因素。石峻、方立天指出三论宗"在理论上并没有很多新的创见，而且为时甚短，就为天台宗等所摄取、改造"。②

2. 与隋唐大统一的社会环境的需求、传统文化和时代佛教理论的最新发展相脱节

进入隋唐，我国南北方实现了历史上的大统一，这时的统治者需要建立一个稳定、团结的社会环境。他们利用佛教，就是想诱导和鼓励广大佛教信众，相信有一个美好真实的彼岸世界，亦即佛教所说的西方净土，来实现对现实苦难的解脱。而这些作用，在主张"一切皆空"的三论宗那里是无法找到的。吉藏在这样一个社会、政治的大环境下，必然会受到它的影响，但是他却未能实现与时代统治者思想的结合，未能走出古三论学派的失败的命运，重蹈了般若学在中国的老路。③

隋唐的大统一对佛教提出了更高的要求，那就是要做到南北方的圆融，从思想上达到空前的统一。后来的天台宗、华严宗和禅宗都突出了这一思想，但是在三论宗这里，吉藏的身上却更多的是批判和论争。法朗、吉藏不仅破小乘成实、毗昙派，还兼及大乘地论、摄论诸师。吉藏在《百论疏》曰："大业四年，为对长安三种论师，谓摄论、十地、地持三

---

① 《大正藏》第70册，第147页上。
② 石峻、方立天：《论隋唐佛教宗派的形成》，《哲学研究》1981年第8期。
③ 古新三论宗的分法有四种，皆出自日本学者：一是罗什以下为古传三论，唐代日照以下为新三论；二是以吉藏作为古新三论的分界线；三是以僧诠作为古新三论的分界线；四是以僧朗作为古新三论的分界线。详情见平井俊荣《中国般若思想史研究——吉藏と三论学派》，东京：春秋社1976年版，第231—240页。赖永海说："涅槃佛性说所以能取代性空般若学而成为中土佛学的统治思想，还由于这种学说更适合中土统治者的需要。"赖永海：《中国佛性论》，上海人民出版社1988年版，第300—301页。

种师，明二无我理及三无性，为论大宗，今立此一品（破空品），正为破之，应名破二无我品及破三无性品。"据此可知吉藏大业四年在长安又讲破空品。这里将摄论、十地、地持三种师也看为小宗了。据《陈书》卷30《傅縡传》录，当时曾有大心暠法师撰《无诤论》一书批评兴皇师的好辩作风。文曰："比有弘三论者，雷同诃诋，恣言罪状，历毁诸师，非斥众学。……竞胜之心，阿毁之曲，盛于兹矣。吾愿息诤以通道，让胜以忘德。何必排拂异家，生其恚怒者乎？"① 三论宗这种争强好胜、唯我独尊的做法十分明显，不出汤用彤所概括的第二个特质"门户见深，入主出奴"②。

般若学与中国传统的文化也是不相一致的。佛教未传入中国内地以前，民众间已经有了鬼神敬畏观念，认为人死精神不灭。早期的佛经翻译者安世高和康僧会就已经注意到这一问题，所以把佛教中的地狱译成"太山"或"太山地狱"。③ 因为泰山是传统民众观念中治鬼的地方。后来的慧远与鸠摩罗什之辩，始终未能放弃这一传统观念，甚至包括当时的僧叡也是这样。南北朝时期的涅槃佛性流行从而引发了中国人对"神灭"和"神不灭"问题的争论。范缜认为人死神灭的《神灭论》遭到梁武帝的激烈批判，这不仅在伦理上"违经背亲"，而且"有佛之义既踬，神灭之论自行"，也就是说承认神灭就会危及佛教的存在。④ 从这里可以看出般若空宗在应对中国传统文化和佛教自身发展上表现出来的缺陷。《涅槃经》中承认佛性和妙有的论断，正是佛教徒和统治者所需要的理论，这也是梁武帝既重视《般若经》又重视《涅槃经》的原因。

南北朝后期，菩提流支在洛阳译出《十地经》等经，真谛在南方先后译出《阿毗达摩俱舍释论》《摄大乘论》《十八空论》《大乘唯识论》《三无性论》《中边分别论》和《佛性论》等经。这些经典都是印度大乘佛教后期阶段的最新著作，带来了我国佛教发展的新一轮变革。新兴起的佛教思潮，大体不出"阿黎耶识缘起"说和"真如（如来藏）缘起"说二大系统。尤其是"真如缘起"说和与之相关的佛性论，把世界的本体归结为"自性清净心"的"真如"，对唐代以来佛教诸宗、道教哲学，以

---

① 《二十五史全译·陈书（卷30）》，汉语大辞典出版社2004年版，第332—333页。
② 汤用彤：《隋唐佛教史稿》，中华书局1982年版，第105页。
③ 崔峰：《泰山信仰功能的演变与佛教中国化进程》，《甘肃高师学报》2011年第6期。
④ 《弘明集》卷10《大梁皇帝敕答臣下神灭论》，《大正藏》第52册，第60页中。

至宋明理学都有深远的影响,决定了中国佛教的发展趋势。与天台佛学相比,吉藏的三论思想缺乏心性方面的兴趣。而三论宗的中道仍然坚持"因缘生万法""无所从来亦无所从去""毕竟不可得"的落后思想,显然与佛教发展的最新理论成果不一致,也与佛教在中国内地掀起的新一轮思想突变背道而驰,难免被时代所抛弃,所以印顺法师对吉藏之学的评价是"唯学不契机"①。潘桂明尝谓:"随着涅槃佛性学说的传播,佛教心性理论与传统人性讨论关系日益密切,既为王权政治提供了合理性论证的基础,也为民众的精神困顿找到了人性的依据。"②

3. 重义学、玄谈,轻禅修,与时局的转变和北方风气的做法不一致

吉藏一生著作颇丰,仅从数量上讲历代僧人无与论者,所以很多人称他是一位真正的"义学沙门"。这一点好像与三论宗的衰落没有关系。但是如果只有义学研究,而缺乏禅观的研究,忽视宗派组织建设,显然不符合佛教徒的要求。三论宗的快速瓦解,与吉藏这方面的不足也有一定的关系。

吉藏的三论宗理论最初是建立在对南北朝诸学派批判的基础之上的。他发扬了龙树的中观理论学说,尤其是破立批判的方法并使之广大发展。他的这种批判效果是明显的,对大乘佛教的发展起到了促进作用。但是他又过分沉湎于这种批判性(否定)的哲学思辨之中,使得后期不能实现超越。

其实僧诠、法朗时期的三论学派还是十分重视禅修的,江总《栖霞寺碑》谓此山为"四禅之境"。僧人为"八定之侣"。又曰:"名僧宴息,胜侣熏修。"③汤用彤甚至认为"南朝末造,禅法之稍盛,亦由于摄山三论诸师"。并说"夫天台观行,本尊《大品》。摄山一系,亦主定慧兼运。宜其理味相契,多有关涉"。④但是后来却发生了变化,这种变化在法朗的时候就开始出现了,法朗的弟子智锴在开皇十五年的时候去向智𫖮学习禅法,智𫖮很器重他,"𫖮叹重之。"⑤而到吉藏时则请智𫖮来嘉祥讲《法

---

① 印顺:《佛教史地考论》,载《妙云集》,正闻出版社2000年版,第27页。
② 张利文:《吉藏思想研究》,硕士学位论文,苏州大学,2007年,第83页。
③ (清)严可均校辑:《全上古三代秦汉三国六朝文》,《全隋文》(11),中华书局1958年版。
④ 汤用彤:《汉魏两晋南北朝佛教史》,北京大学出版社1998年版,第574页。
⑤ 《续高僧传》卷17《智锴传》,《大正藏》卷50,第570页中。

华经》。可看出此时三论宗人重义学轻禅修的思想已经形成,所以汤用彤总结说:"吾人若论南齐至隋江东佛学之变迁,则首为摄山夺成实之席。次为天台继三论之踪。前者为义学之争执,后者因定学而契合也。"① 据《续高僧传》中的文献记载,到了唐代三论宗的传人余脉中,很少再见到有人习禅的具体记录了。

三论宗的重义学轻禅定的做法,深受南朝风气的影响。南北朝时南北方旨趣各不相同:南朝的佛法中,僧人多以义学著称,看重的是理论;而北方的佛教徒更加注重禅定,在戒律方面南方也不及北方。②

三论宗的这种轻禅定的思想在南朝或许有存在的可能,但是对于隋唐时期南北已经取得的大统一,而且政治中心的北移长安,就显得不合时宜。全国的统一形势促使原来的局面得以变革。方立天就此指出:"隋唐时代全国统一,南北来往非常便利,两地僧人不断交流,互相影响,从而又提倡理论与修行并重,所谓'破斥南北,禅义均弘'说法的出现,即破除南方重理论、北方重修行的各执一端的做法,禅定和义理同样重视,一起提倡,就表明了隋唐佛教统一南北的新面貌、新特征。"③ 唐代初期慧能创立的禅宗在南方大兴,就是明显例子。

由此可分析,三论宗在长安发展的岁月里,没有在禅修理论上有所发展,更没有形成自己的理论体系,这与当时的禅教风格一致,甚至是北方更加注重禅修特点,无疑是不相适应的,其衰落之势不可避免。因此汤用彤说:"佛法本是解脱道,其目的在修行证果。于是三学,戒定为慧所依。戒定不修,而徒侈言义理者,实失原旨。"④

4. 与时代统治者支持和当时的长安风气有一定的关系

道安的"不依国主,则法事难立"几乎成为中国历代通用的一个法则。南北朝时期的成实论和三论学派的论争和兴衰无不与皇家的支持有密切关系。齐代开始成实论兴起,梁武帝的时候,虽然亲注《涅槃》和《大品》经疏,但是他并没有反对成实论,许多成实师都是他的座上客,因此有梁一代成实最盛。虽然梁武帝也看重般若经典,并派人去山中向僧

---

① 详见汤用彤《汉魏两晋南北朝佛教史》,北京大学出版社1998年版,第575页。
② 同上书,第552页。
③ 方立天:《魏晋南北朝佛教论丛》,中华书局1982年版,第241—281页。
④ 详见汤用彤《汉魏两晋南北朝佛教史》,北京大学出版社1998年版,第552页。

第五章 中观学说的输入及其产生的文化冲击　223

朗学习，但是"虽得语言，不精究其意"①。这说明三论学并没有引起梁武帝的太大兴趣，所以梁代的三论师并没有得到皇家的重视，僧朗和僧诠只能是山中师。到了陈代，形势大变，法朗于陈武帝永定二年十一月奉敕出山入京住兴皇寺，被尊为兴皇大师。慧勇奉陈文帝敕登太极殿讲说，②皇帝敕沙门慧晒于乐游园为七庙讲大品般若并转为大僧正。③《续高僧传》中还有很多记载陈武帝和陈文帝与倡导般若三论的高僧的关系。由此可见，陈代的三论派盛行，与帝王的好尚和支持有很大的关系。

在隋代吉藏被隋炀帝召入慧日寺，后又入京师置日严寺。唐高祖于长安置十大德，藏居其一。虽然吉藏得到皇帝的赏识，很大程度上是出于他的声望和名气，但是并不说三论学说受到推崇，尤其是在僧界中并不流行。隋朝建立后在当时流行的学派中，选出著名的学者，集中于通都大邑，分为五众，每众立一众主，负担教学责任。开皇十六、七年间，长安五众的众主可考的是：涅槃众主法总、童真、善胄，地论众主慧迁、灵璨，大论众主法彦、宝袭、智隐，讲律众主洪遵，禅门众主法应（此中地论是宗《华严经》，大论即《智度论》是宗《大品般若经》的）。这里面没有吉藏倡导的三论内容，即使有与他有关系的大论，所担任的众主中也没有他的一名弟子，甚至是摄山派的弟子。从这上面可以看出当时学风转移的趋势。这里面的原因或许有二：一是当时长安佛教界研习流行的学说中三论宗影响甚小，没有在长安扎根并形成实力。这多少与三论宗和时代的思想适应程度有关系；二是明显受到原来北方长安僧团的排挤。五众设置中其众主的任者基本上都是北周时期长安和部分北齐的高僧。而南方的摄论派和三论宗都没有列入五众之内，涅槃众主主要是由北周高僧昙延的弟子担任。由此发现，吉藏来长安，虽然他个人受到皇家尊重，但其学说却潜在地被淡化了。在这种形势下，当吉藏圆寂以后，他的弟子中再也没有人能顶扛的住三论宗的大旗，甚至出现树倒猕猴散的地步。

吉藏的弟子有慧远、智命、智凯、智拔、智实等，④ 安澄引《述义》

---

① 《大正藏》第45册，第108页中。
② 《续高僧传》卷7本传，《大正藏》第50册，第476页中。
③ 《大正藏》第50册，第492页中，《续高僧传》卷9本传。
④ 《本朝诸宗要集》卷五称吉藏弟子有"智凯、智命、智实、寂师、慧远等"。（《大藏经补编》卷32，第490页下）凝然称为"五英"（《内典尘露章》。《补编》卷32，第532页上）。

说："吉藏师得业弟子，硕、旻、邃等。"① 日本的资料载慧灌、智藏也是其弟子。② 今据这些资料和《续高僧传》《宋高僧传》将他们的情况列举如下：

表 5—1　　　　　　　　　高僧的生平情况

僧名	卒年	去向	研习内容
慧远	贞观二十一年	后居蓝田十余年	《法华经》并有疏
智拔	贞观十四年	后回襄阳居普济寺	《法华经》
智凯	贞观十九年	静林寺、余姚小龙泉寺	三论和《大品》
智凯（第二）			义业通废、专习子、史
智命	大业二年	后住洛州寺	
智实	贞观十二年	大总持寺	涅槃、摄大乘论、俱舍论、毗昙
善慧	贞观九年	蓝田津梁寺	《法华经》
慧灌		625年到日本	三论
硕法师	隋代		《三论游意义》
元康	唐贞观年间	安国寺后不知去向	《十二门论疏》《三论玄疏》《三论玄记》《三论玄意》

从表5—1可见，吉藏的大部分弟子集中在隋代和唐初贞观年间。也就是在吉藏圆寂后不久，他的弟子支离破碎，七零八散，真正在长安据守的几乎没有。同时他的长安弟子们大部分没有继承他的三论之学，而改成其他宗派。有一个智凯是弘扬三论的，但是他却没有跟随吉藏进长安。硕法师有人认为是慧赜，③ 那他就变成了智炬的弟子了。慧灌隋代时就去了日本。因此在长安的只有元康大力弘扬吉藏的三论学。元康虽然著作颇丰，但是却没有再传弟子。他和别人辩论时，被讥笑没有学生，说"轮王千个子，巷伯勿孙儿"。④

---

① 《中论疏记》卷1，《大正藏》第6册，第22页上。
② [日]师炼：《元亨释书》卷1，《补编》卷32，蓝吉富主编：《大藏经补编》第32册，华宇出版社1986年版，第173页中。
③ 《佛光大辞典》第六册，书目文献出版社据佛光出版社1989年6月第5版影印，第5848页。
④ 《宋高僧传》卷4《元康传》，《大正藏》第50册，第727页中。汤用彤认为是硕法师的弟子。见《隋唐佛教史稿》，中华书局1982年版，第126页。

吉藏以后不久，玄奘从印度回国，受到唐太宗的尊崇，在皇家的支持下和玄奘印度之行的吸引下，佛教学风不免转向法相唯识学。代表印度大乘佛教有宗的唯识学与如来藏思想，先后取代了龙树性空学，终使三论宗后势不继。三论小明法师在长安的弟子义褒曾经在京城讲论，但是其学说明显受到玄奘法相宗思想的影响。永徽年间，那提三藏从印度携来大小乘经律论五百余夹，合1500余部，因为他所学的理论是龙树的般若思想，最终不为时人欣赏而携带的佛经未能得到翻译。可见三论宗在当时已经十分衰落了。

通过上述分析，我们可以认为，吉藏在长安圆寂后，他的弟子中传承三论宗学说的很少，而且大部分远离了长安，从此默默无闻，影响很小。即使唯一的元康也没有传承弟子。也就是说，吉藏之后，三论宗一落千丈，很快衰落了。这种现象的发生，或许与我们前面所说的由于长安旧僧团的排挤有关，但是也与当时长安的佛教风向和吉藏本人有关。

5. 与吉藏的个人因素也有一定的关系

吉藏自身的能力和性格也是三论宗势力减少的一个因素。从他的性格来看，首先是一个爱辩之才，眼里不能容得别的宗派，唯我独尊，这一点在前面已经有所论述。这种性格很容易造成与其他宗派的关系紧张。同时道宣又说他"然而爱狎风流，不拘检约。贞素之识或所讥焉"。这影响了他弟子的招收和交流，因此造成后来的弟子很少对他忠心继承的。又说他"御众之德，非其所长"①。从他的弟子流传和宗团建设来看，确实是在这方面有明显的不足，自始至终没有形成一个强有力的紧密团结的宗派。吉藏虽然义学无敌，但在僧团建设和性格上的不足，却使他建立起来的三论宗不能维持下去，因此带来的一种现象就是由他而建、因他而败。

余论：三论宗的衰落还涉及一个深层次的问题，那就是首先要搞清楚它的宗派属性，也就是它是一个宗派还是一个学派。长期以来，我国大部分学者一提到隋唐佛教，就想到八大宗派。这种说法实际上是近代日本佛教背景影响下出现的诠释性产物。到底什么是佛教宗派，划分的标准是什么，学术界至今是模糊的。在很大程度上学派和宗派，甚至学派和学说是混淆的。许多学者对此提出了自己的看法。方广锠就说："敦煌诸佛教寺院并不存在宗派倾向。放眼全国，我们可以发现，这种现象并非敦煌特

---

① 《续高僧传》卷11，《大正藏》第50册，第514页下。

有，而是普遍存在于各地。由此，以八宗为纲来论述隋唐佛教，虽然不失为梳理佛教理论的一种方式，却并不符合隋唐佛教的历史事实。"① 葛兆光认为："现在宗教史中关于佛宗派的习惯性叙述，常常是依据佛教徒自己同伐异的'教相判释'而在事后追溯的结果……中国的佛教各宗，从一开始大是学说宗旨略有差别，而并非一开始就是不可通约与逾越的门派，成为后一种宗教团体，并变得越来越有门户之别，则是后来被陆续建构。"② 对于三论宗，蓝日昌说，唐宋以下皆未提及三论宗这一宗派之名，即使明清之时，也未提及三论宗这一宗派之名，但在民国之后，则盛谈这一宗派的历史，并定出其祖统传承谱系。现在学界认可的是吉藏是三论宗的创始，这显然是受到凝然《八宗纲要》的影响，胸中横置宗派之名，强行在隋唐建立起这一宗派。③ 汤用彤认为三论不应归于宗派系列，"南北朝时实无完全宗派之建立。盖北虽弘三论，大说空理，然门户之见不深，攻击之事不烈。……故中国旧说，谓六朝时有三论、成实、涅槃诸宗，严格论之，实过言也。"④ 他明确指出，三论宗为中华佛学统一后的学问。⑤ 从这里可以看出，三论宗正是从南北朝向隋唐过渡时期形成的一种学说。既然是一种当时流行的学问或者是一种学说，那就不存在宗派问题，我们所探讨的只能是这种学说的兴衰了。

---

① 方广锠:《敦煌遗书：鲜活勾画中国古代佛教寺院生态》，《中国社会科学报》2013年8月21日。
② 葛兆光:《十七世纪至十九世纪中国的知识、思想与信仰》，复旦大学出版社2000年版，第119页。
③ 蓝日昌:《隋唐至两宋佛教宗派观念发展之研究》，博士学位论文，东海大学中国文学系，2006年，第166页。
④ 汤用彤:《隋唐佛教史稿》，中华书局1982年版，第105页。
⑤ 汤用彤:《汉魏两晋南北朝佛教史》，北京大学出版社1998年版，第551页。

第六章

经典译本的中国流传与演变

鸠摩罗什的译经活动对我国佛教学术的发展影响至深至远。比如他所译的《中论》《百论》《十二门》三部论典，为三论宗之始；《妙法莲华经》则为天台宗的建宗根据；《成实论》是成实宗的基础；《阿弥陀经》成为净土宗的主要经典之一；《坐禅三昧经》乃促使菩萨禅之流行；《梵网经》确立大乘戒；《十诵律》乃是研究律部之重要资料；《维摩诘经》成为中国历代文人士大夫尊奉的佛经瑰宝；《金刚经》和《心经》是影响禅宗和中国民众信仰的宝典。因此吕澂说："在鸠摩罗什来华以前，中国佛学家对于大、小乘的区别一般是不很清楚的，特别是对大乘的性质和主要内容，更缺乏认识。鸠摩罗什来华后，在姚秦时代译出了许多经论，又介绍了印度当时盛行的龙树系的大乘学说，才改变了这种情况。从而推动了后来中国佛学的发展。"[1]

第一节 《金刚经》的译传及其在中国的命运演变

根据玄奘的汉译本《大般若经》有十六会、二十万颂、六百卷，而其中的第九会《金刚经》，全文三百颂，文约义深，可谓其核心内涵。在中国佛教发展的两千年历史中，《金刚经》成为流传最广、影响最深的佛教经典，此经全名为《金刚般若波罗蜜经》。唐玄宗在开元二十四年把它与《道德经》《孝经》一起颁行天下，成为皇家钦定的中国佛教的代表性经典。更重要的是佛教最大的宗派禅宗把《金刚经》作为自己的立宗经典。由于两者的结合，它们相互影响，共同促进对方的发展，无论是在佛

---

[1] 吕澂：《中国佛学渊源略讲》，中华书局1979年版，2008年版第9次印刷，第86页。

教传播还是在佛教中国化方面，都呈现出中国佛教发展的特色。

一 《金刚经》在印度的产生和流传

《金刚经》是印度大乘佛教经典中产生较早的一部般若类经典，主要讲"无住于相"，通过破除诸相，让人们认识到诸法的实相。通过破除世间所有相，确立了"凡所有相，皆是虚妄"的理论观点。英国的A. K. 渥德尔认为，在现存的般若经中，以《八千颂般若》最为古老，相当于汉译《小品》经。[①] 日本学者梶芳光运认为，最原始的般若经应该是《小品》中的道行品或天王品至总摄品的七品。[②] 中国台湾学者李世杰认为，先成立小品，次成立大品，《金刚经》则是大品成立后所成立之经典。[③] 但是现在的学术界很多人认为，它产生在大约1世纪。它是众多般若经典中产生较早的一个。一般都是从以下几个原因去分析：一是从经文的内容来看，整部经典没有出现一个空字，但却体现出了般若空的观念和主要思想。说明在早期的时候，还未产生"空"这一术语。二是经文中包含有不少的小乘思想的内容，比如提到的布施问题和罗汉四果位问题，说明它尚未脱离小乘思想的影响。它产生的年代应该是大乘在诸多部派中刚刚兴起的时期。因为经中多次提到"正法将灭时分"。三是从经文的文体形式看，带有早期原始经典的特征。因为它的行文格式与早期的阿含形式和九分教、十二分教相似。[④] 《金刚经》通篇都是对话问答文体，一问一答，不同于后来的大乘经典中铺叙的方式。而且语言形式简洁，文字简朴，语言极少修饰。除此之外，我们还可以从时间上分析，般若类的汉译最早的经典是179年支娄迦谶翻译的《道行经》，说明在2—3世纪，已经有了般若经。《金刚经》经文中有一处说："如来灭后，后五百多岁，有持戒修福者，于此章句能生信心，以此为实。"佛陀灭度五百岁，可以推理该经是在大约1世纪产生。

《金刚经》由于是早期的般若思想，所以对以后大乘佛教的产生特别是般若类思想的发展具有重要的影响。它在古代印度的流传情况，我们可以通过历代的译本作一大体的了解。现今保存下来的各种译本之多，在众

---

① ［英］A. K. 渥德尔：《印度佛教史》，商务印书馆1987年版，第338页。
② ［日］梶芳光运：《原始般若经の研究》，山喜房佛书林，昭和十九年，第559页。
③ 李世杰：《印度大乘佛教哲学史》，台北：新文丰出版公司1982年版，第43页。
④ 吕澂：《印度佛学源流略讲》，上海人民出版社1979年版，第85—87页。

多佛经之中是十分少见的，有汉译本和梵文的版本，还有藏文本、尼泊尔写本、和阗语本、蒙古语译本、粟特语译本、回鹘语译本和满语译本。《金刚经》的中文本，在中国历史上共有六位高僧翻译过。如果包括已失传或不完整的，前后应该共有九个译本，现在存留的六位译师的《金刚经》汉译本，按其先后六个版本分别是：

1. 鸠摩罗什于姚秦时期（401）在长安逍遥园西明阁译出此经，名《金刚般若波罗蜜经》。

2. 菩提流支于北魏宣武帝永平年间（508）在洛阳永宁寺译出此经，名《金刚般若波罗蜜经》。

3. 真谛于陈文帝天嘉三年（562）在制旨寺（今广州光孝寺）译出经，名《能断金刚般若波罗蜜经》。

4. 达摩笈多于隋开皇十年（590）在洛阳译出此经，名《金刚能断般若波罗蜜经》。

5. 玄奘于唐太宗贞观二十三年（649）在长安弘福寺译出此经，名《能断金刚般若波罗蜜经》。

6. 义净于唐武则天久视元年至睿宗景云二年（700—711）在洛阳荐福寺译出此经，名《能断金刚般若波罗蜜经》。

从东晋一直持续到唐代，《金刚经》备受关注，先后多次被重译，而且这些高僧都是由印度本土直接传译过来的，这说明不仅仅在中国内地对该版本的广泛流通，而且在印度本土，也是持续流行了几百年，直到佛教的衰亡。

在印度本国，《金刚经》始终是一部很受重视的经典，世亲、无著曾经为该经作过论疏，由隋代的三藏法师达摩笈多译出，义净也译过无著的《能断金刚般若波罗蜜多经论颂》。鸠摩罗什是西域人，菩提流支是北天竺人，真谛是西天竺人，达摩笈多是南天竺人，玄奘和义净主要在中天竺学习，可以看出，《金刚经》在古代的印度流传的地域十分广泛，尤其集中在中印度、北印度地区。《金刚仙论》的末尾还记述有菩提流支的传承系谱，对考察《金刚经》的年代和流传也有一定的参考价值。文云：

> 弥勒世尊……作金刚般若经义释并地持论齐付无障碍比丘。……论主天亲即从无障碍比丘边学得。……转教金刚仙论师等。此金刚仙转教无尽意，无尽意复转教圣济。圣济转教菩提流支。迭相传授，以

至于今，二百年许，未曾断绝故。

看来《金刚经》从它产生的那一天起，就一直没有中断过流传。

六种汉译本有繁本和简本之分。玄奘的译本篇幅最长，笈多本次之，真谛本第三，流支本第四，鸠摩罗什本第五，义净本最短。玄奘译本比较接近马氏梵本。① 鸠摩罗什译本和玄奘本相比较，内容差距很小，也就是学术界所说的"九喻阙三"。这种差异或许是由于他们之间的翻译风格不同，有鸠摩罗什故意删掉的成分；或许是由于年代的差异而出现了内容上的微妙变化。但是，从总体结构和内容上看，前后虽然历经几百年，变化十分的微小，说明《金刚经》在其流传的过程中，较大地保持了它原来的面貌和特征。

般若类数百卷的经典主要围绕的中心思想就是"缘起性空"，用龙树的观点就是"性空幻有"。《金刚经》中主要体现的也是这种思想，它说"一切有为法，如梦幻泡影，如露亦如电，应作如是观"。这应该是般若思想的源头之一。虽然这部佛经没有提到"空"的术语，但却是般若类经典建立"空"思想的开山作。吕澂认为《金刚经》在发挥无相、无住意义方面是大般若经中最彻底的一部。② 《金刚经》的核心思想是"无住于相"，要做到"无相"，必须破除"人间四相""六尘之相"及"如来身相"这些法相。人们只有破除各种相，对于世间事物也没有任何执着，才有可能真正的悟道成佛。

二 鸠摩罗什版本的流传

在汉译的6个版本中，又以鸠摩罗什译的版本在中国流传最广、影响最大、受众最多。在敦煌出土的5万余卷文书中，佛经文献占85%以上，而现存敦煌文献中的《金刚经》卷号，涉及鸠摩罗什的写本有2000卷号以上，菩提流支的写本有8个卷号，陈真谛的写本2个卷号，唐玄奘的写本仅1个卷号，足见唐代《金刚经》诸版本的流传情况。世界上已知最古老的印本是斯坦因在敦煌发现的《金刚经》木刻印本，时间是唐代咸

---

① 胡海燕：《关于〈金刚经〉梵本及汉译对勘的几个问题（二）》，《南亚研究》1985年第3期。

② 吕澂：《中国佛学源流略讲》，中华书局1979年版，第375页。

通九年（868）。该《金刚经》印本是个首尾完整的卷子，卷上印的经本核对是鸠摩罗什的译文。卷首还刻有一幅扉画，描绘着释迦佛在给孤独园对须菩提说法的情形。这部经卷现存英国伦敦博物院。① 在中国的佛教文献中，有现存敦煌文献中柳公权于唐穆宗长庆四年（824）为右街僧录准公书写的《金刚经》本、唐懿宗咸通九年（868）的雕版印刷版本②等。后有南唐时期保大五年（947）寿春府永庆寺道颙法师石刻本，③ 南宋至元雕刻的《碛砂大藏经》中的《金刚经》本，明成祖朱棣于永乐二十一年（1423）汇编而成的《金刚经集注》一书，康熙三十二年时，康熙皇帝为保佑祖母康复向佛祈福亲笔书写的《金刚经》，以及明清以来流行的各种民间版本。

《金刚经》注释书的数量是其他经典难以比拟的。根据蔡运辰的《二十五种藏经目录对照考释》所收，《金刚经》的注释书共有68种，而且这仅指收在大藏经刊本中者为限，如果加上其他各种版本的注释书，其总数将远远超出此列。这足以看出《金刚经》在中国佛教史上的影响力。在中国民间佛教信仰上，《金刚经》也是广为流传。通过历代有关该经神奇灵验故事的流传，我们可得知一二。

1. 唐代孟献忠撰：《金刚般若集验记》（三卷）。
2. 唐代段成式撰：《金刚经鸠异》（《酉阳杂俎》续集卷七）。
3. 宋代李昉（等）撰：《金刚经受持感应录》（《太平广记》卷102至卷108）。
4. 明代王起隆辑著：《皇明金刚经新异录》（一卷）。
5. ［日本］净慧集：《金刚经灵验传》（三卷）。
6. 清代周克复纂：《金刚经持验记》（二卷）。
7. 清代王泽注集：《金刚经感应分类辑要》（一卷）。
8. 佚名：《持诵金刚经灵验功德记》（一卷）。④

《太平广记》中的七卷都是关于《金刚经》报应故事的，而涉及《法

---

① 参见张秀民《中国印刷术的发明及其影响》图八，人民出版社出版1958年第1版，1978年第2次印刷。
② 广陵古籍刻印社：《王玠本金刚般若波罗蜜经》，广陵古籍刻印社2006年版。卷尾印有"咸通九年四月十五日王玠为二亲敬造普施"字样。
③ 《翁方纲书金刚经》，上海书店出版社1992年版。
④ 此处所列之八部书，除第八部收在《大正藏》第85册之外，其余七书都收在新版《卍续藏》第87册。

华经》的只有卷109，《观音经》的为卷110及卷120。此外，一般民间信仰者还将此经当作善书类典籍流通于世。① 在谈到鸠摩罗什所译的《金刚经》版本流行原因时，唐昉认为：鸠摩罗什是我国佛经翻译史上数一数二的人物，其《金刚经》译本的流通与影响是主客观因素的结果。他懂得梵汉两种语言，博览印度佛教和其他宗教古籍，具有精湛的佛教造诣，所以译文能契合佛教经典的精义。鸠摩罗什译本之所以受人欢迎，主要是译者善于在意译和音译之间求得有机统一。他主张只要不违原意，则不必拘泥于原文形式，在存真的同时又不乏文采，具有汉语的阅读趣味，文体简洁流畅。此外，《金刚经》鸠摩罗什译本自问世以后就受到大乘佛教徒的重视和推崇，中国佛教许多宗派都接受它的思想，符合统治阶层和普通民众的需求，对六朝时中国佛学的繁荣以及隋唐时佛教诸宗的形成，都发挥了重要作用。由于鸠摩罗什的精妙处理和社会接受的历史性，其译本广为流传。②

三 禅宗对《金刚经》的选择和改造

禅宗初祖达摩传法时依据的经典是四卷本的《楞伽阿跋多罗宝经》。《景德传灯录》中记载达摩传法于二祖慧可时说："吾有《楞伽经》四卷，亦用付汝，即是如来心地要门，令诸众生开示悟入。"还说"吾观内地，惟有此经，仁者依行，自得度世"。③ 可是从五祖开始宏传《金刚经》，至六祖慧能因之开悟之后，使此经成为禅宗广受推许的重要经典，而《楞伽经》则淡出禅者的视野。宋人蒋之奇在其所撰《楞伽阿跋多罗宝经序》中云：

> 至五祖，始易以《金刚经》传授。故六祖客读《金刚经》而问其所从来。客云"我从蕲州黄梅县东五祖山来。五祖大师常劝僧俗：但持《金刚经》即自见性成佛矣。"则是持《金刚经》者始于五祖。故《金刚经》于是盛行于世，而《楞伽》遂无传焉。

---

① 吉冈义丰：《中国民间宗教概说》，余万居译，台北：华宇出版社1985年版，第93页。
② 唐昉：《〈金刚经〉罗什译本流传原因考》，《外国语文》2011年第2期。
③ 《景德传灯录》卷3，《大正藏》第51册，第219页下。

《坛经》记载："客答曰：我于蕲州黄梅县东冯墓山，礼拜五祖弘忍和尚，见今在彼门人有千余众。我于彼听见大师劝道俗，但持《金刚经》一卷，即得见性，直了成佛。"① 到了五祖弘忍大师，已经把《金刚经》看成是十分重要的经典了。而至六祖慧能时，则把《金刚经》看作至高无上的经典了。

　　关于弘忍改授《金刚经》的原因，汤用彤认为，一方面是因为受南方风气的影响；另一方面是因为《楞伽经》世人能得意者少，滞文者多。而"《金刚般若》者言简意赅，意深者谓赅括虚宗之妙旨，言简者则解释自由而可不拘于文字。故大鉴禅师舍《楞伽》而取《金刚》，亦是学问演进之自然趋势。"② 谭洁从四个方面来分析改变的原因：一是就修禅主体而言，僧人文化教育程度逐渐走低。二是就禅学内容而言，所依《金刚经》比《楞伽经》篇幅短小，语言简洁。三是就禅修方法而言，不唯独自坐定静修，还需参与劳作，农禅双修。四是就持经效果而言，禅用为显，属在神通，而《金刚经》灵验事已有流传。③ 由于神会对慧能顿悟说的捍卫和传承功劳最大，所以他在南宗祖师系谱中，常被列为七祖。应该说神会在禅宗继承和发扬《金刚经》内容方面做出了较大贡献。他认为：

　　　　若欲得了达甚深法界，直入一行三昧者，先须诵持《金刚般若波罗蜜经》，修学般若波罗蜜。何以故？诵持《金刚般若波罗蜜经》者，当知是人不从小功德来。譬如帝王生得太子，若同俗例者，无有是处，何以故？为从最尊最贵处来。诵持《金刚般若波罗蜜经》亦复如是。

　　神会称颂《金刚经》是"一切诸佛母经，亦是一切诸法祖师"。认为"修学般若波罗蜜者，能摄一切法；行般若波罗蜜行，是一切行之根本。金刚般若波罗蜜，最尊最胜最第一，无生无灭无来去，一切诸佛从中

---

① 杨曾文校写：《六祖坛经》，宗教文化出版社2001年版，第7页。
② 汤用彤：《汉魏两晋南北朝佛教史》，北京大学出版社1998年版，第571页。
③ 谭洁：《早期禅宗史上的变革：从〈楞伽经〉到〈金刚经〉》，《宜春学院学报》2012年第7期。

出。"① 所以才使《金刚经》成为禅宗的印心经典。

从表面上看,南北两宗只是修行方法的差异,北宗注重修行的过程和方式,南宗甚至可以简称为心法,这其实反映了二者所走的不同的思想与路线。南宗更加注重修行的目的和意境,山林佛教是他们最好的去处,不仅彰显了佛教出世的特征,而且更符合达摩初祖的禅法之道。这种以修心和出世为目的的理论体系,更加符合中国人的传统文化和思想习惯。《金刚经》中的般若空的理论,不仅符合士大夫的口味,也适应普通百姓出世修行的特点,以至于在佛教遭受到严厉打击后,宋代的禅宗能够一枝独秀。

根据学界研究和各种有关资料记载,杨曾文先生认为《坛经》主要有六种版本:《坛经》祖本,也称法海原本;敦煌原本;慧听本;契嵩本;德具本和曹溪原本;宗宝本。② 但是敦煌本《坛经》,是最接近于祖本《坛经》的唐写本。《坛经》的形成是佛教中国化的结果,其中既有对《楞伽经》和《大乘起信论》如来藏心性思想的吸收和转化,也有对《金刚经》般若空观理论的结合。但是从历史资料的记载到对《坛经》内容的释读,我们不得不认为《金刚经》对禅宗的理论思想影响巨大,甚至可以说超出了其他任何一经。③ 经中引用并提到《金刚经》的句子和内容有六处之多。

《坛经》(敦煌本)涉及禅宗的根本理论和实践是围绕"无念为宗,无相无体,无住为本"的中心思想来展开的。六祖慧能说:"我此法门从上以来,顿渐皆立无念为宗,无相为体,无住为本。"④ 在《中国禅宗史》中印顺法师认为,《坛经》的主要思想可以用两句话概括,那就是"见性成佛""无相无体,无住为本,无念为宗"。无相、无念、无住乃一心三指,三者密不可分。无相是修行的指导纲领,而无住是自性体用的本然,无念又是联系无相与自性的枢纽。

《坛经》里有12处提起"无相"的概念。慧能说道:"何名为相无相?于相而离相。""外离一切相,是无相。但能离相,性体清净,是以

---

① 敦煌文书 P. 3047、P. 3488、P. 2045《菩提达摩南宗定是非论》,载杨曾文编校《神会和尚禅话录》,中华书局1996年版,第34—35页。
② 杨曾文:《〈六祖坛经〉诸本的演变和慧能的禅法思想》,《中国文化》1992年第6期。
③ 杨曾文校写:《六祖坛经》,宗教文化出版社2001年版,第7—34页。
④ 同上书,第19页。

无相为体。"① 这种概念其实受到《金刚经》中大乘般若理论的影响是十分明显的。《金刚经》主要阐发的就是关于"实相非相"的佛教义理，表现出了彻底的性空思想。《金刚经》云："世尊，是实相者，即是非相，是故如来说名实相。""世尊，若复有人得闻是经，信心清净，即生实相。""我相即是非相，人相、众生相、寿者相即是非相。何以故？离一切诸相，即名诸佛。"② "佛告须菩提：凡所有相，皆是虚妄。若见诸相非相，即见如来。"③ 慧能对《金刚经》感悟后写出的偈句"菩提本无树，明镜亦非台。佛性常清净，何处有尘埃。"正是继承了"实相非相"的思想。

虽然《楞伽经》中也有此类概念的表达，但是《坛经》中的这些思想更接近于《金刚经》。如经云："渡无量无数无边众生，实无众生可渡，何以故？须菩提，若菩萨有我相、人相、众生相、寿者相，即非菩萨。"又云："若以色见我，以音声求我，是人行邪道，不能见如来。"这些都是慧能"随其心净则佛土净"和"造寺布施供养，只是修福，不可将福以为功德"等思想的体现。

禅宗对《金刚经》最主要的思想继承就是对诸相的破除，意在扫除我法、六尘和佛相。《金刚经》云："应如是生清净心：不应住色生心，不应住声、香、味、触、法生心。"禅宗认为只有认识到了六尘的虚妄，扫除六尘，才能了悟获得灵性的张力。《临济录》说："入色界不被色惑，入声界不被声惑，入香界不被香惑，入味界不被味惑，入触界不被触惑，入法界不被法惑。所以达六种色、声、香、味、触、法，皆是空相，不能系缚此无依道人。"《金刚经》指出，"如来说一切诸相，即是非相；又说一切众生，即非众生。""一切有为法，如梦、幻、泡、影，如露亦如电，应作如是观。"《坛经》云："凡所有相，皆是虚妄。若见诸相非相，即见如来。"《传心法要》说："佛与众生无异相，生死与涅槃无异相，烦恼与菩提无异相，离一切相即是佛。"

慧能继承《金刚经》的另一精神就是"无住"。《坛经》中对"无住"的解释是："无住者，为人本性，念念不住，前念、今念、后念，念

---

① 杨曾文校写：《六祖坛经》，宗教文化出版社2001年版，第19页。
② 《金刚经》，江苏古籍出版社2001年第1版，第36页。
③ 同上书，第13页。

念相续，无有断绝，若一念断绝，法身即是离色身；念念时中，于一切法上无住；一念若住，念念即住，名系缚；于一切法上念念不住，即无缚也。此是以无住为本。"①"无住"是禅法思想里的一个基本理论。人的本性的清净，不是由于它净寂不动，而是由于它念念不住。念念不住也就是不为一念所束缚，因而无住即是无念，无住也就是无相。"无住"是一种动态变化中的静止，是对否定的肯定。因此充满了辩证的精神。

"无住"的思想在《金刚经》中曾被提及："是故，须菩提，菩萨应离一切相发阿耨多罗三藐三菩提心。不应住色生心，不应住声香味触法生心。应生无所住心。若心有住，即为非法"，"于法应无所住"，"是故，须菩提，诸菩萨摩诃萨，应如是生清净心：不应住色生心，不应住色香味触法生心。应无所住，而生其心。""无所住"即不执着。一切法皆无有自性，所以禅心也"应无所住"。"应无所住"是《金刚经》的中心思想也是大乘般若理论的核心内容。后来五祖弘忍为慧能开示说"应无所住而生其心"，慧能听后大悟说："何期自性本自清净，何期自性能生万法"。自性本清净指"性空"，自性能生万法指"缘起"。慧能认为人们本身所具有的佛性本来清净，但是由于人们心中产生种种妄念从而覆盖了真如本性，使人自身不能认识自己这种本有的佛性。因此才提出要求人们自识本心，自见本性。"佛是自性作，莫向身外求，自性迷，佛即众生，自性悟，众生即佛。"要想成佛只有靠本身的觉悟，佛即在身性中，求佛不能去身外，而是向内心去求，也就是他所倡导的自性自度。慧能的"无住"思想显然是受了《金刚经》中"不住色生心，不住声、香、味、触、法生心，应无所住而生其心"观点的影响。《维摩诘经》中虽然也有"无住为本"的说法，但是从修行观的角度分析，还是源于《金刚经》的可能性较大。

"无念"又是指的什么呢？《坛经》云："无念者，于念而不念"，又说"悟般若三昧，即是无念。何名无念？无念法者，见一切法，不着一切法；遍一切处，不着一切处，常净自性，使六贼从六门走出，于六尘中不离不染，来去自由，即是般若三昧，自在解脱，名无念行。若百物不思，当令念绝，即是法缚，即名边见。悟无念法者，万法尽通。悟无念法

---

① 杨曾文校写：《六祖坛经》，宗教文化出版社2001年版，第19页。

者，见诸佛境界。悟无念顿法者，至佛位地。"① 这里认为无念者必须入般若三昧，只有悟到般若三昧，才能自在解脱，这就是无念修行。只有领悟到了无念法者，才能万法皆通，到达佛的境界。

全卷《金刚经》，以须菩提赞叹启请之问，如来之辗转酬答而展开宣说，将人人本有的真如佛性都归一到清净菩提心。这个菩提心即是如来之心印，就是一阿耨多罗三藐三菩提心，如来反复强调的就是为令人人发菩提心，个个成等正觉。

而禅宗历来被世人视为"不立文字，教外别传，直指人心，见性成佛"的宗门。"明心见性"，即是明悟众生本具之真如本心，彻见物物同归之般若妙性。要行人亲自参透自己的本来面目，所谓"明悟自心，彻见自性"也。若能明悟自心，则必能彻见自性。世出世间，无有一法不在般若妙性的照耀中，是故六根之见闻嗅尝觉知作用，亦是般若妙性的发现。对"本心自性""本来面目"的追寻，是禅宗的最终极关怀。六祖在《坛经·付嘱品》中说："但识本心，见自本行，无动无静，无生无灭，无去无来，无是无非，无住无往。"这即是要令行人悟得一念心性，当下与诸佛如来无二无别也。

《金刚经》强调的菩提心乃人人本有、个个圆成之般若佛性也。而经之处处究竟指归自性清净菩提心，即是要令行人当下掀翻、彻底荷担此阿耨多罗三藐三菩提心，由发菩提心而彻见般若佛性之本有也。实则，此经将般若佛性究竟指归菩提心，处处护念；付嘱令遍法界发菩提心之宗旨，与禅宗之"明心见性"如出一辙，有异曲同工之妙也。

《金刚经》序云："尔时世尊！食时着衣持钵，入舍卫大城乞食。于此城中，次第乞已，还至本处。饭食讫，洗足已，敷座而坐。"此段经文，极富有人间化与生活化。不能以佛法分别世间法，亦不能以世间法分别佛法，故《金刚经》云："一切法皆是佛法"也。

《金刚经》既以世尊日用寻常琐事为发起，此则意味着修行的生活化，并以此提升禅悟的境界，将修行的范围宽泛化。经云"不取于相，如如不动"者，亦是说明修行应历境炼心，不应拘泥于形式。六祖慧能说"佛法在世间，不离世间觉；离世觅菩提，犹如寻兔角"。马祖禅师的"平常心是道"、百丈禅师的"一日不作，一日不食"、黄檗禅师的"终日

---

① 杨曾文校写：《六祖坛经》，宗教文化出版社2001年版，第37—38页。

不离一切事，不被诸境惑，方名自在人"等，可说都是在彻底落实《金刚经》的人间佛教思想理念，后来禅宗所谓的"搬柴运水皆佛事，穿衣吃饭尽禅机"及"衣禅并重"的提出，这种"人间佛教"的精神，皆与此经意旨相吻合。

四 《金刚经》在唐代的流行

禅宗在初唐时已初见发展，开始对中国佛教产生重要影响。早期的禅宗主要是得到皇家的支持，从而获取传播和发展的机遇。武则天时，把神秀请到京师长安，"亲加跪礼……时时问道"，"王公已下，京邑士庶，竞至礼谒；望尘拜伏，日有万计。"① 武氏敕令在神秀曾经住过的湖北当阳山，修建一所度门寺，"以施其德"。慧能的"得法袈裟"到京师后，"则天见传信袈裟来，甚喜悦，于内道场供养"。② 虽然这是皇家欺骗愚弄百姓的手段，但是禅宗却因此名扬天下，得到发展的机遇。同时禅宗所依据的《金刚经》也因之流传开来。

武则天为了纪念死去的父母，书写敬造《金刚般若经》和《法华经》各三千部。敦煌文书卷 S. 7236 就遗存了当时造《金刚经》的发愿文。《金刚般若经序》录文：

> 金刚般若经序御制：盖闻，妙灯开慧，始破暗以□□；□□□□，□灭焰而流液。积照之机方恰，道□□□；□□之境载融，仁该五浊。故知法王幽感，□□□护之资；经宝净缘，远契流通之福。穷贝□□寻妙，满字咸甄；罄龙藏以探微，尚乘俱□。□功校得，般若为先，所以理会金刚，掩百□□阐喻；言符宝筏，冠六度以开宗。众经殊胜之门，诸佛甚深之境。闻思罕瘤，理绝二乘。福慧无边，精超八部。去来都泯（泯），声求之惑已除，性相并空，色见之心俄尽。大舍僧祇之宝，拟议斯轻；弘誓沙数之身，格量非重。如来善属，降住攸归。伏以 慈尊，资灵殖本，四依芳业，薰修之路早隆；十住崇因，猛利之阶逾峻。至若贯花之典，博综靡遗；于此净照之文，特存心要。信根坚固，独证无我之筌；愿力弘深，广拔有缘之

---

① 《宋高僧传》卷 8《神秀传》，《大正藏》第 50 册，第 755 页下。
② 《历代法宝记》，《大正藏》第 51 册，第 184 页上。

界。瞻言蓼志，奄隔莲台。八水还真，抚寒泉而屡哽；双林托化，览风树以增悲。痛切梵天，徒思报德；心翘慧日，企想酬恩。昭副曩诚，申道护于方等，绍隆先志，展法养于圆音。奉为二亲，敬造金刚般若波罗蜜经三千部，花笺绶采，香墨流芬，集宝字于银书，写灵偈于金牒。文身显现，珍喻紫绣之韬；法相光明，妙掩赤檀之简。当愿庄严实际，永翊尊仪。导引迷津，遍敷真响。拥卫之祥无极，主持之庆益深。缀序摽怀，长悬法宝。散天金而表供，围绕四函；迈劫石以腾辉，宣扬九印。普遥升于彼岸，叶究竟于菩提。

卷尾的尾题作：

> 咸亨三年六月七日门下省群书手程待宾写
> 用小麻纸二十纸
> 装潢经手解善集
> 初校群书手张崇
> 再校群书手张崇
> 三校群书手张崇
> 详阅太原寺大德神符
> 详阅太原寺大德嘉尚
> 详阅太原寺寺主慧立
> 详阅太原寺上座道义
> 判官少府监掌冶署令向义感
> 使太中大夫守工部侍郎永兴县开国公虞昶监

这次大规模的写经先后历时七年的时间，写毕后颁发到全国各地著名寺院中供养流通。在全国的颁布流通，对于该经的传播起到极大的促进作用，民间跟风者更是不计其数。

到了唐玄宗时，更是把《金刚经》摆到代替佛教的位置。他为了推行儒、释、道三教并重的政策，从三教中各选一本经书颁行天下。于是《孝经》《道德经》和《金刚经》成为御注通用之书。张九龄作文《贺御注〈金刚经〉》曰：

右内侍尹凤祥宣敕垂示臣等御注《金刚经》。但佛法宗旨，撮在此经。人间习传，多所未悟。陛下曲垂圣意，敷演微言，幽关妙键，豁然洞达。虽臣等愚昧，本自难晓，伏览睿旨，亦即发明。是知日月既出，天下普照，诚在此也。陛下至德法天，平分儒术，道已广度其宗，僧又不违其愿，三教并列，万姓知归。伏望降出御文，内外传授。①

《贞元新定释教目录》卷14记：

时圣上万枢之暇，注《金刚经》，至（开元）二十三年著述功毕。释门请立般若经台，二十七年其功终竟。僧等建百座道场。七月上陈，墨制依许。八月十日，安国寺开经。九日暮间，西明齐集，十日迎赴安国道场，讲御注经及《仁王般若》。②

玄宗颁布三经后，命令各大德高僧在长安宣讲，之后又到各地宣讲。俄藏敦煌文书《开元廿九年（741）授戒牒》（编号 Дх. 02881 + Дх. 02882）③就记载了开元二十九年二月，唐朝都城长安大安国寺僧人释道建，曾经受命来沙州主持授戒仪式，并宣讲唐玄宗刚刚编纂完毕的《御注金刚经》以及《法华经》《梵网经》的事实。④唐玄宗的这一举措，促进了《金刚经》在全国的大流行和民众崇拜之风气。

《金刚经》在唐宋文人中也颇受欢迎。白居易在作《苏州重玄寺法华院石经碑文》时提到的主要八种佛经中就有《金刚经》。文曰：

夫开示悟入诸佛所见，以了义度无边，以圆教垂无穷，莫尊于《妙法莲华经》，凡六万九千五百五言。证无生忍，造不二门，住不可思议解脱，莫极于《维摩经》，凡二万九千九十二言。摄四生九

---

① 《全唐文》卷289，上海古籍出版社1990年版，第1297页。
② 详见《大正藏》第55册，第878页。
③ 俄罗斯科学院东方研究所圣彼得堡分所、俄罗斯科学出版社、上海古籍出版社：《俄藏敦煌文献》，上海古籍出版社1998年版，第109—110页。
④ 详见荣新江《盛唐长安与敦煌——从俄藏〈开元廿九年（741）授戒牒〉谈起》，《浙江大学学报》（人文社会科学版）2007年第3期。

类，入无余涅槃，实无德度者，莫先于《金刚般若波罗蜜经》，凡五千二百八十七言。……是八种经，具十二部，合一十一万六千八百五十七言，三乘之要旨，万佛之秘藏，尽矣。①

高适曾经写有《同马太守听九思法师讲金刚经》的一首诗说："鸣钟山虎伏，说法天龙会。了义同建瓴，梵法若吹籁。深知亿劫苦，善喻恒沙大。舍施割肌肤，攀援去亲爱。招提何清静，良牧驻轻盖。露冕众香中，临人觉苑内。心持佛印久，标割魔军（一作鬼）退。愿开（一作闻）初地因，永奉弥天对。"②从诗句能看出这些轩冕之士与《金刚经》的关系有多么紧密。文人以《金刚经》的理论来论事者很多，如张廷圭、狄仁杰、李峤、姚崇等人。《旧唐书》有张廷圭给武则天的疏，其上疏中多引用《金刚经》的内容：

> 则天税天下僧尼出钱欲于白司马坂营建大像，张廷圭上疏谏曰：佛者以觉知为意、因心而成。不可以诸相见也。经云：若以色见我、以音声求我，是人行邪道，不能见如来。此真如之果不外求也。……经云：若人满三千大千世界七宝以用布施及恒河沙等身命布施，其福甚多。若人于此经中受持及四句偈等为人演说，其福胜彼。如佛所言，则陛下倾四海之财，殚万人之力，穷山之木以为塔，极河之金以为像，劳则甚矣，费则多矣，而所获福不逾于一禅房之匹夫。菩萨作福德，不应贪著，盖有为之法不足高也。③

一些士大夫为了荐福做功德，也书写、诵读《金刚经》。扬州司户曹司马乔卿，为了给亡母荐福，就在居丧期间刺血写出两份《金刚经》。唐玄宗时，阆中县丞吕文展"专心持诵《金刚经》，至三万余遍"④。

张先堂曾统计过一个表，来对比各经流行，此处只节录最流行的三经⑤：

---

① 《白居易集》卷69，顾学颉点校，中华书局1979年版。
② 《全唐诗》第三函第10册，上海古籍出版社1986年版，第498页。
③ 《旧唐书》卷101，上海古籍出版社1986年版，第379页。
④ 《太平广记》卷104，《吕文展》条引《报应记》。
⑤ 张先堂：《古代佛教法供养与敦煌莫高窟藏经》，《敦煌研究》2010年第5期。

表 6—1　　　　　　　　　三经流传情况

史籍佛经	《高僧传》诵经 27 人	《续高僧传》读诵 21 人	《瑞经录》佛经灵验 38 人	《法苑珠林》敬法 41 人	《宋高僧传》读诵 50 人	《太平广记》14 卷 187 人
《法华经》	16	12	22	14	13	21
《观世音经》	2	1	3	1		49
《金刚般若经》	1	1	3	12	14	117

从表 6—1 中可知，南北朝时期甚至到玄宗前期，《法华经》的灵验故事远多于《金刚经》，而到了宋代李昉的《太平广记》统计，《金刚经》达到了 117 件，远远超过《法华经》和《观世音经》。这说明由于唐玄宗推崇《金刚经》，影响了民众的信仰风气。原来的佛教诸经典信仰的功能，几乎全部由《金刚经》一部经来完成。唐武宗的灭佛，佛教遭受到空前的破坏。但是，《金刚经》的信仰却继续流行。一方面是由于禅宗的推广和它提倡的不立文字的传法思想，另一方面就是皇家的继续推崇。唐文宗曾命柳公权在西明寺书《金刚经》。[①] 因此在经历了会昌法难的浩劫后，此经仍在南宗禅的系统中延续着。

第二节　《成实论》的传入与成实学派的兴衰

《成实论》是由印度诃梨跋摩所著，在姚秦时，鸠摩罗什于长安译出的佛教经典。虽然它在印度本土并不怎么流行，但一经译出就受到中国内地僧人的追捧。进入南北朝时期，形成了以专门弘扬《成实论》为中心的一派学者，被称为成实宗，其实他们并不是严格的传承宗系。北方的僧嵩和南方的僧导分别弘扬该经之学，从而形成了彭城系和寿春系南北两大派别。南朝齐梁时期和北朝后期该学说非常兴盛，成为当时的佛学主流之一。许多成实论师对当时佛教思潮中的判教、佛性、二谛等问题有着深刻的见解，并兼学其他学说，对隋唐佛教各大宗派的建立产生了重要影响。

---

① 《唐会要》卷35："开成三年，以谏议大夫柳公权为工部侍郎，依前翰林侍书学士，公权初学王书，遍阅近代笔法，体势劲媚，自成一家。上都西明寺金刚经碑，备有锺王欧虞褚陆之体，尤为得意。"(宋) 王溥：《唐会要》，中华书局 1990 年版，第 648 页。

自东晋末年到唐初,共有二百余年,成实宗的教义曾经风靡一世,但隋唐以后,遂归寂落,成为三论附庸。该学说也一度传至日本。但它在印度佛教史上则完全没有地位。造成这种情况的原因之一,当与《成实论》在学理上比较孤立,没有形成一个拥有独立法系的派别有关。[①]

一 《成实论》的传入

《成实论》的作者诃梨跋摩,宋称狮子铠,出生在中天竺的婆罗门家族。关于他的出生年代,有多种异说,但是较为可靠的是吉藏的《三论玄义》中转录僧叡《成实论》序的话:"成实论者,佛灭度后八百九十年,罽宾小乘学者之匠鸠摩罗陀上足弟子,诃梨跋摩之所造也。"后来有刘宋时玄畅,撰《诃梨跋摩传》略云"诃梨跋摩者,宋称师子钟,佛泥洹后九百年,出生在中天竺婆罗门子也"。汤用彤将其判定为中国曹魏时生,[②] 根据僧叡的序推算,诃梨跋摩出生年代,比提婆稍迟,比无著、世亲稍早,约在3世纪中叶、4世纪初。

根据玄畅《诃梨跋摩传》记载,诃梨跋摩最初学法于萨婆多部的经部大师鸠摩罗陀,勤奋研究有部创始人迦旃延的《发智论》后,精其文义。但是由于社会环境的变化,正值龙树、提婆大乘空宗的兴盛,他逐步对婆沙论义有了批判的看法,曰:

> 穷三藏(小乘三藏)之旨,考九流之源,方知五部创流荡之基,迦旃启偏竞之始,纷纶遗踪,谋方百辙,由使归宗者,昧其繁文,寻敷者,惑其殊轨,夫源同末异,乃将之衰微,然颓纲之下振,亦弘道者之忧也。[③]

于是他离开迦湿弥罗,到疏勒,在巴连弗,遇到一位大众部僧,转而学大乘,"研心方等,锐意九部"。这是他思想上转变的关键时期,由此而产生了写《成实论》的动机。传云:"广习诸异论,遍知智者意,欲造斯实论,唯一切智知。诸比丘异论,种种佛皆听,故我欲正论,三藏中实

---

① 杜继文:《汉译佛教经典哲学(上卷)》,江苏人民出版社2008年版,第619页。
② 汤用彤:《汉魏两晋南北朝佛教史》,北京大学出版社1998年版,第515页。
③ 《出三藏记集》卷11,《大正藏》第55册,第78页下。

义。""采访微言,搜简幽旨,于是博引百家众流之谈,以检经奥通塞之辩,澄汰五部,商略异端,考窍迦旃延,斥其偏谬,除繁弃末,慕存归本,造述明论,厥号成实。"造此论的目的就是阐释佛陀一代所说经律论三藏中真实的义理。针对当时佛界种种不同学说的争论,诃梨跋摩试图建立抉择出真正契应佛法的正论,同时对这些论证作出最终的结论。

又据本传载,诃梨跋摩撰成此论后,震惊全国,外道论师不敢与其抗辩,当时花氏王崇敬三宝,令其与外道决其两正,结果外道怯退,因此被奉为国师。于是该王宣告尊奉大乘并号为"像教大宗"。其后该经在印度的传播情形不详。

成实,是成四谛之实的意思。《成实论·色相品》第三十六说:"问曰:汝先言当说成实论。今当说何者为实。答曰:实名四谛。谓苦,苦因,苦灭,苦灭道。五受阴是苦,诸业及烦恼是苦因,苦尽是苦灭,八圣道是苦灭道。为成是法故造斯论。"① 成就四谛法的真实义成为造论的缘由及论的含义。

《成实论》是在评判大小乘诸宗部的基础上建立起来的理论体系,是小乘向大乘空宗过渡的重要经典。此论在印度佛教史上,并未产生多大影响,梵文原本也早已失传,由鸠摩罗什于姚秦时代翻译出该经,成为佛教史上的珍贵资料。最近印人夏斯特里才从本论的汉译本还原为梵文。故鸠摩罗什译本对世界研究此论者,更显重要。

鸠摩罗什在长安时由尚书令姚显的邀请,于姚秦弘始十三年(411)九月八日,开始翻译,于翌年九月十五日翻译完成,有十六卷,二百零二品。据僧祐的《出三藏记集》卷11《略成实论记》载,由鸠摩罗什大师手执胡本传译,笔受者为昙晷,昙影正写。至于鸠摩罗什翻译《成实论》的原因,《高僧传》卷6《释僧叡》记:"后出成实论令叡讲之。什谓叡曰。此诤论中有七变处文破毗昙。"鸠摩罗什一生致力于般若学的弘传,到了晚年才翻译该经。汤用彤认为:"然其所以应姚显之请而译此论者,其故或有二。一则此论名相分析,条理井然,可为初研佛学者之一助。二则什公向斥毗昙,此论常破毗昙,其持义复受《般若》影响,可与研《般若》者作一对比。以此二因,故为译出,实则什公固未尝特重此书也。"②

---

① 《成实论》,《大正藏》第32册,第260页下。
② 汤用彤:《汉魏两晋南北朝佛教史》,北京大学出版社1998年版,第515页。

在鸠摩罗什眼里,《成实论》与大乘之学相比微不足道,所以不怎么重视。但是翻译出该经之后,却引起内地僧人的特别关注和追捧,这大大出乎他的意料。吉藏的《三论玄义》云:"或有人言,此论明于灭谛,与大乘均致。鸠摩罗什闻而叹曰,秦人之无深识,何乃至此乎。吾每疑其普信大乘者,当知悟不由中,而迷可识矣。"①

鸠摩罗什完全是将《成实论》作为小乘经典来看待的,但是却没想到引来了僧人对它研究的兴趣,以至于后来产生对它大小乘判教的激烈论证。如南朝梁代三大法师光宅寺法云法师,开善寺智藏法师和庄严寺僧旻法师,都将此论判定为大乘论。他们专讲《成实论》,被人称为成实论大乘师。天台、唯识及后来的摄山三论诸师尤其是嘉祥吉藏大师皆认为成实是小乘,真谛三藏也认为《成实论》是小乘的经量部义发展而来的。而梁太子萧纲(光统),认为《成实论》大小兼通,在《广弘明集》卷20《成实论序》中说:"马鸣龙树止诠大乘,旃延法胜,萦缚小乘兼而总之,无逾此说(指《成实论》)。"

二 《成实论》在中国的流传

鸠摩罗什在长安翻译《成实论》时,最初由僧叡讲述此经,由昙影分立五聚整理诸品,僧导著有《成实论义疏》。鸠摩罗什圆寂后,僧导南下至寿春东山寺(导公寺),大弘成实和三论,形成寿春派系。他后来又至建康讲述此经,带动了南方研习《成实论》的风气。弟子僧威、僧钟、僧音等皆继承善解此论。又有道猛奉敕于建康兴皇寺讲述该经,被宋明帝敕为兴皇寺纲领(寺主),该寺遂成为弘扬《成实论》的据点。寿春系至道猛以后,传承不详,但是僧传记载,当时弘扬的僧人还有道慧、智欣等。慧隆受刘宋明帝之请,在湘宫讲《成实论》。②

鸠摩罗什的弟子僧嵩,在彭城弘扬成实论,形成北方系统。门人有僧渊、昙度、道登、慧球等。其中昙度在北魏都城大同开讲席,徒众有千余人,并撰《成实论大义疏》八卷。僧渊的弟子道登曾被魏孝文帝请到洛阳讲《成实论》,足见其影响。当时的竺道生提出"一阐提皆得成佛"而遭逐出建康,反对这一思想的就是以僧嵩为代表的成实论师,可见成实学

---

① 《大正藏》第45册,第3页下。
② 《续高僧传》卷12,《大正藏》第50册,第515页上。

派在建康势力之大。

南齐永明七年（489），竟陵文宣王请僧柔、慧次在普弘寺讲成实，并撰《抄成实论》九卷，①周颙撰《三宗论》，阐明三宗对二谛的解释。

到了梁代，最著名的三大法师为智藏、僧旻、法云，都研习《成实论》。庄严寺僧旻讲《成实论》时"其会如市……名振日下，听众千余"。光宅寺法云，与僧旻齐名，后被敕为大僧正。三位法师除讲《成实论》外，还精通大乘经论，如开善腾誉《涅槃》，庄严擅长《十地》《胜鬘经》，光宅独步《法华》。他们将《成实论》作为大乘论书来讲，被称为"成论大乘师"。智藏撰有《成实论大义记》和《成实论义疏》，后传法于僧绰，僧绰传法于警韶、慧恒、洪偃、慧勇等人。僧旻撰有《成实论义疏》，门人有慧韶、宝渊、道超、僧乔等，他们与法云之门人宝海皆善《成实论》。②

南朝陈及隋时，出现了"新成实"学派。其主要代表人物有智脱，陈后主曾请他入内殿讲说。至隋朝，杨广先后请他在江都慧日寺、长安日严寺讲经。道宣评价智脱说："标宗控引，咸有联类；章疏虽古，陈解若新。"③ 智藏曾写《成实大义记》，其中谈到此论有新旧两本，新本就是将鸠摩罗什译本进行改订，比如将"四念处"改为"四忆处"，因而出现了研究新本的新成实派。④ 隋代还有解法师以善讲此论著名，彭城寺的慧隆以及灵佑、慧影、道宗、神素、明彦、昙观、慧休等皆善成实。

唐代时有法泰、道庆、慧日、智琰等诸师习成实论。玄奘没有去天竺之前，就曾经跟随赵州的道深法师修习本论。高丽国的慧慈、慧观，百济的慧聪、观勒等诸师，皆通成实、三论，百济的道藏撰有《成论疏》十六卷。当时日本的圣德太子尝就学于慧慈、慧聪、观勒等诸师，作《三经疏》，以成实论为法相之门。

由上述可知，鸠摩罗什的两大弟子僧导和僧嵩继承研习《成实论》，在刘宋时期形成了寿春和彭城两大派系并将研习之风推广开来。齐梁时代，由于受到皇家的恩重和推崇，使《成实论》的研习流传盛极一时。

---

① 《略成实论》：齐永明七年（489），竟陵文宣王萧子良鉴于《成实》"文广义繁"，请名僧慧次、僧柔主持工作，将《成实》由20卷删节为9卷。略本早佚，未传下来。

② 三法师的传记及此处引文均见《续高僧传》卷5，《大正藏》第50册，第465页下、第461页下、第463页下。

③ 《大正藏》第50册，第499页中。

④ 吕澂：《中国佛教源流略讲》，中华书局1988年版，第126—127页。

随着三论宗在陈代和隋的兴起,再加上其他学派学说的兴起,成实学派逐步走向衰落。隋朝和唐初期,虽然讲习《成实论》的还有人在,但已经不成气候,这主要与以吉藏为代表的三论学者对成实师说的批判相关,从此以后,成实师说逐步退出历史的舞台。

根据《高僧传》和《续高僧传》,将南北朝时期的成实论师收集列表如下:

表6—2　　　　　　　　南北朝时期成实论收集情况

朝代	名称	派系情况	研习情况	出处
东晋	僧导	鸠摩罗什弟子寿春派	成实三论义疏及空有二谛论等	《高僧传》卷7
东晋	僧嵩	鸠摩罗什弟子彭城派		《高僧传》卷
刘宋	法智	(慧)严弟子	善成实及大小品	《高僧传》卷7
刘宋	道亮	寿春派	成实论义疏八卷	《高僧传》卷7
刘宋	梵敏	彭城派	数讲法华成实	《高僧传》卷7
刘宋	道猛	寿春派	三藏九部大小数论皆思入渊微无不镜彻。而成实一部最为独步	《高僧传》卷7
北魏	僧渊	僧嵩弟子彭城派	成实论、毗昙	《高僧传》卷8
北魏	昙度	僧渊弟子彭城派	成实论大义疏八卷	《高僧传》卷8
刘宋	道慧	道猛弟子寿春派		《高僧传》卷8
宋、齐	僧钟	僧导弟子寿春派	妙善成实三论涅槃十地等	《高僧传》卷8
宋、齐	慧次	彭城派	频讲成实及三论	《高僧传》卷8
宋、齐	僧柔	彭城派	方等众经大小诸部	《高僧传》卷8
宋、齐	慧隆		讲成实	《高僧传》卷8
齐	法安		讲涅槃维摩十地成实论,著净名十地义疏并僧传五卷	《高僧传》卷8
齐	慧球	僧渊弟子彭城派	讲成实论	《高僧传》卷8
齐	智顺		独步于涅槃成实	《高僧传》卷8
齐	宝亮	彭城派	讲大涅槃凡八十四遍。成实论十四遍。胜鬘四十二遍。维摩二十遍。其大小品十遍。法华十地优婆塞戒无量寿首楞严遗教弥勒下生等亦皆近十遍	《高僧传》卷8

续表

朝代	名称	派系情况	研习情况	出处
齐、梁	慧命	彭城派	专以成实见知	《续高僧传》卷5
齐、梁	智欣	道猛弟子寿春派		《续高僧传》卷5
齐、梁	法宠	道猛昙济弟子寿春派	学成实论，通杂心及法胜毗昙	《续高僧传》卷5
齐、梁	僧旻	慧次、僧柔弟子	讲成实论、胜鬘经	《续高僧传》卷5
齐、梁	法云	宝亮弟子彭城派		《续高僧传》卷5
齐、梁	慧澄	僧旻弟子		《续高僧传》卷5
齐、梁	智藏	慧次、僧柔弟子彭城派	凡讲大小品涅槃般若法华十地金光明成实百论阿毗昙心等。各著义疏行世	《续高僧传》卷5
齐、梁	僧密		专以成实缮奇负气	《续高僧传》卷6
齐、梁	慧开	彭城派	阿毗昙及成实论	《续高僧传》卷6
齐梁	法开	柔次二公弟子	成实论	《续高僧传》卷6
北魏	法贞		善成实论	《续高僧传》卷6
梁		僧旻弟子		《续高僧传》卷6
梁	洪偃		阐扬成实	《续高僧传》卷7
梁	慧勇	法宠弟子	讲花（华）严涅槃方等大集大品各二十遍。智论中百十二门论。各三十五遍。余有法花思益等数部不记	《续高僧传》卷7
梁、陈	宝琼	法云弟子彭城派	凡讲成实九十一遍。撰玄义二十卷。讲文二十遍。文疏十六卷。讲涅槃三十遍。制疏十七卷。讲大品五遍。制疏十三卷。余有大乘义十卷。法花维摩等经。并著文疏	《续高僧传》卷7
陈	警韶	彭城派	讲成实论五十余遍。涅槃三十遍。大品四十遍。新金光明三十余遍。维摩天王仁玉等经遍数	《续高僧传》卷7
梁、陈	慧布		学成实论听三论，后于大品善达章中悟解大乘	《续高僧传》卷7
魏末、北齐	慧嵩		毗昙、成实论	《续高僧传》卷7

续表

朝代	名称	派系情况	研习情况	出处
魏末、北齐	道凭		地论涅槃花（华）严四分、成实	《续高僧传》卷8
魏末、北齐	灵询		学成实论并涅槃经，擅出维摩。兼有疏记	《续高僧传》卷8
魏末、北周	宝彖		听成实论，后制涅槃法花等疏	《续高僧传》卷8
梁、陈	宝海			《续高僧传》卷9
陈	法安		初听成实。后学中观，涅槃，三论	《续高僧传》卷9
陈	慧晅	法云弟子彭城派	凡讲成实玄义六十三遍。论文十五遍。涅槃大品各二十余遍	《续高僧传》卷9
北齐、隋	灵裕		初造十地疏四卷。地持维摩波若疏各两卷。华严疏及旨归合九卷。涅槃疏六卷。大集疏八卷。四分律疏五卷。大乘义章四卷。胜鬘央掘寿观仁王毗尼母往生上下生遗教等诸经各为疏记。成实毗昙智论各抄五卷	《续高僧传》卷9
陈、隋	智脱		新本《成实》《净名》《维摩经》	《续高僧传》卷9

由表6—2可知，成实学派肇始于东晋，盛行于南北朝，到了唐初日渐衰落。南北朝至隋朝，注疏《成实论》的著作仅《高僧传》中就记载有24种之多。它们大多出现在梁陈时代和隋代。唐代以后研习者已经十分少见了，注疏文献也丧失殆尽。

三 南北朝《成实论》兴盛的原因分析

《成实论》在鸠摩罗什译出之后，立即引起佛教界的注意，该经在印度本土不是流行的佛经，但它却在中国南北朝时期，尤其是萧梁时期盛极一时，而到唐初衰落下去，这在中国佛教史上确实是一个值得注意的现象。它不仅仅与佛教大德僧人的努力弘扬有关，还与南北朝时期的社会环境、政治因素等有很大的关系。

1. 大小乘兼备、大乘佛教理论色彩突出，是《成实论》在南北朝时

期得以流传的关键因素

《成实论》兼具大小乘的特点，该论不仅仅有七处破小乘有部，还从内容方面有很多与大乘相同或相似之处。比如该经提出的"四大假名有"，几乎与大乘般若的真空假有的说法一致。它讲的"若知诸法无自体性，则能入空"，与般若经典的观点有类似之处。它和大乘空的区别在于，《成实论》谈空，并没有把自己空掉，虽然"法无自体"，然而这只是入空的方便而已。① 《成实论》讲的"灭空心"，从分析名相上更接近"空"的境界。这些论及"空"的思想，在成实论师看来都是远在三论宗之上的，所以大乘佛教色彩十分浓厚。在讲修习慈悲喜舍四无量定时说："但为一切众生，求安乐事。""如人见子遭急苦恼，尔时慈心转名为悲。或有人于他苦中能生悲心……有人见怨贼苦，尚能生悲。"② 还说佛法是"依法不依人、依义不依语、依了义经不依不了义经。"③ 这些都与大乘的思想十分近似。

《成实论》的基调又属于小乘的。吉藏在《三论玄义》中用了十条论证《成实论》是小乘。文云："今以十义证，则明是小乘非大乘矣。一旧序证。二依论征。三无大文。四有条例。五迷本宗。六分大小。七格优降。八无相即。九伤解行。十检世人。"④ 正是由于它兼有的这种特色，所以才招致后人的大小乘属性的辩论。吉藏在《三论玄义》中就有记载："有人言，(《成实论》)是大乘也；有人言，是小乘也；有人言，探大乘意以释小乘，具含小大。"⑤ 确实在吉藏以前，《高僧传》《续高僧传》所载的成实论师及其余僧众并未像吉藏那样指出《成实论》属小乘论书。就连极力提倡《般若》学的周颙在他所著的《抄成实论序》中也一样提道："删赊探要，取效本根，则方等之助无亏，学者之烦半遣，使得功归至典，其道弥传。"把它作为学习大乘经典（方等）的辅助。

《成实论》这种大小乘兼有的特点，在中国佛教理论还不完善的南北朝时期，无疑提供了发展的空间。萧子良主持删节《成实论》，就认为该

---

① 参见黄夏年《〈成实论〉二题》，《世界宗教研究》1995年第2期，第46页。
② 《成实论》，《大正藏》第32册，第336页中。
③ 同上书，第250页中。
④ 《三论玄义》，《大正藏》第45册，第3页中。
⑤ 同上。

论"虽则近派小流,实乃有变方教。是以今之学众,皆云志存大典,而发迹之日,无不寄济此途"①。意思是《成实论》近于小乘论书,但有助于大乘教义的理解。当今学者认为论中有大乘思想,欲学大乘,必读此论,但并未肯定其是大乘论。梁简文帝对《成实论》也有一个很好的评价:"如来、论主两理兼兴。若夫龙树、马鸣,止筌大教;旃延、法胜,萦缚小乘,兼而总之,无逾此说。"②

南北朝时期,虽然有了鸠摩罗什大小乘佛教的判教思想,但是并不被内地僧人所理解,由于佛经翻译数量和佛教义理方面研究不深,小乘的很多经典在中国仍有一定的市场,大小乘互相研习的情况也是十分普遍。吕澂认为到了"成实大乘师"的时候,中国佛学在区别大小乘上比以前明确多了。但他们所说的大乘,乃是包括一切佛说在内的,其中各部分的联系必须由判教来做解释。③

初译《成实论》时,鸠摩罗什的目的主要考虑一是此论对名相的分析条理井然,可帮助佛教初学者研读,二是认为此论常破斥毗昙,其持义受《般若》的影响,可与研习《般若》者做一对比。这一点不得不说是《成实论》在南北朝盛行的原因之一,后世的成实论师也正是利用了这一论点,将《成实论》与大乘流行论点结合融通在一起研习,所以才迎来成实宗的盛行。但是同样因为鸠摩罗什说的这一特点,带来了陈隋间三论学者的批判,从而使成实宗走向了它的衰落。

2. 成实论师与时代思潮结合是成实学派盛行的重要因素

南北朝时期,鸠摩罗什和僧肇的般若学并未继续流行,从竺道生开始的涅槃佛性成为当时社会的主流思潮之一。成实论师正是顺应了南北朝这种佛性研习潮流的发展,及时作出了调整,使得《成实论》在齐梁时代盛极一时。

南北朝前期,虽然般若学不再盛行,但是早期的成实论师仍还坚持着鸠摩罗什的门派传承。僧导作为寿春派的创始人,不仅写有《成实义疏》,还有《三论义疏》《空有二谛论》等。慧严的弟子法智除了善《成实论》外还善大小品般若经。

---

① 周颙:《成实论抄序》,载《出三藏记集》卷11,《大正藏》第55册,第78页上、中。
② 简文帝为僧旻作《成实论疏序》,《广弘明集》卷20,《大正藏》第52册,第244页中。
③ 吕澂:《中国佛教源流略讲》,中华书局1979年版,2008年印刷,第132页。

但是到了萧齐时代，成实师的思想发生了重大变化。作为寿春派僧导弟子的僧钟不仅善《成实论》，还通《涅槃经》和《十地》，彭城派的僧柔更是精通方等众经大小诸部。此后，成实学派在南朝与涅槃学派混成一体，兼习《涅槃经》《成实论》，是当时的一大风尚。"彭城系"有名的成实师，如道登还善《涅槃经》《法华经》，昙度还精通《涅槃经》《维摩经》《法华经》《大品经》。而"彭城系"的成实论师，几乎都是有名的涅槃师，如僧庄、法宠、慧次、宝亮、法云、僧旻、智藏、宝琼、警韶、慧晖等人皆如此。道宣评价南朝佛教界说："时有三大法师云旻藏者，方驾当途，复称僧杰，挹酌《成论》，齐骛先驱。"① 尤其是萧齐的宝亮，对《涅槃经》的研究反而更胜一等。梁代的三大法师采取了与《涅槃》等大乘教义融通方式。据吕澂说，法云将《法华》与《成实》合撰成《义疏》，依其看法："三乘归一首先是三乘归于大乘，然后才由大乘归于一乘。《成实》不能单纯看作小乘，而是具有由小入大意义的。"②

《成实论》第二品云："众生久习所乐则成其性，如调达等世世谤佛，恶心转深，便名为性。善性亦然。"第三十品云："心性非本净，客尘故不净，所以者何？烦恼与心常相应生，非是客相。"③ 从其内容看，否认"心性本净"，认为"性"是后天所得的，它延续继承了小乘佛教的思想。

但是南北朝的著名成实论师几乎无一例外地积极参与了佛性的"本有""始有""当常"等讨论。成实师僧柔、僧旻、智藏、法云等人的佛性思想，在当时非常具有影响力，后来吉藏《大乘玄论》卷3举出正因佛性十一家，其《涅槃游意》说佛性"本有""始有"共三家，均正《大乘四论玄义》卷7则说正因佛性有本三家、末十家，都提到成实师的佛性思想。

当时的学者，经常融会《成实论》来讲大乘，因之容易使人产生误解：《成实论》也为大乘的一类。同时，由于大乘学说夹杂了《成实论》的思想，也使大乘变得不纯了。④

到了隋代，由于吉藏等三论宗师的批判，成实宗的流行已大不如前，大小乘的分界变得明显起来，成实学派走向衰落。

---

① 《高僧传》卷8，《大正藏》第50册，第548页中。
② 吕澂：《中国佛教源流略讲》，中华书局1979年版，2008年印刷，第130页。
③ 《成实论》卷3，《大正藏》第32册，第258页中。
④ 吕澂：《中国佛教源流略讲》，中华书局1979年版，2008年印刷，第129页。

3.《成实论》突出的论证方法性和综合通论性特点适合了南北朝佛教清谈发展的形势

作者诃梨跋摩披靡无敌的论辩之才和采撷众家之长的思想，完全地展现在《成实论》一书之中。该经透露出的名相清晰，结构巧妙，论辩精密，资料翔实，正是吸引中国佛教高僧和士大夫的精妙之处。文人大夫纷纷学习此经，从中也受益匪浅。南北朝时期的著名作品《文心雕龙》，在成书的形式上与《成实论》有着惊人的相似。普慧研究后认为，《文心雕龙》受到了齐梁时期盛行的《成实论》的深刻影响。从东汉佛经传译开始，到齐末梁初，汉译佛典虽卷帙浩繁，流派众多，但皆不如《成实论》如此体系周全，结构严谨，推理严密，分析透彻，概念明晰。而在文学理论方面，六朝前，"我国的理论著作，只有散篇，没有一部系统完整的专著。直到刘勰的《文心雕龙》问世，才出现了第一部有着完整周密体系的理论著作"①。

不仅如此，南北朝后期的地论师慧远的著作《大乘义章》的组织结构，同样受到《成实论》的影响。它是一本具有百科全书性质的纲要书，卷帙浩繁，征引繁博，而且行文前后呼应非常紧密，在陈述的形式上，道宣说"始近终远"，这是先解释每一科的本义，然后再剖析与其他科义的关系。② 从结构上看，《成实论》以"四谛"（苦、集、灭、道）为中心来组织自己的学说体系，以"五聚"为框架来构建全书，形成了结构严谨、层次分明的特点。而《大乘义章》也是以四谛为中心的学术体系，"烦恼义"和"诸业义"是集谛，"苦报义"是苦谛，因法是道谛，果法是灭谛；而"教聚"和"义法聚"则是总论，相当于《成实论》的"发聚"。③

关于这一点，杜继文就指出，"中国佛教曾经发现它在观念和方法上的特色，但接受的多是它的悲观主义，而放弃了对它在世界观和认识论上的许多新颖进行挖掘"④。

---

① 普慧：《〈文心雕龙〉与佛教成实学》，《文史哲》1997 年第 5 期。
② 冈本一平：《〈大乘义章〉の思想形式について》，《印度学佛教学研究》第 53 卷第 2 号，2005 年，第 656—659 页。
③ 圣凯：《成实学派的思想与影响》，《觉群佛学》（2008），宗教文化出版社 2009 年版，第 11 页。
④ 杜继文：《汉译佛教经典哲学（上卷）》，江苏人民出版社 2008 年版，第 620 页。

《成实论》属于通论之作，还具有集大成之典的性质，所以为译僧、学者青睐是必然的。梁简文帝在这方面有过评价，认为："百流异出，同归一海，万义区分，总乎《成实》。"① 吉藏在《三论玄义》中把论分为通论和别论两种，而"如成实论等，通申三藏，谓小乘通论"②。也正是因为它的综合性，在当时僧人看来是一部研习佛学的入门书。鸠摩罗什在最初翻译此经时已指出"此论名相分析，条理井然，可为初研佛学者之一助"的优点了，正是相对于大乘之学的玄妙怪诞，它更易于初学。这种不拘限于一经一论的研究方法，吕澂称之为"通方"，与隋唐时期的学风有所不同。③

　　南北朝时期，受魏晋玄学的影响，尤其在齐梁时代，上层统治者玄谈思辨再兴，高僧大德也随波逐流，《成实论》的论辩方法无疑最具吸引力。因此才出现了齐萧子良召集成实论师节略《成实论》以利流通，梁武帝曾在大同年间敕智藏讲《成实论》。陈武帝虽"广流大品，尤敦三论"，但对成实论师仍特别提携，他任著名成实论师宝琼为大僧正。④ 北魏孝文帝十分器重僧渊、昙度、慧纪等成实论师，并于495年亲临徐州白塔寺，说："朕每玩《成实论》，可以释人染情，故至此寺焉。"⑤ 统治者的提倡推动了《成实论》的广泛流行。

　　《成实论》无论从论证方法体系上，还是结构组织上，都具有自己的特色和优势，为佛教学者提供了其他经典得不到的东西。这些论辩的方法正与南朝重清谈的余风相吻合，因此得到当时很多高僧的青睐。

　　4.《成实论》内容适应了统治者和普通民众时代思想的需求

　　《成实论》极力宣扬三界之苦，完全以苦为其学说中心，不仅乐受是苦，且无漏诸受都是苦。《成实论·色相品》说："实名四谛：谓苦、苦因、苦灭、苦灭道。五受阴是苦，诸业及烦恼是苦因、苦尽是苦灭、八圣道是苦灭道。为成就是法，故造斯论。" 四谛法之真实义就是一个"苦"字。苦谛讲苦之类别；集谛讲苦因；灭谛讲苦尽——泥洹（涅槃）；道谛讲灭苦的方法。南北朝时期是我国大动荡时代，南北分割战争不断，再加

---

① 简文帝为僧旻作《成实论疏序》，《广弘明集》卷20，《大正藏》第52册，第244页中。
② 《大正藏》第45册，第10页中。
③ 详见吕澂《中国佛教源流略讲》，中华书局1979年版，2008年印刷，第125页。
④ 《续高僧传》卷7，《大正藏》第50册，第478页下。
⑤ 《魏书》卷114《释老志》，中华书局标点本1995年，第3025页。

上统治者内部的矛盾激烈斗争使普通百姓流离失所,水深火热,受尽了人世间的各种苦难。《成实论》正好提供了逃避三界之苦的理论和方法。面对现实之苦,只能无奈的忍受,只有信佛修行,才能实现涅槃达到最后的解脱。这不仅仅是统治阶级所希望的,也是下层百姓无奈选择之举。萧齐竟陵王子良作《净住子》之末略曰:"一切众生,皆有佛性。佛为医王,令得解脱,心常无碍,空有不染。"① 许多成实论师也扮演了这方面的典范。如慧球讲论荆楚之间,死前"遗命露骸松下"。高昌王诛杀慧嵩三族,他却毫不悲伤,还说"三界无常,诸有非乐,况复三途八苦,由来所经,何足怪乎"。还有后来的道凭与"骨族血亲往来顿绝,势贵豪家全无游止,而乞食自资",等等。② 无论是对于统治者还是普通民众,都有着巨大的心理调适作用。

四 唐初成实学派的衰微

进入唐代初期,成实学派走向了衰落。研习《成实论》的人已经大不如前,如玄奘在赴印前,曾研究过《成实论》。唐朝《四分律》三大宗之一的相部宗建立者法砺也研习成实,载曰"宗依《成实论》"③。但却都是作为辅助之用。考察其原因,有以下几个因素:

首先,理论的缺陷和佛教向前发展的要求,是成实学派衰落的必然趋势。《成实论》毕竟属于小乘,与中国大乘佛教的趋势格格不入,论中道,不如龙树的般若三论,空寂玄奥;谈名相,不如后来的唯识俱舍,详尽具体。杜继文指出,造成它的这一历史命运的原因,可能与其和有部哲学相似有关。④ 它的很多理论和方法,被后来的大乘唯识学派所吸收。因此,南北朝后期的《十地经论》《摄大乘论》等经的传译,带来了北方地论、华严、智者之天台的兴起和南方摄论、俱舍的研习,加以唐初法相、华严新兴宗派的崛起,《成实论》讲习之风日微,成实派必然衰退。

其次,与陈隋时代兴起的各宗派的批判有关。天台智者的《五教

---

① 《广弘明集》卷27,《大正藏》第52册,第321页中。
② 《高僧传》卷8《慧球传》,《大正藏》第50册,第381页上。《续高僧传》卷7《慧嵩传》,《大正藏》第50册,第482页下—第483页上。《续高僧传》卷8《道凭传》,《大正藏》第50册,第484页下。
③ 《续开元释教录》中,《大正藏》第55册,第760页中。
④ 杜继文:《汉译佛教经典哲学(上卷)》,江苏人民出版社2008年版,第620页。

仪》，净影慧远的《大乘义章》，嘉祥吉藏的《三论玄义》等，皆批判《成实论》为小乘。《三论玄义》"以十义证成实为小乘论"，文云："诃梨解小经，唯将小证，二百二品，并探四阿含，十六卷文，竟无方等，以此评之，即可知矣。"① 这种批判不免带有过激的成分。正是由于众多高僧的批判，隋唐间研究《成实论》者大肆减少。

最后，资料的遗失也是影响后来者研究的一个因素。由刘宋至隋成实宗兴盛的一百多年间，成实论师著有大量的义疏注释，可谓资料异常丰富。但是唐代以降，或许由于战争原因，或许由于宗派之见，资料丧失殆尽，现存大藏经中，已无一部完整的《成实论》注疏，这不得不成为后世研究者的一大遗憾。

总之，成实论传入中国，自刘宋至隋唐，弘传了二百多年，虽然它在印度本土并不怎么流行，但一经译出就有北方的僧嵩和南方的僧导分别弘扬该经之学，从而形成了彭城系和寿春系南北两大派别。许多成实论师对当时佛教思潮中的判教、佛性、二谛等问题有着深刻的见解，并兼学其他学说，在齐梁年间该学说曾经风靡一世，并形成为中国佛学上一大学派，但其衰微亦早，不逮唐武法难，中唐时，已无人传习矣。通过对《成实论》大小乘的激烈争议，为中国佛教界大乘意识的树立提供了思想资源。吉藏通过对成实学派的严厉的批判，不仅为三论宗的建立树起了宗派意识，而且在这一过程中对二谛、佛性等思想的论争，引发了南北朝佛教界对这些学术问题的深层次讨论，对于隋唐佛教各大宗派的建立产生了重要影响。

第三节 《法华经》的流传及其对天台宗的影响

《法华经》，亦称《妙法莲华经》，是印度大乘佛教的早期一部重要经典。由于它具有"会三归一"和"开权显实"的特点以及鲜明的信仰特色，一开始被译出就受到僧人和信众的重视和追捧。在南北朝后期和隋代，智𫖮大师对《法华经》的思想进行了解释和发挥，形成了《法华文句》《法华玄义》和《摩诃止观》三部书，成为天台宗建宗的三大部。《法华经》也因此成为天台宗依据的佛教最主要的经典，故天台宗又被称

---

① 《三论玄义》，《大正藏》第45册，第3页中。

为"法华宗"。

一 《法华经》的印度产生和影响

现在学界一般认为《法华经》是1世纪左右在印度北部或中部开始产生的大乘佛教的经典,最后形成于1世纪末2世纪初。但是日本学者有的认为最早出现在公元前1世纪而最后形成于1世纪。[①] 由于资料的缺乏,这个问题仍然有待深入探讨和研究。但从总体上看,《法华经》产生的时间应该是由小乘佛教向大乘佛教过渡的时代。大乘佛教徒为了表明自己教义的先进,把传统佛教贬称为"小乘",传统僧团则宣扬"大乘非佛说",认为自己才是佛陀的正统继承者。从《法华经》所讲述的大乘教徒遭迫害,以及要求教徒忍辱负教,为维护佛法不惜牺牲的内容来看,当时正处于两派发生争执和斗争的时期。但是该经又有一个新的思想出现,那就是它并没有完全否认小乘佛教,而是认为小乘只是"譬喻化城",即方便假设的幻化之城,而不是修行的最终目的地。在小乘佛教徒取得修行之果以后,还可以进一步修行,取得大乘的"究竟果位"。这些内容都可以反映出大乘佛教刚开始发展的情况。《法华经》以大量譬喻,说明由小乘而入大乘的必要性。

但是,《法华经》如同其他许多大乘佛经一样,并非一次性完成,而是经过不同的历史阶段陆续完成的。它的最后集成,则大约要推迟到2世纪之初。该经《方便品》述及佛像制作时写道:

若人为佛故,建立诸形像。刻雕成众相,皆以成佛道。或以七宝成,输石赤白铜。白蜡及铅锡,铁木及与泥。或以胶漆布,严饰作佛像。如是诸人等,皆已成佛道。彩画作佛像,百福庄严相。自作若使人,皆已成佛道。

根据近代学者研究,佛像的出现是在大乘佛教形成之后,是大乘佛教神化佛陀的一个重要步骤。时间上看,大约从2世纪开始。因此,《法华经》上述倡颂反映的时代不会早于2世纪之初。

日本学者认为在《法华经》原典中,有散文部分也有韵文部分。韵

[①] [日]池田大作:《我的佛教观》中文版序言,四川人民出版社1990年版,第131页。

文部分的产生早于散文部分。通过这些韵文与散文的相互关系为基础，宕本裕将《法华经》内容的成立分为以下四个时期。① 第一期出现在东印度，公元前1世纪左右。第二期出现在北印度，1世纪左右。第三期出现在西北印度，公元100年左右。第四期出现在西北印度，2世纪后半。

该经无论在古印度还是西域都长期流行。已发现的佛经版本主要集中在克什米尔、尼泊尔和中国的新疆地区。它们流行的年代也不一样。克什米尔版本为手抄本，主要是5、6世纪的作品；新疆地区的集中在七八世纪；尼泊尔的版本最晚是11世纪以后的写本。

鸠摩罗什译的《妙法莲华经》其实是竺法护的《正法华经》的重译本。到了隋代阇那崛多和达摩笈多在重新勘定的基础上译为《添品妙法莲华经》。关于三个汉译版本的区别，《添品妙法莲华经序》中说：

> 昔炖煌沙门竺法护。于晋武之世。译正法华。后秦姚兴。更请鸠摩罗什。译妙法莲华。考验二译。定非一本。护似多罗之叶。什似龟兹之文。余捡经藏。备见二本。多罗则与正法符会。龟兹则共妙法允同。护叶尚有所遗。什文宁无其漏。而护所阙者。普门品偈也。什所阙者。药草喻品之半。富楼那及法师等二品之初。提婆达多品。普门品偈也。什又移嘱累。在药王之前。二本陀罗尼。并置普门之后。其间异同。言不能极。窃见提婆达多。及普门品偈。先贤续出。补阙流行。余景仰遗风。宪章成范。大隋仁寿元年辛酉之岁。因普曜寺沙门上行所请。遂共三藏崛多笈多二法师。于大兴善寺。重勘天竺多罗叶本。富楼那及法师等二品之初。勘本犹阙。药草喻品更益其半。提婆达多通入塔品。陀罗尼次神力之后。嘱累还结其终。②

序中提到的竺法护的《正法华经》和鸠摩罗什的《妙法莲华经》所依据的版本有所不同，由于两者的译出时间较早，更接近于《法华经》的原型。而《添品法华经》对陀罗尼品和嘱累品作了调换，把提婆达多品放到了宝塔品中，补足了原来译本的不足部分。日本学者宕本裕研究后认为，《添品法华经》与现行泥婆罗传本相一致，属于比较完善的版本。鸠

---

① ［日］岩本裕：《梵语〈法华经〉及其研究》，刘永增译，《敦煌研究》1994年第4期。
② 《大正藏》第9册，第134页下。

摩罗什所使用的一定是流传于龟兹地方的《法华经》梵语原典，亦即中亚库车使用的斜体笈多文所书写的《法华经》梵语原典。①

最早的疏论是古印度著名论师世亲著的《妙法莲华经论》。此论元魏时曾先后两度翻译：沙门勒那摩提译《妙法莲华经》一卷，侍中崔光、僧朗等笔受；沙门菩提流支译《法华经论》2卷（或1卷），昙林笔受并制序。两种文本均已经收入《大藏经》。可见该经在印度本土也是十分重要的书籍。

《法华经》不仅具有"会三归一，开权显实"的思想特点，它更是一部信仰特征突出的佛教经典。它的出现表现了当时印度佛教信徒向佛经信仰转变的一种趋势。《法师品》中佛说："我所说经典无量千万亿，已说、今说、当说，而于其中，此法华经最为难信难解。"②《安乐行品》中也说："此法华经，诸佛如来秘密之藏，于诸经中最在其上。"③《法华经》本身就可以说是典型的传道经典。④尤其是在强调经的供养方面，达到了历史的顶峰。经云：

> 如来灭度之后，若有人闻《妙法华经》，乃至一偈一句，一念随喜者，我亦与授阿耨多罗三藐三菩提记。若复有人，受持、读诵、解说、书写《妙法华经》，乃至一偈，于此经卷敬视如佛，种种供养——华、香、璎珞、末香、涂香、烧香、缯盖、幢幡、衣服、伎乐，乃至合掌恭敬。药王！当知是诸人等，已曾供养十万亿佛，于诸佛所成就大愿，愍众生故，生此人间。⑤

这里积极倡导的对佛经的崇拜思想，深刻影响了《法华经》在民众甚至是在僧人中间的流通。该经通过大量的譬喻故事，通俗易懂地教育人们一心向佛，起到了极大的宣传效果。同时它还处处透露出众生皆有佛性和成佛的思想，成为众生追求的美好理想。

---

① ［日］岩本裕：《梵语〈法华经〉及其研究》，刘永增译，《敦煌研究》1994年第4期。
② 《妙法莲华经》卷4，《大正藏》第9册，第31页中。
③ 《妙法莲华经》卷5，《大正藏》第9册，第39页上。
④ ［日］岩本裕：《梵语〈法华经〉及其研究》，刘永增译，《敦煌研究》1994年第4期。
⑤ 《大正藏》第9册，第30页下。

二 《法华经》在南北朝时期的流传

《法华经》的译本有六个，鸠摩罗什的译本后世流行最广，影响也最大。它不仅对中国佛教义理的发展带来影响，更对民众的信仰带来史无前例的影响。它成为在中国民众佛教信仰领域影响最大，普及最广的一部佛经。鸠摩罗什对该经的翻译，无疑促进了《法华经》在中国的流传。道宣在《妙法莲华经弘传序》说"自汉至唐，六百余载，总历群籍，四千余轴，受持盛者，无出此经"。"三经重沓，文旨互陈。时所宗尚，皆弘秦本。"① 在发现的敦煌五万余卷号中，佛经占据多数，而《妙法莲华经》有五千号的文书，这足以说明该经在历史上的流行状况。因此很大程度上，鸠摩罗什译出的《妙法莲华经》成为《法华经》的代名词。通过考察《法华经》从南北朝至隋唐写经的状况和观世音在民众中的造像特征等内容，让我们认识到印度佛教进入中国内地后发生的变化以及它的进一步发展情况，从而可以更深入地理解佛教中国化的问题。

自从鸠摩罗什译出《妙法莲华经》后，由于经义精妙，译文简练明白，大受信徒们欢迎。鸠摩罗什门徒众多，四处讲授，有的还注疏解释，形成了一股宣讲《妙法莲华经》的高潮，于是，取《正法华》而代之。据《高僧传》记载：鸠摩罗什在译完本经后，多次亲听门徒讲述，并进行指导，以奖掖后学。如《道融传》称："什又命融令讲《新法华》，什自听之，乃叹曰：佛法之兴，融其人也。"《僧叡传》称："什译才毕，叡便讲之，开为九辙，时人呼为'九辙法师'。"《慧观传》称，慧观在讲述《新法华》之后，又"著《法华宗要序》以简什。什曰：善男子，所论甚快。"在鸠摩罗什弟子的弘宣下，《法华经后序》说"听受领悟之僧八百余人，皆是诸方英秀，一时之杰"。②

在鸠摩罗什和弟子们的推动下，促进了南北各地讲说《新法华》的热潮，法华学者，人才辈出。南北朝注释此经学者达70余家。③ 研究《法华经》经义，为之作注疏者甚多。法华经部所倡导的会三归一、开权显实的大乘思想，构成了六朝时期佛教思想的经典之柱。

---

① 《大正藏》第9册，第1页中。
② 《大正藏》第55册，第57页中。
③ 张宝玺：《〈法华经〉的翻译与释迦多宝佛造像》，《佛学研究》1994年年刊。

张先堂对《高僧传·诵经》、唐《续高僧传·读诵》《集神州三宝感通录·瑞经录》《法苑珠林·敬法篇》中"感应缘"、《宋高僧传·读诵》《太平广记·报应》等中受持、读诵、书写佛经的对象进行了统计,① 此处节录:

表6—3　　　　　　各史籍佛经的受持、读诵、书写情况

史籍佛经	《高僧传》诵经27人	《续高僧传》读诵21人	《瑞经录》佛经灵验38人	《法苑珠林》敬法41人	宋《高僧传》读诵50人	《太平广记》14卷187人
《法华经》	16	12	22	14	13	21
《维摩诘经》	5		1	1	1	
《观世音经》	2	1	3	1		49
《净名经》	2			1		
《十地经》	3		1	1		
《涅槃经》	3	4	6	4	1	
《大品般若经》	2	1	1	3		
《小品般若经》				2		
《思益经》	1			1		
《金光明经》	2			1		
《金刚般若经》	1	1	3	12	14	117
《般若经》	1		4	1		
《华严经》		3	1	2	4	
《阿弥陀经》		1			3	

从表6—3可分析出,从汉晋开始一直到唐代,《法华经》在众多佛教经典中,在佛教徒的诵持信仰中占据首要的地位,远远高于其他经典的信奉。在《太平广记》中,《金刚经》虽然有记录达117则,远超《法华经》和《观世音经》,但是记载的绝大部分是盛唐以后的事情,这与唐玄宗的政策有很大的关系。也就是说,从东晋到盛唐以前这一段时间,《法华经》的信奉在诸经中是长期持续流行的佛经。

《高僧传》卷3《宋京师祇洹寺求那跋摩传》云其到达建业后:"乃

---

① 张先堂:《古代佛教法供养与敦煌莫高窟藏经》,《敦煌研究》2010年第5期。

初住祇洹寺，供给隆厚，公王英彦，莫不宗奉。俄而于寺开讲《法华》及《十地》，法那之日，轩盖盈衢，观瞩往还，肩随踵接。"《弘赞法华传》卷1记载："晋义熙七年，王荆州殷夫人，创造东青园寺。寺中造法花台一所。后魏太常卿恭侯郑琼，起净域寺，建法花堂。""宋元嘉十五年，谢婕妤在秣陵县，造法花寺。"《续高僧传》卷9《隋常州安国寺释慧弼传》云其在陈宣帝太建十年（578）于长城报德寺讲《法华》及《涅槃经》时："瓶锡盈堂，替据满席，质疑请道，接踵成林，禀戒承归，排肩如市。"大德高僧的讲法往往得力于皇家贵族的支持，梁代许多高僧成为梁武帝的家僧，而智顗和慧弼则常被皇帝请去讲经。南北朝佛教的兴盛无不与皇家的崇佛有关系。正是由于这些高僧们的大力弘扬，《法华经》在南北朝时期广泛流传开来。

南朝诸帝中齐朝太祖高帝萧道成偏崇重佛，"自以香汁和墨。手写法华经八部金字法华二部"。《法华传记》卷8记载：

> （《法华经》）每放金色光，照耀殿内。诸侯皆共视，倍更发心。相议，我等结二十八人。各各造一品，庄严奇丽。七月十五日，就止观寺。须供养礼拜，即如佥议。当于供日，天雨细华，如云母而下，琉璃轴放光，照一里余。众皆欢喜。中有特进士，七十有八顿闷绝。良久起居，欢喜流泪。吾如梦见自身，左右有羽翼，飞到天上，即兜率宫前入内院。弥勒告曰：高帝并诸侯，皆来我所，法华力耳。汝还人间，宜告此事。即特飞下见羽翼，是法华一品。诸君莫懈怠，王臣弥发信心焉。

由于萧道成对《法华经》的喜爱，影响了齐朝其他皇帝和诸侯们对该经的追捧，他们纷纷造经供养。《弘赞法华传》卷9记载，齐高宗明皇帝"召集禅僧。常读法华。亟淹寒暑"。卷10说竟陵王萧子良"造法华经千部"。卷中还记载着竟陵王与《法华经》的故事云：

> 王梦一人问云，欲得功德不。王云，欲得。即指水中功德。王仍入水。得一卷法花（华）。觉已深怀喜跃。即澡洁中表。手写法花经一部，观世音一部。世子巴陵王，亦手写法花经一部。副又梦，一人骑白马，于空从东方来，授副信幡。又永明十一年四月末，梦一人送

经一卷云,言有误,明日遇得一部法花。试略披看,遂见第五卷寿量品。有一句异,云一尘一劫。于时,募集数十部经。悉无此句。即言推义,乃是法花之极致。是以即撰经文。

梁代的时候梁武帝曾经命各州造法华经一部,《弘赞法华传》卷9还记载:梁中宗元皇帝"转读法华,以为恒务"。卷6则记梁新安太守王淹,"持诵法华积有年稔"。其第八弟固也是"亦菜食。诵法华经"。可见达官贵族中信奉《法华经》的也不在少数。

北朝的情况也是如此,《弘赞法华传》卷1记后魏太祖皇帝拓跋珪在天兴元年的时候就造耆阇崛山图一所,并加以绩饰。卷6记西魏文皇帝宝炬"大起伽蓝。深持净戒。入如来室。偏存孤老。每诵法华。以为恒业"。后魏御史中丞陆载也"诵法华经,频感舍利。"

高僧和皇室贵族的信奉直接影响着《法华经》在民众间的传播和信仰。僧传记释法宗:"诵《法华》、《维摩》。常节、升台讽咏,响闻四达。士庶禀其归戒者三千余人,遂开拓所,以为精舍,因诵为目,号曰'法华台'也。"刘宋时僧翼也诵《法华经》,"乃结草以庵,称曰'法华精舍'。"① 每一位高僧的信仰都带动着众多庶民的信仰。

南北朝时期,神异灵验小说开始广泛流行,士大夫中刘宋尚书令傅亮撰《光世音应验记》一卷,刘宋太子中书舍人张演撰《续光世音应验记》一卷,齐光禄大夫陆杲撰《系观世音应验记》一卷等都是其中的代表。民间故事收罗成册的有南朝王琰撰《冥祥记》,刘义庆《幽明录》《宣验记》十三卷,颜之推《冤魂志》三卷等文献。道宣自己在《法苑珠林》卷八《诸天部》"感应缘"云:"古今善恶祸福征祥,广如《宣验》、《冥祥》、《报应》、《感通》、《冤魂》、《幽明》、《搜神》、《旌异》、《法苑》、《弘明》、《经律异相》、《三宝征应》、《圣迹归心》、《西国行传》、《名僧》、《高僧》、《冥报》、《拾遗》等卷盈数百,不可备列。传之典谟,悬诸日月,足使目觌,当猜来惑。故经曰:'行善得善报,行恶得恶报。'易曰:'积善之家,必有余庆。积恶之家,必有余殃。'信知善恶之报,

---

① 《高僧传》卷12《释法宗传》,《大正藏》第50册,第407页上;卷13《释僧翼传》,第410页下。

影响相从，苦乐之征，由来相克。余寻传记四千有余，故简灵验，各题篇末。"① 这些大量的灵验故事的征集，一方面说明南北朝时期，佛教徒依靠神异灵验故事来达到传播佛教的目的；另一方面也反映了在民众间佛教信仰的流行程度。通过这些资料，我们可以窥探出民众在佛教信仰方面的某些思想心理特征。

在敦煌藏经洞发现的古代文书中，也保留了很多关于《法华经》的写经和题记。根据池田温的《中国古代写本识语集录》和方广锠的《敦煌遗书中的〈妙法莲华经〉及有关文献》，② 我们将魏晋南北朝时期的《法华经》及其注疏的纪年写经名列如下：

1. 《妙法莲华经》卷一比丘兴达等题记（西凉建初七年，411）：比丘弘僧疆写，第一，建初七年岁辛亥七月二十一日，比丘弘施、惠度（？）、兴达，共劝助校一遍。时劝助磨墨，贤者张佛生。经名《妙法莲华》，兴达所供养。

2. 《妙法莲华经》卷五清信女姚阿姬题记：乙卯之岁四月中旬，清信女姚阿姬为一切众〔生〕顶戴供养。愿所往生处离苦得安。

研究者或谓该"乙卯之岁"为415年或471年。但本号为李盛铎旧藏，故真伪待考。年代比较可靠的题记，一般均为6世纪的写卷。因此，或者是早期敦煌书写的《妙法莲华经》未曾保存下来；或者6世纪以前该经在敦煌还不甚流传。这是个值得研究的问题。

3. 京都博物馆藏大魏和平四年（463）《妙法莲华经》卷四，题记云：

大魏和平四年四月三日，佛弟子僧根，为亡父母，免生恶道，快得安隐（稳），敬造供养。

4. 《妙法莲华经》卷六后记（490）：妙法莲华经卷第六，此经是伪秦弘始七年三月十六日，鸠摩罗什法师于长安大明寺翻译次。又别录及慧远法师所记，日月小不同。其提婆达多品是上定林寺献统法师于阗国将来，以齐永明八年十二月，于瓦官寺与外国僧法意法师译之，即依正法华经次比为第十二品。

---

① 《法苑珠林》卷5，《大正藏》第53册，第303页中。
② ［日］池田温：《中国古代写本识语集录》，东京大学东洋文化研究所1990年3月30日发行；方广锠：《敦煌遗书中的〈妙法莲华经〉及有关文献》，《中华佛学学报》第10期，1997年版，第211—232页。

5. 《妙法莲华经》卷四清信女令狐陀咒题记［北魏正始二年（505）］：妙法莲华经卷第四，正始二年四月，清信女令狐陀咒所供养经。

6. 斯2733号，首残尾存。从《药草喻品》（首残）到《劝持品》，共有八品。卷末有题记：比丘惠业许。正始五年（508）五月十日，释道周所集。在中原广德寺写讫。

7. 斯37号，首残尾存，疏释至《从地涌出品》为止。有尾题与题记：《法花义记》第三，比丘法顺写记也。

本《义记》所注疏的是鸠摩罗什原译本《妙法莲华经》。

8. 北京图书馆藏正光三年（522）《妙法莲华经妙庄严王本事品第二十七》（北5961，位004）。题记云：正光三年翟安德写。

9. 《妙法莲华经论》，本号为傅增湘旧藏，现下落不明。尾有题记：大魏永安元年（528）岁次戊申十二月，洛阳永宁寺译。执笔人比丘僧辩。本卷还有题记：东魏大乘经论本，开元五年（717）岁次己巳三月十四日写。

10. 《妙法莲华经》卷十陈晏堆题记［北魏永兴二年（533）］：妙法莲华经卷第十，永兴二年岁次癸丑三月辛丑朔廿五日乙丑开，弟子陈晏堆，南无一切三世常住三宝。弟子自唯、宿行不纯等类，有识禀受风末、尘秒之形，重昏迷俗、沉溺有流、无明所盖。穷闻经云大觉玄瑞，信敬大乘，果报无（下缺）。

11. 《法华经义记》第一卷，利都法师撰。伯3308号，首残尾存，有尾题。本《义记》所疏亦为鸠摩罗什之《妙法华》。为《方便品》末段重颂之后部分。卷末有题记：利都法师释之。比丘昙延许。丙辰岁，用纸三十八。大统二年（536）岁次丙辰六月庚仵（午）朔三日□酉，写此《法华仪（义）记》一部，愿令此福，逮及含生有识之类，齐悟一实无二之理。

12. 《法华经文外义》，一卷，上海博物馆藏3317号，首残尾全，乃一千行左右的大卷子，有三万余言。有尾题并有题记：一校竟。大统十一年（545）岁次乙丑九月二十一日，比丘惠袭于法海寺写讫。流通末代不绝也。

13. 日本书道博物馆所藏弟子辛兴升写经卷4题记：元年（西魏元年，552）岁次壬申正月庚午朔二十五日甲午成，弟子辛兴升南无一切三世常住三宝，弟子兴升自惟宿行不纯，等类有识，禀受风末尘秒之形，重昏迷俗，沉溺有流，无明所盖。窃闻经云：大觉玄监，信敬大乘，果报无极。以是弟子兴升，国遣使向突贵，儿女在东，即率单情。咸（减）割身分之余，为七世父母、妻子亲眷，敬写《法华经》一部、《无量寿》一部、《药师》一部、《护身命经》一部，愿持之功，一豪之善，使弟子超缠群俗，形升无碍。托生紫宫，登阶十住。辩才无滞舍利弗；不思议力如维摩诘。行如文殊，得道成佛。又愿弟子，儿女相见，现家眷、兄弟、知识、子侄、中表，普及弟子兴升儿女得还家。庆会值佛闻法，含生等同斯契。

14.《妙法莲花经》卷三高昌比丘道全题记（北周武成元年，559）：妙法莲花经卷第三，武成元年十二月廿、高昌丁谷窟比丘道全、咸割身才、写法华一部。上为七世师长父母、现及己身、下为一切群生、闻此经文者、普共成佛。

15.《法华经疏》题记：《法华经疏》一卷。延昌六年（566）八月传写教读。

延昌是高昌的年号。本卷也可能是吐鲁番出土。研究者或以为此题记的真实性可疑。

16.《法华经》注第一沙弥昙天明题记（北周天和五年，570），有首题：《法华经注》第一，建章初首，故称第一。法华经王。天明许之。尾有题记：天和五年（570）四月五日沙弥昙天明写敬也。□遍（？）一校竟。释子天明撰也。

吐鲁番出土的文书中也有《法华经》带纪年的卷号：

1.《妙法莲华经》方便品令狐岌题记（429年6月）：岁在己巳六月十二日，令狐岌为贤者董毕狗，写讫校定。依书体被定为相当于北凉承玄二年（429）此说可从。现藏日本书道博物馆。王树枏《新疆访古录》（一）收录。《集录》第83—84页并图9。这也是鸠摩罗什所译早期抄本之一。①

2.《妙法莲华经》五残卷，同出于吐鲁番安乐故城南废寺塔基，现藏新博。五卷书体相同，原标经品名目及次第大多夹写于残卷中（不在卷首），其前连写上一品次之经文，说明这是同一经卷写本中不相连接的

---

① 吴震：《吐鲁番写本所见鸠摩罗什汉译佛教经籍举要》，《佛学研究》1994年，第152页。

五个残部。据书体当写于 5 世纪中（大约不迟于北凉承平年间，即 443—460），是鸠摩罗什译出此经后不久的传抄本之一，也是目前国内所藏该经最早写本。①

3.《妙法莲华经》卷十比丘德愿题记，永康五年（470）：妙法莲华经卷第十，永康五年岁在庚戌七月……常住三宝，媚宿缘妙薄……染累缠结，游浪三有、罔……形浮幻，命也难保。谨竭产表之……此躬已遍事诸佛，与陀罗尼善……滞饮定水，以去乱想，使庆锺……②

4.《妙法莲华经》普门品刘宋升明元年（477）萧道成题记：（参照同出于吐鲁番的另一残经题记）使持节、侍中、都督南徐、充，北徐、充、青、冀六州诸军事、骠骑大将军、开府仪同三司、录尚书事、南徐州刺史、竟陵郡开国公萧道成，普为一切敬造供养。③

《妙法莲华经》译于后秦弘始八年（406），在该经译出后不久，开始流传到中国各地。从敦煌和吐鲁番地区遗存的文书看，最早的经卷在 411 年就已经有了。④ 该经从一开始就受到内地民众的喜爱，也可以看出鸠摩罗什的译本很快代替了以前的《法华经》版本。贾应逸说过，在我国佛教发展史上，鸠摩罗什翻译的《妙法莲华经》具有划时代意义，它促使佛教深入民间，吸引了广大的信徒。而北凉时期的高昌地区从抄写佛经、供养法师、筑塔造寺、妆变佛像、彩绘壁画等都体现了鸠摩罗什《法华经》的内容。比如《且渠安周造寺功德碑》在赞扬法进时说，"控一乘以袭驱，超二渐而玄诣"。碑文所说的一乘即一乘佛。这种提法只有在鸠摩罗什所译《妙法莲华经》提出"三乘归一"思想以后才会出现的。⑤

---

① 吴震：《吐鲁番写本所见鸠摩罗什汉译佛教经籍举要》，《佛学研究》1994 年，第 152 页。

② ［日］池田温：《中国古代写本识语集录》，东京大学东洋文化研究所 1990 年发行，第 88 页。亦见于《新疆访古录》（一）。现藏日本书道博物馆。据题记，写于柔然之永康五年（470）七月，当阚氏高昌国时期。

③ ［日］池田温：《中国古代写本识语集录》，东京大学东洋文化研究所 1990 年发行，第 91 页。本件藏柏林德国科学研究院。该院还藏一件出自交河故城的《妙法莲华经》第六卷。见《集录》第 158 页，约当 6 世纪所写。

④ 妙法莲华经卷一比丘兴达等题记（西凉建初七年，411 年）：比丘弘僧强写，第一，建初七年岁辛亥七月二十一日，比丘弘施、惠度、兴达，共劝助校一遍。时劝助磨墨，贤者张佛生。经名《妙法莲华》，兴达所供养。

⑤ 贾应逸：《〈且渠安周造寺功德碑〉与北凉高昌佛教》，《西域研究》1995 年第 2 期。

北魏末至西魏时期《法华经》一度在敦煌地区盛行。写经的目的既有佛教信仰上的成就佛道要求，更表现出世俗现实的愿望，如儿女相见等。这是希望通过信仰的力量，来达到其世俗的目的。写经的人员中有高官、僧人还有普通民众。当时的东阳王元荣，敦煌文书 S.4415 记载曾写《法华经》等经 100 卷。莫高窟第 259 窟的释迦多宝二佛并坐造像都是来自法华的题材。同时作为当时法华题材主要内容的二佛并坐造像在北魏时期的敦煌石窟也已登堂入室，如主尊造像等。西魏开凿的第 285 窟也绘有这一题材的壁画。这些皆表明法华思想在敦煌地区流布甚广。

值得注意的是，在敦煌吐鲁番地区发现的古代文书中，有一件是南朝齐代的，另一件是中原洛阳地区的写经。这说明虽然政权不同，但是佛教并没有停止它的传播。但是作为共有的一种文化现象，佛教起到了很好的文化交流，而佛经的流通，正是这种交流和传播的重要体现。

三　天台宗对《法华经》思想的继承和创新

《法华经》在隋代成为智者大师建立天台宗的理论法宝。他详细注释《法华经》，从而形成了指导天台宗的"三大部"著作，并对该经中的许多思想作了引发。

《法华经》主要思想之一是"诸法实相"说。在《法华经·方便品》中说："唯佛与佛乃能究尽诸法实相。所谓诸法如是相，如是性，如是体，如是力，如是作，如是因，如是缘，如是果，如是报，如是本末究竟等。"这句话是说，世间一切事物（诸法），本质都是"实相"，或称"真如""佛性"等。要探究诸法实相，必须从相、性、体、力、作、因、缘、果、报、本末究竟十个方面来观察。

慧思认为，"如"，意为真如、如实，指诸法的本性，即真谛（空）。一切法都归结为实相，由此建立"十如实相"说。这一"十如实相"说后来为智𫖮所接受，并在确立他的"一心三观"说和"三谛圆融"说中发挥了重要作用。对于"一心三观"，《法华玄义》卷 1（上）经论说"三界无别法，唯是一心作"；《摩诃止观》卷 5（上）说"一切世间中，莫不从心造"。[①] 同时又认为心的本质是实相，不生不灭，故而能"观一心即三心，三心即一心"，使"一心三观"在实相的基础上达到主体意识

[①]《大正藏》第 46 册，第 52 页中。

与虚幻假相的冥合。智𫖮《妙法莲华经文句》卷2上说,"假观观心,具十法界无量数法;空观观心,十法界但有名字语言,并无实体;中观观心,心是实相,十法界均入实相。"《法华经》的这些思想再加上中观理论,就确立了"一心三观"说的基础。智𫖮的根本目的就是要说明世界一切事物和现象都是在"一心"基础上达到的圆融统一,众生也只有在圆融理论的指导下做到圆证、圆修。智𫖮在《摩诃止观》卷5(上)中说,"若解一心一切心,一切心一心",便能"遍历一切,皆是不可思议境"。《摩诃止观》卷6(下)又说,修习佛道的法门有许多,但"虽种种说,只一心三观","只约无明一念心,此心具三谛;体达一观,此观具三观"。天台宗认为"心"是理论的核心范畴,也是宗教修行的起点,认为由一心而达三观,由三观而证得中道实相;认识问题解决了,实践也就有了保证。

在"一心三观"的基础上成立的"圆融三谛"理论,这是智𫖮止观学说体系走向成熟的重要标志。首先智𫖮认为,从事物间的相互联系来看,一切法都具有"三轨"。它们是真性轨、观照轨和资成轨。然后又把"三轨"说与"十如实相"说联系起来,他在《法华玄义》卷5(下)中说:

> 十种相性,只是三轨。如是体,即真性轨;如是性,性以据内,即是观照轨;如是相者,相以据外,即是福德,是资成轨。力者,是了因,是观照轨;作者,是万行精勤,即是资成;因者,是习因,属观照;缘者,是报因,属资成;果者,是习果,属观照;报者,是习报,属资成;本末等者,空等即观照,假等即资成,中等即真性。

从三谛的角度讲,中道第一义谛是真性轨,空谛是观照轨,假谛是资成轨。三谛和三轨一一对应,所以能以"十如论于三轨"。《法华玄义》卷5(下)接着说:"一佛乘即具三法,亦名第一义谛,亦名第一义空,亦名如来藏。此三不定三,三而论一;一不定一,一而论三,不可思议。"三轨分别对应空、假、中,而三者又不是龙树讲的有层次关系,智𫖮认为三者互不妨碍,同时存在的,这就叫作"圆融三谛"。由此可见,智𫖮的圆融三谛说在理论远远胜于龙树的二谛论。智𫖮同时指出,圆融三谛是《法华经》的重要宗旨,体现了《法华经》的基本原理,是该经与其他大乘经典相互区分的主要标志。他的《法华玄义》卷1（上）中说："分别者，但法有粗妙。若隔历三谛，粗法也；圆融三谛，妙法也。"圆融三谛体现了《法华经》的妙法，而《法华经》也因圆融三谛确立了大乘经典的最高地位。《法华玄义》卷1（上）中接着说：

> 诸经或于俗谛自在，或于真谛自在，或于中道自在，但是历别自在，非大自在。今经三谛圆融，最得自在，譬大梵三。余经拔众生出生死、如五佛子于凡夫第一；或拔众生出涅槃，如菩萨居无学上。今经拔出众生，过方便教菩萨上，即成法王，最为第一。

由此可知，圆融三谛不仅吸收《中论》的"二谛"说，更是把《法华经》的"会三归一""诸法实相"等思想，作为自己创立圆融学说的经典依据。

智𫖮的"一念三千"，就是说整个宇宙万有的实相都存在于"一念"或"一心"之中。关于其理论，智大师在《摩诃止观》卷5（上）中说：

> 夫一心具十法界，一法界又具十法界，百法界，一界具三十种世间，百法界即具三千种世间。此三千在一念心。若无心而已，介尔有心，即具三千。……祇心是一切法，一切法是心故非纵非横，非一非异，玄妙深绝，非识所识，非言所言，所以称为不可思议境，意在于此。①

又在《法华玄义》卷2（上）中说："游心法界者，观根尘相对，一念心起，于十界中必属一界。若属一界，即具百界千法。于一念中，悉皆备足。"

"一念"，即为"一念心"，是指心念活动的那一时刻；"三千"，即"三千世间"，此三千并非实指，而是概指宇宙万有、整个世界。这一学说主要借鉴了《法华经》的"十如"实相说、《华严经》"十法界"说和《大智度论》的"三种世间"说，是智𫖮"性具实相"说的核心部分。

---

① 《大正藏》第46册，第54页上。

法华三昧理论出自《法华经》，经中只提到法华三昧的功德，并没有什么具体内容。把它与修行禅定结合起来的，应该是从慧思开始。他在《法华经安乐行义》中说："《法华经》者，大乘顿觉，无师自悟，疾成佛道。一切世间，难信法门。凡是一切新学菩萨，欲求大乘，超过一切诸菩萨，疾成佛道，须持戒，忍辱精进，勤修禅定，专心勤学法华三昧。"[①]不仅如此，还把法华三昧说成是"法华安乐行"两种行法（无相行、有相行）中的"无相行"。道宣的《慧思传》曾记载说，慧思早年在慧文处就已经证得法华三昧，后来又将法华三昧作为重要法门传授给弟子。道宣的《智颢传》记载："颢乃于此山行法华三昧，始经三夕，诵至《药王品》，心缘苦行，至是真精进句，解悟便发。"[②]看来智颢在光州大苏山跟随慧思的时候，就已经习得法华三昧行法。但是智颢并没有停留在原来的基础上，而是对它进行了创造和发展。据《摩诃止观》卷2（上）载，智颢更加翔实地论述了法华三昧的行法，并且另立十种行仪：一严净道场，二净身，三三业供养，四清佛，五礼佛，六六根忏悔，七绕旋，八诵经，九坐禅，二一证相。又在《法华三昧忏仪》中说，法华三昧以三七日为期，行送诵经，或行或立或坐，思惟谛观中道实相为理，并于六时之中修行五悔（忏悔、劝诸、随喜、回向、发愿）。很明显，法华三昧吸取了《法华经》观诸法实相的实质精神。

受智颢的影响，天台宗的后人都比较重视法华三昧。湛然作过《法华三昧行事运想补助仪》一卷；知礼终生以修持法华三昧为课，认为是证悟实相的止观修习。

智颢的判教体系也吸取了《法华经》"会三归一"的主要思想，认为只有一乘教，才是佛教的真教义。如经中所说："十方佛土中，唯有一佛法，无二亦无三，除佛方便说。"[③]智颢继承并发挥《法华经》的这种"会三归一"的融会精神，提出了"五时八教"的判教方法。他的判教理论由五味根机说、三种教相论、四教义说、教观统一论四部分组成，在内容上虽有对前人的继承，更多的却是他自己的创造。智颢想通过判教，将佛教的全部理论，按照圆融统一的原则，来加以使用和对待，使众生都将

---

① 《大正藏》第46册，第697页下。
② 《续高僧传》卷17，《大正藏》第50册，第564页。
③ 《大正藏》第9册，第7、8页。

从佛法本身而获得证悟，入大涅槃。这样不仅可以调和佛教内部的种种矛盾，而且将当时的判教理论推进到一个新的阶段。但是出于创立宗派的需要，他突出了《法华经》在所有经典中具有的优势地位。《法华经》所拥有的独特的"会三归一"思想，符合当时南北佛学融合的趋势和要求，这也是被天台宗智者大师所看重的地方。也正是对《法华经》的推崇，才使得天台宗自身获得了发展的历史机遇。

四 隋唐时期《法华经》的流传

《法华经》"会三归一、开权显实"以及"众生皆能成佛"的思想，顺应了隋唐时期国家统一和民众信佛的心理需求，再加上南北朝后期观世音信仰的崛起以及智𫖮和吉藏大师的竭力宣扬，《法华经》的流传和信仰达到历史的新高度。尤其在唐代的士大夫和普通民众两大阶层中间产生广泛影响，而且被改造成形式不同的变文、经变等内容。这一时期的《法华经》流通的主要是鸠摩罗什的版本，多数情况下直接称之为《妙法莲华经》。

隋唐时期随着南北的统一和社会经济的好转，抄写佛经成为佛教信仰的重要方式之一。从宫廷到普通百姓，写经奉佛成为一种普遍的现象，写经的数量大为增加。敦煌文书中绝大多数的卷号都是唐代时期的佛教写经。敦煌文书中三种《法华经》均有保存，但却以鸠摩罗什修订本为最多。《正法华经》北图藏有3号，英国亦有收藏。从总体来看，敦煌遗书中所存该经的数量不多。《妙法莲华经》，北图藏有菜17号、新16号等约两千号。英、法、俄、日等国所藏数量亦较多，总数超过五千号，是敦煌文书中保存单经数量最多的佛经。不过从敦煌遗书以及传世大藏经来看，历史上的主要流通本应该是七卷本。[①]

敦煌文书中很多写经有题记，有的则留下了确切的年代，为我们研究历史提供了重要信息。我们先将几种重要的佛教经典做一对比，来进一步分析《法华经》在当时的流通情况。择取有明确纪年的卷号统计列表如下：

---

① 方广锠：《敦煌遗书中的〈妙法莲华经〉及有关文献》，《中华佛学学报》第10期，1997年7月，第215页。

表6—4　　　　　　　　　佛教经典的流通情况

经名＼时代	隋	初唐	盛唐	中唐	晚唐	五代	宋初
《大般涅槃经》	12	2	6				
《华严经》	3	1	1	1			
《妙法莲华经》（含观世音经）	4	35（5）	21（3）	4（2）	4（2）	13（3）	6（2）
《无量寿观经》	1	1	1				
《金刚般若经》	3	8	16	8	9	10	5
《维摩诘经》	1	7	1	4	2	2	
《金光明经》	1	1			6	2	2
《大般若经》		5	3	4	2	1	4
《般若心经》			2	1		5	4
《佛顶尊生陀罗尼经》			5	5	3	5	

整个唐代最为流行的写经为《妙法莲华经》和《金刚般若经》，这与《太平广记》中出现的应验记故事数量基本相似。隋代最多的是《大般涅槃经》与当时北周隋代的涅槃思想的盛行有关系。① 《金刚经》在盛唐的流行与唐玄宗的《御注金刚般若经》并颁布于天下有关系。②

初唐《法华经》的流行与武则天为其亡父母造《法华经》三千部有关系。据敦煌文书记载，在咸亨二年（671）至仪凤二年（677）间，武则天为亡故父母敬造了《妙法莲华经》和《金刚经》各三千部。P.3788存有造《法华经》的发愿文，文曰：

> □□三□□□之因，说听兼忘，四辩假弘宣之力。故龙宫密藏，蕴妙无边，贝叶遗文，传芳未泯。况乃化城微旨，朽宅真筌，跨十宝而曾临，登四衢而广运。踊塔之圣，证随喜于当时，控象之贤，誓守护于来荣。喻星中之满月，迴向者永出迷津，譬顶上之圆珠，信受者常昇法岸。伏惟先考工部尚书荆州大都督上柱国周忠孝公，赠太尉太子太师太原王、风云诞秀、岳渎疏英，赞纽地之宏图，翊经天之景

---

① 崔峰：《〈大般涅槃经〉写经在北周和隋代的流行》，《牡丹江大学学报》2009年第3期。
② 李希泌主编：《唐大诏令集补编》卷30《释道·佛教》，《答张九龄等贺御注〈金刚经〉手诏》，上海古籍出版社2003年版，第1397页。

运。先姚忠烈夫人太原王妃、蹈理居谦，韫七诫而重裕，依仁践义，怱四德以申规。柔训溢于丹闺，芳徽暎乎彤管，资忠奉国，尽孝承家。媛范光于九区，母仪冠于千古。弟子早违严荫，已缠风树之哀，重夺慈颜，倍切寒泉之慕。霜露之感。随日月而逾深。荼蓼之悲，终天地而弥痛。爰冯法境，庶展荒衿。奉为二亲，敬造妙法莲华经三千部。豪分露彩，还符甘露之门，纸散花编，遽叶贯化之典。半字满字，同开六度之因，大枝小枝，并契三明之果。伏愿先慈传辉慧炬，讬荫禅云，百福庄严，万灵扶护。临玉池而洗想，践金地以游神。永步祇园，长承轮座，傍周法界，广帀真空。俱登十善之缘，共叶一乘之道。妙法莲华经序品第一。

所造之经被颁发到全国各地寺院供奉，所以敦煌地区才有如此之经卷。《妙法莲华经》七卷本均以鸠摩罗什译本为底本。这一全国规模的活动，影响了普通百姓，《妙法莲华经》的写经风靡各地，因此这一时期敦煌文书遗留下的该经写经供养的最为多见。

在隋代已经有了秘书省经生抄经的事情，如 S.2295《老子变化经》末题曰："大业八年八月十四日经生王涛写，秘书省写"。到了唐代这一活动更加规范化。官府的写经生又称书手、楷书、群书手，主要来自秘书省和门下省。比如 S.1456《妙法莲华经卷第五》末题："上元三年五月十三日秘书省楷书孙玄爽写。"S.312《妙法莲华经卷第四》有记"门下省群书手封安昌写。"S.1048《妙法莲华经卷第五》末题："弘文馆楷书成公道写。"《唐六典》卷8《门下省》载弘文馆设"校书郎二人，学生三十人，令史二人，楷书手二十五人，典书二人，搨书手三人，笔匠三人，熟纸装潢匠九人"。《唐六典》卷10《秘书省》记载，秘书省"令史四人，书令史九人，典书八人，楷书手八十人……熟纸匠十人，装潢匠十人，笔匠六人"。崇文馆设"校书二人，令史二人，典书二人，搨书手二人，书手十人，熟纸匠三人，装潢匠五人，笔匠三人"。[①] 这些专职的书手是专门为朝廷写书章编撰文献等使用的，因此当造经之时，他们自然成了佛经的写手了。不但如此宫廷里的写经还设置了一套严密的程序以保证出经的质量。S.4209《妙法莲华经卷第三》题记如下：

---

① 《唐六典》，中华书局1992年版，第240、294、656页。

咸亨三年四月十五日门下省群书手赵文审写
用小麻纸一十九张
装潢手解善集
初校书手赵文审
再校福林寺僧智藏
三校福林寺僧智兴
详阅太原寺大德神符
详阅太原寺大德嘉尚
详阅太原寺上座道成
判官少府监掌冶署令向义感
使太中大夫守工部侍郎摄兵部侍郎永兴县开国公虞昶监

抄经的时间、抄经者、用纸数量、装潢者、初校者、再校者、三校者、详阅者、监制者等一应俱全，这几乎是所有此类写经的共性，表明了宫廷写经程序的严格性和规范性。

有唐一代文人士大夫信佛者居多，从《全唐文》中的作品中可窥见一斑。有的在家出家，有的与高僧交往甚厚，深受佛教现实风气的影响。而《法华经》则是他们最为喜爱的佛教经典之一，诵持传播者很多。白居易曾作《苏州重玄寺法华院石经碑文》云："夫开示悟入诸佛所见，以了义度无边，以圆教垂无穷，莫尊于《妙法莲华经》，凡六万九千五百五言。……是八种经，具十二部，合一十一万六千八百五十七言，三乘之要旨，万佛之秘藏，尽矣。"[1]

唐代最受欢迎的八种经中《妙法莲华经》排在首位，最大的特点是"开示悟入诸佛所见，以了义度无边，以圆教垂无穷"。因此受到世人的尊奉。唐初期的左仆射宋国公瑀，曾经为《妙法莲华经》写疏，并收集了十多家的注解，经常邀集京师名僧加以讨论。资料记载："偏弘《法华》，同族尊卑，咸所成诵，故萧氏《法华》，皂素称富。……总集十有余家，采掇菁华，揉以胸臆，勒成卷数，常自敷弘。"他的哥哥太府卿萧璟，诵读《法华经》一万多遍，并雇人抄写一千部，每次朝参，要让侍

---

[1] 《白居易集》卷69，顾学颉点校，中华书局1979年版。

从人员在前面手执经卷，公事之隙，抓紧诵读。家族中无论尊卑贵贱，对《法华经》都能成诵。因此《续高僧传》中说："萧氏一门，可为天下楷模矣。"①《法华经传记》卷5还记载他"大业中自以诵《法华经》。乃依经文做多宝塔。以檀香为之。塔高三尺许。其上方复下原下。并为木多宝佛像。"S.5357记载"乾元二年七月十五日，玉门军副使昭武校尉守右卫宁州彭池府折卫员外置同正员敕紫金鱼袋上柱国皇甫鸣銮，为亡妻尚氏自写（妙法莲华经）记。"还有北洪字七一号也记太子通事舍人米□，为亡男读诵《妙法莲华经》。他们还运用《法华经》中的典故，如莲花、大白牛车、三界火宅等，时常出现在自己的诗歌中。孟浩然《题大禹寺义公禅房》诗说："看取莲花净，应知不染心。"②杜甫《上兜率寺》诗说："白牛车远近，且欲上慈航。"③白居易《赠昙禅师（梦中作）》诗说："欲知火宅焚烧苦，方寸如今化作灰。"④类似的例句在唐诗中还有不少。可见《法华经》在社会上的流布，产生了一定的影响。

隋唐的士大夫对于《法华经》的传播，直接起到了极大的促进作用。由于很多人能写诗作赋，而且这些诗篇在当时老百姓之中广为流传，无意中起到了宣传的作用。

第四节 从《维摩诘经》看印度佛教与中国传统文化的融合

《维摩诘经》，又名《净名经》或者《不可思议解脱经》，是早期大乘佛教的重要经典。它在宣传大乘佛教的精神方面，起到了重要的作用，尤其是在吸引富家贵族信奉大乘方面，有着独到的地位。东汉末期此经开始进入中国内地后，引起了上层社会人士的关注。到鸠摩罗什译出新版本之后，由于它的通俗达意，更适合于民众的阅读流传和信仰，所以替代以往版本流行起来。以后又虽有多人重译，但均不及鸠摩罗什本。《维摩诘经》宣传"不二"的大乘思想，展示了大乘佛教的要义。在家出家的修行方式适应了社会各个阶层的宗教信仰需求，在中国历代知识分子阶层十

---

① 《续高僧传》卷28《释慧铨传》，《大正藏》第50册，第689页下。
② 《全唐诗》卷160，中华书局1960年版。
③ 《全唐诗》卷227，中华书局1960年版。
④ 《全唐诗》卷440，中华书局1960年版。

分受欢迎。同时它还在哲学和文学艺术等方面对后世产生深远的影响。

一 《维摩诘经》在印度形成

《维摩诘经》形成的时间,也是众说纷纭,但普遍认可约为1世纪的说法。《大智度论》中就有了《维摩诘经》的引用内容,而龙树生活的年代在2—3世纪。另外从中国的译经方面看,《历代三宝纪》中记载最早翻译此经的是东汉后期的严佛调,称为《古维摩诘经》。从佛经内容上分析,与现存的《八千颂般若经》有很多相似之处,因此它们产生的年代差距不大。由此可以推知《维摩诘经》是产生较早的一部大乘佛教经典。① 印顺根据早期佛经问题的特征,将《维摩诘经》判为初期大乘后期作品。②

《维摩诘经》是大乘居士佛教的主要经典,唯有此经是菩萨(居士)所云。经中塑造的人物维摩诘,是在家菩萨的典型代表。他深通大义,辩才无碍,积极弘法。该经讲"心、佛、众生,三无差别"之不二法门,体现了大乘佛教思想的精髓,将佛门的俗家菩萨修大乘法所悟证法果与出家菩萨等同起来,且有胜而无不足,完善了佛教徒修大乘佛法的体系。

早期大小乘经律中就有居士阶层的记载,是指吠舍(毗舍)阶级之豪富者。如《中阿含》卷1《水喻经》云:"刹利、梵志、居士、工师。"③《长阿含》卷22《世本缘品》云:"婆罗门种、居士种、首陀罗种。"④《大品般若经》卷1云:"刹利大姓、婆罗门大姓、居士大家。"⑤《五分律》卷21云:"问言:汝各有几财得为居士?第一人言:我钱有十三亿。第二人言:我有十四亿。第三人言:我有十四亿,又有一无价摩尼珠。二十亿言:我有二十亿,复有五百摩尼珠、一摩尼宝床。"《大智度论》中本论卷98解释说:"居士真是居舍之士,非四姓中居士。"⑥ 慧远《维摩义记》卷1(末)云:"居士有二:(一)广积资产,居财之士名为

---

① [法]拉莫特:《维摩诘经序论》,郭忠生译,南投:谛观杂志社1990年版,第161—162页。
② 释印顺:《初期大乘佛教之起源与开展》,台北:正闻出版社1981年版,第924—926页。
③ 《大正藏》第1册,第425页下。
④ 同上书,第149页中。
⑤ 《大正藏》第8册,第220页上。
⑥ 《大正藏》第25册,第742页上。

居士。（二）在家修道，居家道士名为居士。"① 看来慧远对印度佛教居士的概念解释较为准确。

在原始佛教时期就有居士佛教的出现，《阿含经》等早期佛经记载，波罗奈斯某长者之子耶舍听释迦说法并出家，随后此长者本人、长者妻及耶舍之妻相继归依佛法，成为最早的在家信徒。《杂阿含经》卷4记载，只要信奉佛法，恭敬三宝，受持五戒，修善去恶即可成为居士。居士们的布施，成为早期佛教得到援助和发展的重要条件。虽然在部派佛教时期有些式微，但最终冲破小乘佛教的封闭思想，成为大乘佛教崛起发展的重要内容，居士佛教也形成一股洪流不再停息。《维摩诘经》就是为了彰显在家居士修行的意义，提高在家信徒的地位。居士佛教开始时主要针对的是享有一定社会地位和较为富裕的那部分人，其目的就是拉拢这一部分的社会人员，扩大佛教的范围和影响。同时也不排除吸收钱财，让他们来帮助佛教生存和发展。比如《维摩诘经》大力提倡供养，推崇布施的大功德系列思想，维摩诘居士其实就是众多佛教徒中布施和供养的典范。维摩诘得到佛的赞扬，有这么大的威力、功德，完全成为其他佛教徒学习的榜样，该经在这方面的思想宣传应该是其主要目的之一，从而奠定佛教生存的物质基础。大乘佛教的菩萨道思想为在家居士提供了修行的可能，促进了大乘派的发展，也为上层人士进入佛教和支持佛教提供了可能。这在印度佛教历史中体现得尤为明显。

根据历代经录，《维摩诘经》有七种汉文译本，北宋时又有藏文的文本。七种汉译本分别是：

1.《古维摩诘经》，二卷，佚。后汉临淮沙门严佛调于灵帝中平五年（188）译出。

2.《毗摩罗诘经》，又称《维摩诘所说不思议法门经》，三卷。吴黄武年间支谦译出，现存。《出三藏记集》评论道："曲得圣义，辞旨文雅。"支译为后出的几个译本尤其是鸠摩罗什译本提供了有益参考。到了东晋时期，该本成为上流名士们信仰维摩诘的根本译本。

3.《异毗摩罗诘经》，三卷。晋元康年间竺叔兰译。

4.《维摩诘所说法门经》，一卷，佚。西晋三藏竺法护译于惠帝太安二年（303）。

---

① 《大正藏》第38册，第441页中。

5.《维摩诘经》，四卷，佚。东晋西域三藏祇多蜜译。

6.《维摩诘所说经》，后又称《不可思议解脱经》，三卷，现存。姚秦鸠摩罗什于秦弘始八年［晋义熙二年（406）］在长安大寺译出。

7.《说无垢称经》，六卷，现存。唐三藏玄奘译。译文虽然直译更为准确但艰涩难读，影响到了它的流行。

根据中国译本出现的时间来推断，维摩诘经在印度出现的年代较早，属于大乘佛教初期的经典。同时在印度本土，又是一部流通时间长的佛经。

二　鸠摩罗什译本的流行

关于《维摩诘经》各个译本的历史流行情况，我们可以通过敦煌文书中的遗存数量做一对比。有关鸠摩罗什译本的写本有821个卷号，支谦的译本仅有2个卷号，而玄奘的有4个卷号。鸠摩罗什的《维摩诘经》本几乎占据了历代写经的全部。不仅如此，敦煌壁画中的《维摩诘经变》采用的底本也是鸠摩罗什的译本。① 足见各个译本的流行状况。从时间上看，藏经洞现存的绝大多数《维摩诘经》写本，几乎都是5世纪以后的卷子，这也与鸠摩罗什译经的时间相一致。②

至于鸠摩罗什版本流行的原因，许多学者做了分析。僧肇的《注维摩诘经序》说出其原因是"而恨支竺所出理滞于文。常惧玄宗坠于译人。北天之运。运通有在也。以弘始八年岁次鹑火。命大将军常山公左将军安城侯。与义学沙门千二百人。于常安大寺请鸠摩罗什法师重译正本"③。僧叡的《毘摩罗诘堤经义疏序》也说"既蒙究摩罗法师正玄文摘幽指。始悟前译之伤本。谬文之乖趣耳。……虽曰讲肆格义迂而乖本六家偏而不即性空之宗。以今验之。最得其实然炉冶之功微恨不尽。当是无法可寻。非寻之不得也"。④ 鸠摩罗什的翻译一开始就带有与中国本土文化相结合的味道，比如在经中出现的"若在王子，王子中尊，示以忠孝"等句子

---

① 吴文星：《〈维摩诘经〉的鸠摩罗什译本流行的原因分析》，《华南师范大学学报》（社会科学版）2005年第2期。

② 邹清泉：《中古敦煌〈维摩诘经〉的书写——以藏经洞维摩写卷为中心》，《敦煌学辑刊》2012年第1期。

③ 《出三藏记集》卷8，《大正藏》第55册，第58页。

④ 同上。

都是很好的体现。窥基曾评价说： "第三《声闻品》，什公名《弟子品》……应名声闻，不应名弟子，何况梵本无弟子之言……第八，今名《菩提分品》，什公名《佛道品》。……言佛道者，佛是佛果，道是因名，道路之义，取佛之道。义虽可尔，然肇公意欲以老子之道同佛之道，而以为名，菩提觉义，未伽道义。梵音既违，义亦有滥。"①

三　南北朝时期的维摩信仰和形象改造

《维摩诘经》对世人最具有吸引力的是维摩居士的出世性。他虽然生活富足，住着豪华的住宅，享尽各种人间富贵，但是他经常与皇室甚至是普通民众往来，熟知佛教大义，以超凡脱俗的智慧对待人生。他的这种既过富裕豪华的世俗生活，又有出世的精神生活，也就是"发阿耨多罗三藐三菩提心，即是出家，即是具足"，才是真正的菩萨行。出世和入世间的两重性格在他身上得到完美的统一。该经表现出的肯定现实和人生的思想，大大冲淡了佛教固有的悲观厌世的色彩，与中国传统儒家思想提倡的积极入世的人生观十分一致，为士大夫和普通百姓接受佛教扫清了障碍。

《维摩诘经》经文中维摩诘居士辩谈的情节引人注目，与当时名士的玄谈十分相近，致使东晋以来的士大夫研习《维摩诘经》成为风尚。维摩诘与历代文人士大夫的处境和目标极为暗合，成为广大知识分子追求的境界。晋宋之际的谢灵运是当时的名士代表，也是早期《维摩诘经》的实践者代表。他出任永嘉太守后，"遂移籍会稽，修营别业，傍山带江，尽幽居之美。与隐士王弘之、孔淳之等纵放为娱，有终焉之志"。在此期间，他作《山居赋》并自注，以言其事。在诗文中提到的"抱疾就闲，顺从性情，敢率所乐，而以作赋"。此种心情完全是一幅超越世俗人间、远离豪华闹市的画卷。在这一世界里，作者遨游畅想、悠然自得的感受无不与维摩诘居士的形象相似。② 他所创造的这种山水诗意，对后世的影响十分深远。

与晋宋相比，维摩诘的传播在齐、梁社会呈现出不同的特色。具体表现在如下三方面：一是维摩诘信仰与儒家文化的结合；二是说维摩诘的风

---

① 窥基：《说无垢称经疏》卷1，《大正藏》第38册，第993页上。
② 《宋书》卷67《谢灵运传》，中华书局标点本1974年版。

行不衰；三是《维摩诘经》注疏的大量涌现。前者是朝政变化的新举措，后二者则意味着对晋、宋积习的继承和发展。①

齐武帝爱好《维摩诘经》，曾多次请僧尼讲解。《华严寺妙智尼传》记载："禅堂初建。齐武皇帝敕请妙智讲胜鬘净名开题。及讲帝数亲临。诏问无方。智连环剖析初无遗滞。帝屡称善。四众雅服。"② 齐竟陵王萧子良十分看重《维摩诘经》，与当时的社会名流一起，做现实维摩的实践者。《续高僧传·智藏传》记载："（文宣王）将讲《净名》，选穷上首，乃招集精解二十余僧。探授符策。"《比丘尼传》卷3《普贤寺净晖尼传》记载："永明八年，竟陵文宣王请净晖于第讲《维摩经》。"③ 不仅如此，他还撰写《维摩诘经》的注疏和赞文等。他曾著《维摩义略》五卷，《受维摩注名》一卷，并自书《大字维摩经》一部十四卷，《细字维摩经》一部六卷。④ 他的这种思想对当时的士大夫起到了极大的影响和带动作用。齐太傅萧颖胄在荆州时，曾请明彻法师于内第开讲《净名经》。⑤ 齐高帝时任中书令的张绪曾赴寺院听《维摩诘经》，据载"驾幸庄严寺听僧达道人讲《维摩》，坐远不闻绪言，上难移绪，乃迁僧达以近之"⑥。

梁武帝曾作为竟陵王的属下，深受其影响而成为崇佛的有名皇帝。《续高僧传》卷6《梁大僧正南涧寺沙门释慧超》记载"帝又请于惠轮殿讲净名经，上临听览"。说明梁武帝对《维摩诘经》十分重视，他还做过该经的注疏。《梁书·武帝本纪》云："兼笃信正法，尤长释典，制《涅槃》、《大品》、《净名》、《三慧》诸经义记，复数百卷。听览余闲，即于重云殿及同泰寺讲说，名僧硕学、四部听众，常万余人。"不仅如此，据《南朝佛寺志》卷下记载，武帝还曾经将资福院改名为净名院。在他的影响下，皇室成员也推崇《维摩诘经》的思想。梁武帝的长子起小名就叫维摩。据《南史·梁武帝诸子列传》记载："昭明太子统字德施，小字维摩，武帝长子也。"梁简文帝也是崇佛的帝王之一，在《与广信侯书》中就记载他在华林"伏承《净名》法席，亲承金口"听讲和谈论《维摩诘

---

① 何剑平：《中国中古维摩诘信仰研究》，巴蜀书社2009年版，第127页。
② 《比丘尼传》卷3，《大正藏》第50册，第942页下。
③ 《大正藏》第50册，第943页中。
④ 《出三藏记集》卷12，《大正藏》第55册，第85页中。
⑤ 《续高僧传》卷6《释明彻传》，《大正藏》第50册，第473页。
⑥ 《南史》卷31《张裕传附张绪传》，中华书局标点本1975年版，第809页。

经》的事情。①

梁代的名士谢举，"尤长佛理，注《净名经》，常自讲说"。②陈代的徐陵与智顗交往甚密，他在《东阳双林傅大士碑》中写道："故维摩降同长者之仪，文殊师利或现儒生之像。……抑号居士，时为善宿。"在《谏仁山深法师罢道书》也写到"口餐香积之饭"，"或若火里生花可称稀有"等句子，足见维摩思想对他的影响。陈代文人毛嘉，善草隶的书法，常写《维摩诘经》，《辩正论》卷3说他"躬自运笔写维摩经。梁世子云不能加之也"③。可见南朝的四代文人名士信仰维摩之风盛行不衰，玄论的风格与维摩居士的作风颇有附和之处。

北朝时期的佛教重视禅定和实践，孝文帝时迁都洛阳，由于受南方风气影响，义学开始发展。宣武帝就是一位佞佛又重视《维摩诘经》的皇帝。《魏书》卷8《世宗纪》载："（永平二年十一月）己丑，帝于式乾殿为诸僧、朝臣讲《维摩经》。"《辩正论》卷3亦载："魏世宗宣武皇帝于式乾殿为诸僧、朝臣讲《维摩经》。喜怒不形，雅爱经史。尤爱释义，善风仪，美容貌。"一代名士崔光"每为沙门朝贵请讲《维摩》《十地经》，听者常数百人，即为二经义疏三十余卷。识者知其疏略，以贵重为后坐疑于讲次。"④《辩正论》卷4《十代奉佛篇下》记："魏骠骑大将军仪同三司恒州刺史陆政平直无私，守道寡欲，有长仁之操，善文雅之容。口诵《维摩》以为论本。时人高尚，莫敢抗谈。"此风气在元魏王室中也是十分流行，魏淮赐王尉元、河东王苟、东阳王丕和淮南王他等诸王皆平时诵读《维摩诘经》。《十代奉佛篇下》就记载了四人的事迹："尉（元）苟丕他并容貌壮伟。大耳秀眉。四十年中三长月六守斋持戒无替。于时诵维摩经。造法王寺。年耆望重负杖来朝。"敦煌藏经洞发现的上博8926号文书是瓜州刺史东阳王元荣的出资所造《维摩诘经》，卷末有题记云：

　　大代普泰三年，岁次壬子，三月乙丑朔，廿五日己丑。弟子使持节散骑常侍都督领西诸军事车骑大将军开府仪同三司瓜州刺史东阳王元荣，惟天地□□，荒王路否塞，君臣失礼，于兹多载。天子中兴，

---

① 《广弘明集》卷16，《大正藏》第52册，第210页中。
② 《南史》卷20《谢弘微传》，中华书局标点本1975年版，第563页。
③ 《大正藏》第52册，第506页中。
④ 《魏书》卷67《崔光传》，中华书局标点本1974年版，第1499页。

是得□息叔和，诣阙修变，弟子军□，添患□□叔和，早得回还，敬造《维摩书》百部供养。

北周保定二年（562）尔绵公还请高僧到自家宅上讲《维摩经》。敦煌文书S.2732记载："维摩经义记卷第四，保定二年岁次壬午、于尔绵公斋上榆树下、大听僧雅讲维摩经一遍私记。"

南北朝时期的上层名流在信奉维摩诘的同时也对他的形象进行了中国化的改造。首先是从着装上，无论是石窟造像还是单体造像，都被描绘为褒衣博带的士族文人的外表形象。这种样式在北魏的平城时代，也就是云冈石窟中的造像中就已经出现了，但那时的服装和坐椅等还多少带有北方游牧部落的特征。迁都洛阳以后，开凿的龙门石窟内的造像，完全变成了汉族人的服装和南方褒衣博带的典型样式。其次，在《维摩诘经》的诸品中，《文殊师利问疾品》成为北朝各石窟造像中的流行主题。该品表现的是佛差使文殊师利去向维摩诘问疾，众人纷拥入毗耶离大城。当时的维摩诘称病卧在床上。然后是二者的共谈与说妙法。维摩诘的这一形象恰好是文人居士学习和效仿的形象，谢灵运作的《山居赋》中就提到"抱疾就闲，顺从性情，敢率所乐，而以作赋"。北魏以来的造像碑和石窟造像题材几乎皆源于这种形象。洛阳龙门宾阳洞前壁的北魏浮雕维摩诘像，河南巩县石窟第1窟北魏晚期的维摩诘造像，渑池鸿庆寺石窟第3窟龛浮雕的文殊、维摩问疾说法图像等皆是这一形象。龙门石窟中最早的维摩诘造像的年代大约在太和年中至景明、正始年间。据张乃翥统计，龙门石窟现存129铺有关维摩诘的造像，它们是古阳洞31铺，古阳洞外1铺，宾阳中洞1铺，路洞2铺，路洞外2铺，六狮洞1铺，慈香洞1铺，慈香洞外2铺，莲花洞32铺，莲花洞外4铺，魏字洞12铺，魏字洞外1铺，火烧洞6铺，石窟寺4铺，石牛溪3铺，石牛溪外4铺，普太洞4铺，赵客师洞1铺，唐字洞4铺，慧简洞外1铺，药方洞12铺。①

手持拂尘是中国文人对印度维摩诘形象改造的又一表现。在《维摩诘经》中并没有这一形象的记述，但是在南北朝时却大量绘制并成为维摩诘形象的标志。其中孕育的内涵就是代表了士族名流和文人的形象。《世说新语》上记："康法畅造庾公，捉尘尾甚佳。公曰：尘尾过丽，何

---

① 参见张乃翥《龙门石窟维摩变造像及其意义》，《中原文物》1982年第3期。

以得在？答曰：廉者不取，贪者不与，故得在耳。"东晋王导的《尘尾铭》曰："道无常贵，所适惟理。勿谓质卑，御于君子。拂秽清暑，虚心以俟。"梁宣帝的《咏尘尾》诗曰："匣上生光影，豪际起风流。本持谈妙理，宁是用摧牛。"陈徐陵的《尘尾铭》曰："爰有妙物，穷兹巧制。员上天形，平下地势。靡靡丝垂，绵绵缕细。入贡宜吴，出先陪楚。壁悬石拜，帐中王举。既落天花，亦通神语。用动舍默，出处随时。扬斯雅论，释此繁疑。拂静尘暑，引饰妙词。谁云质贱，左右宜之。"中国的名士文人喜爱手持尘尾，几乎成为东晋南北朝以降的身份象征了。余嘉锡笺疏的《世说新语》之《言语》篇引《日本正仓院考古记》曰：

> 尘尾有四柄，此即魏、晋人清谈所挥之尘。形如羽扇，柄之左右傅以尘尾之毫，绝不似今之马尾拂尘。此种尘尾，恒于魏、齐维摩说法造像中见之。最初者当始于云冈石窟魏献文帝时代造营之第五洞，洞内后室中央大塔二层面中央之维摩。厥后龙门宾阳洞中，洞正面上部右面之维摩。天龙山第三洞，东壁南端之维摩。北魏正始元年、孝昌三年，北齐天保八年诸石刻中维摩所持之尘尾，几无不与正仓院所陈者同形。不过依时代关系，形式略有变化，然皆作扇形也。陈品中有柿柄尘尾。柄，柿木质。牙装剥落，尾毫尚存少许。今陈黑漆函中，可想见其原形。

我们现在还能在云冈石窟的第7、1、2、6和31窟中，以及洛阳龙门石窟宾阳洞中看到构图类似的图像。

南北朝时期佛教信仰无论在上流名士中还是民间，其显著特点就是开始与中国的传统思想儒学和老庄道家相结合，尤其体现在与儒家孝道思想结合上。许多名士和高僧兼通诸学说。陈代的梁邵陵王纶为南徐州刺史，请当时的名士马枢讲《维摩经》。《陈书》卷19《马枢传》记载："梁邵陵王纶为南徐州刺史，素闻其名，引为学士。纶时自讲《大品经》，令枢讲《维摩》《老子》《周易》，同日发题，道俗听者二千人。"应该说，进入南北朝以后，随着儒学的逐步复苏，佛教与玄学结合的局面逐渐得以改变，特别是齐代开始，代表传统思想的儒学与佛教逐步结合。这种结合不仅体现在上层文士之中，对于普通民众来讲，也是如此。《八琼室金石补正》卷21记载的皇建元年的《乡老举孝义隽敬碑并维摩经刻》便是民间佛教思想与儒家传统孝道观念结合的范例。其碑文曰：

> 唯皇肇祚，大齐受命引轩辕之高宗，纪唐虞之退统，应孝义以改物，扬仁风以布则，于是缉熙前绪，照显上世。隽敬字罗，缵土苌安，食菜渤海，前汉帝臣隽不疑公之遗孙。九世祖朗，迁官于鲁，遂住洙源，幼倾干荫，唯母遍居。易色承颜，董生未必过其行；守信志忠，投杼岂能着其心。舍田立寺，愿在菩提，味养僧，缨络匪吝，救济饥寒，倾壶等意，少行忠孝，长在仁伦，可钦可美，莫复是过。盖闻诠贤举德，古今通尚，薑秀蔽才，锥囊自现。余等乡老壹百余人，目睹其事，岂容嘿焉，敬刊石立楼，以彰孝义。非但树名今世，亦劝后生义夫节妇，诏令所行。

碑文中记载的主要是刊石立碑造像、舍田立寺等佛教活动。文中提到的"愿在菩提，味养僧，缨络匪吝"和"披幽释古，奉敬如来"等都是佛教的思想，说明民众对佛教的信仰。但同时又提到刊石立碑的目的是"以彰孝义""劝后生义夫节妇"，这又明显受到儒家孝道文化的影响，而且通过此碑来宣扬这种思想。中国传统的儒家孝道思想和佛教信仰在这一碑文中巧妙结合了起来，彰显了佛教在中国内地发展过程中与本土文化适应并逐步融合的特征。

四 唐宋士大夫与维摩信仰

进入唐宋时期，历史最大的变革就是士大夫阶层的崛起。科举制度的推行，使中下层群众有了进入仕途的机会，虽然这种机会是不平等的。士大夫阶层直接服务的对象是皇权，本身不同于六朝时期的大族，他们的政治命运十分不稳定，随着皇帝的喜好、政治的斗争和皇帝的更替而变幻无常。维摩诘的生活方式和精神享受，正是士大夫群体想要的目标，尤其是在政治失意的时期。这种新的人生模式我们可称之为"维摩人生"。

唐宋时期的士大夫也不同于六朝时代的名士。原来的上流名士一般重清谈，而唐宋的士大夫一般都有禅修，真正做到了"在家菩萨"的居士方式。这种方式使他们既保持了个体孤立自傲的性格，又达到了思想上的愉悦，成为唐宋时期令人关注的一个文化现象。"诗仙"李白虽然钟情于道教，但是也写出了"胡州司马何须问，金粟如来是后身"的诗句，孟郊曾作《赞维摩诘》,文云:"貌是古印,言是空音。在酒不饮,在色不淫。非独僧礼,亦使儒钦。感此补亡,书谢悬金。"①"诗佛"王维,更是以维摩来取名,足见维摩经对文人的影响之深。当然更多的士大夫不仅身居内府,或游山闲水,还通过写诗颂词来表达自己空寂的内心世界,因此留下了不计其数的唐宋文赋诗词。

王维的亦官亦隐、亦僧亦俗的生活方式,是唐代士大夫居士佛教的典型。对名利和奢华生活的追求,使他们不得不游走于官场,但政治的黑暗又使他们追求一种精神的净土之地。王维的《叹白发》一诗,形象地说明了士大夫们的内心世界,"一生几许伤心事,不向空门何处销"②。他在京师,日饭十数名僧,以玄谈为乐。斋中无所有,唯茶档、药臼、经案、绳床而已。退朝以后,焚香独坐,以禅诵为事。③王维书画皆擅长,在大量引用的佛教诸经典中,最常见的就是《维摩诘经》。而同时作为当时的有名画家,常画的题材又是维摩诘,因此在他的人生道路中,维摩的形象成为影响至深的内容。他隐居终南山,与裴迪等人结交僧人、读佛经、悟禅理,尤其是经过"安史之乱"后,政局混乱报国无门,他优游度日,谈禅赋诗,赢得"诗佛"的美名。

中唐以后的社会矛盾复杂,政局变幻无常,士大夫的政治命运也随之起伏不定。这时候的文人官僚中很多在遭受政治失意的情况下,借助佛教来求得解脱。白居易就是其中的典型代表。他在早年的时候并不是佛教的信仰者。在人生遭受了重大转折的时候,也就是被贬江州之后,开始寻找另一种生活方式。礼佛、读经、参禅以及与高僧的交往成为日常生活中的重要组成部分。他既信禅宗,又信净土,有时还佛道不分,但总体上是在寻找一个享乐的净土世界。在《翰林中送独孤二十七起居罢职出院》中云:"碧落留云住,青冥放鹤还。银台向南路,从此到人间。"④这种乐享人生又得到灵魂解救的生活方式,显得风流潇洒又自傲不凡,成为唐代文人士大夫的典范代表,并对宋代的文人产生重要影响。白居易在杭州、苏州任刺史阶段就开始认真研读《维摩诘经》,并身践其行。据白居易作的《内道场永谨上人就郡见访善说〈维摩经〉临别请诗因以此赠》可知,当

---

① 华忱之、喻学才校注:《孟郊诗集校注》卷10,人民文学出版社1995年版,第512页。
② 《叹白发》,《王右丞集笺注》卷14,上海古籍出版社2007年版。
③ 《旧唐书》卷190下《王维传》,中华书局1975年版,第5052页。
④ 《全唐诗》卷437,中华书局1960年版。

时上善人曾为他讲《维摩诘经》。《东院》诗写道:"松下轩廊竹下房,暖檐晴日满绳床。净名居士经三卷,荣启先生琴一张。老去齿衰嫌橘醋,病来肺渴觉茶香。有时闲酌无人伴,独自腾腾入醉乡。"① 《北院》云:"北院人稀到,东窗地最偏。竹烟行灶上,石壁卧房前。性拙身多暇,心慵事少缘。还如病居士,唯置一床眠。"② 这里完全把自己等同于维摩居士的形象了。《早服云母散》则道出了他真实的内心世界:"晓服云英漱井华,寥然身若在烟霞。药销日晏三匙饭,酒渴春深一碗茶。每夜坐禅观水月,有时行醉玩风花。净名事理人难解,身不出家心出家。"

刘禹锡最喜爱的佛经也是《维摩诘经》,从他所写的众多诗词中就可看到。他在《送慧则法师归上都因呈广宣上人并引》写道:"雪山童子应前世,金粟如来是本师。"他把慧则和尚比喻成维摩诘的门下,可见他对该经的喜爱和熟悉。刘禹锡到了晚年基本上是倾向于佛教的。他的居士风采也在诗中流露不已。在《病中一二禅客见问因以谢之》中表达了他对人生的一些看法,诗云:"劳动诸贤者,同来问病夫。添炉烹雀舌,洒水净龙须。身是芭蕉喻,行须筇竹扶。医王有妙药,能乞一丸无。"这首诗的很多词语引自《维摩诘经》。

柳宗元也是《维摩诘经》的诵读者和实践者。在《酬娄秀才寓居开元寺,早秋月夜病中见寄》中就记:"客有故园思,潇湘生夜愁。病依居士室,梦绕羽人丘。"③《送文畅上人登五台遂游河朔序》说:"故又舍筏西土,振尘朔陲(音垂),将欲与文殊不二之会,(与,音预。)脱去秽累,超诣觉路,吾徒不得而留也。"④《永州法华寺新作西亭记》中也提到"余谓昔之上人者,不起宴坐,足以观于色空之育,而游乎物之终始。"⑤

唐代士大夫的居士行为直接影响了宋代的文人。他们更加强调儒释道三教义理的整合,更加注重精神方面的隐逸。无论是在官还是被贬,纷纷以"维摩诘"的心态塑造自己。如果说唐代士大夫把《维摩诘经》看作众多佛教经典中的名著之一的话,宋代的士大夫则以维摩诘为主题,《维摩诘经》成为最受欢迎和重视的经典。尤其是在禅诗和《维摩诘经》的

---

① 《白居易集》卷20,顾学颉点校,中华书局1979年版。
② 《白居易集》卷23,顾学颉点校,中华书局1979年版。
③ 《柳宗元集》卷42,中华书局1979年版。
④ 《柳宗元集》卷25,中华书局1979年版。
⑤ 《柳宗元集》卷28,中华书局1979年版。

运用结合上远远超出唐代的观念。许多著名的文人士大夫官僚诸如王安石、苏轼、黄庭坚、李纲、辛弃疾、陆游等都认真研读过《维摩诘经》，并且还作过许多与之有关的大量诗词。综合宋代文人的诗词，他们引用《维摩诘经》的理论最多，引用《维摩诘经》中的故事也最多，如维摩示疾、文殊问疾、不二法门、天女散花、请饭香土等。宋代文人以"居士"为称号的比比皆是，几乎达到了普遍的程度。影响较大者如东坡居士苏轼、淮海居士秦少游、竹坡居士周紫芝、后山居士陈师道、茶山居士曾几、简斋居士陈与义、石湖居士范成大、于湖居士张孝祥等。因此可以认为维摩诘的形象已经深入宋朝士大夫的整体阶层，虽然不能认定都在实践维摩诘信仰，但是足以证明维摩诘的观念和思想在宋代的士大夫中占据主导的潮流。

王安石也曾在《咏菊二首》诗中以维摩自居，云："光明一室真金色，复似毗耶长者家。"并经常在作品中运用《维摩诘经》的典故。他还曾经作过一首《读〈维摩经〉有感》的诗，内容曰："身如泡沫亦如风，刀割香涂共一空。宴坐世间观此理，维摩虽病有神通。"① 自从观咏维摩塑像开始，他一生的诗歌创作便与《维摩诘经》结下了不解之缘。《臂痛谒告作三绝句示四君子》又写道："公退清闲如致仕，酒余欢适似还乡。不妨更有安心病，卧看萦帘一炷香。心有何求遭病安，年来古井不生澜。只愁戏瓦闲童子，却作泠泠一水看。小阁低窗卧晏温，了然非默亦非言。维摩示病吾真病，谁识东坡不二门。"② 早在神宗元丰二年，苏轼因为"乌台诗案"，被贬黄州，由此仕途上遭受到重大的打击。这首诗作于宋哲宗元年间，当时苏东坡已是知命之年。可以看出他对宦海风波、尘世磨难有了更为深切的感受和理解，心境也显得比较淡泊。苏轼的经历中也有得意和失意的政治命运，开始时他春风得意、潇洒倜傥，维摩诘的那种傲然自居、超脱现实的精神在他身上表现得一览无余，到了后来仕途被贬，又以似乎带些凄惨的论调享受维摩诘式的生活。他的一生虽然经历坎坷，前后变化巨大，但始终保持着维摩诘居士的精神状态，《维摩诘经》对他的影响已经深入骨髓。

黄庭坚曾作《维摩诘画赞》："维摩无病自灼炙，不二门开休阖首。

---

① 傅璇琮：《全宋诗》卷 571，北京大学出版社 1995 年版，第 6742 页。
② 同上书，第 9440 页。

文殊赞叹辜负人，不如赵州放笤帚。二法门无别路，诸方临水不敢渡。子怕沾天女花，花前竹外是谁家。"① 陆游的《秋晚幽居》："吴中秋晚气犹和，疾竖其如此老何？鸟语渐稀人睡美，木阴初薄夕阳多。扫园日日成幽趣，抚枕时时亦浩歌。车辙久空君勿叹，文殊自解问维摩。"②

唐宋士大夫的政治和居士双重生活造成了他们在思想领域中的双重思想，既有儒家又有佛教。这两种都不愿意放弃的生活，使他们不得不去实现"修身、齐家、治国、平天下"的政治观念和佛教的出世生活关系的调和。

在唐代的古文运动中，梁肃被称为"儒林推重"的人物，所作的文章为"儒林之纲纪"。但是在代宗时期，他定居常州时，却受师于天台宗的湛然大师，从此信佛并推崇天台宗的止观禅法。③ 他的《台州隋故智者大师修禅道场碑铭并序》云："夫治世之经，非仲尼则三王四代之训寝而不章；出世之道，非大师则三乘四教之旨晦而不明。"④ 认为天台智者大师的出世之道和孔尼的治世之道作用相当。唐朝重臣权德舆，素与僧人交游，留下大量关于这方面的诗篇，但他却主张儒释道三教的融合。《舆道者同守庚申》云："释宗称定慧，儒师著诚明。派分示三教，理指无二名。"⑤ 白居易总结其人生方式的时候说到"儒教饰其身，佛教治其心，道教养其寿"。柳宗元早期受到很好的儒家思想教育，但后来的佛教对他浸染很深，所以形成了特有的儒释调和的思想。他用历史发展和唯物主义的眼光，看到了当时的佛教与中国固有文化的融合性，主张"取其韫玉"，兼收并蓄，勇于吸收外来优秀文化成果。韩愈显然没有注意这一点。他在《送元悬师序》中认为"世之为释者，惑不知其道，则去孝以为达，遗情以贵虚"，其实是赞扬释元悬能佛儒兼顾。在《送文畅上人登五台遂游河朔序》中也强调"真乘法印与儒典并用"。从以上这些诗人的思想来分析，当时主张儒佛融合的文人士大夫不在少数，已经成为该群体的一种风气。

宋代的王安石也是主张调和儒佛关系的。他在早年的时候，熟识孔孟

---

① 《全宋诗》卷1026，北京大学出版社1995年版，第11728页。
② 《全宋诗》卷2237，北京大学出版社1995年版，第25708页。
③ 《维摩诘经略疏》，《全唐文》卷518，中华书局1960年版。
④ 《全唐文》卷520，中华书局1960年版。
⑤ 《权载之文集》卷1，四部丛刊本，商务印书馆1936年版。

之学，"修身、齐家、治国、平天下"的责任，使他关注国家命运，企图济世救民，获取功名。但是对佛教却持调和与融通的态度，主张以儒为主，以佛济儒。在晚年遭受朝廷政治斗争的黑暗打击，退出政坛。理想的破灭和政治的失意，使他对佛教倾注了极大的热情，只有佛教的灵妙和慈悲才能给他带来安慰，在金陵的山水之间度过了他的十年光景。心学的大师陆九渊，也对佛教采取了兼收并蓄的态度。他在《与五顺伯书信》中说："某虽不曾看释藏经教，然而《楞严》《圆觉》《维摩经》，则尝见之。"[1] 通过吸收佛教思想，来构建他的心学体系。而整个南北宋时期的心学，无不受到佛教思想和方法的影响。

第五节 鸠摩罗什所传禅法戒律对中国佛教发展的影响

一 鸠摩罗什传授的禅经及其影响

鸠摩罗什翻译的禅经众说不一，而根据《出三藏记集》卷2的记载，他所译的禅经有《禅法要解》（一名《禅要经》）；《十二因缘观经》一卷，缺；《禅经》（一名《菩萨禅法经》，与《坐禅三昧经》同）和《禅法要》。虽然后来的《历代三宝纪》和《开元释教录》记载不同，但我们还是以最早的僧祐本为信。

鸠摩罗什以辛丑之年十二月二十日从姑臧到达长安，是月二十六日，也就是第七天，他就开始翻译禅经。为什么首先要翻译此经呢？其主要原因就是内地佛教的发展，对禅法的需求十分的迫切。中国内地早期的禅法，传入的是小乘禅数之学，有安世高译的禅经：《修行道地经》《大小十二门》《大小安般》，这时的禅法并无传承，后来又有竺法护的禅法译经。其中流行最广的是安般禅，但是僧人对这些禅法还是不得其法，这一点在僧叡的《关中出禅经序》就已经提到："虽是其事，既不根悉。又无受法。学者之戒盖阙如也。"鸠摩罗什来到长安后，南北各地的高僧云集长安，前来学习佛法。这其中就有很多人是来学习禅法的。南方的慧远法师派遣弟子慧严、慧观等人，就是来北方学习禅法的。这大概就是姚兴和当时的僧界急迫要求鸠摩罗什首先来翻译禅经的原因。

---

[1] 陆九渊：《陆九渊集》，钟哲点校，中华书局1980年版，第19页。

在鸠摩罗什译出的多部禅经之中，影响最大的就是《坐禅三昧经》。《坐禅三昧经》其实是由鸠摩罗什针对当时印度出现的众家禅法，进行了简要的摘抄，从而汇聚成书的。《关中出禅经序》记载：

> 初四十三偈是究摩罗罗陀法师所造，后二十偈是马鸣菩萨之所造也。其中五门是婆须密、僧伽罗义、沤波崛、僧伽斯那、勒比丘、马鸣、罗陀禅要之中抄集之所出也。六觉中偈是马鸣菩萨修习之，以释六觉也。初观淫、恚、痴相及三门、皆僧伽罗义之所作也。息门六事，诸论师说也。菩萨习禅法中，后更依《持世经》益《十二因缘》一卷、《要解》二卷，别时撰出。①

《坐禅三昧经》虽是抄撰众家禅要而成，但仍有其组织及次第。先是五门禅法，接四禅、四空定，次为小乘四果而至菩萨禅法。也就是从小乘禅观修炼，次第入大乘禅观。

鸠摩罗什译出的禅经，首次将印度的大乘禅法与声闻乘相结合并把它传到了中原。这种全新的禅法理论和菩萨乘的思想给内地的僧人带来极大的震动。该经明显体现了大乘佛教发菩提心，上求佛道下化众生的思想，推动了菩萨禅之盛行。修禅由消极的对治个人的贪嗔痴三毒方法，转变为走向解脱和悟入佛陀智慧的重要途径。

这样，《坐禅三昧经》的翻译，厘清了大乘佛教和声闻佛教、菩萨禅法和声闻禅法之间的关系，为中国大乘禅法的发展，开辟了先机。

随着东汉以来禅经的陆续译出，修习禅定的僧人逐渐增多。特别是在鸠摩罗什译出《禅法要解》等禅经以后，习禅者日多，江北的昙影、道融，江南的智严、慧观、慧远，北齐的僧稠，北周的僧实等人，都以禅法高妙闻名远近，受到世人尊崇。从记载来看，到南北朝时虽然北魏菩提达摩的"大乘壁观"的禅法正在悄然兴起，但长期以来最流行的禅法是五门禅。对以后的净土宗、天台宗和禅宗产生了重要影响。比如该经中提到的大小兼容的"念佛三昧"发展成为道信时代早期禅宗的"一行三昧"，使得禅宗在理论上的实践得以完成，从而为慧能的顿悟法门的创建奠定了基础。

---

① 《出三藏记集》卷9，《大正藏》第55册，第65页上、中。

二 鸠摩罗什与《十诵律》的传承

我国汉地最早传译戒律的是三国魏时期来内地的昙柯迦罗，稍后为昙谛，直到东晋中叶，汉地的律藏还是十分缺乏，严重制约着佛教的发展。

鸠摩罗什来长安之后，由于戒律急需，他先译了《十诵比丘戒本》，作为应急之用，并讲授给长安的弟子，后来又开始翻译《十诵律》。根据高僧传记载，长安译经时，由弗若多罗诵出，鸠摩罗什译文；但仅完成三分之二，弗若多罗去世，译事即告中辍。卑摩罗叉帮助鸠摩罗什把这部经律完成。但智升在《开元录》中并没有将《十诵律》的翻译之功归于罗什名下，其原因就是认为"前五十八卷是什度语，非什正翻。后之三卷卑摩罗刹续出，置之于后"。这显然与《出三藏记集》的记载不相符，也与《长房录》《内典录》各家的记载不同。据该《序录》所云，很显然翻译的决定者还是鸠摩罗什。

鸠摩罗什临终前认为译经中不满意的就是《十诵律》了，由此可见他对这部律藏的重视程度。从龟兹来汉地的卑摩罗叉律师在鸠摩罗什圆寂后，就到江南去为需要更多戒律知识的人弘宣律法，最终圆寂于长安寿春坊石涧寺。卑摩罗叉律师的弟子释慧猷颇得他的真髓，大明《十诵》，成为宗师。鸠摩罗什的弟子慧观、释僧业和释慧询等人，受鸠摩罗什的影响后，终生弘扬学习实践《十诵律》。僧业后于姑苏（今江苏苏州）弘化《十诵律》；慧询后去广陵（今江苏扬州）大开律席。僧业弟子慧光、僧璩等也常讲习此律，颇具心得。此外，尚有慧曜、昙斌、玄高、僧隐、智称、僧祐等，均为《十诵》名匠。时僧尼竞相传抄。

由于他们的努力，江南掀起了研习和讲学《十诵律》的高潮，《十诵律》一度成为中国佛教戒律学的主流，推动了中国汉地佛教律学研究的发展。梁慧皎在《高僧传》卷 11《论律》中说："自大教东传……虽复诸部皆传，而《十诵》一本，最盛东国。"可见，此律流行盛况。僧祐在《萨婆多部记目录序》中指出，弘扬《十诵律》的大师从五十三人发展到九十余人的事实。[①]

姚秦弘始十二年（410），佛陀耶舍与竺佛念等译出《四分律》六十卷，分五次译出，属昙无德部（法密部）广律。北方地区开始流行《四

[①] 《萨婆多部记目录序》，《大正藏》，第 55 册，第 89 页上。

分律》。

北魏孝文帝时，五台山北寺法聪为四分律师，他最初学习《原祇律》，后学习《四分律》，在平城弘扬，口授弟子云中道覆作《四分律疏》6卷，道宣评价此疏仅为提纲。"但是科文，至提举宏宗，无闻于世。"

道覆弟子大觉寺慧光（468—537）是北朝律学的最重要的代表人物，造《四分律疏》，并删定羯磨，著有《羯磨戒本》的删定本、《四分律疏》四卷，即《光统略疏》，后世称之为"光统律师"。慧光的贡献在于开创了《四分律》疏释的风气，弘传了《四分律》。道宣，专研律学，继入终南山潜心述作，著《四分律比丘含注戒本》《四分律删补随机羯磨》《四分律删繁补阙行事钞》《四分律拾毗尼义钞》《四分比丘尼钞》。道宣在终南山创设戒坛，制定佛教受戒仪式，从而正式形成律宗，有"南山律宗之称"。随着佛教律学在汉地研究的深入，《十诵律》渐渐退出了历史舞台，最后被北方流传的《四分律》取代。究其原因，道宣指出："十诵三相正在斯人。或谓为福行罪功过相补。是又不闻律缘之初禁也。缘修佛堂方制地戒。意在随念附相策心。不惟事业无益之咎。故世思微务静之士。招引寡希。躁扰经营之夫。腾掷者众。龟法易染妙理难弘。为迷三也。若能依准教行不越常刑。贤圣所同寔当弘护。"[①] 看来《十诵律》之所以被后人抛弃，还是在于它的内容过于粗杂，不够条理与精细有关。

《四分律》最终代替《十诵律》，除了与慧光、道宣等大师的弘扬有关系以外，还有两个因素值得重视。一是《四分律》的大乘精神更为明显，更符合中国佛教发展的需要。比如它提倡的"诸恶莫做，众善奉行"，重视建塔修福等内容，与中国人的传统观念十分契合。二是来自官方的干涉。慧光之所以能弘扬《四分律》，与北朝统治者的支持是分不开的。周叔迦认为："元魏重兴佛法以后，恢复戒律，与在教义上一样，排斥旧来传统的《十诵律》和《僧祇律》，于是慧光从佛陀禅师和勒那摩提所受的《四分律》学得到弘扬。"[②] 隋唐统一后，统治者在佛教上偏爱于原来北方的僧人团，导致《四分律》受到皇家的重视。唐中宗令南方禁

[①] 《续高僧传》卷22，《大正藏》，第50册，第622页上。
[②] 周叔迦：《周叔迦佛学论著集》，《中国佛教史》，中华书局2004年版，第169页。

用《十诵律》,于是北方《四分》戒律乃行于天下。代宗时又下诏:"四分律仪,三乘扃键,须归总会,永息多门。"并遣中官宣敕令律师们"楷定《四分》律疏,十道流行。"①

---

① 《宋高僧传》卷15《唐京师西明寺圆照》,《大正藏》第50册,第804页中。

第七章

超人间信仰的译传及其与中国文化的适应、融合

第一节 印度观音信仰的输入、传播及其创新

一 印度观音信仰的渊源和输入

观音信仰在印度最早以救难的形象出现，随后被吸收到佛教诸多经典之中，而其中重点专讲该内容的则是后来的《法华经》本。随着佛经的陆续翻译，该信仰进入内地，瞬即受到民众的重视。西晋竺法护的《正法华经》中的第十卷廿三品被单独翻译成《光世音普门品》，观音信仰开始在内地流行起来。但是由于翻译的晦涩再加上战乱的原因，传播受到极大影响。到了后秦，鸠摩罗什重译该经并定名为《妙法莲华经》。由于该本翻译的出色，不但通俗易懂，而且表达思想准确到位，其中的《普门品》被单独抽出成本并命名为《观世音经》，从此开辟了内地观音信仰的新纪元。

印度早期观音的身世问题众说纷纭，但其来源大都出自印度神话和佛教经典。关于各种学说的情况，请参考李利安先生的《印度观音信仰的最初形态》文章。文中认为观音信仰源于自古相传的在印度大陆南端海上解救"黑风海难"和"罗刹鬼难"的信仰，既不是净土接引信仰，也不是智慧解脱信仰，而是现世救难信仰。现世救难信仰不但是最早的观音信仰形态，而且是后来各种不同观音信仰形态的基础。[1] 这种说法应该是有道理的。观音的故事很多佛经中都有体现，而最典型的就是其救苦救难的形象。这种形象应该来源于本国比较流行的民间传说之中，而被佛教吸

---

[1] 李利安：《印度观音信仰的最初形态》，《世界宗教研究》2006年第3期。

收过来加以利用的结果。

《普门品》开篇就记载无尽意菩萨问佛"以何因缘名观世音"时,佛告之曰:

> 善男子若有无量百千万亿众生受诸苦恼。闻是观世音菩萨。一心称名。观世音菩萨即时观其音声皆得解脱。若有持是观世音菩萨名者。设入大火火不能烧。由是菩萨威神力故。若为大水所漂。称其名号即得浅处。若有百千万亿众生。为求金银琉璃车磲玛瑙珊瑚虎珀真珠等宝。入于大海。假使黑风吹其船舫。飘堕罗刹鬼国。其中若有乃至一人。称观世音菩萨名者。是诸人等。皆得解脱罗刹之难。以是因缘名观世音。

也就是说,从一开始观世音信仰的功能就是帮助人们脱离苦难的,这与佛陀创教的思想也是一致的。较早流行的观世音救助海难,在许多文献资料中都有记载。在《高僧传》中记载了很多通过南海来往中印之间高僧的事例。比如法显在回国的商船上两次遇到风暴,皆因念观世音而脱险。[①] 求那跋陀罗到中国传教,遇到海难后称念观世音脱险。[②]

后来观音救难信仰的救难扩展到救一切难,最终形成了完整的观音救难信仰体系。在笈多王朝时期(4—6世纪),有许多石窟雕像都是表现《普门品》和观音救难内容的。例如,在阿旃陀、奥兰加巴德、坎赫利等石窟中,可以看到表现《普门品》和观音救难诸图。[③] 大部分图像表示的是观世音对八难的解救情景。

观音信仰在古代印度社会中经历了一个发展过程。最早出现的类型是救苦救难的观音信仰,其后出现了净土往生型的观音信仰,再次形成般若解脱型的观音信仰,最后是与密教结合形成密教型观音信仰。因此古代印度社会中流行的观音信仰呈现出多元化、变异化和世俗化的特征,共同促

---

① 《法显传》,《大正藏》第50册,第337页中。
② 《高僧传》卷3,《求那跋陀罗传》,《大正藏》第50册,第344页上。
③ [日]滨田隆:《菩萨——他的起点和造型》,白文译(李爱民审译),《敦煌研究》1991年第2期。

进古代印度观音信仰的发展和传播。①

从印度本土的观音信仰发展过程来看，它具有不断变化和不断演变的特点。随着时代的不同和社会思想背景的变化，观音的形象也不断变革。同时我们也可以看到，观音信仰在印度佛教中占有十分重要的地位，虽然它的形象在不断地变化，但始终是在各种信仰中属于十分流行的一种信仰。这些特点与中国的观音信仰有着十分显著的差异性。

观音信仰的改造是印度佛教中国化的一个典型代表，是印度佛教进入中国后，与本土文化被民众加以改造而完善起来的产物。它充分体现了中印文化在交往、交流的大背景下，不同的传统背景带来的碰撞、变异和自我改造。印度佛教观音信仰传入中国后主要表现在身世、显化、灵感、道场等方面的中国化。唐代玄宗时密教的传播，使观音信仰又掺入了密教的因素。本书仅从观音信仰功能的变化，疑伪经的产生和性别的演变来分析。时间也主要集中在中古时期的南北朝和隋唐时代，这与鸠摩罗什的译经关系更大。

对观音菩萨的三十三种显像，中国佛教徒却大胆给予改装，把观音菩萨的显相范围扩展到所有人群，尤其是在现实社会中经常出现的群体。这种亲和力使得观音菩萨成为家喻户晓、妇孺皆知的形象，相应的故事也随之流传开来。

《观世音菩萨普门品》强调通过"一心称名"而达到"皆得解脱"的境界。而各种观音灵验记故事无一例外的是关于救苦救难的事例，尤其表现在基层百姓当中。这说明普通百姓更关心的是自己现实生活中的各类苦难和灾害。《普门品》中描绘的"济十二难"，正是现实人间的苦难。

在观音的众多神职中最具感召力、最具信服力的当数观音送子功能，只有如此才更令万千妇女神往，才更符合中国的实情。中国传统礼教的观念深深地压抑着人们，由于不能弄懂生儿育女的奥秘，他们需要一位外神来解脱困惑，把这种欲望寄托在观音身上。中国民众对观音信仰的改造，正是建立在这种千百年的本土文化基础之上的。观音信仰深入人心完全适应中国传统的孝道文化观念。

竺法护译出《正法华经》后，《光世音普门品》迅速被传抄并单独成

---

① 李利安：《古代印度观音信仰的演变及其向中国的传播》，博士学位论文，西北大学，2003年，第1页。

本流行，称为《普门品经》《光世音经》。由于法护本的文字晦涩，后秦鸠摩罗什受邀请重译《法华经》并命名为《妙法莲华经》。于是，《普门品》又出现了一个新的译本，名《观世音菩萨普门品》，后被抄作《观世音经》单独流行。虽然还有后来隋代阇那崛多和达摩岌多译的《添品妙法莲华经》，但仍以鸠摩罗什译本最佳，道宣在《妙法莲华经弘传序》中说："三经重沓，文旨互陈，时所宗尚，皆弘秦本。"敦煌藏经洞出土的《观世音经》和敦煌壁画、绢画中的榜题等使用和流通的主要是鸠摩罗什的译本。

二　观音信仰的早期传播

在鸠摩罗什译出《法华经》之后，由于其版本的通俗达意、圆满流畅，其中的《观世音菩萨普门品》迅速流通，并命名为《观世音经》。这一新译本逐步代替竺法护的《光世音经》并占据以后中国佛教史上观音信仰的主流地位。从此流行"光世音"的译名被"观世音"所取代，而鸠摩罗什的《普门品》也以《观世音经》的独立形式成为整个中国历史上最流行的几种佛经之一。

关于鸠摩罗什的《观世音经》初期的流通，在学界有不同的看法。依笔者看来，随着《法华经》的译出，《观世音经》很快流通起来，这应该是无异议的。但是在哪些地域流通，流通程度如何，什么时候占据主流地位的，却是我们值得说明的问题。

《观世音菩萨普门品》的广泛流通在北凉河西王沮渠蒙逊事件中道出了背景。《法华传记》卷一记载：

> 唯有什公普门品，于西海而别行，所以何者，昙摩罗忏，此云法丰，中印度婆罗门种，亦称伊波勒菩萨。弘化为志，游化葱岭，来至河西。河西王沮渠蒙（逊），归命正法，兼有疾患，以语菩萨，即云：观世音此上有缘，乃令诵念，病苦即除，因是别传一品，流通部外也。

很明显说的是《观世音经》有救苦救难、包治百病的功能，所以才与中土有缘。《普门品》给民众的信仰提供了方便的法门，不管什么人有什么灾难，只要一念观音菩萨的名字，菩萨便会前来解救。在该书的卷第七说得更加直接明了：

> 梁时沮渠蒙逊国王。依先业而遇于重病。困苦不息。以诸药而涂终不愈。祈天神地祇。犹不治差。昙摩罗忏法师。号伊波勒菩萨。游化葱岭来至河西。大王闻沙门来。请问治病。忏答曰。大王病天竺诸药。所不能瘳。唯有妙药。名称妙法普门。能令为转读。王严应教。令为读者。病载除愈。由此起尊重心。自转抽撩观音一品。为于别卷。

天台智者曾记述说：

> 夫观音经部党甚多，或《请观世音》、《观音授记》、《观音三昧》、《观音忏悔》、《大悲雄猛观世音》等不同。今所传者，即是一千五百三十言《法华》之一品。而别传者，乃是昙摩罗谶法师，亦号伊波勒菩萨，游化葱岭，来至河西，河西王沮渠蒙逊归命正法，兼有疾患，以告法师。师云："观世音与此土有缘。乃令诵念，患苦即除。因是别传一品，流通部外也。"①

沮渠蒙逊大约掌权于鸠摩罗什译经后不久几年，说明《观世音经》很快就传到了河西地区。这一点与敦煌吐鲁番地区发现的如比丘兴达《妙法莲华经》写经题记（西凉建初七年，411）等多个卷号的文书是相互印证的（见前节）。

鸠摩罗什的《观世音经》首先流行于关中地区，当时聚集长安的僧人达三千人以上，有力地促进了译经的传播。比如在《应验记》中提到的某士兵（后秦）、高荀、南公子敖、李寡妇、慧标（夏）、法智（后秦）、道冏（后秦）等人的事迹，都说明在鸠摩罗什译出该经后很快在关中地区流行起来。印度国立博物馆藏有一件吐鲁番出土的《正法华经·光世音品》，题记谓：

> 魏（巍）隆大道，玄通无津。廖廓幽微，眺睹巨闻。至人精感，

---

① 智顗说、灌顶记：《观音玄义》卷下，《大正藏》第34册，第891页下。

皇然发真。三年俱盛，乾坤改新。无际含气，现民显矣。世尊明德感神。神玺三年（399）七月十七日，张施于冥安县中写讫。手拙具字而已。见者莫笑也。若脱漏，望垂册（删）定。三光驰像，机运回度。丈夫失计，志意错虞。一计不成，亦为百口虞。①

而到了西凉建初七年（411）比丘兴达等人的题记中则变成了《妙法莲华经》。② 由于不久后秦政权土崩瓦解，北方战争频繁，鸠摩罗什的许多弟子分散到各地。从后来的情况看，很多的英俊僧人南下，另外有的去了东部，有的到达河西地区。鸠摩罗什的译经和思想也随之传播到这些地区。正是在传播的过程中，鸠摩罗什的《观世音经》逐步替代竺法护的《光世音经》。

由于北方竺法护《光世音经》流传资料的缺乏，我们以南方的流传情况来分析它与鸠摩罗什《观世音经》的交错变化。在三种应验记中，《光世音应验记》和《续光世音应验记》是记载光世音应验故事的，所以其中出现的名号都是光世音，两书合计案例有17件，其中有两处提到《光世音经》。《系观世音应验记》虽然书名是写观世音的，但是也有记载光世音的信仰情况。该书提到信仰观世音的案例有67件，涉及观世音名号的共89次，其中有18处是《观世音经》，4处提到《请观世音经》（又名《请观世音菩萨消伏毒害陀罗尼经》，东晋竺难提译）。而记载光世音信仰案例的有第2、3、61、62号4件，其中一处提到《光世音经》。

记载观世音应验故事的还有《宣验记》，也是刘宋时期的作品。《宣验记》中记载观世音名号的5处，观音名号10处。亦说明自后秦鸠摩罗什译《妙法莲华经》作"观世音"之后，观世音名号已完全取代了光世音。

鸠摩罗什圆寂以后，南下的名僧很多，有竺道生、慧观、僧苞以及后来的僧导等人。他们都是《法华经》的精通者，尤其是道生和僧导，对《观世音经》更有独特的看法。当时僧人对观世音的理解认为："娑婆众

---

① 方广锠：《敦煌遗书中的〈妙法莲华经〉及有关文献》，《中华佛学学报》第10期，1997年版。
② ［日］池田温：《中国古代写本识语集录》，东京大学东洋文化研究所1990年发行，第81页。

生，道悟不同，宜应普现诸门。救危拔苦，乘音齐物，当如观世。"① 又说："此人亦是法身大士，妙音一流，先应西方，此土有缘，私化到此，普应诸门，乘音度物，名观音。世上之妙音，从已音声，化人为名。此之观音，从前音声以得名也。观前声而往度之，因此为名也。"② 这种解释体现了中国文化与印度佛经的结合，对后来民众信仰中的观音信仰形态影响很大。正是他们在南方的大力倡导，使得鸠摩罗什的《观世音经》很快流传起来，并成为与《光世音经》共同流行的版本。宋永初中释僧苞南下到达京师住祇洹寺，开讲众经法化相续。与王弘、范泰、谢灵运等有交往。《高僧传》卷7本传记载："苞尝于路行见六劫被录。苞为说法劝念观世音。群劫以临危之际。念念恳切。俄而送吏饮酒洪醉。劫解枷得免焉。"观世音灵异记发生在僧苞身上，说明他也是信仰者。这些都是深谙鸠摩罗什译经的结果。

现今最早见到的实物观世音菩萨普门品图像，是在成都万佛寺遗址出土的南朝元嘉二年（425）的石刻画像，因其有南朝最早的纪年而特别引人注目，当然对于此画像还有相当的争议。其上即有表现《法华经·观世音菩萨普门品》的情节，主要表现的是观音救难的画面。日本学者吉村怜研究后认为，这一画像正值由竺法护译《光世音经》转向鸠摩罗什译《观世音经》的过渡时期。③ 而这一时期正是刘宋刚刚成立的初期。

敦煌文书中遗存的萧道成的《妙法莲华经·普门品》写经，时间是刘宋升明元年（477），说明鸠摩罗什的《观世音经》已经取得了统治的地位了。

因此通过以上事实可以判断，刘宋时期是《光世音经》和《观世音经》的交互时期，也就是光世音称号和经典使用下降、观世音相应上升的时期，到了宋末齐初，《观世音经》的流行已经完全占据主流地位了。

三 齐梁时期的观音信仰

齐梁时代是观世音信仰的兴盛时期，皇帝和高僧都热奉观世音经典，从而推动了民众间的信仰风气。

---

① 《法华经疏》，《大正藏》第85册，第193页上。
② 同上书，第196页下。
③ ［日］吉村怜：《南朝的〈法华经〉普门品变相——刘宋元嘉二年石刻画像内容》，贺小萍译，《敦煌研究》1996年第4期。

作为萧齐的开国皇帝，萧道成尊奉《观世音经》。在敦煌文书中就有关于他对《妙法莲华经·普门品》的写经卷。刘宋升明元年（477）萧道成题记：（参照同出于吐鲁番的另一残经题记）"使持节侍中、都督南徐、兖、北徐、兖、青、冀六州诸军事、骠骑大将军开府仪同三司录尚书事、南徐州刺史、竟陵（郡）开国公萧道成，普为一切敬造供养。"① 当时他还没有登基，但已经是位高权重了。而他所写之经正是鸠摩罗什译出的《妙法莲华经·普门品》，说明在刘宋末年，《观世音经》在统治者信仰阶层已经占据重要地位。他写经的目的是用来作供养，看来是一个十足的佛教徒。萧齐的皇室重臣竟陵王萧子良，也是一个佛教崇尚者。齐永明七年（489），萧子良做一梦："王梦一人问云：'欲得功德不？'王云：'欲得。'即指水中功德。王仍入水，得一卷《法花》。觉已，深怀喜跃，即澡洁中表，手写《法花经》一部、《观世音》一部。"② 他亲自抄写《观世音经》，足见对观音信仰的重视。

到了梁武帝时代，统治者仍然重视表现救难信仰的《普门品》。史载："上以天监十一年注释大品，自兹以来躬事讲说，重以所明三慧最为奥远，乃区出一品别立经卷，亦由观音力重，特显《普门》之章。"③ 梁简文作《唱导文》曰："今为六道四生三途八难，慈悲恳到，一心遍礼十住菩萨、三行声闻，礼救世观音。"④

齐梁时代的高僧僧旻每逢讲前必诵经，而所诵之经就是《观世音经》。《续高僧传》本传云："又尝于讲日，谓众曰：'昔弥天释道安每讲，于定坐后，常使都讲等为含灵转经三契。此事久废，既是前修胜业，欲屈大众各诵《观世音经》一遍。'于是合坐欣然，远近相习。"⑤ 梁代三大士之一的法云更是对观音信仰颇有研究。关于观音之名义认为，"观世音者，可有四名：一名观世音，正言观世间音声而度脱之也；二名观世身，即是观众生身业而度脱之；三言观世意，即是观众生意业而度脱之也；四

---

① ［日］池田温：《中国古代写本识语集录》，东京大学东洋文化研究所1990年发行，第91页。
② 慧详：《弘赞法华传》卷10，《大正藏》第51册，第42页下。
③ 陆云：《御讲般若经序》，《广弘明集》卷19，《大正藏》第52册，第235页中、下。
④ 梁简文：《唱导文》，《广弘明集》卷15，《大正藏》第52册，第205页下（《全梁文》卷14亦收录）。
⑤ 《续高僧传》卷5，《大正藏》第50册，第463页中。

者名观世业，此则通前三种。"① 法云对观音名义的解释比道生更加中国化，他又增加了一个，成了四个名字。新增的一个"观世业"是统一前面三个名称的。法云还解释了观音有四名而单用"观世音"一名的原因："但行口业则易，身、意两业行善则难也，且娑婆世界多以音声为佛事，是故从观世音受名也。"② 达摩摩提在永明八年十二月译出《观世音忏悔除罪咒经》一卷（亦名《观世音所说行法经》），同时期译出《妙法莲华经提婆达多品第十二》等二部二卷（《出三藏记集》卷2，《历代三宝纪》卷11）。从以上实例可以看出，《观世音经》在僧人中占有十分重要的地位。《法华经传记》卷六更是记载了百济沙门释发正亲历的一个事实，说：

> 梁天监中。负笈西渡。寻师学道。颇解义趣。亦修精进。在梁三十余年。不能顿忘桑梓。归本土发正自道闻他说。越州界山有道场。称曰观音。有观音堵室故往视之。欀橑烂尽。而堵墙独存之。尚有二道人。相要契入山。一人欲诵华严经。一人欲诵法华经。各据一谷。策作堵室。其诵华严者。期月可毕。心疑其伴。得几就往候之。曾无一卷。其人语曰。期已将尽。粮食欲绝。宜及至期竟之。若不能念诵一部。正可诵观世音经也。便还其室。于是此人心自悲痛。宿因钝根。乃至心读诵。昼夜匪懈。谙得略半。后数日。其人复来者为此人以实告之。其人语曰。我已诵华严矣。奈何如此观世音之初。况逯两三日而不谙乎。我若舍汝而去。则负所要。若待汝竟精食欲尽。既于三日不竟。理不得相待耳。将以明复来者矣。子其免云。此人至到悲痛倍前。至心诵念。才得竟毕。明旦其人复来者语曰。如此观世音之初。尚不能诵。无可奈何。我时舍汝而去也。此人跪曰。昨暮才得竟耳。于是其人大喜。欲以相试。乃坐床诵之。三十卷经。一无遗落。次复此人上床诵之。始得发声。即于空中。雨种种华香。华溢堵室。香闻遍谷。气氲满天。不可胜计。于是诵华严者。即下地叩头。头面流血。忏悔谢过。事毕欲别去。此人止曰。常有一老翁馈我食。子可少待与。久久不来。相到与者。此人欲汲水。如向老翁担食参休于草

---

① 法云：《法华经义记》卷8，《大正藏》第33册，第678页上。
② 同上。

下。此人怪而问曰。我伴适来。望得共食。有何事窜伏不馈。翁答。彼人者轻我若此。岂忍见乎。于是始知。是观世音菩萨。即五体投地。礼拜甚至。

这一故事中的两位道人，一个曾念《法华经》，一个曾念《华严经》，而最后都转念《观世音经》。这说明当时《观世音经》在传播过程中，逐步战胜其他佛教经典得以流传开来。正是统治者们的重视和信奉以及众多高僧的推动，带来观世音信仰在普通民众中的流行。梁代的刘霁诵观音数万遍，将其母亲的病治好。《佛祖统纪》卷36记载："刘霁母明氏寝疾。霁诵观音数万遍。夜梦僧曰。夫人算尽。君精诚笃至。当为申延。后六十日乃亡。霁庐墓哀恸。常有白鹤双翔庐前（南史）刘歊隐居求志。事母兄以孝悌。母每病梦歊进药。翌日有间。弟刘訏精意释典歊听讲钟山诸寺。因共卜筑东涧。许常着谷皮冠披纳。每游山泽辄留连忘反。"① 张兴夫妇因不满官府而造反，夫与盗贼牵连逃跑，妻被官府所抓而进入监狱。其妻称念观音名号不辍，忽觉身贯三木自解，最后得以逃脱并与夫相会。②

不仅如此，民众还通过造像的形式，来达到信仰佛教和满足自己心愿的目的。成都万佛寺出土的一件浮雕作品，砂质岩，残高120厘米，宽64厘米。正面为二菩萨立像，二菩萨的头部及左侧菩萨的身体残损。下部基本完好。李裕群先生曾将此像定名为双观音，并断定其时代为梁普通年间（520—526）。③ 背面浮雕法华经变。画面大体为上下两部分，上部描绘释迦灵鹫山说法。说法场面前以高大的建筑及净水池表现净土世界。池中莲花盛开，水中还有化生童子游水。中部用水池把画面上下分开，中央一座桥连接起来。画面下部是观音普门品变。该经变主要表现的就是无尽意菩萨向佛请问观世音名号的来历以及救水难、海难、火难、地狱难、离淫欲嗔怒愚痴、现身说法、救盗难、救罗刹难和向佛及佛塔呈献璎珞等场面。这一版本主要也是根据鸠摩罗什的《法华经·普门品》。④

观世音造像方面下面略举三例：

---

① 《大正藏》第49册，第347页中。《梁书》卷47和《南史》卷49有相同的记载。
② 见《续高僧传》卷25；《应验记》；《法苑珠林》卷17。
③ 李裕群：《试论成都地区出土的南朝佛教石造像》，《文物》2000年第2期。
④ 赵声良：《成都南朝浮雕弥勒经变与法华经变考论》，《敦煌研究》2001年第1期。

1. 释法明造观世音成佛像：出土于商业街，藏于四川省博物馆，题材为一佛二菩萨。龛下发愿文："齐建武二年（495）岁次乙亥荆州道人释法明奉为七世父母师徒善友敬造观世音成佛像一躯，愿生生之处永离三涂八难，面见诸佛弥勒三会，愿同初首有识群生咸将斯□发果菩提广度。"①

2. 张兴遵造观世音像：像藏于上海博物馆，金铜释迦佛，一佛二菩萨。铭文："大同七年二月八日弟子张兴遵为七世父母敬造观世音像一区。"②

3. 比丘□爱造观世音菩萨像：四川成都万佛寺出土，红砂石，题材为一观音四菩萨四弟子二力士背屏式造像。背后铭文："中大同三年（548）二月七日比丘□爱秦为亡□兄及现□□□敬造官（观）世菩萨一躯，明□天游神净土诸□兜率供养□佛现有眷属□□所常□□□父王家六□□切众生普同□□。"③

这三尊造像的主人有一尼一僧一俗人，但造像的目的都是为了父母和家庭成员，为了让他们共同脱离现实苦难。说明普通基层的民众，在南北朝战争纷乱的现实社会中遭受了太多的苦难，他们无处申冤，只能借助佛教信仰来达到心理上的安慰。越是在战乱时期，这种信仰越是流行。梁代后期发动叛乱的侯景，竟然当着梁武帝的面，诵起了《普门品》。其云："命景离席，使其唱经。景问超世何经最小，超世曰：'唯《观世音》小。'景即唱'尔时无尽意菩萨'。上大笑，夜乃罢……（侯）景立简文，升重云殿礼佛为盟曰：'臣乞自今两无疑贰，臣固不负陛下，陛下亦不得负臣。'"④ 当时的智颛"至年七岁，喜往伽蓝。诸授《普门品》，初启一遍即得"。⑤ 而他以后所著的《观音玄义》《观音义疏》都是对《普门品》的解释。这说明《观世音经》的救难信仰在当时深受百姓的欢迎。

也正是在这种观世音信仰的社会背景之下，齐梁时代随之产生了相关观世音应验故事的撰录。萧子良的《冥验记》（现存两条佚文），陆杲的

---

① 张肖马、雷玉华：《成都市商业街南朝石刻造像》，《文物》2001年第10期。
② 季崇建：《中国金铜佛》台湾艺术图书公司1995年版，第80页。
③ 袁曙光：《四川省博物馆藏万佛寺石刻造像整理简报》，《文物》2001年第10期。
④ 《南史》卷80《贼臣·侯景传》。
⑤ 灌顶：《天台智者大师别传》，《大正藏》第50册，第191页中。《佛祖统纪》卷六亦载："七岁喜往伽蓝，蒙僧口授《普门品》，一遍成诵。"（《大正藏》第49册，第181页上）

《系观世音应验记》一卷，王琰的《冥祥记》十卷，王曼颖《补续冥祥志》一卷，和作者不详的《祥异志》等所撰故事都是当时社会佛教信仰的缩影。① 唐代道宣的《集神州三宝感通录》中记载："太原王琰，昔在幼稚，于交址贤法师所受五戒，以观音金像令供养。遂奉还扬都，寄南涧寺。琰昼寝梦像立于座隅，意甚异之，即驰迎还。其夕南涧失像十余，盗毁铸钱。至宋大明七年秋，夕放光照三尺许，金晖映夺，合家同睹。后以此像寄多宝寺。琰适荆楚，垂将十载，不知像处，及还扬都，梦在殿东众小像内，的的分明。诘旦造寺，如梦便获，于建元元年七月十三日也。故琰《冥祥记》自序云，此像常自供养，庶必永作津梁。"② 王琰作为南朝宋齐时代的人，信仰佛教，热衷观音信仰，因此才有了撰《冥详记》思想。

四 北朝时期的观音信仰

与南朝相比，北朝并未留下太多的文献记录，统治者更多的是通过造像开窟来表现自己的权威和表达对佛教的信仰。这种现象同样表现在普通民众中间，通过实践性更强的造像等具体活动来实现自己的佛教信仰。这种差别背后的原因或许与两地不同的文化传统背景有关。但是对于观世音信仰，在北朝更多的是在普通官吏和基层百姓中间传播。虽然表面上看起来资料缺乏，但是如果我们利用石窟造像的考古资料以及留意敦煌文书中的部分资料，还是会有不少的收获。

另外在麦积山石窟北魏晚期也出现了用壁画表示的《法华经》变相新形式。110窟前壁门上方绘《法华经》的《观世音菩萨普门品》，主佛左右二胁侍菩萨分别题名"此是观世音菩萨""此是无尽意菩萨"。③

那么对于普通的民众来讲，他们积极参与观世音造像活动的内心世界又是怎样的呢？

观世音造像现存较早的多是铜铸，适合于徒众在家或寺庙里膜拜供奉。如北魏皇兴四年（470）王钟造观音像、皇兴五年（471）仇寄奴造

---

① 李剑国：《论南北朝的释氏辅教之书》，《天津师范大学学报》（社会科学版）1985年第3期。
② 道宣：《集神州三宝感通录》卷中，《大正藏》第52册，第419页上。
③ 项一峰、刘莉：《麦积山石窟〈法华经〉变相及其弘法思想》，《敦煌学辑刊》2009年第4期，第83页。

观音像。① 但这些造像都不能直接反映出鸠摩罗什《法华经·普门品》在北朝的流行情况。有幸的是河南博爱县青天河峡谷发现了北魏摩崖观世音像和铭记，让我们对这一问题有了清晰的认识。该摩崖石坎刻画于魏永平二年（509）。崖面石壁的正中刻有主尊观世音菩萨的立像，他头饰花冠，花冠正中作莲瓣状，内刻菱形的摩尼宝珠。两侧为《普门品》及造像铭。现录文如下：

妙法莲花经普门品第廿四。

尔时，无尽意菩萨，即从坐起，偏袒右肩，合掌向佛而作是言："世尊！观世音菩萨，以何因缘，名观世音？"

佛告无尽意菩萨："善男子！若有无量百千万亿众生，受诸苦恼，闻是观世音菩萨，一心称名，观世音菩萨，即时观其音声，皆得解脱。"

佛弟子清信士建等庸软，忝处朝末，猥蒙所遣，通治丹道卅二难。从南至北，造作垂讫，会遇此难。其侧，有自然石堪（同"龛"），可造灵容，遂发微心，刊造观世音像一区，并注《观世音经》，序首一启，欲令路人憩息之眠，因生礼诵，敬拜赞读，靡不感悟。经云：福不唐捐。可谓妙旨之明验，后愿斯道坚固，永无亏损，使行士驰途坦然无碍，所愿如是。其道以大魏永平元年冬十有一月建功，至二年春二月成讫。凡用夫四千，其日九旬。

南无观世音菩萨消伏一切毒害，行人见诸宜发菩提心。

厉威将军覆津太守监治道都将员外将军都副将武功苏建。大魏永平二年春二月造。长史赵郡李雄，司马渤海高成，主薄兼长史阎茂，长史汝南周佑，司马新平冯珍，主薄带军主广平司空湛，当此难军主赵郡刘运，军主颖川郡郭龙远，匠潘惠孙造，军副韩道遵。兼主薄令史索猛，主薄领令史姜达，军副令史贾显，军副令史王方兴，军副令史李标，军副令史郭达，军主令史田显，幢主张俱罗。②

---

① 金申：《中国历代纪年佛像图典》，文物出版社1994年版，第440页。
② 张雪芬：《河南博爱县青天河峡谷新发现北魏摩崖观世音像》，《华夏考古》2005年第1期。

这一北魏观世音像摩崖石刻,是专门以观世音为主尊像,又有铭刻的珍贵资料。说明在北魏中期,单独以观世音为主尊的佛教信仰已经盛行在普通民众之间。而这一信仰的版本就是鸠摩罗什的《法华经·普门品》,也就是所谓的《观世音经》。而且这一铭记中还透露出信仰观世音的原因,是因为"受诸苦恼,闻是观世音菩萨,一心称名,观世音菩萨,即时观其音声,皆得解脱"。救苦救难型的观世音信仰无疑在南北朝是最为流行的类型,也是最符合内地老百姓的需求心理的。这里面的供养人多数是官僚军将,他们在修通道路的同时,刻了观世音像和《观世音经》,可谓修路与佛教信仰的做功德结合在了一起,一举两得。从这里我们可以分析当时民众信佛的一些心理特征,他们已经不仅仅限于膜拜、念诵和供养等仪式,而是将佛教信仰与社会活动相结合,大乘佛教"利他"的思想得以落实和实践。

通过对观世音造像题记的分析,我们知道在北方中原地区的观世音信仰流行的情况。但是远在西部的敦煌吐鲁番地区,这种信仰同样也十分流行。敦煌吐鲁番遗存的文书中,就给了我们这样一种信息。在柏孜克里克石窟,就出土了一卷观世音菩萨普门品的写经,现藏于吐鲁番博物馆内。根据题识该经写于高昌建昌五年(559)。[①] 敦煌文书中孝昌年间的尹波写《观世音经》,更为我们研究当时的信仰提供了原始资料。现将该经的题记录文如下:

  盖至道玄凝,洪济有无之境;妙理寂廓,超拔群品于无垠之外。是以如来愍弱类昏迷,旆大悲于历劫。故众生无怙,唯福所恃。清信士佛弟子尹波,实由宿福不勤,触多屯难。扈从主人东阳王殿下,届临瓜土。嘱遭离乱,灾夭横发。长蛇竞炽,万里含毒。致使信表罕隔,以径纪年。寻幽寄矜,唯凭圣趣。辄兴微愿,写《观世音经》四十卷,施诸寺读诵。愿使二圣慈明,永延福祚;九域早清,兵车息钾。戎马散于茂苑,干戈辍为农用。文德盈朝,哲士溢阙。铿铿济济,隆于上日。君道清明,忠臣累叶。八表宇宙,终齐一轨。愿东阳王殿下,体质康休,洞略云表。年寿无穷,永齐竹柏。保境安蕃,更

---

① 吴震:《吐鲁番写本所见鸠摩罗什汉译佛教经籍举要》,《佛学研究》1994年,第152页。

无虞寇。皇途寻开，早还京国。敷畅神讥（机），位登宰辅。所愿称心，事皆如意。合家眷大小，表亲内外，参佐家客，感（咸）同斯佑。又愿一切众生，皆离苦得乐。弟子私眷，沾蒙此福。愿愿从心，所求如意。大魏孝昌三年（527）岁次丁未四月癸巳朔八日庚子，佛弟子假冠军将军乐城县〔开国伯〕尹波敬写。①

在这一件很长的《观世音经》写经题记中，我们看到了北魏时期远在西部的敦煌地区，作为官员信仰观世音的内心世界。作为东阳王元荣的下属重臣，尹波的内心世界是很复杂的。他既要考虑到作为臣子服侍主人，又为国家的安危焦虑，同时还有家庭方面的顾虑。文中提到尹波写经的直接原因是"扈从主人东阳王殿下，届临瓜土。嘱遭离乱，灾夭横发。长蛇竞炽，万里含毒。致使信表罕隔，以径纪年。寻幽寄矜，唯凭圣趣"。这也是他选择《观世音经》作为祈愿的原因。观世音救苦救难的性格特点再一次成为民众被选择的因素。不但如此，本次尹波写《观世音经》共有四十卷之多，这些经被分别送到敦煌地区的各个寺院进行供养诵读。这对当时敦煌地区《观世音经》的流通和观世音信仰的盛行应该起到极大的推进作用。因此我们说北魏时期的敦煌地区观世音信仰也同样的流行。

在整个南北朝，虽然观世音信仰流行于民众之间，但是并未发展成主流信仰。由于该时期是我国佛教大量接受印度佛经的时期，也是印度佛教在内地大规模传播时期，因此还没有形成自己的佛教发展和信仰特色。释迦、弥勒、观世音等佛教诸尊都是人们信奉的流行对象。但是在北朝后期，观世音信仰和造像迅速崛起，信奉的人越来越多，并逐步战胜其他诸尊信仰成为最有影响的尊神，以至于到隋唐发展成观世音和阿弥陀的佛教信仰主导局势。

我们首先将400—580年间观世音造像的时间分布与比例（指占造像总数的比例）进行统计列表。②

---

① ［日］池田温：《中国古代写本识语集录》，东京大学东洋文化研究所1990年发行，第114页。

② 以下两表数据引自侯旭东《五、六世纪北方民众佛教信仰》，中国社会科学出版社1998年版，第111、105页。

表7—1　　　　观世音造像分类统计和观世音造像所占比例

\multicolumn{8}{c	}{观世音造像分类统计}		\multicolumn{4}{c}{观世音造像所占比例（%）}
平民A	官吏B	僧尼C	AB	AC	BC	ABC	不详	小计	时间（年）	平民	官吏	僧尼	小计
									440—449				
1								1	450—459	33.3			33.3
									460—469				
3		1						4	470—479	15.0		33.3	16.7
4								4	480—489	15.4			11.1
3								3	490—499	11.5			7.5
3							1	4	500—509	6.3			4.5
7	1	4						12	510—519	10.1	7.7	19.0	10.5
18	2	2		1				23	520—529	17.3	9.1	9.4	12.8
15	2	4		1				22	530—539	19.0	9.1	22.2	13.6
17		6		2			1	26	540—549	18.8		20.7	14.1
30	1	5	1	2			1	40	550—559	20.5	5.6	21.4	16.3
26	2	6	1	1		1	1	38	560—569	15.5	18.2	20.0	14.1
13	2	1			1		2	19	570—579	13.6	10.0	9.1	11.3
140	10	29	2	7	1	2	6	196	小计	15.7	6.7	16.3	12.7

从表7—1中可以看出，500年以前，观世音造像的数量十分稀少，520年以后数量大幅度增加，550—570年，达到历史的顶峰。这种变化说明，随着内地佛教的深入发展，观世音信仰逐步被人们认识并流行起来，在北朝后期，观世音造像迅猛增多，观世音成为佛教诸尊中造像最多的一位。而从表7—1所占的比例看，早期造像较少不能反映规律，但是从500年开始，基本上呈现上升的趋势。也说明了在北朝后期，观世音造像在各种造像中所占的比重越来越大。我们再对其他诸尊造像做一对比。

表7—2　　　　　　　主要造像题材时间分布

时间（年） \ 题材	释迦	弥勒	观世音	无量寿	卢舍那	多宝
400—439						
440—449		1				

续表

时间（年）＼题材	释迦	弥勒	观世音	无量寿	卢舍那	多宝
450—459	1		1			
460—469		3		1		
470—479	4	6	4			2
480—489	5	6	4	2		6
490—499	8	8	3			2
500—509	16	16	4			3
510—519	14	20	12	2		4
520—529	22	31	23	5		4
530—539	25	17	22	3	1	2
540—549	19	12	26	1	1	2
550—559	7	11	40	3	10	3
560—569	17	8	38	9	16	2
570—579	20	7	19	8	12	
小计	158	146	196	34	40	30

从整体上看，释迦造像题材一直是民众流行的造像对象。从北朝初期到后期，弥勒题材造像逐步呈衰退趋势。尤其在520年以前是主要流行题材之一，而到北周、北齐时已不再流行。而观世音造像，自从其出现一直是流行的造像题材。但是520年以后，有明显的增加趋势，有时几乎占到总数的20%，在东、西魏和北齐、北周时，它成为民众尤其是平民中最为流行的造像题材。

自540年以后一直到579年（也是周武帝灭佛前），观世音所占比例一直是最高的，超过其他任何的造像题材。与此同时，弥勒造像从550年以后急剧下降，到550—579年间已经变得微不足道。释迦造像在北朝后期也呈下降趋势。这就是说，到了北朝后期，最明显的变化特征就是信仰观世音的急剧增多和信仰弥勒的衰退。另外，卢舍那佛的造像也开始出现并逐步流行。

观世音造像的增加，标志着观世音信仰的兴盛。这与高僧大德宣传和纷乱的社会环境是分不开的。

《续高僧传》记载许多高僧在当时读诵《观世音经》，大力宣传其功效。北朝后期来华的那连提黎耶舍途中遇难皆以诵观音神咒而脱险，阇那崛多任益州僧主，"又翻观音偈佛语经"。释宝象"武陵王问师大集摩诃堂。令讲请观音"。释道成"讲观音一日三遍"。释僧实在西魏北周时先后任昭玄三藏和国三藏，曾经"诵观世音以救江南某寺堂崩厄也"。昙鸾作为净土宗的初祖，大力宣扬观音在极乐世界的地位和在接引众生往生方面的作用。他在《赞阿弥陀佛偈》中说："南无至心归命礼西方阿弥陀佛。又观世音大势至，于诸圣众最第一，慈光照暇大千界，侍佛左右显神仪，度诸有缘不暂息，如大海潮不失时。如是大悲大势至，一心稽首头面礼。愿共诸众生往生安乐国。"① 众生不但要归心阿弥陀佛，还要归心观音菩萨，因为"南无至心归命礼西方极乐世界观世音菩萨，愿共诸众生往生安乐国。"② 虽然这里宣传的不同于《普门品》的观音救难信仰，但却与之联系在一起，说"观世音、大势至以大悲音声，为其广说诸法实相除灭罪法。闻已欢喜，应时则发菩提之心"③。

　　许多高僧的灵验故事把观世音的功能宣传得神乎其神。释超达和僧明道人皆因出事入狱，一心念观音而逃脱。释道泰身患重病，因听说"供养六十二亿菩萨。与一称观世音同。君何不至心归依。可必增寿"。乃感悟念观世音专精不绝，使病痊愈。释法力忽遇野火"因举声称观。未逮世音。应声风转火焰寻灭"。沙门法智也是遇猛火四面，"乃合面于地称观世音。怪无火烧"。沙门道集遇劫匪，法禅逢山贼，"惟念观世音"而脱。释洪满十五岁时患双足挛躄，"常念观音经三年"转好。释法通身体极度虚弱，"因斯诵观音经昼夜不舍"。④

五　观音信仰类疑伪经的形成

　　疑伪经是中国人自己撰述的经典，有的依据佛经，有的则差距较大，它们反映的是印度佛教与中国民众思想需求相结合的结果，是中国人的独创。伪经不伪，只不过是与印度传来的佛经区别而没有被正统佛教认可罢了。

---

① 昙鸾：《赞阿弥陀佛偈》，《大正藏》第47册，第421页下。
② 同上书，第421、424页中。
③ 昙鸾注解：《无量寿经优婆提舍愿生偈》卷上，《大正藏》第40册，第834页上。
④ 见《续高僧传》卷25本传，卷35本传。

疑伪经很大程度上被称为"俗民的经典"，其实它是印度佛教在中国土地上所做的文化融合及适应，尤其体现在与普通民众佛教信仰的适应方面。道安时期就已经有了疑伪经的流传，但是文献资料却没有保存下来。观音信仰在六朝时期普遍流行，尤其在下层民众之间，这就使得观音信仰产生疑伪经可能的发生。现已知的在诸经录中有关观音信仰的疑伪经本有《高王观世音经》《大悲观世音经》《观世音三昧经》《瑞应观世音经》《观世音忏悔除罪咒经》《观世音十大愿经》《观世音咏托生经》《弥勒下生观世音施珠宝经》《观音无畏论》《观世音成佛经》《观世音所说行法经》《观世音观经》《日藏观世音经》《新观音经》及《清净观世音普贤陀罗尼经》等十几种经，大多数的经典已佚失，仅存《高王观世音经》和《观世音三昧经》。而《高王观世音经》又是最早也是最有名的。它的产生时代大约在北朝后期。日本学者牧田谛亮是研究该经最早和最彻底的一位。[①]

《高王观世音经》故事的产生与三个人物有关系，一是卢景裕，《北史》卷30记载他的事迹云："景裕之败也，系晋阳狱，至心诵经，枷锁自脱。是时又有人负罪当死，梦沙门讲经，觉时如所梦，默诵千遍，临刑刀折。主者，以闻赦之，此经遂行，于世号曰高王观世音。"还有两人就是王玄谟和孙敬德。王玄谟的故事其实最早，不过后来王像卢景裕一样都在佛教史籍中逐渐被遗忘。王玄谟的传见于487年沈约写的《宋书》卷76，此外《异苑》卷5也有类似的记载。编于983年的《太平御览》卷654和《太平广记》卷111也载有同一故事，文云：

> 梦人谓之曰：汝诵《观音经》千遍，则可得免祸。谟曰：命悬旦夕，千遍何由可得。乃授云：观世音，南无佛……念佛不离心。既而诵满千遍，将就戮，将军沈庆之谏，遂免。

孙敬德的身份跟卢和王都不一样，他是个下级小兵属于一募士。在《续高僧传》卷29释僧明传中，叙述了孙敬德与《高王经》的因缘：

[①] 牧田谛亮：《疑经研究》，京都大学人文科学研究所1976年版，第272—289页，也载于他的《六朝古逸观世音应验记の研究》（京都：平乐寺书店1970年版）内的《高王观世音経の成立——北朝佛教の一断面》，第157—178页。

昔元魏天平年间，定州募士孙敬德，于防所造观音像，及年满还，常加礼事，后为劫贼所引禁在京狱，不胜拷掠，遂妄承罪，并处极刑。明旦将决，心既切至，泪如雨下。便自誓曰：今被枉酷，当是过去曾枉他来，愿偿债毕了，又愿一切众生所有祸横，弟子代受。言已少时依稀如睡，梦一沙门教诵观世音救生经，经有佛名。令诵千遍，得免死厄。德既觉已，缘梦中经，了无谬误（遗谬），比至早明已满百遍，有司执缚（系）向市，且行且诵，临欲加刑诵满千遍。执刀下斫，折为三段。三换其刀，皮肉不损。怪以奏闻丞相高欢，表请免刑，仍□传写被之于世，今所谓《高王观世音（经）》是也。德既放还，观在防时所造像项，有三刀痕，悲感之深恸发乡邑。①

经过道宣等人的加工，孙敬德成了《高王经》的唯一发明人，此后的书籍多受此影响。由于念《普门品》不能免死，所以才接受《观音经》的新经，从而得救。虽然"伪经"在教理及修持方法上完全根据真经，但是为了建立自己的合法性及争取民众的信心，往往不惜攻击更正统的真经。② 其实这里还有一层意思就是，《高王观世音经》更符合老百姓的需求，更简单易行，更有效果，尤其是在危难临头之际。孙敬德的这一事迹，不是初次发明，在南北朝观世音应验故事中，因脱刑脱枷锁的占到25条，是各类事件中次数最多的一种。③ 孙敬德事迹正是利用了这一深入人心的故事，从而起到了宣传效果，最后取代卢景裕和王玄谟二人成为发明人的。

伪经虽然是在中国撰作的，它们却建立在正统经典的基础上，不是胡乱的杜撰文字。同时它们有创新性，都比较简短易懂易行。伪经把佛教的普遍真理通俗化、具体化，使之更亲近、更容易使一般的国人接受。这是把印度佛教变成中国佛教的重要手段。"伪经"既是佛教中国化的结果，也是推动佛教中国化的有力工具，它把佛教所宣扬的普遍真理与中国民众的实际需求结合在一起，具有强大的生命力。因此法尊大师说，来自异地

---

① 《大正藏》第 50 册，第 692 页下—第 693 页上。
② 于君方：《伪经与观音信仰》，《中华佛学学报》1995 年第 8 期，第 112 页。
③ 关于南北朝时期的观音应验故事的资料主要有《光世音应验记》《续光世音应验记》《系观世音应验记》《冥祥记》和唐代的《法苑珠林》《法华经传记》，以及宋代的《太平广记》等书。此外还零星见于大正藏和正史资料之中。

的文化要在中国本土扎根，必然要经过与中国传统的本土文化相碰撞、相交流、相融合的过程。也因为这种中印文化的交流，华夏文化史上形成了独具特色的观音信仰文化。"女性观音"造像的出现，可说是中国佛教观音信仰的一大创造，在宋代以后，观音几乎完全女性化了。所以说，"伪经"和灵验记、宝卷等都是观音信仰中国化的重要媒介，是把这位来自印度的男性大菩萨转变为中国民众最熟悉、最爱戴的观音慈悲女神的重要工具。①

六 观音性别的演变和香山大悲菩萨的出现

印度佛教经典中对观音身世的说明主要有7种。虽然身份有差别，但是从性别来看他们都是男身。早期观音像带有西域人的风姿，长眉、深目、高鼻、裸露上身。观音菩萨初来中国时本为男身，在敦煌壁画的观音菩萨的嘴唇上还有两撮小胡子。现藏英国伦敦大英博物院的唐代绢本《引路菩萨图》中的观音就是男身，嘴上蓄着胡子。有的佛经说，观音本是古代天竺国（今印度）转轮王的大王子，善男身。佛教的《楞严经》上说观音菩萨能现三十二应身，②这三十二身分别是一佛身、二辟支佛身、三声闻身、四梵王身、五帝王身、六自在天身、七大自在天身、八天大将军身、九昆沙门身、十小王身、十一长者身、十二居士身、十三宰官身、十四婆罗门身、十五比丘身、十六比丘尼身、十七优婆塞身、十八优婆夷身、十九妇女身、二十童男身、二十一童女身、二十二天身、二十三龙身、二十四夜叉身、二十五干达婆身、二十六阿修罗身、二十七迦楼罗身、二十八紧那罗身、二十九摩睺罗迦身、三十人身、三十一非人身、三十二执金刚神身。根据需要可以显示出不同的应身。

观音菩萨在中国由男性向女性演变经历了一个较长的过程，许多学者在这方面多有涉及。被人们普遍认可的唐代是观音变性的转折时期，其彻底女性化的时间，当定在宋、元时期为宜。③依笔者之见，从北朝后期至中唐，这是观音女性化发展的酝酿时期。其主要的表现就是从外观表象上

---

① 法尊：《浅谈"伪经"与观音信仰的中国化》，《世界宗教文化》2004年第3期。
② 《大佛顶首楞严经》卷6，《大正藏》第19册，第128页。
③ 赵克尧：《从观音的变性看佛教的中国化》，《东南文化》1990年第4期。孙修身、孙晓岗：《从观音造型谈佛教的中国化》，《敦煌研究》1995年第1期。

向女性的靠近和发展。北齐和北周艺术风格的重大转变是这一变化的起端。从考古发掘的佛教造像以及石窟造像来看，观音女性化的体貌有所显现。尤其是麦积山的菩萨造像，女性面容丰满美丽，这一时期第 44 窟菩萨像被誉为"东方的维纳斯"，或许这与乙弗氏的形象有关。而在初唐，武则天的执政进一步推动了观音形象迅速地向完全女相演变。莫高窟里的菩萨塑像多数呈现女性特征的妩媚之态。莫高窟的菩萨彩色塑像颇呈女性特征，头作高髻或戴花蔓宝冠，含情脉脉，婀娜多姿，状如贵族妇女，庄重典雅。有的如妙龄少女，亭亭玉立，眉画黛绿，上穿裹织锦衣，下着锦裙，注入唐代美女风范。不少菩萨虽然嘴角描画绿色胡须，但男性特征不如女性突出与多样，故时谓："端严柔弱似仕女之貌，故今人夸菩萨如宫娃也。"如莫高窟第 320 窟（盛唐）、第 194 窟（中唐）、第 159 窟（中唐）等雕塑的菩萨和观音，都具有此特点。炳灵寺第 51 龛观音石刻像，束高髻、修眉、半开半闭的长眼呈现了女性的妩媚之态。"我们也必须看到，菩萨，特别是观音菩萨等，如前所举的那些，又都不具备女性区别于男性最主要的特点，那就是没有特为突起的乳房，不管其如何似女像，其上身都是作扁平形的，有的还为那些极富女性的菩萨，画上两撇男性所特具的翠绿色胡子。从这些特点看，我们又不能不承认她是男性。神和形间，目的和结果间，都明显地存在着不合，而这个矛盾和不合，又恰在菩萨的中性说下获得到统一。"①

安史之乱以后，社会背景发生了重大转变，藩镇割据的局面形成，再加上唐武宗的灭佛运动，观音菩萨能普度众生、救苦救难、超脱世人，千手千眼能寻声救苦，做到千处有求千处应，这样造福众生、仁慈可亲的理想观音菩萨形象就应当是母亲、女性，观音菩萨就以"女神"的化身出现了。韩偓乃晚唐人，生卒年份为 844—914 年以后，他有《咏柳》诗云："袅雨拖风不自持，全身无力向人垂。玉纤折得遥相赠，便似观音手里时。"玉纤，通常是指美人的手指，既然用观音手持杨枝的状貌来比喻美人手摘柳条的娇态，则无疑视观音为美艳的女性形象。安岳卧佛沟第 45 号龛有晚唐之际雕刻的一尊千手观音，呈站立式，像身高 1.35 米，丰乳细腰，身上无璎珞装饰，衣衫如湿毡贴体。五代的观音造像几乎全呈女相，如五代数珠石刻观音，主体造像的肌肉部分具有弹性感和青春少女的

---

① 孙修身、孙晓岗：《从观音造型谈佛教的中国化》，《敦煌研究》1995 年第 1 期。

魅力，有"媚态观音"之称。

自宋、元时期，观音的女性造像遍及全国各地，出现了各不相同的观音名号。年轻的母亲比年老者当然更美、更可亲、更可爱、更理想，所以才有后来的这些柔美女子形象。元朝人编印了《观音菩萨传略》，明朝有人编印了四卷二十六回的《南海观音全传》，都是为中国化的女神——观音菩萨专门编史立传。

千手千眼观音信仰源自密教系统的持明咒密。原始密教陀罗尼信仰发展到4、5世纪，形成了形态完备的早期密教——持明密。持明咒密的神灵系统包括陀罗尼密的佛、菩萨、金刚、诸天等部，新出现而且突出的神祇是菩萨部中的观音类、金刚部中的金刚手类以及女性神类。持明密的观音信仰新出现了十一面、千手眼、马头、如意轮等形象。十一面观音在印度于四五世纪就出现了，差不多同时，千手观音信仰也在印度传统文化的基础上出现了。[①]

从佛经翻译方面看，千手千眼观音经典及仪轨、图像，至初唐时代始传至中国。据《千眼千臂观世音菩萨陀罗尼神咒经》序文所载，唐初武德年中，中天竺婆罗门僧瞿多提婆携来此尊形象及结坛手印经本，智通译《千眼千臂观世音菩萨陀罗尼神咒经》序云："太武见而不珍，其僧悒而旋辔。"当时的人们对它并不认可。至贞观年中，另有北天竺僧奉进《千臂千眼陀罗尼》的梵本，后由智通译成汉文。可知，千手千眼观音的信仰应是形成于7世纪。现存千手千眼观音经除了智通译的《千眼千臂观世音菩萨陀罗尼神咒经》二卷，还有唐代南印度僧人菩提流志的异译本《千手千眼观世音菩萨姥陀罗尼身经》。

佛经的译出，并不意味着信仰的传播。从历史文献和考古遗存看，千手千眼观音图像并未在当时立即流行。就像《十一面观音经》早在北周时期就已译出，在民间的流行则要推迟到唐初。关于千手观音的样式，智通译的《千眼千臂观世音菩萨陀罗尼神咒经》卷上"次说画像法"说"广十肘此土一丈六尺，长二十肘此土三丈二尺，菩萨身作檀金色，面有三眼一千臂，一一掌中各有一眼"。佛经中记载的形象就是一面千手，面有三眼，千手各具千眼。也许由于这种形象十分古怪，未被当时的民众接受。"又佛授记寺有婆罗门僧达摩战陀，乌伐那国人也，善明悉陀罗尼咒

[①] 吕建福：《中国密教史》，中国社会科学出版社1995年版，第39—52页。

句。常每奉制翻译，于妙毡上画一千臂菩萨像并本经咒进上，神皇令宫女绣成或使匠人画出，流布天下不坠灵姿。"① 虽然有皇令使之流布天下，但这种信仰也没有很快流行。到武则天执政时期情况有所变化。据文献记载，长安年间重建大慈恩寺时，于阗来的画家尉迟乙僧曾绘千手千眼观音。朱景玄的《唐朝名画录》记："乙僧今慈恩寺塔前功德，又凹凸花面中间千手千眼大悲，精妙之状，不可名焉。"② 尉迟乙僧的千手观音到宋代还存留于世，《宣和画谱》卷1"道释一"记："乙僧尝于慈惠（恩）寺塔前画千手眼降魔像，时号奇迹，然衣冠物像，略无中都仪形……（今御府所藏八，其中）：大悲像一。"

至于千手眼观音塑像，在唐代开元年间以后才出现。段成式《寺塔记》卷下说：

> 长安翊善坊保寿寺，本高力士宅，天宝九载，舍为寺。寺有先天菩萨帧，本起成都妙积寺。开元初有尼魏八师者，常念大悲咒。双流县百姓刘意儿，年十一，自欲事魏尼，尼遣之不去，常于奥室立禅。尝白魏云：先天菩萨见身此地。遂筛灰于庭，一夕有巨迹数尺，轮理成就，因谒画工，随意设色，悉不如意。有僧杨法成，自言能画，意儿常合掌仰祝，然后指授之以匠，十稔工方毕。后塑先天菩萨，凡二百四十二首（唐诗纪事作二百四十），首如塔式，分臂如意蔓，其榜子有一百四十，日鸟树一，凤四翅，水肚树，所题深怪，不可详悉，画样凡十五卷。柳七师者、崔宁之甥，分三卷往上都流行，时魏奉古为长史进之，后因四月八日，赐高力士。今成都者，是其次本。③

这里所说的先天菩萨就是观音，表明千手观音塑像在当时已经存在了。现成都昭觉寺圆通殿的千手观音像，就是源出于这一模型。

据《千手千眼观音菩萨广大圆满无疑大悲心陀罗尼经》载，观音菩萨要普度众生、超脱世人，于是长出千手千眼，寻声救苦，做到千处有求千处应。观音菩萨既然能救难送子，造福众生，仁慈可亲，那人们理想中

---

① （唐）智通译：《千眼千臂观世音菩萨陀罗尼神咒经序》，《大正藏》第20册，第83页。
② 朱景玄：《唐朝名画录》，《唐五代画论》，湖南美术出版社1997年版，第87页。
③ （唐）段成式：《酉阳杂俎续集》卷6《寺塔记》（下），中华书局1981年版。

的观音菩萨就应当是母亲、女性。年轻的母亲比年老当然更美、更可亲、更可爱、更理想，所以后来的观音菩萨就以女神的化身出现了。随着密教在民众间传播认识的深化，千手千眼观音在宋代孝文化占据主流地位的背景之下，逐步演变成与妙善公主相结合的大悲菩萨的形象。

《八琼室金石补正》卷109宋代蒋之奇《大悲成道赞》中就记载观音名妙善，修行于香山，为父治病的故事。父亲病愈后"天地震动，祥云调覆，乃见千手千眼大悲观音"。文中还指出这个故事出自道宣的《大悲成道传》。《图书集成·神异典》卷79引《汝州志》说：他是楚庄王第三女，以手眼合药愈王沉疴，受封为大悲菩萨，建寺香山，塑千手千眼。历汉、唐、元皆奉勅修建。又元管道升《观世音菩萨传略》也有相似记载。由此可知，平顶山的香山寺作为汉化观音的发源地在历史上就已经被记载。

第二节 阿弥陀经向中国的输入与演变

佛教中有多种净土，可谓一佛一净土，而其中对中国人信仰影响最大的就是弥勒净土和西方弥陀净土。弥陀净土信仰的经典虽然在汉魏之际已传入内地，但是一直未能流行起来，直到北朝后期才开始盛行。唐初净土宗的建立，主要依据的三部经典是《阿弥陀经》《观无量寿经》《无量寿经》，日本人通称为"净土三部经"。这三部经在后来的弥陀净土信仰中既有区别，又有融合，共同推进净土宗的发展。

一 《阿弥陀经》的域外渊源

阿弥陀佛的起源可能与古印度婆罗门教的太阳崇拜有关，因为他们称太阳神为弥陀罗；而"阿弥陀"意译为"无量光"，就是太阳光的扩大引申。同时也有人认为，佛教吸收了来自希腊、波斯宗教他力救济的祈祷崇拜，逐渐创造出阿弥陀佛。

据粗略统计，在鸠摩罗什汉译的《妙法莲华经》中，弥勒和弥陀的净土思想已经同时出现。其中出现弥勒27次，弥勒的同义名阿逸多17次，兜率天1次；出现弥陀2次，西方2次。如果季羡林先生的说法可靠的话，那么，弥勒和弥陀的起源即可推到阿育王时代。①

从考古遗迹实物来看，弥陀造像在公元前后似乎并没有在印度地区出现。在秣菟罗出土的一件106年时期的无量光佛，② 目前尚不能完全的断定，只能说弥陀造像处于萌芽阶段。从4世纪末到8世纪求法印度的中国僧人的西行游记亦少言及。在西北印度、中亚、西域一带的也很少有弥陀造像，说明作为尊像不怎么流行。但弥陀及其西方净土的经典文献产生得却十分早。汉译佛典中东汉后期已经有《无量寿经》的译本了，文献明确记载支娄迦谶译了《无量清净平等觉经》。二人都是月氏人，说明当时西北印度的弥陀经典已经传播流行了。义净的《南海寄归内法传》卷4云：

> 又龙树菩萨以诗代书，名为苏颉里离传，译为密友书，寄与旧檀越南方大国王，号婆多婆汉那，名市寅得迦……就中旨趣实有多意：先令敬信二尊孝养……劝行三慧，明圣道之八支；令学四真，证圆凝之两得。如观自在不简怨亲，同阿弥陀恒居净土。③

这段叙述表明龙树时期存在着阿弥陀信仰。从汉译佛典来看，安世高于东汉建和二年（148）译出了专门宣讲弥陀西方极乐净土的《无量寿经》2卷。支娄迦谶也译出了《无量清净平等觉经》4卷。从两位来自波斯和月氏的译经僧的来历看，弥陀经典也同样产生并流行于西北印度、波斯、中亚及西域地区。日本学者中村元认为：作为《无量寿经》初期形态的《大阿弥陀经》，比《法华经》和《华严经》古老，也比《小品般若经》和《般舟三昧经》古老。④ 果真如此则《无量寿经》的原形，在大乘佛教中可以说是最初期的产物。但宇井伯寿认为，净土思想的萌芽起源早，而系统的净土理论的产生应该在般若、法华与华严经典之后。⑤ 大致说来，大乘佛教起于公元前后，此时已经有净土思想。这一时期相当于

---

① 普慧：《略论弥勒、弥陀净土信仰之兴起》，《中国文化研究》2006年冬之卷。
② 参见 R. E. 埃墨利克《中亚的佛教》，殷晴译，《西域研究》1992年第2期。
③ 《大正藏》第54册，第227页下。
④ ［日］中村元：《净土三部经》，岩波书局1964年版，第206—207页；赤沼智善：《佛教经典史论》，破尘阁书房1939年版，第247、389页。
⑤ ［日］宇井伯寿：《初期的大乘思想》，载张曼涛《大乘佛教学术丛刊》第98期，大乘文化出版社1979年，第28—29页。

我国的西汉末期。《大经》篇幅较长，《小经》的经文极为简短，相互之间差异较大。《小经》不仅没有序说，在净土方面的描写也有所不同，可以说在净土的性向上，两者有根本性的差异。《大经》中所述说的是，众生以专心思念阿弥陀佛及其净土而得生净土，又说发菩提心，蓄积众多善业，于临终时念阿弥陀的人，皆能往生净土。反之，在《小经》中，净土并不是善业之报，众生只要听闻无量寿之名号，临终时心念彼佛，自能往生佛土。据此看来，似乎《大经》的成立较为早期。

二 鸠摩罗什与《阿弥陀经》的中国译传

《阿弥陀经》是中国净土宗最为重要的三部经典之一。《无量寿经》又称《大阿弥陀经》。吴支谦译，收于大正藏第十二册。本经为《无量寿经》之异译，且为《无量寿经》诸译中成立最早之一部。

《阿弥陀经》全一卷，又称《一切诸佛所护念经》《诸佛所护念经》《小无量寿经》《小经》《四纸经》，收于大正藏第十二册。原典约编纂于北印度，当时阿弥陀佛信仰盛行。大《无量寿经》原型成立后，即在1世纪左右，汉译本于姚秦弘始四年（402）由鸠摩罗什译出。译出后异译有二本，一为刘宋孝武帝孝建（454—456）初年求那跋陀罗所译之小《无量寿经》一卷，早已散轶，现仅存咒文与利益文；二为唐高宗永徽元年（650）玄奘所译的《称赞净土佛摄受经》一卷，亦收于大正藏第十二册。《大唐内典录》和《开元释教录》中均有收藏。

鸠摩罗什译本和玄奘本的差异就在于鸠摩罗什译本记六方诸佛证成，而玄奘本则为十方诸佛证成。今存的梵文本和藏译本与鸠摩罗什的译本相一致。鸠摩罗什译的另一异本即古传襄阳龙兴寺石刻《阿弥陀经》，和现行本也有差别，如王日休《龙舒净土文》卷1所说："襄阳石刻阿弥陀经，乃隋陈仁棱所书，字画清婉，人多慕玩，自一心不乱而下云：专持名号，以称名故，诸罪消灭，即是多善根福德因缘。今世传本脱此二十一字。"[①] 这说明元照当时也已见这石经本，元照《阿弥陀经义疏》和戒度的《阿弥陀经义疏闻持记》持同样的观点。但今藏译本和梵本并玄奘译本中，却未见有和这所谓脱文相同的文句。明袾宏的《阿弥陀经疏钞》卷3，也称此二十一字的所谓脱文，是前人解经掺入的语句。

---

① 《大正藏》第47册，第257页上。

极乐世界的梵文写作 Sukhavati，直译是乐有。在汉译佛典中，从鸠摩罗什译的《阿弥陀经》开始，在中国佛教史上，净土是一个特别重要的用语。鸠摩罗什前的译经中多以"安乐"或"安养"见称，比如康僧铠所译《无量寿经》译为赡养、安乐。鸠摩罗什的《阿弥陀经》中出现了十多次"极乐"的译法。"极乐"一语流行起来，后来的译家几乎都采用这一概念。如畺良耶舍的《观无量寿经》亦承此说，多采用极乐之称。净土的思想，在早期的大乘经典如《般若经》《法华经》《华严经》等中就已经出现。《无量寿经》中也提及佛国土的庄严和修饰等问题。但是在龙树的《大智度论》卷 92 中，却指出阿弥陀佛的佛土庄严即是净佛土国，净土的概念开始流行起来。因此，净土可说是大乘菩萨道精神的具体展现。鸠摩罗什后来所译的《维摩经》和《般若经》中"净土"词已经常出现。鸠摩罗什以后，以极乐为净土的说法，逐渐流行。北魏昙鸾的《净土论注》，更明白地以净土一语表示极乐世界的清净性。到了唐代，极乐和净土合称为"极乐净土"，故以净土一语专指极乐世界，乃成为一种定说。

现存两本中，鸠摩罗什译本，文辞平易而流畅简明，最为内地佛教学人所乐诵。因此阿弥陀经的疏解本大部分以鸠摩罗什译本为主，而以玄奘译本为参考资料。历来各家的注疏也以鸠摩罗什的译本为底本。现存较为重要的疏论有：

1. 唐代窥基撰《阿弥陀经疏》全一卷。收于《大正藏》第 37 册。为注释鸠摩罗什所译之阿弥陀经。

2. 新罗沙门元晓撰《阿弥陀经疏》全一卷。收于《大正藏》第 37 册。亦为注释鸠摩罗什所译之阿弥陀经。

3. 宋代孤山智圆撰《阿弥陀经义疏》全一卷。又称《佛说阿弥陀经疏并序》。收于《大正藏》第 37 册。为注释鸠摩罗什所译之阿弥陀经。

4. 宋代灵芝元照撰《阿弥陀经义疏》全一卷。收于《大正藏》第 37 册。亦为注释鸠摩罗什所译之阿弥陀经。

5. 明代袾宏撰《阿弥陀经疏钞》凡四卷。收于《卍续藏》第 33 册。系就鸠摩罗什所译之阿弥陀经作疏，更自制钞以训释之，乃仿效澄观之华严经疏演义钞。

《敦煌遗书总目索引》中记载的《阿弥陀经》文书残卷有 133 件，而《称赞净土佛摄受经》仅有 2 件，很明显当时敦煌地区流行的译本是鸠摩罗什所译。同样可以证明的是在莫高窟壁画里的《阿弥陀经变》，根据的底本也是鸠摩罗什版本。①

三　从无量寿到阿弥陀称号的转变

从造像题记中可以看出，南北朝时期一般称为"无量寿佛"，比如炳灵寺西秦的第169窟中的无量寿佛，南京栖霞山石窟中南朝时造的无量寿佛等。到了唐代这一称号变成了"阿弥陀佛"。最早研究此事的塚本善隆曾说：迄隋代为止的无量寿佛一进入唐代，这一汉译名差不多都变成了梵名阿弥陀佛。这种变化不仅仅是龙门石窟，大体来说，全国各地的石窟也好，就造像的一般情况来说也好，都可以说隋代是一个界限。南北朝时期的龙门造像中，"无量寿佛"这一名称的出现并非不可思议，应该说是理所当然的。但是这个最投合中国人信仰的"无量寿"译名，到了隋唐时代，就完全不用，而是采用了对于中国人来说什么意思也不明白的梵语"阿弥陀"原名，从这个译名由意译向音译的倒转，在传统力量作用最强的宗教界，还有在龙门这一狭小地域内出现，一定有其原因。②

其实发生这种称号变化的时期大约是在北齐至隋唐初期。温玉成先生对这些石窟进行了调查研究，这里主要根据他的调查将有关图像作一述录。其中云门山石窟第1号窟开凿于隋开皇元年至十年间（581—590），主尊是无量寿佛，第3—5号窟凿于唐前期，均为长方形中等洞窟，内造倚坐弥勒佛。驼山石窟第1号窟中据题记有"弥陀像一铺"，第2号窟有隋开皇初年所造的无量寿佛，第3号窟内有魏王李泰造阿弥陀像等。③现藏郑州河南博物院的北齐武平三年（572）的三层四面造像碑，正面（南面）三龛中，上龛交脚菩萨，旁题"弥勒大像"；中龛结跏趺坐佛，旁题"释迦大像"；下龛结跏趺坐佛，旁题"阿弥陀大像"。碑左侧（东面）上龛为弥勒菩萨和观音菩萨并坐像；中龛为普贤菩萨骑象像；下龛为结跏趺坐佛，龛下题记中有："无量寿大像"。此造像碑共有十二龛像，其中二龛主像为阿弥陀，可见以"阿弥陀"见称的西方净土信仰已经开始出

---

① 施萍婷：《新定〈阿弥陀经变〉——莫高窟第225窟南壁龛顶壁画重读记》，《敦煌研究》2007年第4期。

② [日] 塚本善隆：《从释迦、弥勒到阿弥陀，从无量寿到阿弥陀——北魏至唐的变化》，施萍婷译、赵声良校，《敦煌研究》2004年第5期。

③ 温玉成：《青州佛教造像考察记》，载《中国佛教与考古》，宗教文化出版社2009年版。

现。而到了初唐的龙门石窟,阿弥陀佛的造像已经十分普及了。

至于这其中的原因,塚本善隆分析认为,唐初相继出现了专门鼓吹阿弥陀净土教信仰的巨匠,比如继昙鸾之后的道绰和善导等人,而且与末法思想有一定的关系。同时他还提出了三条理由:一是有关阿弥陀佛的知识的增强;二是对阿弥陀佛归依的态度或感情的变化;三是由于实践躬行,阿弥陀佛名字的普及。①

笔者认为,除了这些原因,还与《阿弥陀经》本身的内容有关系。关于阿弥陀的称号,经中云:"彼佛何故号阿弥陀。舍利弗。彼佛光明无量。照十方国无所障碍。是故号为阿弥陀。又舍利弗。彼佛寿命。及其人民无量无边阿僧祇劫。故名阿弥陀。"又云:"有善男子善女人,闻说阿弥陀佛,执持名号,若一日,若二日,若三日,若四日,若五日,若六日,若七日,一心不乱,其人临命终时,阿弥陀佛,与诸圣众,现在其前。是人终时,心不颠倒,即得往生,阿弥陀佛,极乐国土。"② 这里明确指出往生西方庄严净土的方法,不需要做功德也不需要布施,只要7天连续念称号,即可往生净土。对于那些没有钱财的布衣百姓来说实在是太容易、太廉价了,所以对老百姓产生了强大的吸引力。观世音信仰的崛起也是这种情况,只要一心念诵观世音,苦难就会立即得到解救和解除。由于当时观世音信仰的盛行,净土宗倡导者看来是吸收了这一方法,才加以改造的。而鸠摩罗什的《阿弥陀经》十分简短,又具有这一内容的优势,因此被净土宗大师所利用。

昙鸾主张称名念佛独立,并明确提倡口念。他的二道二力说,承袭龙树二道说而实为创新。龙树所说的易行道,指的是以恭敬之心念十方诸佛,"称其名号"便可以很快地达到阿毗跋致。他说的是称念"十方诸佛",不是专门称念阿弥陀佛名号,并非宣传阿弥陀佛信仰的。昙鸾所说的易行道,专指称念阿弥陀佛宣传的是阿弥陀佛西方净上。③

道绰更是继承昙鸾的意志,一心称念阿弥陀佛。他发动大众一起念佛。"人各掐珠,口诵佛号,每时散席,响弥林谷。"④ 他用麻豆之类记

---

① [日]塚本善隆:《从释迦、弥勒到阿弥陀,从无量寿到阿弥陀——北魏至唐的变化》,施萍婷译、赵声良校,《敦煌研究》2004年第5期。
② 《阿弥陀经》,《大正藏》第12册,第347页中。
③ 陈扬炯:《中国净土宗通史》,凤凰出版社2008年版,第110、111页。
④ 《续高僧传》卷20《道绰传》,《大正藏》第50册,第593—594页。

数,每一称名便下一粒,念念相续,累多者得豆八十至九十石,中等的念得五十石,最少的也念得丁十石,以至"示诲并土晋阳、太原、汶水三县道俗,七岁已上,并解念弥陀佛"①。人们称这种念佛为"小豆念佛"。后来他又教人穿木穗子(又名木桉子)作数珠以为数法,他自己经常穿制念珠,送给信众,教他们称念佛号。这些方法对后世影响很大,从而确立称名念佛的主要地位。口念的称名念佛之法是主要的修行方法,这也是净土宗的特色,这一特色是从道绰而确立的。

善导继承昙鸾和道绰,提出二行二业之说,以念阿弥陀佛名号为正行,以称名念佛为正业,建立起净土宗修行的完整体系。善导认为,行有二种,《观经散善义》云:

> 一者正行二者杂行。言正行者,专依往生经行行者,是名正行。何者是也?一心专读诵此《观经》、《弥陀经》、《无量寿经》等;一心专注思想观察忆念彼国二报庄严;若礼即一心专礼彼佛;若口称即一心专称彼佛;若赞叹供养即一心专赞叹供养。是名为正。又就此正中,复有二种:一者一心专念弥陀名号,行住坐卧不问时节久近念念不舍者,是名正定之业,顺彼佛愿故;若依礼诵等,即名为助业。除此正助二行已外,自余诸善,悉名杂行。②

善导明确地提出称佛名号即是愿行具足,为称名念佛确立了独立的地位。从此以后,净土宗转向了专称佛名。

四 隋唐时代的阿弥陀信仰

隋文帝文献皇后生前是位忠诚的西方净土信仰者。《续高僧传》卷26《阇提斯那传》的记载:"及献后云崩,空发乐音,并感异香,具以问由。答曰:'西方净土名阿弥陀,皇后往生,故致诸天迎彼生也。'帝奇其识鉴,赐绵绢二千余段。"③ 隋炀帝也是一位西方净土信仰者;如唐法琳《辩证论》卷3云:"(隋炀帝)又于并州造弘善寺,傍龙山作弥陀坐像,

---

① 迦才:《净土论》卷下,《大正藏》第47册,第98页中。
② 《大正藏》第37册,第272页。
③ 《大正藏》第51册,第668页。

高一百三十尺。"① 隋炀帝在追悼智𫖮的文中多次言及智𫖮往生西方净土之事，如《（晋）王答（智𫖮）遗旨文》云："弥陀观音，亲来接引，去德兹永，乃增悲恋，追悟今生，还庆凤禀。……跪受经疏、如意、香炉，虔礼西方……唯愿即日在宝池，遥开莲花，令居净域，近溉浊心。世世生生，师资不阙；革凡登圣，给侍无亏。"为智𫖮建功德愿文二石："云观音来至。验知入决定聚，面睹弥陀。……今这往于佛陇峰顶，集众结斋，愿承三宝之力，速达西方，智者证知，净土记别，生生世世，长为大师弟子。"②

进入唐代，弥陀净土信仰在道绰和善导的弘扬下，更是取得了大的进展。道绰于大业五年（609）在玄中寺见昙鸾碑舍弃《涅槃》而专事西方净土，"恒讲《无量寿观》，二百遍。……口诵佛名，日以七万为限"③。其弟子善导又在长安一带倡导念佛法门，一时僧俗云集，影响很大。他曾"写《阿弥陀经》十万卷，画净土变相三百壁"④。当时长安城内寺院流行《观经》变十六观题材，多与善导的影响有关。⑤ 20 世纪初，日本大谷光瑞第二次考察队的橘瑞超和野村荣三郎在吐鲁番地区考察发掘时，于吐峪沟获得一批文书。其中有一件《阿弥陀经》残片，残片末有善导的跋文。此件文书是大谷考察队在新疆发掘的大量珍贵文物中最重要收获品之一。文书刊布在 1915 年由香川默识主编的《西域考古图谱》上。⑥ 兹将善导跋文录下：

愿往生比丘善导愿写弥陀□□□□者罪病消除福命常远佛言若

---

① 《大正藏》第 52 册，第 509 页。
② 《国清百录》卷 3，《大正藏》第 46 册，第 810、811 页。
③ 《续高僧传》卷 20《道绰传》，《大正藏》第 50 册，第 593—594 页。
④ 《佛祖统纪》卷 26，《大正藏》第 49 册，第 263 页。
⑤ 张彦远著的《历代名画记》卷 3，记载长安"光宅寺，东菩提院内北壁东西偏……尹琳画西方变"；"云花寺，小佛殿有赵武端画净土变"；同书同卷言东都洛阳敬爱寺大殿内有"西壁西方佛会，赵武端描"；同书卷 9 云："杨须跋中品、赵武端下品、范龙树下品、周乌孙下品、杨德绍下品，已上五人，国初擅名。"此外，段成式的《酉阳杂俎》续集卷 5《寺塔记》卷上记载长安常乐坊赵景公寺壁画云："三阶院西廊下，范长寿画西方变及十六对事，宝池尤妙绝，谛视之，觉水人深壁"等。
⑥ [日]香川默识：《西域考古图谱》下卷，"佛典"第 56 图，学苑出版社影印 1999 年版，第 167 页。《西域考古图谱》卷 2，国华社 1915 年版，图版 56；《西域文化研究第一敦煌佛教资料》，法藏馆 1958 年版，第 204 页。

□□□此经愿生净土者无数化佛恒 沙菩萨人不令诸恶横得其便终时见佛上品得上品生专心者皆同此辈往生。

中外学者一般都认为此《阿弥陀经》及其跋文是善导书写的数万件《阿弥陀经》之一,故引起学术界的特别瞩目。日本学者望月信亨统计:在短短的贞观至开元年间阿弥陀佛造像就有百余尊,而绣弥陀佛像和绘制净土变者更是大有人在。武则天下令造的净土变相就有400余幅。①

中晚唐时期的许多帝王支持或信仰弥陀净土。唐代宗将净土大师法照尊为国师。② 日本僧人圆仁著的《入唐求法巡礼行记》云:"(唐武宗)又敕令章敬寺镜霜法师于诸寺传弥陀净土念佛教。廿三日起首至廿五日于此资圣寺传念佛教。又巡诸寺,每寺三日。每日巡轮不绝。"③ 可见唐武宗在废佛前也是支持弥陀信仰的。由于唐代多数帝王的支持,弥陀净土信仰呈现持续兴盛的局面。

唐朝文人士大夫信奉阿弥陀的不在少数,从他们的诗文作品中可窥见一斑。有研究者粗略统计《全唐诗》《全唐文》中,明确反映弥陀净土信仰的文人作品达百篇以上。④ 柳宗元在他写的《东海若》文中大力提倡弥陀净土修行;⑤ 白居易在其文《画西方帧记》中表达"愿生无量寿佛所"的祈愿,表明也是弥陀净土信仰者。⑥ 他还曾"命工人杜宗敬按阿弥陀、无量寿二经,画西方世界一部"⑦。在唐代,净土三大典有时在造像和经变画中是不分的,有时又是分开的,但互相混合在一起的特点比较突出。不过从阿弥陀的造像和写经中,我们还是可以看到鸠摩罗什所译的《阿弥陀经》对隋唐时期民众的佛教信仰的影响。

隋唐以前的弥陀净土造像十分少见,最早出现的西秦建弘元年

---

① [日]望月信亨:《中国净土教理史》,释印海译,中国佛教文化研究所1974年版,第88—97页。
② 吕温的《南岳弥陀寺承远和尚碑》和柳宗元的《南岳弥陀和尚碑并序》都提到大历末年法照曾被迎入禁中之事。
③ [日]圆仁:《入唐求法巡礼行记(卷3)》,会昌元年二月八日条,上海古籍出版社1986年版,第147页。
④ 马小方:《唐代文人弥陀净土信仰特点探析》,《毕节学院学报》2012年第3期。
⑤ 《全唐文》卷587,上海古籍出版社2007年版。
⑥ 《全唐文》卷676,上海古籍出版社2007年版。
⑦ 白居易:《画西方帧记》,《全唐文》卷676,中华书局1987年版,第6903页。

(420）甘肃永靖炳灵寺第169号窟中的无量寿佛像，此后未见怎么流行。以龙门石窟为例，有纪年题记的北朝佛或菩萨像中，阿弥陀或无量寿佛像的只有8则，弥勒像的有32则。而到隋唐时期，阿弥陀像达到137则，弥勒像只有14则。① 龙门老龙洞内，能"找到24龛像标明为阿弥陀佛"，清明寺洞题记"共有12龛阿弥陀造像"，而"从惠简洞到双窑的这一片，阿弥陀造像比较集中"。② 可以看出在北朝时弥勒信仰盛行，而到了隋唐则变成了阿弥陀佛的天下了。再据《金石萃编》卷38—48、《八琼室金石补正》卷24—28所载，隋朝的造像数量：阿弥陀佛像13躯，弥勒佛像9躯；观世音菩萨像9躯；释迦牟尼佛像3躯。这种变化，在唐朝更加明显。以龙门造像为例，唐初复兴，所造尊像发生了巨大变化。从620年至710年，释迦像加优填王一共18尊，弥勒更减至12尊，而阿弥陀达120尊之多，观世音亦达45尊，都大大超过了释迦和弥勒造像。③ 隋唐时纪年造像，阿弥陀佛147例；弥勒15例；释迦牟尼佛11例；观世音53例，同时又有卢舍那、多宝佛、药师等多种题材的出现。④

唐代平民百姓的佛教信仰与帝王和士大夫有着不同之处，他们经济条件差，缺乏文化，不可能大量开窟造像，也看不懂佛经。而道绰和善导创立的净土宗，只要常念阿弥陀佛名号，命终之时即可往生极乐净土，于莲花中化生。净土宗的简便易行，适合了百姓的这种需求，从而广泛流行于民间。在龙门石窟的宋达意洞，龙华寺，丝南洞、魏牧谦洞等的中小洞，属于平民百姓的造窟。宋达意洞的正壁造优填王像，右壁造阿弥陀并二胁侍菩萨，左侧造像分上、中、下三层各有七佛并一菩萨立像，还有龙华寺的三身佛，丝南洞的三壁三佛，魏牧谦洞的三世佛，等等。窟内多造佛、多得福的思想应是民间信仰的产物。它们虽以阿弥陀净土为信仰题材，但却无佛经依据。"无有众苦，但受诸乐"，"黄金为地"，楼阁饰以金银琉

---

① 李玉昆：《龙门碑刻研究》之附表三、四，载《中原文物》1985年特刊号。当然在武则天时，弥勒造像一度再兴，但大体趋势并未改变。陈玉女先生"以清陆蔚庭稿本《龙门造像目录》为分析依据"，认为在历代佛教造像中，弥勒像与弥陀像之比为558：111（其中唐代为507：80），见其《龙门石窟佛教信仰圈之探讨》（载《2004年龙门石窟国际学术研讨会文集》，河南人民出版社2006年版），与别的统计差别很大，以资参考。

② 李淞：《龙门石窟唐代阿弥陀造像考察笔记》，《艺术学》1997年第17期。

③ 张敬全：《从西域净土信仰到中原净土宗的转变》，硕士学位论文，新疆师范大学，2008年，第19页。

④ 何劲松主编：《布袋和尚与弥勒文化》，宗教文化出版社2003年版，第104页。

璃赤玛瑙，想食得食，要衣得衣，年寿长得无法计算等思想，表现的是民众通俗、现实的心理要求。

弥陀净土信仰还影响到僧俗丧葬习俗。敦煌藏经洞出土的 S. 4474 号文书《十念文》写道：

> 泪下数行，扣棺椁以号啕，心摧一寸……孝等止哀停悲，大众为称十念……南无大慈大悲西方极乐世界阿弥陀佛三遍，南无大慈大悲西方极乐世界观世音菩萨三遍，南无大慈大悲西方极乐世界大势至菩萨三遍，南无大慈大悲地藏菩萨一遍。向来称扬十念功德，滋益亡灵神生净土。

在下葬仪式的最后，集体念阿弥陀佛、观世音、大势至和地藏菩萨，祈求亡者能往生西方净土极乐世界。这表明中唐以后，弥陀净土信仰逐步走向民众的日常生活之中。①

第三节 弥勒信仰在中国的发展和变异

弥勒信仰是中国内地民众佛教信仰的重要内容之一，对中国佛教的发展产生过重要影响。文献和文物表明，在古代的印度本土，尤其是北印度和中亚一带，弥勒信仰十分流行，因此一些早期的经典得以编撰。作为信仰的思想和图像，或许与经典同时传入中国内地，这与其他信仰的传播略有不同。传入中国内地，对于民众弥勒信仰产生重要影响的经典主要有六部，它们是西晋竺法护译的《佛说弥勒下生成佛经》，姚秦鸠摩罗什译的《佛说弥勒下生经》和《佛说弥勒大成佛经》，刘宋沮渠京声译的《佛说观弥勒菩萨上生兜率天经》，东晋失佚名译的《弥勒下生经》和唐义净译的《弥勒下生成佛经》。按内容来讲，对中国民众影响最大的是弥勒上生、弥勒下生以及弥勒净土的信仰，它们主要来自《佛说弥勒下生成佛经》《佛说弥勒下生经》和《佛说观弥勒菩萨上生兜率天经》。弥勒上生信仰主要集中在上层人士和僧侣阶层，下生信仰主要群体是普通百姓。从

---

① 刘长东：《晋唐间弥陀净土信仰研究》，博士学位论文，四川大学，1998 年，第 283—286 页。

流行的版本来看，鸠摩罗什的《佛说弥勒下生经》是对民众的下生信仰发展影响最为深远的经典。因此本节主要通过探讨《佛说弥勒下生经》来看鸠摩罗什对中国民众佛教信仰的影响。

一　印度、中亚的弥勒信仰和下生经的形成

关于弥勒信仰在印度的起源，学界有两种不同的观点：一是认为弥勒的原型来源于波斯神话和琐罗亚斯德教。上古波斯人崇尚的太阳之神密特拉就有光明的意思。随后兴起的琐罗亚斯德教吸收了这一思想，主神阿胡拉·玛兹达就是光明、慈善的化身。《班达希申》中提到，在世界末日来临之时，琐罗亚斯德之子琐希扬斯降临人间，战胜恶神安格拉·曼纽从而拯救了人类。这一点和后来犹太教和基督教中的"弥赛亚"的描绘十分一致。上古波斯人的这些神话和宗教思想在西北印度早已存在。二是认为直接起源于印度本土。因为早期迁入南亚次大陆的雅利安人崇拜有太阳神苏里亚，其化身为光明慈爱的守护者。早期就有《慈氏奥义书》的经典出现。另外从语音上讲，它们与梵文和犍陀罗语的弥勒十分近似。[①] 季羡林认为："Maitreya 与伊朗有密切的关系，这一点必须肯定。伊朗背后还有广阔的古代东方世界。Maitreya 之所以成为未来佛，也就是救世主，有印度本国的根源，又有国外的根源，是当时流行于古代东方的弥撒亚信仰的一个部分。"[②]

弥勒信仰何时在印度本土兴起，较为普遍的观点认为大约在公元前 2 世纪以后。《大史》文献记载杜多伽摩尼在临终之前愿生兜率面见弥勒，时间是公元前 161—前 137 年。另外公元前 2 世纪的小乘佛教经典《大事》中也记载有鸡头城的存在。因此李玉珉认为弥勒信仰在公元前 2 世纪的印度已经存在。[③] 在四部《阿含经》中有 15 部经典提到弥勒，其中《增一阿含经》中的记载最多、最为集中。[④]《法显传》也记载，"其国昔

[①] 参见普慧《略论弥勒、弥陀净土信仰之兴起》，《中国文化研究》2006 年冬之卷，第 138、139 页。

[②] 季羡林：《季羡林文集》第 11 卷《吐火罗文〈弥勒会见记〉》，江西教育出版社 1996 年版，第 57 页。

[③] Lee, Yu-min, The Maitreya Cult and its Art in Early China, Ph. D. Diss., Ohio State Univ. 1983, p. 143.

[④]《大正藏》第 1 册，第 41 页。《长阿含经》卷 6《转轮圣王经》："未来人寿八万岁时……有佛出世，名为弥勒如来。"《大正藏》第 1 册，第 510 页。《中阿含经》卷 13《说本经》："未来久远人寿八万岁时，当有佛名称弥勒如来。"

有罗汉,以神足力将一巧匠,上兜率天观弥勒菩萨长短色貌,还下刻木作像……像立在佛泥洹后三百年许。"①

再从出土的弥勒造像分析其产生的年代。玛兹拉出土的一立像是众多造像中最古老的,被认为是公元 130—150 年所造。该像高 61 厘米、头部螺发,似如来形状,身着璎珞和天衣,典型的菩萨装。这种形象正是弥勒作为未来佛刻画和表现特征。如此则可以推定,在公元 100—150 年之时,已经有了弥勒为未来佛的信仰。贵霜王朝初期在犍陀罗、马图拉等地,多次发现姿势多为手持水瓶的弥勒像。孔雀王朝时代的阿旃陀,发现绘有弥勒画像的壁画。东印度则发现过帕拉瓦王朝的弥勒造像,手持莲花,顶戴宝冠,下有宝塔。据弥勒造像分析,至迟在贵霜王朝早期,弥勒已经确立了未来佛的地位。② 据以上论述可以推断,作为未来佛的弥勒信仰并不是大乘的创说,其产生的年代应在 2 世纪之前。

鸠摩罗什所译的《弥勒下生成佛经》和《弥勒大成佛经》,都有关于弥勒下生的内容。但是前者比后者产生要早,所以前者在内容上更加接近小乘,其结构也基本和《根本说一切有部毘奈耶药事》中弥勒成佛一节类似。《弥勒大成佛经》是随着弥勒信仰的传播和《弥勒下生经》不断在文本上扩大的过程中形成的。③ 龙树《大智度论》中就有与《弥勒大成佛经》相似的内容,如:

> 众心厌世,皆欢喜已,于者阇崛山头,与衣钵俱,作是愿言:"令我身不坏,弥勒成佛,我是骨身还出,以此因缘度众生。"如是思惟已,直入山头石内,如入软堡;入已,山还合。后人寿八万四千岁,身长八十尺时,弥勒佛出;佛身长百六十尺,佛面二十四尺,圆光十里。是时,众生闻弥勒佛出世,无量人随佛出家。佛在大众中,初说法时,九十九亿人得阿罗汉道,六通具足;第二大会,九十六亿人得阿罗汉道;第三大会,九十三亿人得阿罗汉道。自是已后,度无数人。尔时,人民久后懈厌。弥勒佛见众人如是,以足指扣开者阇崛山。是时,长老摩诃迦叶骨身,著僧伽梨而出,礼弥勒足;上升虚

---

① 《法显传》,《大正藏》第 51 册,第 858 页。
② 参见香川孝雄《弥勒思想的展开》,张曼涛主编:《现代佛教学术丛刊》第 69 册《弥勒净土与菩萨行研究》,北京图书馆出版社 2005 年版,第 66 页。
③ 任平山:《说一切有部的弥勒观》,《西域研究》2008 年第 2 期。

空,现变如前,即于空中灭身而般涅槃。尔时,弥勒佛诸弟子怪而问言:"此是何人?似人而小,身着法衣,能作变化!"弥勒佛言:"此人是过去释迦文尼佛弟子,名摩诃迦叶,行阿兰若,少欲知足,行头陀,比丘中第一、得六神通、共解脱大阿罗汉。彼时人寿百年,少出多减,以是小身能办如是大事。汝等大身利根,云何不作如是功德?"①

2世纪出现的《阿毗达摩大毗婆沙论》中也说道:

> 有说:迦叶波尔时未般涅槃,慈氏佛时方取灭度。此不应理,宁可说无不说彼默然多时虚住。如是说者,有留化事,是故大迦叶波已入涅槃。问经说:一时作双示导,谓身下出火身上出水,身下出水身上出火。②

从以上论述可以看出,在龙树时代的前一段时期,弥勒信仰特别是作为未来佛的信仰已经出现了。弥勒信仰在西北印度地区流传较广,这是个值得重视的区域。宫治昭曾说:"探究佛教美术从印度向中国的传播,不能忽视西北印度到中亚这一地区的重要性。最重要的是以犍陀罗为中心的西北印度,不仅产生了佛像,而且有众多的释迦佛传图,还产生了单独的菩萨像、主尊佛陀与胁侍菩萨组成的佛三尊像、净土图祖型表现形式的大神变图、菩萨半跏思惟像等,这些尊像都与后来的大乘佛教美术密切相关。……早期中国译经僧几乎都出身于西北印度和中亚地区。在中国早期佛教的年代,如果提到印度,很少指中印度和南印度,主要指的是西北印度及中亚。"③

在中国西行僧侣的游记中,有关弥勒信仰的记载较之于弥陀信仰多得多。《法显传》中记:

> 度岭已,到北天竺国昔有罗汉,以神足力始入其境,有一小国名陀历……其将一巧匠上兜术天,观弥勒菩萨长短、色貌,还下,刻木

---

① 《大智度论》卷3,《大正藏》第25册,第79页上。
② 《阿毗达摩大毗婆沙论》卷135,《大正藏》第27册,第698页中。
③ [日]宫治昭:《涅槃和弥勒的图像学》,李萍、张清涛译,文物出版社2009年版,第4页。

作像。前后三上观，然后乃成。像长八丈，足趺八尺。斋日常有光明。诸国王竞兴供养。今故现在……

众僧问法显："佛法东过，其始可知耶？"显云：访问彼土人，皆云古老相传，自立弥勒菩萨像后，有天竺沙门赍经、律过此河者，像立在佛泥洹后三百许年，计于周平王时、由兹而言，大教宣流，始自此像。夫非弥勒大士续轨释迦，孰能令三宝宣通，边人一识法。固知冥运之开，本非人事。

陀历，就是今克什米尔西北部印度河北岸达地斯坦的达丽尔，是古代中印交通的要点之一。此处记载的弥勒佛像既古老又远近闻名，宝云和法盛西行时均见过此像。梁宝唱《名僧传抄》云："于陀历国见金薄弥勒成佛像，整高八尺，云于像下，毕诚启忏，五十日夜，见神光照烛，皎然如曙，观者盈路，彼诸宿德沙门，并云灵辉数见。"同书《法盛传》也说法盛在忧仗国曾亲见此像，不过相传此像乃佛灭后四百八十年可利难陀罗所作。玄奘的《大唐西域记》卷3云"乌仗那国"亦载此事，其云："达丽罗川中大伽蓝侧，有刻木慈氏菩萨像，金色晃昱，灵鉴潜通，高百余尺，末田底迦（自注曰：旧曰末田地。讹略也。）阿罗汉之所造也。"

这些都说明在贵霜王国时期甚至稍后一段时期，印度的西北部和中亚一带是流行弥勒信仰的。但是它并没有停止下来，而是继续向南传播，最后乃至整个印度地区都有弥勒信仰的流传。当时的无著就是一个弥勒的信奉者，所传之说很多都是弥勒所讲。无著、世亲所传，署名弥勒的书就有《瑜伽师地论》《分别瑜伽论》《分别中边论》《大乘庄严经论》《金刚般若论》五部书，被称为"弥勒五论"，这促进了弥勒信仰的广泛传播，因此无论是在《法显传》中还是《大唐西域记》里面，都大量记载了印度其他地域有关弥勒信仰流传的情况。《法显传》中记载的还有狮子国、中天竺等，《大唐西域记》还记载有呾叉始罗国、秣底补罗国、阿踰陀国、婆罗痆斯国、战主国、尼波罗国、摩揭陀国、驮那羯磔迦国、珠利耶国。这说明当时的弥勒信仰已经普及整个印度了。

二　南北朝时期的弥勒下生信仰

竺法护的《弥勒下生经》《弥勒成佛经》和《弥勒本愿经》译出之后，虽然处于当时混乱的社会环境，但还是引起了人们的注意。到鸠摩罗什译出《佛说弥勒下生经》和《弥勒大成佛经》之后，使下生信仰产生广泛影响，无论在皇家统治者，僧侣还是普通百姓阶层，都十分的盛行。当时的很多高僧大德，如东晋的道安、东晋的智严、慧览、道法，甚至还有后来唐代的玄奘，虽然信奉的是上生信仰，但却对弥勒的总体信仰带来极大的推动。对于高僧们来讲，上生弥勒信仰主要是与佛教的净土信仰、禅修和决疑授记等的功能有关系。《高僧传》记载："达摩曾入定往兜率天，从弥勒受菩萨戒。"① 当时僧人认为在弥勒兜率天可以领受佛教经义。而对于普通民众来讲，主要信奉的就是上生经的净土功能了。在南北朝时期普通民众的弥勒信仰方面，多数的研究者认为上生信仰占有重要地位，受到当时高僧大德信仰的影响。其实这是一种片面性的判断。宿白先生说，鸠摩罗什急于传译，当出自姚秦地区对无量寿佛与弥勒下生崇奉之需求。② 鸠摩罗什的《佛说弥勒下生经》和《弥勒大成佛经》译出不久，下生信仰就得到迅速的流传和热奉。不仅表现在统治者阶层，还有普通百姓，更有很多大德高僧也是加入下生信仰的行列。而且这种传播地域广阔，南朝和北朝都十分的盛行。如果说上生经带有一定的理论和专业性的话，下生信仰则直接与信仰者的需求接触。从历史表现的信仰内容看，鸠摩罗什的《佛说弥勒下生成佛经》中信仰流传的主要有以下内容：弥勒下生人间的阎浮提地、出现转法轮王、弥勒龙华树下说法、弥勒下到人间、华林园三会众生。

从佛经描述的内容看，弥勒下生人间带来的是人间美好的庄严净土，这既是统治者所希望的也是普通百姓盼望的环境。出现转法轮王，来超度众生，这正符合统治者装扮自己的需要。弥勒的救度众生苦难的功能，符合普通百姓内心的愿望。而龙华树下说法听法则是僧人们内心的需求。华林园三会得罗汉果，则是所有佛教徒修行期盼的结果。因此弥勒下生信仰在南北朝帝王中间、普通百姓中间甚至是僧尼中间都不乏信仰者。

南朝时期的弥勒下生信仰首先表现在僧尼之中。许多高僧宣讲下生经典。齐末的宝亮"移憩灵味寺，于是续讲众经，盛于京邑……讲《弥勒下生》等亦各近十遍，黑白弟子三千余人，咨禀门徒常盈数百"③。在他

---

① 汤用彤校注：《高僧传》卷11《慧览传》，中华书局1992年版，第418页。
② 宿白：《南朝龛像遗迹初探》，《考古学报》1989年第4期。
③ 汤用彤校注：《高僧传》卷8《宝亮传》，中华书局1992年版，第337页。

们的宣扬下南朝的皇室贵胄中弥勒下生信仰影响者很多。《广弘明集》卷27就记载有宋明帝的《龙化誓愿文》和萧子良的《龙华会记》等文章。

下层民众弥勒信仰主要以下生为主。宗懔的《荆楚岁时记》叙荆楚风物时说："荆楚以四月八日诸寺各设会，香汤浴佛，共作龙华会，以为弥勒下生之征也。"① 在很多寺院都有龙华会，寺院与民众之间相互影响，共同促进佛教的传播。南朝遗存的造像中，多数的都提到弥勒成佛、弥勒出世、龙华三会的思想。宋文帝元嘉二十八年（451）的刘国之造弥勒像说"愿弥勒出世，德成佛道"②。齐永明八年比丘法海造石质弥勒交佛像同样记"比丘释法海与母为亡父造弥勒成佛石像一躯，愿现在眷属七世父母，龙华三会，□登初首，一切众生普同斯愿"③。齐明帝建武二年（495）释法明造观世音像中也提到"愿生生之处永离三涂八难，面见诸佛弥勒三会"④。齐梁最有名的新昌宝相寺弥勒大佛表现的也是弥勒成佛的思想。宿白先生把新昌大佛寺的大佛像，定为弥勒成佛龙华遍度之像无疑是正确的。⑤ 可见在南朝，上层统治者和普通民众之间，弥勒下生信仰更受欢迎。

北朝的弥勒下生信仰往往与造像连在一起的，但是有的造像题记含有其他的诸如西方净土等内容，而其他题材的造像也同时含有升兜率宫、龙华三会等弥勒信仰的内容，这体现了中国民众佛教信仰的综合性特征。早期的《且渠安周造寺功德碑》碑文中说："蔼蔼龙华，寝斥挨聘。名以表实，像也载形。"还说"普式兜率经始法馆兴国氏愿崇"。刘宋时期南下的且渠京声译出《观弥勒菩萨生兜率天经》一卷，可能在北凉时此经已出。该碑文由北凉王朝高级官员撰文并监造，文中赞颂凉王且渠安周，说明这是一座重要寺院。贾应逸推测该寺的主尊就是弥勒佛了。⑥ 那么，在早期的时候，弥勒的上生和下生信仰就有融合的思想。所以后来的弥勒造像和崇奉中也多有混杂的现象。

---

① （梁）宗懔：《荆楚岁时记·识》，（隋）杜公赡注，黄益元校点：《汉魏六朝笔记小说大观》，上海古籍出版社1999年版。
② 金申：《中国历代纪年佛像图典》，文物出版社1994年版，第15页。
③ 成都市文物考古工作队：《成都市西安路南朝石刻造像清理简报》，《文物》1998年第11期。
④ 张肖马、雷玉华：《成都市商业街南朝石刻造像》，《文物》2001年第10期。
⑤ 宿白：《南朝龛像遗迹初探》，《考古学报》1989年第4期。
⑥ 参见贾应逸《鸠摩罗什译经和北凉时期的高昌佛教》，《敦煌研究》1999年第1期。

虽然从造像题材上辨别不是那么清楚，但是从题记内容分析，我们也可以了解当时弥勒信仰上下生的情况。在战乱频繁的南北朝时期，普通民众希望出现有未来佛现世来拯救人间，弥勒信仰得以流行传播。

在笔者统计的总数 243 件有关弥勒造像和弥勒信仰的题记中，明确提到弥勒下生和龙华三会的有 51 件，明确提到弥勒上生和兜率、天宫的共有 20 件。① 对民众影响最大就是有关龙华树下听法和三会的内容。如果大胆猜测的话，这与历来学者们主张的南北朝时期主要是上生信仰的论点是不一致的。有时候造像的题材往往与内容不一致，这是经常出现的问题。尤其是民众间的佛教信仰，是混杂的，不能仅靠题记和造像单方面考察。但是如果从弥勒成佛的角度出发，凡造像中所见佛装的弥勒都表现的是下生信仰。② 按此考察，则弥勒造像中，下生信仰的尊像将大大增加。按侯旭东的统计，祈愿生天包含兜率、天宫、天堂、龙天的共有 81 件，但生天的占据大多数，如果它们都归为兜率宫信仰共有 70 件。祈愿龙华会首，包括弥勒下生、龙华三会等有 83 件。也就是说，下生信仰还是多于上生信仰，尤其是在民众之间。③

弥勒下生信仰对北朝时期的统治者影响较大。从云冈石窟到龙门石窟都不乏这种思想。云冈石窟中最著名的"昙曜五窟"，是编号第 16 至第 20 洞，每洞各造一大佛像，雕刻宏伟壮观。日本学者佐藤智水认为此五窟佛像是融入了五级大寺的造像观念。④ 其实这五尊大像带有明显的政治目的。《魏书·释老志》记载北魏文成帝："诏有司为石像，令如帝身。既成，颜上足下各有黑石，冥同帝体上下黑子。"并于兴光元年（454）秋"为太祖以下五帝铸释迦立像五，各长一丈六尺"。于是六年后的和平初，"昙曜白帝，于京城西武州塞凿山石壁，开窟五所，镌建佛像各一，高者七十尺，次者六十尺，雕饰奇伟，冠于一世"。北魏当时盛行的"皇帝即是如来"的观念在石窟中得到具体表现。北凉时期的敦煌第 275 窟弥勒造像从坐姿、坐椅和装扮神态看已经初显帝王的样式，而到了北魏平

---

① 主要参考国家图书馆善本金石组编《石刻文献全编——先秦秦汉魏晋南北朝》，北京图书馆 2003 年版，以及各类期刊。
② 《大正藏》第 14 册，第 429 页。
③ 侯旭东：《五、六世纪北方民众佛教信仰》，中国社会科学出版社 1998 年版，第 174—199 页。
④ ［日］佐藤智水：《云冈佛教的性格》，《东洋学报》第 59 卷第 1、2 号，第 26—27 页。

城时代这种思想得到进一步彰显和落实。昙曜五窟中,除第17窟为菩萨装外,其余四窟皆为佛像。佐藤智水认为第17洞之弥勒像即为现今皇帝文成帝,其余四尊佛像则为此前之四帝,是体现"弥勒下生"信仰的内容。过去诸帝视为释迦过去佛,现今皇帝视为弥勒未来佛,展示了以"释迦—弥勒"来表示"过去帝—现在帝"的造像观念。① 这种说法得到学术界的普遍认可。云冈石窟第9窟至第19窟的11个窟中,小型交脚弥勒菩萨造像有70多尊。在洛阳的龙门石窟中,北魏时期开凿的70尊本尊造像中,有28尊是交脚弥勒造像。弥勒下生成佛来到人间的思想,对统治者的影响很大。古正美教授认为17窟所塑的应是转轮王。在有关弥勒下生的几部经典中,除了弥勒外,还有转轮圣王这个重要角色。转轮圣王是弥勒神话中一个不可分割的重要角色,在各种弥勒下生经中,对转轮圣王都有详细不同但内容大同小异的描述。② 菩萨与转轮王结合的理念在《弥勒下生经》中就已经明确表达,即当弥勒成佛下生人间时,人间是转轮王统治的太平盛世。无论17窟的塑像代表的是弥勒或是转轮王,都说明在北魏时期佛教被统治者利用的现象,而弥勒下生信仰则是其主导的思想。

三 弥勒信仰衰落与中国民众的反叛运动

弥勒下生信仰中的未来佛,下降到人间拯救人们的思想,不但被最高统治者利用,也被民间农民起义者所吸收。

在北魏末年,沙门法庆组织的大乘起义,提出来的口号是"新佛出世,除去旧魔"。这一口号的提出虽然没有直接说弥勒出世,但这种思想的来源与弥勒下生信仰在民间的流传不无关系。自隋朝初年始,山西太原一带就流传着"白衣天子出东海"的民谣,喊出了对压榨民众的隋王朝的强烈不满。隋炀帝大业六年(610)元旦,老百姓将心头不满变为企图入宫夺取政权的行动。"有盗数十人,皆素冠练衣,焚香持花,自称弥勒佛,入自建国门,监门者皆稽首。既而夺卫士杖,将为乱,齐王日遇而斩之。于是,都下大索,与相连坐者千余家。"③ 大业九年(613),又有弥

---

① [日]佐藤智水:《云冈佛教的性格》,《东洋学报》第59卷第1、2号,第31页。
② 古正美:《弥勒下生信仰与护法思想的经文发展》,国科会研究计划报告,编号NSC75—0301—H007—03,第95—121页。
③ 《隋书·炀帝纪》卷3,中华书局标点本1973年版,第74页。

勒教徒唐县人宋子贤自称弥勒佛出世，远近信众日数百千人。他们"将为无遮佛会，因举兵欲袭击乘舆"，想杀掉在高阳巡视的隋炀帝。事泄被杀，并坐其党千余家。同年，佛教徒向海明"于扶风自称弥勒佛出世，潜谋逆乱。人有归心者，辄获吉梦，由是人皆惑之，三辅之士，翕然称'大圣'。因举兵反，众至数万，官军击破之"①。数年之间发生多起以"弥勒出世"为号召的农民起义，反映了弥勒下生信仰在民间具有非常深厚的基础。连续不断的"弥勒教派"起义，直接威胁着封建王朝的统治，引起统治者的不安和警惕，开始禁止"弥勒教派"。每次起义失败后，数以千人被连坐，这使弥勒信仰逐渐走向衰落。

　　唐玄宗开元元年（713），贝州（今河北省清河县）人王怀古煽惑云："释迦牟尼末，更有新佛出；李家欲末，刘家欲出。今冬当有黑雪下贝州，合出银城。"② 这些民间的起义和骚动，与弥勒佛的下生信仰有着直接关系，威胁了李家唐代的江山稳固和朝廷的统治，所以在玄宗开元三年（715），下诏书禁断弥勒教。《禁断妖讹等敕》中说："比者白衣长发，假托弥勒下生，因为妖讹，广集徒侣，称解禅观，妄说灾祥，别作小经；或诈云小经，诈云佛说；或诈云弟子，号为和尚，多不婚娶，眩惑闾阎，触类实繁，蠹政为甚。"③ 武宗会昌灭佛后，弥勒信仰虽遭到进一步禁断，但还是有人利用它组织结社，唐末的时候就曾经有过"青城县妖人作弥勒会"的记载。④ 可见弥勒信仰对当时社会影响的巨大。

　　当时在社会上流传着许多弥勒的伪经也与民间信仰有关系。据《开元释教录》卷18《别录中伪妄乱真录》中著录，当时在社会上流传的伪经多达10余种。对此，唐释智升在《开元释教录》序中说道：此类经书，"并是妖徒伪造，其中说弥勒如来即欲下生等事，以斯妖妄，诱惑凡愚；浅识之徒多从信受，因斯坠没，可谓伤哉！"唐初这些伪经，现多已不存，但从存目上看，大致可以知道主要是以"弥勒下生"为主题。可以推想，这类伪经如果不是为了满足社会上的需要，是绝对不会出现的。换句话说，伪经的产生，乃是为了迎合当时社会上民众广泛信仰弥勒下生这一社会心理的需要。佛经宣扬：弥勒出世，人间将充满光明和幸福。因

---

① 《隋书·五行志》卷23，中华书局标点本1973年版，第663页。
② 《册府元龟·总录部》卷922，中华书局2003年版，第10889页。
③ 《唐大诏令集》卷113，商务印书馆1959年版，第588页。
④ 《太平广记·妖妄》卷289，中华书局2003年版，第2302页。

此，人们就将自己对未来的希望，寄托在弥勒的身上，渴求他能尽快地降临人世。

四 武则天对弥勒下生信仰的利用

弥勒作为未来佛的地位将接替释迦而主宰世界。这种主张也为那些篡夺帝位者提供了改朝换代的根据，武则天就是最有代表性的一个。据《旧唐书》载："（薛）怀义与法明等造《大云经》，陈符命言则天是弥勒下生，作阎浮提主，唐氏合微。故则天革命称周，怀义与法明等九人并封县公，赐物有差，皆赐紫袈裟、银龟袋。其伪《大云经》颁于天下，寺各藏一本，令升高座讲说。"①《通鉴》又载："东魏国寺僧法明等撰《大云经》四卷，表上之，言太后乃弥勒佛下生，当代唐为阎浮提主，制颁于天下。"② 僧侣提出的这种奉承思想，正中武则天夺权的下怀，她被说成弥勒佛下降世间，成为堂而皇之的新国君，因此才出现颁发《大云经》于全国的事情。武则天还在全国各州设置大云寺，"《大云经》颁行天下，寺各藏一本，令升高座讲说"。而且在大云寺里面往往设弥勒阁，以凸显弥勒之地位。现有天授二年（690）《大云寺弥勒重阁碑》为证。③ 另外武则天称帝，首创在皇帝名，武则天接着就下诏改国号为周，改年号为天授。她的封号更是越来越高，从"金轮圣神皇帝"到"越古金轮圣神皇帝"再到"慈氏越古金轮圣神皇帝"，最后是"天册金轮圣神皇帝"。④

按照《弥勒下生经》的记载："弥勒菩萨有三十二相，八十种好，庄严其身，身黄金色。"为了散布和传播这种思想，武则天不仅颁布《大云经》，而且在许多地方建造弥勒佛像。在武则天执政以前，龙门石窟的弥勒造像只有小龛形制的。到她当政时期，突然出现了规模宏大的弥勒造像，而且数量剧增。在新出现的"三世佛"造像中，弥勒佛作为主尊居于中间，其寓意就是武则天本人。

惠简洞作为皇家洞窟，由西京法海寺惠简开凿，时间在咸亨四年。正

---

① 《旧唐书·外戚传》卷183，中华书局1995年标点本，第4742页。
② 《资治通鉴·唐纪二十》，中华书局2005年标点本，第6466页。
③ 见《山右石刻丛编》五，碑文前一行刻"大周大云寺奉为圣神皇帝敬造涅槃碑像一区"字样，敦煌莫高窟建于695年的第96窟33米高的大弥勒像，也是在武周代唐时所造，可资为证。
④ 《旧唐书》卷6《则天本纪》，中华书局1975年标点本，第123页。

壁主尊为善跏趺坐的弥勒佛，二弟子、二菩萨侍立两侧，同时两侧造二天王、二力士。主尊的形象面相丰满，雍容大度，女性气质突出。造像记云："大唐咸亨四年十一月七日，西京法海寺僧惠简奉为皇帝、皇后、太子、周王敬造弥勒像一龛，二菩萨、神王等并得成就。伏愿皇帝圣化无穷，殿下、诸王福延万代。"惠简曾经参与奉先寺大卢舍那像龛的检校，与武氏交往甚密。他将弥勒佛的相貌女性化，完全是为了迎合武则天当皇帝而造。宫大中就此认为："武则天被立为皇后并逐渐参与朝政以及武则天执政时期，龙门的弥勒造像出现空前绝后的盛况。除了弥勒造像的激增以外，女性化的佛像也层出不穷。"[①]

五　宋代布袋和尚与大肚弥勒形象的出现

唐代中、后期以降，弥勒造像减少，但是在民间的流传却一直没有停止。从佛教传入开始，至南北朝和隋唐，从服装到姿势乃至功能，弥勒的形象逐步被中国人改造和利用，也一度被统治者禁断，经历了曲折的发展之路。但是中国人传统思想的特点就是注重现实，不在实际生活中塑造一个形象是不会罢休的。唐末五代宋时期布袋和尚的出现就是这种观念发展的结果。五代后梁时布袋和尚就是弥勒化身的原型。《宋高僧传》卷21记载：

> 释契此者。不详氏族。或云四明人也。形裁腲脮蹙頞皤腹。言语无恒寝卧随处。常以杖荷布囊入廛肆。见物则乞至于醯酱鱼葅才接入口。分少许入囊。号为长汀子布袋师也。曾于雪中卧而身上无雪。人以此奇之。有偈云。弥勒真弥勒时人皆不识等句。人言。慈氏垂迹也。……江浙之间多图画其像焉。

宋代开始布袋弥勒的形象已经被人们接受并塑造其像。《鸡肋编》云："今世遂塑其像为弥勒菩萨。"当时塑造的无论布袋弥勒还是弥勒大士，[②]都是适中身材的和尚像，与僧传中的形象没有太大的差别。随着以后民间故事的传说和工匠们的改变，到元代时大肚弥勒的形象就已经定

[①] 宫大中：《龙门石窟艺术》，人民美术出版社2002年版，第529页。
[②] 《中国美术全集·绘画编·石刻线画》，文物出版社1986年版。

型。塑造的像中小型的用于随身携带膜拜,大型的在寺院中供养参观。这种小型的布袋弥勒像在上海松江等地的塔基中就有出土。这些实物都说明了这一发展变化的存在。①

布袋和尚的形象,之所以能最终取代原来的弥勒形象,这与民众的精神需要和艺术审美是分不开的。因为大腹便便、笑口常开的形象,更能给人们带来轻松愉快和福寿满堂的精神享受,改变了过去寺庙殿堂中的严肃、规整的氛围,增加了艺术的感染力,更加亲近于普通民众。弥勒佛一步步中国化,从原本庄严的未来佛,逐渐演变成为与中国人同根同种同样面孔的笑口常开的大肚弥勒佛,无遮碍地为每个信仰者所接受。②

---

① 上海市文物管理委员会:《上海嘉定法华塔元明地宫清理简报》、《上海松江李塔明代地宫清理简报》,《文物》1999 年第 2 期。
② 韩秉芳:《从庄严未来佛到布袋和尚——一个佛教中国化的典型》,《中国文化研究》2002 年夏之卷。

第八章

从鸠摩罗什长安弘法看印度佛教向中国输入的特性

鸠摩罗什从印度学习佛学再到长安传教译经，对中国佛教的发展带来巨大的影响，也对中国以后的多种文化领域的发展产生深远的意义。它是古代中印文化交流、中国少数民族与汉族文化交流的典型事件，也是中国历史上第一次大规模发生的外来文化与本土文化的碰撞和交融。无论从哲学还是信仰方面，对中国人的思维和信仰产生了重要的影响，使佛教成为与儒、道并存的一派文化洪流，并成为中国传统文化整体组成的一部分。印度佛教向中国的输入和传播历经千年有余，从鸠摩罗什传教译经这一历史事件，我们既可以看到人类文明交往中的某些共性，也可以看到中印佛教文化交往中的某些个性。总结这些特性，可以让我们更好地回顾历史，反思历史，借鉴历史。

第一节　从需求碰撞到吸收改造——印度佛教输入中国的基本法则

人类不同文化的交往，有不同的方式。除去战争等强制性文化输入，一般的和平交往体现了从需求输入、碰撞选择、吸收改造到最后发展融合的基本法则。中印佛教文化交流就是这一法则的典型体现。英国当代宗教学者弗兰克·惠林说："佛陀在他的领悟中接受了一个超越现实、不可抵抗的异像，并且感到非将这个异像超越正常的社会和政治界线进行传播不可，而且这个异像被千百万人在所谓的佛教运动中所传播、所改变，并且创造性地当地化。"① 这一表述可以说是对印度佛教传入中国的恰到总结。

一 需要与契机——文化输入的前提

外来文化进入本土文化，首要的条件就是需要。只有需求和缺少，自身的文化机体才有接受外来文化的条件。鸠摩罗什的传教译经为什么能得到各级人群的响应，取得传教的成功，这不得不归功于时代思想和社会背景的需要。

首先，是中国佛教自身发展的需要。魏晋时期佛教逐步兴盛发展，但早期的佛教译经远远不够，佛教义理思想十分缺乏，急需要大量的佛经翻译和理论的指导。从义理哲学方面看，佛教传入中国内地首先在知识分子阶层得到传播，使得佛教哲学一开始就与魏晋玄学结合在一起。这种结合的背后因素是佛教哲学体系的缺乏和认识上的模糊性，从而造成佛教尚不能独立成为自己的理论体系，只好比附于本土的传统哲学，"格义"佛教的发展成为必然趋势。同样由于两者的结合，造成佛教理论模糊不清，从而带来六家七宗的争议。这样一种情况是不可能有效指导中国佛教发展的，因此无论是道安还是南方的慧远，都盼望深谙印度佛教哲学的大师来中国传教。从信仰方面看，当时的佛教经典也是十分不足。虽然有了《正法华经》和《佛说无量清净平等觉经》等一批信仰类经典，但是由于译文方面的因素，也未带来广泛的影响。《高僧传》写道："复恨支、竺所译，文制古质，未尽善美，乃更临梵本，重为宣译，故致今古二经，言殊义一。"② 像《道行般若经》《放光般若经》《光赞般若经》等般若思想的重要典籍都是建立在对前人翻译不满意的基础之上进行的再译。从禅法戒律方面看，僧叡的《关中出禅经序》说得最为真切："禅法者，向道之初门，泥洹之津径也。此土先出修行大小十二门大小安般。虽是其事既不根悉，又无受法，学者之戒盖阙如也。鸠摩罗法师，以辛丑之年十二月二十日，自姑臧至常安。予即以其月二十六日，从受禅法，既蒙启授。乃知学有成准法有成条。"③ 当时的中国禅法不成体系，也知之甚少，所以一

---

① ［英］弗兰克·惠林：《佛教、基督教和伊斯兰教中传教移植的比较宗教研究》，原文译自瑞士《国际传教评论》，1981年10月号，日内瓦，世界基督教协进会办，转引自《世界宗教资料》1983年第3期。
② 汤用彤校注：《高僧传》，中华书局1992年版，第141页。
③ 《出三藏记集》卷9，《大正藏》第55册，第65页上。

开始僧叡就请鸠摩罗什翻译禅法。由此可以看出对禅法理论的需求。

其次，从统治者方面来看，五胡少数民族政权大多数推崇佛教、信仰佛教。从统治理论分析，他们无非就是要找到一个汉族和少数民族思想之间的结合点，而佛教正好适合这种要求。佛教宣扬的轮回转世，超脱现实、善恶有报的理论可以麻痹老百姓，起到稳定统治的目的。统治者通过招揽高僧等人才，一方面可以笼络一部分汉族知识分子，另一方面也可以让他们为自己出谋划策，做政治和军事上的助手。因此当时的历史发生多例通过发动战争获得佛教高僧的事件。这种需求，也是鸠摩罗什进入内地传教译经的重要因素之一。

再次，宗教是对人类终极关怀的关注，涉及社会中人许多深层次的思想问题，将会伴随人类社会长期存在。它的产生体现了人类历史发展过程中对大自然探索中的矛盾解释和社会问题的某些纠结。因此它的很多思想和理论是世界观和人生观的某些基本领域中的重要体现。如果这些思想缺乏和不足，显然是社会文化的稀缺，这种稀缺就会导致外来文化的弥补。中国传统文化建立在农业文明基础之上，诸子百家中虽然有不少人谈鬼神，然而却没有建立真正的宗教体系。如《金刚经》里面的"如是我闻"，带有浓厚的宗教色彩和氛围。佛教的传入，一切经文都要以"如是我闻"四字，刚好填补了这一空白，所有的一切语言都是由天神在说，充满了神圣性。佛教的传入给中国人带来了一种宗教逻辑思维方式，使中国人对于宇宙和人生的观察有了一种崇高的恐惧感。从整个印度佛教传播中国的过程分析，也显著地体现了中国对佛教宗教思想和其他领域很多内容的需求，这也是佛教之所以进入中国内地的重要前提基础。

最后，佛教既是一种信仰方式，也是一种思维方式。费尔巴哈指出："每一种一定的宗教，每一种信仰方式，同时也是一定的思维方式，因为任何一个人决不可能相信一件实际上与他的思维能力或表象能力相矛盾的东西。"[1] 佛教与哲学是相互依存，紧密结合的，虽然它可以判作唯心主义，但是也包含了丰富的辩证法和唯物主义因素，更表现出强于其他宗教哲学的思辨水平。恩格斯高度评价了佛教的辩证法因素，认为是人类辩证思维较高阶段的发展。[2] 中国古人重直觉轻分析，不重视理性的思辨和严

---

[1] 《西方哲学原著选读》，商务印书馆1981年版，第463页。
[2] 恩格斯：《自然辩证法》，人民出版社1971年版，第200页。

密体系的构建。这样，佛教便对中国传统文化产生了巨大的引力和魅力。

魏晋时期的中国佛教依附于玄学，其中重要的一个原因就是两者在哲学方面的共性，清谈、思辨将二者结合在一起。但是在鸠摩罗什将龙树哲学引入以前，魏晋的佛教哲学并未有创造性的发展和本质的变化，六家七宗只不过是对般若学的不同解释。当完备的印度佛教哲学理论进入之后，中国式的般若学迅速瓦解并与道家玄学隔离开来。六家七宗的土崩瓦解，从而出现了僧肇的三论哲学，把魏晋哲学推向新的高峰。中国古人的思维总是意象性多而思辨性少，直觉性多而逻辑性少。佛教包含的一些论证过程又满足了中国古人对逻辑思维的需求。古代中国人对宇宙的空间认识是方圆之说。而佛教传入中国后，其时间是无限长久、空间是无限扩展的时空观，有"三千大千世界"之说。我们所生存的地球，不过是太空中的一微尘而已。这种新思想足以吸引文明的进步和弥补自身的不足。

佛教之所以能够成功进入中国传统文化的机体，与历史背景时机的选择也有一定的关系。我国周代以前有着比较发达的国家宗教，虽然很大程度带有原始的宗教性。但是周代一改鬼教的风气，崇尚德政和民政的观念，注重人治，从而走上了人文主义发展的道路。周公时代建立的宗法制度，进一步确立了祖宗祭拜的体系，中国人对超人间力量的敬畏逐步丧失，传统的宗教只是仪式上的执行。春秋战国时期的国家治理理论的讨论成为主流，重在人治和治民的思想形成。孔子提倡的"敬鬼神而远之""未知生，焉知死？"[1] 荀子讲的："唯圣人为不求知天。"[2] 士大夫在百家争鸣中摆脱了宗教观念的束缚，同时也给汉文化带来了形而上领域的缺失和对彼岸世界模糊的关注两大缺陷。西汉武帝时采纳了董仲舒的"罢黜百家，独尊儒术"思想，仍未涉及人类的终极关怀，由此带来谶纬迷信的发达。其实谶纬迷信是人们对宗教信仰需求的前期征兆，引来中国两个领域：一是这种征兆的继续发展带来了汉末道教的形成；二是遇到了无神论思想家的尖锐挑战。王充因此疑问："计今人之数，不若死者多，如人死辄为鬼，则道路之上一步一鬼也。"[3] 这种社会环境也是佛教进入中国内地的契机，也是为什么早期佛教等同于方术、谶纬的原因。

---

[1] 杨伯峻译注：《论语译注》，《论语·宪问》，中华书局1980年版，第113页。
[2] 北京大学《荀子》注释组：《荀子新注》，《荀子·天论》，中华书局1979年版，第270页。
[3] （东汉）王充：《论衡》，《论衡·论死》，上海人民出版社1974年版，第316页。

汉末的黄巾军大起义、三国争霸、群雄割据让儒家理论显得无能为力，儒学的缺陷和衰落为佛教的传入和兴盛带来了一种千载难逢的时机。经西晋短暂的统一，又陷入五胡十六国更大的动荡之中，战乱遍地，民不聊生，"宗教是被压迫生灵的叹息，是无情世界的感情，正像它是没有精神的制度的精神一样，宗教是人民的鸦片"①。虽然有魏晋时期的玄学，但只是一时的清谈之风，没有解决中国理论的缺陷也不可能弥补自身哲学理论的不足，异域文化的进入成为历史的必然。佛学的理论主要集中在人生痛苦与解脱的问题上，佛教的灵魂不死，解脱涅槃，天堂地狱，业报轮回，因果报应等思想，正是中国固有文化欠缺的内容。佛教将人生与死后的问题圆满地连接在一起，解决了中国文化这方面的难题，满足了中国人对自我存在与彼岸世界关系的思考。陈垣在《明季滇黔佛教考》一书中说："人当得意之时，不觉宗教之可贵也，惟当艰难困苦颠沛流离之际，则每思超现境而适乐土，乐土不易得，宗教家乃予以心灵上之安慰，此即乐土也。故凡百事业，丧乱则萧条，而宗教则丧乱归依者愈众。"② 印度佛教传入中国后能够迅速发展，与汉末至南北朝时期的社会现实环境有密切关系。佛教为苦难人生指示了一条简单、方便的解脱之路。从根本上讲社会的黑暗为佛教传播提供了温床。对此梁启超先生论述道："季汉之乱，民疾已甚，喘息未定，继以五胡。百年之中，九字鼎沸，有史以来，人类惨遇，未有过于彼时者也。一般小民，汲汲顾影，且不保夕，呼天呼父母，一无足怙恃。闻有佛如来能救苦难，谁不愿托以自庇。其稔恶之帝王将相，处此翻云覆雨之局，亦未尝不自怵祸害。佛徒悚以果报，自易动听，故信从亦渐众。"③ 这种社会现实环境是佛教进入内地的又一契机。

二 碰撞与吸收

佛经翻译中，鸠摩罗什较早就注意到内地文化与印度文化的差异性。从后来在长安的译经可以推测，他在凉州的十七年中，很多的时间学习了

---

① 马克思：《〈黑格尔法哲学批判〉导言》（1843年底—1844年1月）．《马克思恩格斯选集》第1卷，第2页．转引自《马克思恩格斯列宁斯大林论宗教》，中国社会科学出版社1979年版，第105页．
② 陈垣：《明季滇黔佛教考》卷6，该文先收入《辅仁大学丛书》，1940年8月．新中国成立后，科学出版社（1959年）、中华书局（1962年）先后出版．
③ 梁启超：《饮冰室合集》第51卷，中华书局1989年版，第4页．

汉语，了解内地的文化思想。他的"意译"风格的推出，不得不认为是在经过两种文化的对比和斗争之后，才做出的选择。这种撞击，表面上看起来是温和的，其实也是存在冲突的。在原典佛经中，很多与汉文化不对应、不存在的词句表达，经过鸠摩罗什的加工之后，变得顺畅圆润起来，这是他与弟子对两种文化熟悉并认真比较后的结果。其次，鸠摩罗什所传播的龙树的中观理论，在开始就与中国的本土文化有某些方面的矛盾。这一点表现最为明显的就是慧远、姚兴等人的理论方面的疑问。尤其是对法身的理解，显然与中国本土的文化格格不入。"一切皆空"的龙树理论与当时国人重现实的思想多少有些矛盾。因此纯粹的印度四论的思想，在以后的中国佛教发展史中遭受到严重的挫折。这表现为鸠摩罗什和僧肇的般若学论进入南北朝后，很快被新的理论思潮所取代。而到了隋唐，吉藏虽然一度想继承和复兴原来的三论，由于与时代的发展相悖，从而遭到失败的命运。在伦理观点方面，孝在中国传统伦理道德中占有崇高的地位。佛教提倡的出家修行，与传统文化儒家的孝道思想，始终是贯穿整个中国佛教发展的一对矛盾。这种与中国固有文化冲突的矛盾，引发了历代很多排佛事件的发生。

佛教在经历了碰撞之后，接着被中国本土文化进行了选择和吸收。这在鸠摩罗什的译经和传播思想中表现得最为明显。比如他所传的般若学，虽然纯印度的东西遭到排斥，但是其对于宗教本身属性存在的合理性却被继承下来，尤其是唐代的各大宗派，几乎都不同程度地吸收了般若学的理论，作为中国化最大宗派的禅宗尤为明显。《成实论》是鸠摩罗什帮助理解龙树理论而翻译的经典，在他看来是属于小乘佛教的书籍，但是内地的高僧却对它表现出极大的兴趣，以致在南北朝时期成为盛极一时的理论学派。在信仰领域，同样表现出极强的文化选择性，印度佛经中的观世音信仰，本来有四种基本类型：救苦救难的观音信仰，净土往生型观音信仰，般若解脱型观音信仰和密教型观音信仰。[①] 但是进入中国内地之后，却出现了一枝独大的局面，救苦救难的观世音成为历经不衰的民间信仰主流。《维摩诘经》中的居士形象，由于适应了东晋南北朝时期士大夫的口味，而被竭力推崇，甚至日后成为历代文人士大夫的追求形象。

---

① 李利安：《古代印度观音信仰的演变及其向中国的传播》，博士学位论文，西北大学，2003年。

从整个中国对印度佛教接受的选择情况分析，首先就是对大小乘佛教的选择。佛教在早期进入中国的时候小乘佛教经典的输入不在少数，它除了让人们接触到更多的佛教内容外，似乎并没有激起中国固有文化的大浪。而这一时期的大乘般若学理论，却得到上层人士的青睐，成为谈论的主流内容。四五世纪虽然罽宾小乘说一切有部的大师陆续来中国传教，道安也深交了这些高僧，却未见引起道安的多少兴趣，反而让他继续引求高僧，期待有所突破。后来鸠摩罗什引入的龙树哲学理论，激起了内地佛教哲学的热潮，佛教义理从此自成门派走向独立发展的道路。同时像信仰类的《法华经》、弥勒类和西方净土类经典，迅速流传占据信仰中的主导地位。即使南北朝时期流行的《成实论》也以代替般若思想的大乘身份出现。进入隋唐，八大宗派都是以大乘理论为建宗基础，小乘佛教在中国完全没有了市场。在大乘佛教领域中，中国固有文化也进行了严格的选择。比如在净土信仰领域，有弥陀净土、弥勒净土、东方净土等多种类型，经过佛教在中国的发展，最后选择了西方极乐世界的净土信仰。纵观整个过程，佛教输入的所有内容，几乎无一例外经过了中国本土文化的挑选，经过严格挑选后的内容，才被吸收到固有文化的机体之中。

三 文化的改造与融合

中国本土文化对吸收进来的异域内容并不是保持不变，而是进行加工和改造，使它变成适合自己的东西，从而实现了与本民族文化的融合。

从鸠摩罗什所译的《维摩诘经》和《法华经》等很多内容分析，无不体现了这一过程。《维摩诘经》中的维摩诘居士形象，吸引了魏晋南北朝时期的士族分子，他们纷纷以居士自称。到了隋唐乃至宋，随着科举制度的实行，官僚士大夫阶层开始崛起，并成为追求维摩诘形象的新团体。在外为官、在家修行成为当时的一种新时尚。同时维摩诘的形象也逐渐得到加工改造。比如在服装上，穿上了内地士大夫的服饰，手中所持的扇子也随之变成了中国士大夫欣赏的拂尘。这种形象实现了维摩诘的完全中国化。《法华经》在译出不久，其中的普门品单独流行成为《观世音经》。观世音信仰成为中国老百姓中最为流行的佛教尊神之一，使中国的文化发生了重大的变化。观世音的形象也因之成为中国人改造的主要对象之一。印度的观音本来是菩萨的一种，带有男性的明显特征，早期的造像中甚至还留有胡须，但是随着观音信仰的进一步深化，逐步与中国的妇女特征结合起来。不仅具有救苦救难的功能，还具有女性慈善贤惠的一面，从而赋予其送子的功能，她的形象也从男像转为温柔美丽的妇人形象。这种改造不得不说是为了更加适合中国普通百姓信仰的内心需要而作。

中国人对佛教的改造和吸收，其实从一开始就伴随有这种问题。中国最早的石窟造像中，炳灵寺的第169窟和敦煌莫高窟的第275窟都明显具有印度和西域风格的传播特点，但是在神态和形象上已经具有帝王之相。云冈石窟中的昙曜五窟，就是专门为北魏平城时代的五个帝王所造。从衣纹服饰上看，改变了印度和西域的上身裸体的风格变成了中国式的装扮。而到了洛阳时期的北魏，则流行南方褒衣博带的衣纹样式。北齐和北周时代，造像风格进一步本土化，壮硕丰满的北方民族的特征成为佛教造像的主流，这种风格一直延续到隋唐。

竺道生是印度佛教中国化过程中的代表性人物。《高僧传》卷7本传记载：

> 六卷《泥洹》先至京都，生剖析经理，洞入幽微，乃说一阐提人皆得成佛。于是大本未传，孤明先发，独见忤众，于是旧学以为邪说。讥愤滋甚，遂显大众，摈而遣之……后《涅槃》大本至于南京，果称阐提悉有佛性，与前所说，合若符契。

他的众生皆有佛性和顿悟的两大理论贡献，对其后的中国佛教影响深远。但仔细分析就会知道，道生的这种思想的直接来源，是固有的中国文化。中国百姓人人都想成佛，成为神仙似的人物，这在汉代以前就是国人追求的神圣目标。因此他们关心成佛的方式和时间，如果能现世、很快成佛，这自然是最好不过的事情了。这种传统文化影响下形成的思想，始终贯穿着佛教进入中国后的改造思想，以致后来出现了最为典型的佛教中国化的结晶——禅宗。隋唐时代的八大宗派之中，法相宗虽然有唐太宗的支持和玄奘的声望，终究由于太过于保持印度佛教的原貌而短命；律宗和密宗也是由于过于神秘和烦琐的仪式，被尚简的中国人抛弃；甚至是逻辑严密的华严宗和天台宗，也不得不让位于禅宗和净土宗。从这个意义上讲，禅宗是最能典型和全面地反映中国文化对印度佛教的理解、选择和改造的过程；反映中国文化怎样不断反馈、不断自我调节的过程。

印度佛教在经过了加工和改造之后，逐步变成了中国人自己的文化，从而实现了与传统文化的融合。比如与儒家文化的融合，在经历了诸多斗争之后，佛教也提倡把孝敬父母作为佛教的基本内容。从遗存的大量造像碑记可以看出，绝大多数的发愿文中，几乎无一例外地提到对父母双亲的祈愿。这不得不说是中国文化区别于印度文化的一大现象。佛教还把因果报应论与中国传统礼教沟通起来，宣扬只有孝顺父母和忠于君主才可以得到善报。儒释道三教，经过长期的斗争终于在隋唐后走到了一起，中国化后的佛教随之也成为中国传统文化的重要组成部分。

第二节　媒介、环境与方法——印度佛教输入中国的因子

一种文化移入另一种文化，除了需求之外，还要有适宜的媒介、社会环境和恰当的方法。印度佛教之所以能成功进入中国本土文化，与这些因素的存在有着很大的关系。同时代印度的婆罗门教、耆那教，以及后来的三夷教（祆教、景教和摩尼教），虽然有传播的机会但均未取得成功。因此佛教传播的媒介和方法值得我们深入研究。鸠摩罗什传教译经又是印度佛教输入中国的典型成功案例，通过这一例子，我们来窥探印度佛教在向中国内地输入过程中的媒介、社会环境和方法等因素，从而揭示中印佛教文化交往中的某种特性。

一　高僧在中印佛教文化交往中的媒介作用

僧侣既是佛教的信徒又是佛教的忠实传播者。纵观中印佛教交往，之所以能够持续不断地实现佛教输入，与东来传法和西去求法的众多僧人做出的巨大牺牲和贡献是分不开的。他们承担了中印佛教文化交往的重要桥梁和媒介作用。但从整个佛教传播过程看，印度佛教向内地输入的几次规模重大事件，却都是由时代的高僧所完成的。从汉代的安世高、支谦到两晋的竺法护、鸠摩罗什，到南北朝的真谛、菩提流支，再到唐代的玄奘、义净和不空等，每次佛教的空前输入都与高僧扯上了关系。他们以广博的佛经知识和高深的义理修养，在翻译佛经和传播佛法理论中，崭露头角，占据优势，成为中印佛教文化交流中的一种突出现象。

鸠摩罗什来内地传教译经的成功，其中最重要的因素之一就是他自身的能力和素质。他对佛教哲学理论的深度理解，是能够把龙树学说准确介

绍到内地的重要基础。他那明显的甚至带有激进程度的大小乘派别观念，是中国僧人对印度佛教学派和思想理论深入理解的肇始，中国佛教的判教意识也由此产生。鸠摩罗什所掌握的丰富的佛教知识、严谨的态度和对中国内地文化、语言的熟悉理解，是他"意译"翻译佛经不可缺少的因素。鸠摩罗什的宗教态度，不仅为他自己的传教事业提供了方便，更重要的是丰富了佛教理论，使它向适合中国国情的方向发展。也正是鸠摩罗什所具有的这种别人少有的经历和宗教态度，使他能够在进入中原之后迅速成为真正的佛教传播的领航者。他在学习传播佛教的复杂历程中，曾经接触到许多非佛教的宗教东西。他对这些教外内容的态度不是简单地抨击和排斥，而是研究和吸收。[①] 这种杂糅诸教教义的态度，使他更好地认识到了宗教本质与现象间的关系，有了这种巨大的包容度，也更容易被当地的人们所接受。

外来文化的引进最重要的一项工作就是语言的翻译。翻译既是两种语言的转换，同时也是在进行两种文化的交流和转换。文化渗透于语言的各个层面，特定的语言反映在特定的文化之中，二者是相依相存的关系。因此在外来宗教的传播中，经典的翻译水平至关重要，直接关系到人们对经典的接受程度。如果生搬硬套原来的语言、词汇，不加以本土化的加工，必然阻碍人们对外来宗教的接受。佛教在向中国输入过程中非常重视这一点，在历代翻译家的努力下，佛经的翻译质量得以不断提高。有学者认为，佛教的教义主要是通过佛经的翻译进入中国的，而佛经的翻译本身其实就是一个佛教中国化的过程。为了适应中国的现实，使中国人更快、更积极地接受佛教，佛经的翻译者们不仅大量使用中国人容易理解的固有词汇，甚至不惜部分更改佛经原旨，删减佛经内容、使用道家语言、偷换概念等手段。在佛教中国化过程中，鸠摩罗什的推波助澜作用是不容忽视的。[②]

佛教向中国内地输入中影响较大的主要是竺法护、鸠摩罗什、真谛、玄奘和不空的译经活动。这些高僧都是当时的佛教名家，无论从哲学义理上还是修行上都称得上是时代的佼佼者。他们在翻译佛经的同时不忘传教，确实把弘法作为自己一生追求的事业。他们分别把印度本土不同时期

---

① 李惠玲：《鸠摩罗什与中国早期佛经翻译》，《中山大学学报论丛》2004年第2期。
② 同上。

产生的最新佛经和佛教理论介绍输入到中国内地，对中国佛教的发展起到了巨大的推动作用。同时我们也应该看到，语言在文化交流中的重要作用。除了真谛汉语水平不怎么清楚，其他的像竺法护，精通西域三十六国语言，作为祖上就已经移居敦煌的他对汉语更是精通。鸠摩罗什的父亲是北印度人，母亲是龟兹人，后在凉州生活十七年，对于梵文和汉语应该是十分的熟悉了。玄奘作为史上最伟大的西行求法的中国僧人，在印度待了近二十年，对印度的语言风俗和文化更是了如指掌。密教的传播大师不空，也是在中国生活多年后才去印度求经的。他们共同表现出的对中印两地语言和文化的熟悉能力，这正是一般僧人所不能具备的地方，也是在佛经翻译和传法中实现两种文化沟通的地方。因此，中国佛教的发展和进步，这些高僧起到了关键的作用。他们是中印佛教文化交流的重要媒介和桥梁。

二　印度佛教进入中国内地的社会历史环境

鸠摩罗什之所以译经传教成功，还有着天时地利人和的社会环境。与前期的竺法护和后来的真谛相比，他应该算是较为幸运的一位了。鸠摩罗什的长安译经，从人力、物力上都有着皇家的支持。从经济基础上分析，他的吃住所需，都是由皇家供应，还单独为他建造了佛经翻译的寺院。从人员助手来看，当时的长安聚集了近五千名来自南北各地的义学高僧，而帮助鸠摩罗什翻译的都是从这里面挑选的最优秀的人员。当时的后秦正值姚兴当政，稳定的统治持续了几十年之久，为鸠摩罗什的译经创造了一个良好的外围环境。而各地义学僧的聚集，无疑为鸠摩罗什译经和思想的传播带来巨大的契机。再后来唐代的玄奘和不空，同样也是由于皇家的支持，才得以留下辉煌的成就。

相比之下，竺法护和真谛却没有那么幸运。竺法护的译经正值西晋王朝后期，社会战乱不堪，在长安的译经几乎是个人的行为，翻译的地点随着他的住所的流浪而不断地转移变化。因此他的翻译质量受到很大的影响，传播的范围受到很大的限制。梁代末期来华的真谛，虽然有满腹的抱负，但是频繁的战乱，使他流离失所，辗转了很多地方才最后在广州定居。贫困不定的生活影响了他的译经活动，最后不得已在愤愤中死去。因此，印度佛教向中国的传入中，社会环境很大程度上影响着传入的质量和传播的广度。

三 印度佛教输入中国内地的方法

外来文化进入本土文化的时候，往往有着自己的实施方式和传播手段，这就涉及方法论的问题。印度佛教在进入中国本土文化时，有着不同于其他宗教的独特的方式和方法。

1. 佛教对本土文化的附和

任何宗教在刚进入另一种文化的时候，都要经历碰撞的过程，佛教自然也不例外。但是佛教在面临中华文化严峻挑战的时候，却采取了低调、谦卑的姿态，积极与本土文化附和，主动去顺应传统的思想观念。这种现象不仅仅表现在初期，可以说持续到整个佛教输入和传播的历史。

佛教在刚刚输入的东汉时期，是鬼神谶纬盛行的时期，佛教却采取了类似方术的隐蔽方式，使得自身得到一定的传播。同时在佛经翻译上，从概念到内容，注意用本土的语言文化去嫁接。这种迂回、附和的方式，使得佛教最初轻松过关，实现了温和而自觉地与本土文化的接轨。汉末三国，中国标榜"以孝治天下"。这一道德要求，在印度文化里面十分少见。然而在吴康僧会译的《六度集经》中，共出现"孝"54次，"仁"出现130次。《六度集经》卷1就说："子存亲全行，可谓孝乎？""违父之教，为不孝矣。"卷3说："孝顺父母，敬爱九亲。"卷6又说："吾之本土，三尊化行，人怀十善。君仁臣忠，父义子孝，夫信妇贞，比门有贤。"《大方便佛报恩经》卷1提道："佛法之中，颇有孝养父母不耶？欲令众生孝养父母故，以是因缘故，放斯光明。欲令众生念识父母，师长重恩故。为孝养父母知恩报恩故，今得速成阿耨多罗三藐三菩提。"佛经翻译者之所以推崇孝，主要是为了适应中国的伦理道德，让国人更容易接受佛教的知识。在中国人的传统观念中，人有灵魂。人死后魂灵为鬼为神。康僧会为了得到中国人的认同，采用中国文化中的"魂灵"来翻译印度佛教的"识"，把它当作轮回主体，主张魂灵与元气相合。《六度集经》卷8说："于是群臣率土黎庶，始照魂灵与元气相合，终而复始，轮转无际，信有生死，殃福所趣。"与此相联系，在中国人的观念中，人死以后，魂灵归太山。康僧会同样为了适应这一观念，直接将印度佛教的地狱译为中国的太山。《六度集经》卷1说："命终魂灵入于太山地狱。"《六度集经》卷5说："妄以手捶，虚以口谤。死入太山，太山之鬼拔出其舌，着于热沙，以牛耕上。又以热钉，钉其五体。求死不得。"

魏晋盛行玄学，竺法护译《光赞般若经》把"真如"译为"自然"，把"无上正等正觉"译为"道"。儒家的伦理主张男女有别，授受不亲。《华严经》的翻译也受此影响，把其中的"拥抱"音译为"阿梨宜"，把"接吻"译为"阿众"等。在一些汉译佛经中，也增加了佛经原文没有的伦理说教，如《长阿含经·善生经》中的"父母所为，恭顺不逆"，"父母正令，不敢违背"等，据巴利文同本经典《尸迦罗越之教》，这些是译者加上的。①

隋唐时期的佛教诸宗派更是借用中国的概念去建立自己的理论体系。禅宗的"心"，不但是具有思维功能的"心"，还是先天内在的自性、本性之"心"，可以与印度的"真如""法性""佛性"等相通，也可以与中国的"理""道"相通。禅宗带有机锋的语录中，都是借用它们不同的含义向人们解释解脱之道的。

由此看来佛教在中国传播过程中，采取了嫁接、交融的方法。这向我们表明，任何一种外来文化，首先必须与输入国的本土文化相适应，才能在输入国深深地扎下根。佛教深谙此理，通过自身理论的发展与完善，用中国本土文化来比附和解释佛教经典，从而使佛教在中国深入人心，获得了长足的发展，与儒道等本土文化融合而共同构成了中国传统文化的基本框架，这样在不失佛教本色的基础上进而成为中华传统文化的一部分。

2. "不依国主，则法事难立"思想的践行

印度佛教虽然可以隐蔽或者温和地进入中国的本土文化，但是要想发展壮大，就必须依靠道安"不依国主，则法事难立"的法则。鸠摩罗什之所以能顺利成功地译经并能把自己的思想迅速传播到大江南北，与后秦统治者的支持是分不开的。通过《鸠摩罗什传》我们可以了解到，或许是由于跟随吕光的十几年的经验，他与姚兴等人的关系处理非常好，从心理和行动上去满足姚兴的要求，从某种程度上还带有附和讨好的色彩。鸠摩罗什与统治者关系的成功处理，是他传教译经取得成就的重要因素。因此道安的"不依国主，则法事难立"的法则，在鸠摩罗什身上得到了很好的实践。

如果从整个的中国佛教发展史看，这种法则贯穿到了整个过程。中国

---

① 参见[日]中村元《儒教思想对佛典汉译带来的影响》，《世界宗教研究》1982年第2期，第2—8页。

与印度最大的不同就是，在古代宗教不能脱离政治而自由的发展。佛教的每次大规模成功传入和复兴，几乎都离不开统治者的大力支持。汉明帝听说西方有神名曰佛，于是派蔡愔、秦景十余人去西域求法，才发生了在洛阳敕建白马寺的故事。桓帝是后汉第一个信奉佛教的皇帝，"饰芳林而考濯龙之宫，设华盖以祠浮图老子"。皇宫内对佛教的信仰，助长了在民众间的盛行。吴王孙权闻得支谦博学才能，将其聘为博士辅导东宫。康僧会到建业后，孙权为他立建初寺，为江南有佛寺之始，佛教由此而兴。由于后赵石勒石虎的支持，佛图澄在北方弘法成就巨大，中原佛教皆由此而始。其弟子道安，也是在前秦苻坚的援助下，得以广受弟子，翻译佛经。南朝佛教发展中梁代功绩最大，就是由于梁武帝萧衍亦僧亦政，自身佞佛的结果。到了唐代，佛教迎来了发展的第二个高峰，八大宗派各立山头，玄奘的译经历史空前，与唐帝王的关爱密不可分。禅宗、华严宗和密宗的壮大也是由于统治者大力推崇的结果。

从发展的逆流看，中国历史上的四次灭佛运动，都是统治者发动的行政命令。佛教发展必须不能违背统治集团的利益，必须不能与统治者利益相矛盾，这已经是历史演变中逐步形成的历史事实。由此可以得出，道安的"不依国主，则法事难立"的法则，确实是决定中国佛教兴衰的基本法则。

3. 神异幻术和灵验故事——原始神学传播方式

人类对很多现象不能做出解释，尤其是在生产力不发达的古代社会，人们对神异现象的惊奇和敬畏自然产生。高级宗教的一个重要特征就是它有一整套日渐繁密而系统的神学体系，灵异神迹显然是宗教吸引信众的不可或缺的手段。佛教在传播的过程中，很好地利用了这一手段。由于佛教早期发展的基础和印度西域流行的魔法幻术，使得佛教在进入中国内地时，具备了这方面的基础。在许多佛经中，都记载有高僧神异的故事。比如鸠摩罗什所译的《妙法莲华经》《阿弥陀经》《弥勒下生经》等，神异故事处处存在。他介绍的《龙树菩萨传》《提婆菩萨传》也充满了神话色彩。比如龙树早年在王宫隐身，后来的龙宫取经，与外道的斗法等，几乎都是用灵验神异故事编造出来的。鸠摩罗什来内地传教译经，也同样使用了印度和西域高僧一贯的魔法和幻术。

秦汉时期神仙道术的流行，是佛教神异幻术得以实施的社会环境。秦始皇相信神仙不死之术，曾派方士徐福率三千童男童女到东海寻找不死之药和蓬莱仙境；汉武帝对神仙传说更是屡次上当而不悔醒，最后还是死于方士的丹药之下。在最高统治者的影响下，王侯将相也乐此不疲。据载，汉武一朝，"齐人之上疏言鬼神怪奇方者以万数"①。此后，王莽利用谶语为自己代汉做论证，刘秀也以谶纬为工具，号令各地，镇压农民起义。在这种思想氛围下，上层社会接受神异就是很自然的事情了。在这种风气的引导下，再加上两汉末年连年战乱，人民生活极端困苦，更对谶纬报以幻想。这些都构成了下层百姓相信神异的心理基础。在这种适宜的土壤下，依靠神异道术将佛教传入中国，也就成为佛教初传期的一种重要策略。最早翻译小乘经籍的僧人安世高，"外国典籍及七曜五行医方异术，乃至鸟兽之声，无不综达"；康居僧人康僧会，"明解三藏，博览六经，天文图谶，多所综涉"②。依靠神异道术在传教方面取得明显成效的是西域名僧佛图澄。《高僧传》中称他"善诵神咒，能役使鬼物"③。《高僧传》中显现神通类的僧人神异事迹，记载的多是僧人因具足佛教神通而显现的特殊才能。僧人制作并宣扬一些佛教神异故事，在当时科学文化十分落后的情况下，效果十分显著，推动了佛教在中国的传播和发展。佛教的早期传播与其说是靠佛理感化人心，不如说是靠"神异动颛愚"④。

佛教进入南北朝之后，灵异应验故事更是普遍传播开来。这一时期大量编撰的应验故事就是一个最好的例证。这些故事的传播，为佛教的发展带来巨大的收益，从上层到底层百姓，佛教迎来了发展的高峰。即使到了唐代，像《黄仕强传》《唐太宗见阎王记》等敦煌文书中记载的神异故事也大量流行。我们可以看出神异在佛教传入中国的过程中起了非常重要的作用。可以说，没有神异作为传教的手段，佛教在华就不会那么容易被中国各阶层所接受，也就不会那么快地在中国立住脚跟，从而也就不会有以后的迅猛发展。

4. 关于文化载体阶层的作用

所谓文化载体是指文化的主要传承者。就佛教而言，历代的中国知识分子和僧侣是承担佛教中国化的主要角色，是佛教中国化的代表。这些人大部分具有厚实的儒学文化基础，然后又接触、学习、研究佛教哲理、教

---

① 《史记·孝武本纪》，中华书局标点本1982年版，第474页。
② 汤用彤校注：《高僧传》，中华书局1992年版，第4—15页。
③ 同上书，第345页。
④ 柳诒徵：《中国文化史》，东方出版中心1988年版，第349页。

义。这种知识形成的层次、程序和结构，必然深刻地影响整个社会对佛教的理解和接受，也影响佛教在中国的进一步发展。鸠摩罗什传教译经的成功，众多优秀义学僧的参与起到了关键作用。翻译的内容都需要逐字逐句斟酌、润色，这些工作都是由义学僧来完成的。学习佛教义理，也是他们的重要任务之一。通过认真的研读，深刻的领会，把鸠摩罗什的所传佛法掌握到手，从而为弘法和传播打下基础。鸠摩罗什译《大品经》时，有五百余人。译《法华》《思益经》时，四方义学沙门聚集了两千余人，皆为诸方英秀一时之杰。而这些沙门，皆是当时中土传统文化知识阶层的优秀代表。有了他们的参与，佛教与本土文化的嫁接和实现佛教的中国化就有了重要的践行者。

孙昌武指出：如果说佛教自传入中土伊始即开始其"中国化"过程，那么它要真正在中土意识中扎根并形成具有中国特色的宗教，则必须被领导思想潮流、代表中土传统文化水平的知识阶层所接受。所以尽管佛教中国化表现在诸多方面，如佛典传译与解释中"格义"方法的应用，民众中佛教信仰（如观音信仰）的普及等，但这其中知识阶层接受佛教起着关键的作用。因为只有在中土传统文化土壤上培养的知识阶层接受了佛教，才能实现佛教与中土传统的协调以至融合，才能保证佛教发展的高度文化学术水平，从而增强其生命力。[1] 印度佛教之所以能够与中国传统文化实现嫁接和成功中国化，知识分子阶层的载体作用十分关键。从魏晋到唐宋，佛教哲学中国化发展的整个过程，都是由历代士大夫知识分子阶层参与并完成的，这也是印度佛教进入中国本土文化的一个重要特征。

两汉至西晋之际，佛教在社会上流播并不广泛，其中重要原因在于士人阶层参与者稀少。这一状况直到东晋始有改观，"佛法确立，实自东晋。"自此之后，佛教开始成为"上流士大夫思潮之中心"，[2] 东晋南朝士人由此与佛教结下了不解之缘。因为长期的动荡使人们对宗教所具备的精神治疗已达极度渴望之地步，希望借宗教把心态上极端的不平衡调节到相对的平衡状态。他们企图从宗教的立场来解决儒家所不能解决的现实人生

---

[1] 孙昌武：《佛教的中国化与东晋名士名僧》，《传统文化与现代化》1993年第4期。
[2] 梁启超：《佛教教理在中国之发展》，见《佛学研究十八篇》，上海古籍出版社2001年版，第4、160页。

问题及终极关怀问题，因此在传统经学以外寻找更为有效的思想武器以维护封建统治。君临中原的少数族统治者为了给本族政权的正统地位寻找理论根据，也崇佛不倦。故从帝王、士族到一般名士乃至山林隐逸，信佛、崇佛、论佛风气盛行，佛教传布呈现出前所未有的新气象。总之，社会生存环境的极度恶化，促使个体生命特别是以士大夫为代表的统治阶层对自身命运倍加关注。

入宋以来，玄释合流使佛教义理通过玄学清谈向士族渗透。刘宋文帝、明帝，南齐竟陵王，梁武帝等皆是好佛之士。正如胡三省所言："上有所好下必有甚者焉，释教盛行，可谋富贵利达，江东人士孰不从风而靡乎。"① 这一因素对士族信仰的整体性转变起到重要推动作用，更多的士族分子向佛教信仰转变。

唐宋时期佛儒文化的合流，对士大夫更加吸引。士大夫在社会生活中遇到一些烦恼、困惑，在科举失意时，仕途遭受贬谪时，容易使他们趋于消极，寻求解脱。亦官亦僧的追求成为众多士大夫的理想目标。岑参的《出关经华居寺访华云公》诗说："谪官忽东走，王程苦相仍。欲去恋双树，何由穷一乘。"② 刘禹锡在《送僧元暠南游》诗序中说："予策名二十年，百虑而无一得，然后知世所谓道，无非畏途，唯出世间法一可尽心耳。"③ 白居易的《郡斋暇日忆庐山草堂兼寄二林僧舍三十韵多叙贬官已来出处之意》诗说："不堪匡圣主，只合事空王。"④

大量知识分子投身佛教的研习，不仅使佛教的社会品位得到提高，同时也使得知识分子阶层逐渐成为佛教的重要社会基础，从而走出了一条中国知识分子与佛教结合的成功之路。在君主权威的阴影下，他们或许从未获得过真正的政治主体的地位，但他们无疑是影响国家政治中有能量与活力的阶层。外来文化流传中国的最大障碍，就是中国传统价值与帝王政治，而士大夫知识阶层正是传统价值之最有力的维护者和社会文化之承袭者。正是这个能量极大的社会阶层从根本上影响着官方对于外来文化的态度，深刻制约着外来文化在中国的发展。事实上，两千年来，佛教传法中国所遇到的主要抗力并非来自民众，而是来自士大夫知识阶层。只要认识

---

① 《资治通鉴》卷155"梁武帝中大通三年"条胡注。
② 《全唐诗》卷198，中华书局1960年。
③ 《全唐诗》卷359，中华书局1960年。
④ 《全唐诗》卷441，中华书局1960年。

到这一点，就不难理解佛教同士大夫阶层的契合，在佛教传播中国的过程中，该有多么重要的意义。① 佛教在中国传播的历史证明：任何一种外来文化的移植，首先必须在本土文化精英中取得认同，使它成为本土文化精英的自觉事业，不然，它必将仍然长期处于文化表层，而在文化深层结构中无立足之地，处于被批判、被阻碍、被排斥、被挑战的地位。②

第三节 印度佛教输入的持续性、时代性和整体性

鸠摩罗什的传教译经是印度佛教进入中国的一个重大事件，是历史长河中的一部分。但是从这一事件去考察整个佛教传播发展史，就会发现印度佛教在向中国输入的过程中呈现出来的持续性、时代性和整体性的特征。它们不是孤立存在的，而是做到了有机地统一结合。

一 印度佛教向中国输入的持续性特征

印度佛教从两汉之际开始向中国传播，一直到宋代，持续近千年之久，这是世界文化交流史上比较罕见的现象。虽然其他宗教的输入和传播，时间长久，但是印度佛教在向中国输入的过程中，却呈现出独有的持续性特征。这种持续性并不仅是时间上的简单重复，更是伴随着佛教内容的创新性开展的，这一特征主要是由于印度佛教发展的本身特点引起和决定的。

印度佛教的发展在本土经历了一个漫长的过程。从公元前五六世纪释迦牟尼创教开始，最初的基本教义形成。很多学者更愿意称之为生命的教义，说明在早期阶段佛教教义内容的原始性和局限性。佛祖的离世，弟子需要对原来的教义和佛祖的教导进行整理流传，这应该是佛经产生的基础需求。这一阶段是佛教发展的原始教义时期，也就是基本上保持了佛祖在世时候的教义和形式。但是百年之后，由于学说和戒律的不同，教团组织内部的分派开始产生，最初分为大众和上座派，后来逐步分裂为十八部派，而实际数量远比此多。分裂产生的根源就是原始教义不能满足时代理

---

① 刘苇：《论汉晋时期的佛教》，《中国史研究》1994年第2期。
② 参见李鹏程《当代文化哲学沉思》，人民出版社1995年版，第456—457页。

论发展的需要,哲学的问题在佛陀时代并未给予回答,佛教理论的创新不可避免。

北印度地区的说一切有部在公元前二三世纪开始兴盛发展并逐步占据主导的地位。大约在公元前后,大月氏最初接触的就是小乘有部的佛教,并开始向中国传播。但是在部派佛教就已经开始酝酿出现的大乘佛教思想也在印度本土积蓄发展着。1世纪左右,大乘佛教的很多经典在北印度地区得到初步的编撰,从而迎来了大乘佛教发展的初期阶段。这其中的许多经典,经大月氏、安息、康居等中亚国家僧人的东来,传播到中国内地而来。从此大乘佛教开始了向中国的输入和影响。虽然有了初期的发展和一些经典的出现,但是大乘佛教并未带来迅速的传播,很大程度上与缺乏哲学理论的指导有关系。龙树的中观般若学说的产生实出必然。中观空宗的理论体系,促进了大乘佛教初期阶段的兴盛。在此期间产生的最新经、律、论也得以源源不断地向中国传播输入。

随着社会和历史的发展,龙树的理论体系也显现出许多不足之处,许多新的大乘经典陆续编撰而成,如《胜鬘经》的如来藏问题和《大般涅槃经》的佛性问题等都做了创新的解释。世亲、无著在吸收了小乘佛教思想的基础上,继续了大乘佛教理论的创新,引来了大乘佛教发展的中期极盛时期。我国南北朝和隋唐时期输入的很多佛经和佛教理论,皆是这一时期的成果。

7世纪以后,大乘佛教的理论走向思辨烦琐的风气,高僧脱离群众的现象日益严重,衰败之像从内部开始产生。为了争取群众,他们便使用印度教的密咒和方法,佛教从此走向了密教的阶段。中国人对佛教理论和内容的渴求,并未因佛教在印度的衰落而锐减,相反密教的东西仍然受到汉人的极大喜欢。一直持续到北宋,印度本土的佛教逐渐消失,再没有理论和内容创新的时候,中国人才真正停止了对佛教输入的渴求。然而巧合的是,中国佛教自身的发展也同时走向了世俗化和历史的衰退。

回顾整个印度佛教向中国输入的过程,我们很容易得出一个结论,它是一个不断创新的持续的过程。

鸠摩罗什所处的阶段正是大乘佛教在印度本土兴盛的初级阶段。他在早期未能接触大乘佛教的理论熏陶,与当时西域南北传播佛教内容的不同有关系。那时的大乘佛教经典已经太多地输入到了西域的莎车和于阗等地,他的西去求学对大乘佛教的接触只是必然中的偶然。但是对于龙树中观理论的接触，却又是偶然中的必然了。从时间上推算，龙树的理论学说应该产生了近一两百年，或许是由于传播的原因，此学说进入西域的时间十分靠后。比鸠摩罗什译经早近百年的竺法护，当时游历西域三十六国，竟没有接触到中观学说，说明西域并未现龙树理论的传播。所以当鸠摩罗什在莎车接触苏摩王子并学习中观理论之后，乃叹曰："吾昔学小乘，如人不识金，以鍮石为妙。"可以推测，龙树的中观理论，在当时的西域仍是十分新鲜的事物。

鸠摩罗什在凉州待了十七年，这期间印度的佛教发生着变化，传播的速度也发生着变化。从道安劝苻坚请鸠摩罗什，到鸠摩罗什来到长安前这一段时间，中国内地接受的主要是来自罽宾的小乘说一切有部的思想。因此鸠摩罗什带来的许多大乘经典，尤其是龙树的中观般若理论，对于内地佛教界仍然是最新的印度佛教发展内容，所以引起了内地僧人的极大热情和兴趣。

随着印度佛教发展过程中的不断创新和西域中亚传播途径的变化，鸠摩罗什所传佛教的很多内容也很快成为落时的历史产物。这一点，从佛陀跋陀罗来长安以后的思想表现，可以显现出来。佛陀跋陀罗带来了比鸠摩罗什先进的佛教内容：一是他在被摒弃到南方后译出的《华严经》；二是他从罽宾带来的小乘最新的禅法体系。鸠摩罗什去世以后不久，北凉的昙无谶又译出《大般涅槃经》。这部经以最新的对佛性的解释，引来了中国佛教界新一轮的义理探讨，而鸠摩罗什的中观三论却显得黯然失色。从这些史实我们可以看到，印度佛教在向中国传播的过程中，一直是一个持续传播的过程，这一过程带有很强的时代性和创新性。纵然鸠摩罗什这样的大师，也无法回避或者绕过这一规律。

二 中国佛教发展的时代性和整体性特征

中国佛教的发展，呈现出很强的时代性和整体性的特征，二者又是统一的。

首先，中国佛教发展的时代性特征十分明显。从哲学义理发展看，经历了汉代的方术附和，到魏晋的格义，再到南北朝时期的佛性和唐代的心性理论。从中国化的历史过程看，经历了汉代的初传，魏晋的玄佛结合，南北朝的独立发展，隋唐的八大宗派和宋代以后的世俗化阶段。这些阶段的呈现，一方面是印度佛教传入中国内地后，由于中国自身文化的适应和变革等因素而引起的；另一方面也明显受到来自印度本土佛教持续创新变化的影响。鸠摩罗什来内地之前，正是格义佛教和六家七宗论争的时刻。佛教由于缺乏自己的理论体系，并未从玄学中独立出来。鸠摩罗什的传教，第一次让中国的僧人掌握了大乘佛教的哲学理论体系，也认清了印度佛教大乘和小乘思想的区别。这些理论和思想的掌握，使得中国佛教完全有能力实现自己独立的运作和发展。这些事实体现了印度佛教的输入对中国佛教发展的影响。但是鸠摩罗什传播的思想很快引来中国僧人和政界人士的质疑，尤其是竺道生的众生皆有佛性和一阐提的思想。道生的思想完全是建立在中国本土文化基础之上而发展出来的，代表了当时中国佛教界的一股潮流。昙无谶的《大般涅槃经》译出后，这股潮流猛然迸发，锐不可当，成为南北朝时期议论的主流。这些事实说明，中国佛教的发展，有自己的一套线索和路线。正是在此基础上，中国佛教的发展受印度本土佛教的影响而又呈现出很强的时代性特征。

其次，中国佛教的发展又不是零散的，整个过程呈现出整体性的发展特征。虽然中国佛教的发展具有明显的阶段性和时代性，但它又是整体统一的。统一的一条主线就是印度佛教的中国化过程。中国的佛教虽然受到了印度佛教不同时期的影响，但是总体上却按照了自己的思路进行发展。如果从整体上观察，可以表现为比附—吸收—创新—衰落这一整体发展的过程。比附阶段是佛教发展的初级阶段，大约是在东汉三国和两晋时期。其分界线可以鸠摩罗什的传教译经为界。在东汉和三国时期的比附主要表现在方术谶纬方面。这是佛教刚刚进入中国内地的自我选择，顺应了国人的思想观念需求。而魏晋时期则主要是玄学与佛学的结合。用中国的传统哲学理论去理解和解释佛教的般若思想，显然是行不通的。吸收阶段主要是南北朝时期，应该看作中国佛教发展的第一次高峰。从皇帝到士族阶层，再到普通百姓，掀起了信仰领域的高潮。同时佛教义理得到了很大的发展，玄谈义理和研究把佛教哲学提高到一个新水平。但是这一阶段总体上处在印度佛教的吸收阶段。大量的经典从海路两线持续输入，使中国内地及时全面地接受了印度本土的佛教内容。接受的同时，引发了中国僧界对理论问题的大讨论。进入隋唐，国家的大统一给佛教更大的发展空间。中国佛教在前期的基础上，进入了对印度佛教改造和创新的阶段，让它更适合中国自身文化的需要和发展。这一标志就是八大宗派的产生。虽然这一阶段仍然有印度本土佛教新内容的大量输入，比如玄奘、义净、不空等人的译经和密教的出现，但是却未能改变中国佛教走向自我创新发展的局面和趋势。从宋代开始，中国佛教的发展逐步世俗化，衰退的趋势不可扭转。这固然与印度本土的佛教发展的停息有关系，但绝不是决定因素。这是佛教在中国社会长期发展后的必然走向。当然其背后的因素就是中国古代社会的政治、经济和文化等各方面的组合。因此，从总体上看，虽然中国佛教的发展在不同的历史时期和阶段不间断地受到印度本土佛教的影响，但是基本上遵循了一条自己发展的道路，而且是一条从初级到兴盛再到衰落的完整过程。

第四节 中华传统文化的"主体性"原则

长达千年的印度佛教文化向中国输入，是人类文明史上的一个奇观。它在古代交通落后闭塞的状态下，能够一贯持续下来，每朝每代几乎都有外国高僧的东来传法和内地高僧的西去求法，这不得不说明两种文化间有着稀缺互补的强烈要求。我们又从交往的最终结果来看，印度佛教最终成功进入了中国传统文化的机体。印度佛教的输入对于这种机体的影响有多大，是入主中国传统文化，还是注入了新鲜血液从而激发了创造活力，一直是中外学者关注和议论的焦点。荷兰人许理和的《佛教征服中国》一书，激起了中国人的不少波澜。虽然里面的一些求证和论述角度新颖，但是毕竟对中华文化的发展缺少深入的了解，最后导致佛教征服中国的结论。

从鸠摩罗什传教的思想来看，龙树的中观般若学理论的引入给予了佛教六家七宗的澄清，并未带来中国佛教界进一步的议论和研习之潮流。作为鸠摩罗什的直传弟子，僧肇最大的功绩就是综合了本土文化和印度佛教文化而得出"中国式"的般若理论体系。即使这种理解也未能改变佛教必须服从中国传统文化的趋势。慧远请教鸠摩罗什多次，始终没有放下中国传统的思维。在鸠摩罗什圆寂后，僧叡一改前面的认识，指出了其思想的不足。而真正否认鸠摩罗什思想的则是南下的竺道生，他以中国人的理解对佛教的现有理论进行大胆的否认。他的这种思想成为指导以后中国高僧的主体思想。即使唐代八大宗派对般若学的吸收，也是建立在为我所用的思想基础之上的。从鸠摩罗什所传的佛教经典来看，以后中国佛教的发展更是进行了严格的选择。许多译经因为在中国老百姓信仰领域没有市场，而退出了人们的视野。《法华经》中的《观世音经》被单独摘出流行；不被鸠摩罗什看好的《成实论》却在南北朝得到弘扬和研习；后继鸠摩罗什的三论宗，遭到了隋唐时期昙花一现的命运；《金刚经》却又成为慧能发挥禅宗理论的渊源。所有的这一切表现，都深刻说明了一个道理：印度佛教进入中国后，不是直接改变了传统文化本身，而是被传统文化选择、吸收并给予了大力改造。这一过程体现了中华文化的"主体性"特征。客观地讲，印度佛教在输入中国的一千年之中，中国的传统文化始终保持着"主体性"的特色。这种主体性原则，一方面指的是本身的主体文化的保持，另一方面是交往中的主动性特征。

一　中华主体文化的稳定性

佛教在未进入中国之前，内地已经有了相对成熟的文明和文化体系。自炎黄时期至西周，华夏民族初具轮廓，也标志着华夏文化的逐步成熟。先秦诸子的百家争鸣和汉代儒家的伦理强化，使中华民族的文化进一步发展。但是世界各个民族的道路是不同的，这种不同造就了文明的多样性和各自具有的特色。而这种多样性中的自我特色，是导致文明间交流交往的重要基础。但是在拥有强大载体的成熟文明体系面前，弱小的民族文明往往有被同化和吞没的危险，这种现象已经成为人类文明交往史中的普遍现象。但是对于拥有强大文明载体的成熟民族，往往外来文化只能充当历史的催化剂。

遥观世界古代发展史，举世公认的有四大文明，古代埃及、古代巴比伦、古代印度和古代中国。前三个文明都是由于外族的入侵导致了文化的兑变，而最后真正完整继承保存下来的，只有中国文明一个。中国文明正是因为拥有强大的不可撼动的文化载体和秦汉以前就已经形成的民族文化体系，虽然有外族的入侵但是始终未能改其本色。

任何一种文化都不是完美无缺的，中国文化也确有薄弱、肤浅和有待补充的地方。秦汉以来，中国主流文化大多为政治服务，没有机会形成独立的学术领域，在对本体论和人的彼岸思想的研究方面显然是缺乏的，因而固有文化不能满足思想发展的需要。当时的儒、道两家不能对宇宙、人生、宗教世界给予必要的解释，这种缺陷和需要是佛教进入的基础前提。虽然佛教的输入持续近千年，但是从整体发展来看，以儒家文化为中心的中华文化始终居于支配和中心的地位，并未因印度佛教的侵入而发生本质性的改变。西汉确立起来的儒家文化，在汉末开始遭到挑战，魏晋时期的名教未能把儒学挽救，道教和佛教开始兴盛，但儒学的根基并没有动摇，汉人的士族仍然把儒学看成是治国、治家之学。南北朝时期虽然佛教一度盛行，但是皇家统治和士族阶层的治学根基依旧是儒学。高僧传中的许多人在入佛之前，都有学习儒学的经历。南朝历代的皇家都建有儒学馆，培养政治人才；北朝虽然是少数民族政权，但一开始就重用汉族儒学之士，并在中央设立儒学机构培养国家所需人才。隋唐时期科举制度的建立，终于使儒学的国家政治功能得到确认，儒学文化迅速上升成为国家层面的强势力量。这时的佛道为了守住自己的地位而不断发生论争。当历史发展到宋代，儒学一跃再次成为国家文化统治的中心，佛道从此颓势不进，沦为附属地位。

以儒家为中心的中华文化，并没有因印度佛教的输入而改变。在经过吸收和借鉴之后，重新使自己的文化繁荣广大，佛教只是为中华文化的发展带来了新内容和新动力，其本质却一直没有发生动摇。

二 对印度佛教的选择和改造

中华固有文化的主体性还表现在对外来文化的主动选择和改造上。印度佛教向中国内地输入了大量经、律、论的内容。而输入过程中的最主要的方式就是佛教经典的翻译。从东汉末年的安世高开始，一直持续到宋代，无数次的外来和内地高僧带着境外佛教经典来内地进行译经活动。我们所见到的现在的《大正藏》和《中华大藏经》所收录的，只是历史翻译中的一小部分。针对这样浩瀚的书籍，涉及的内容也是十分丰富。但是真正对中华民族的历史有过影响的，却又是其中极小的一部分。这说明，中华固有文化对外来的印度佛教进行了严格的挑选，把大部分内容给拒之于门外了。

在这些选择中，最大的选择就是对大小乘佛派体系的选择。虽然早期的佛教输入小乘不少，但中国文人独对大乘有钟情。到鸠摩罗什的论典出来以后，中国人更是青睐于大乘佛教。大乘人人皆能成佛和利他的思想，与中国儒家文化中的人人都能成为尧舜和修身齐家治国平天下的传统思想有很大的一致性，这一共同点或许是国人选择的思想基础。反之，印度佛教的很多说法与理论同中国固有文化根本不能兼容。比如宗教权威可以越过世俗皇权，并占据优势地位，婆罗门教比刹帝利高出一级；佛教徒可以不忠君，不孝敬父母，但绝不能不尊重佛、法、僧三宝。对于这样的佛教馈赠礼物，中国人并没有接受。

从信仰内容上看，比如菩萨信仰，在印度佛经中的数量成百上千，即使经常提到的也不下几十个，但是真正对中国民众有影响的主要是文殊、普贤、观音和地藏四位菩萨和弥勒菩萨，其他的人们很少知道，大部分根本不知道。印度本土的净土信仰不下十几种，但是真正受到中国人喜爱的就是弥勒净土和西方极乐净土。即使这两个净土类型信仰的程度也是不一样的，早期以弥勒净土为流行，到了后来又以西方净土为主了。净土宗的立宗，标志着中国人对西方净土信仰主导地位的确立，一直持续到现在也是这个样子。

中国人不仅选择内容，还对于选择的内容进行加工和改造，让它们更适合自己的口味和需求。这种改造无论在佛教理论方面还是在民众的信仰方面都是存在的。在佛教义理哲学方面的创造，在南北朝时期表现为对佛性的解释，用中国人的思维和观念去论争，去发展。到了隋唐，佛性的讨论主要围绕的是心性问题，八大宗派几乎都以此为基础，而禅宗阐发的顿悟成佛、佛在心中，最符合中国人的观念和心理，所以很多人都去学习禅宗了。在信仰领域，虽然有大量的尊神菩萨可供选择，但是中国人还是不满足，于是根据自己的需要制造出大量的疑伪经。这些经典的出现，不仅仅是佛教中国化的表现，完全成了中国人自己的新创造。观世音救苦救难的性格一度在老百姓中间盛行，但是老百姓并不满足，后来将送子送福的功能也赋予其身上，并将观世音由男身变为贤惠温柔的女身。无论从性别上还是功能上，与印度佛教里的观世音有了天壤之别。弥勒菩萨也遭到了同样的命运，南北朝时期经常被起义者打着弥勒下生人间救世的口号加以利用，武则天时为了做皇帝将弥勒说成是自己的化身。由于统治者的打压，以后弥勒信仰在老百姓中间降低不少。但是到了宋代，由于社会环境的变化，大肚弥勒佛开始渐入人们的视野，他不但可以带来世间的福气，还可以消灾。弥勒的形象也与早期的瘦削像有彻底的不同。所有这些内容，已经与印度佛经里面的描述完全变了样，是中国人自己的发明新创造。在这里就体现了中华民族对外来文化的积极主动性和主体性的思想理念。

三 中国主流文化人文精神的保持

古代中国的主流文化有人文而非宗教化的特点。这种特点在佛教进入中国以前的周至秦汉的时代就已经形成了。佛教进入中国,很多学者认为是中国传统文化的发展缺乏宗教,历史事实证明,中国人缺乏的不是宗教本身这一形式,而是宗教所倡导的人生的某种思想,尤其是关系到终极关怀和人生彼岸的问题思考。当这些思想得到补充和满足之后,它又会回归到本位上来。从中国古代历史发展看,一直没有政教合一的政权组织形式,也没有哪一个宗教一度上升为国家的宗教,这与中国的政治制度和民众的传统心理观念有很大的关系。也就是说,中国自古以来就是一个非宗教性的国家,印度佛教的介入并未能改变这种性质。

古代中国主流文化的非宗教化的首要内容是儒家的非宗教性。有很多的学者更愿意称之为人文宗教,其实这就是中国古代文化的自有特色。许多专家所说的儒教是宗教是不符合中国历史事实的。今天我们所说的古代主流文化的儒家文化,并不是以孔子或天命为中心而展开其理论体系。在中国历史上,有过先秦儒家、汉儒和宋儒。今天我们能掌握的孔子的思想主要是后人的语录编撰,所遗传继承的是"仁、义、礼、智、信"的东西,而不是他的神本位和天命学说。孔子固然说过"五十而知天命"、"不知命,无以为君子也"的话,但他并不是迷信神化天命,这里的天命指的是自然和社会运行的法则,所以又有"天何言哉,四时行焉,万物生焉,天何言哉"的话语,这与孔子对鬼神的态度"子不语怪力乱神"、"敬鬼神而远之,可谓智矣"是完全一致的。到了孟子时代,中国文化基本上确立了崇尚圣贤的观念,再加上对祖先的祭祀,宗教形成的超自然力量的神可谓不复存在了。到了汉代"罢黜百家、独尊儒术"的口号其实就是为了制度和等级观念服务,"天人合一"的目的就是寻找皇帝集权的根据。同时这一时期的儒士和儒学一样,已经是一个百家学说的混合体了,和原先的儒学大不一样了。这种政治人伦的缺陷就是对个人人生思想的漠视,道教和佛教的摄入在所难免。但是中国社会的主调已经再也不是宗教所能左右的了。

南北朝时期佛道的盛行并未使中国社会走向宗教社会,无论是统治者集团还是普通百姓,仍然把儒学作为一种治学理念和人生追求。而最终将这一发展趋势得以提升并获得稳定的,反而是人们形象中大力倡佛的隋文帝。科举制度的实施使得佛道等宗教再也没有机会提升为国家宗教。

宋儒的功绩就在于完成了佛道宇宙本体和人生本体论的基础上再次与政治人伦的结合，把个人、家庭和国家构筑在一起的新儒学理论体系。这种理论体系指导下的社会绝不是宗教社会，但是却允许包容佛道等宗教的存在。

由此可见，儒家的非宗教性是自始至终、一以贯之的；佛道的宗教性始终未能提升到国家宗教的层面上来。中国社会在自身发展中也选择了儒家的这种非宗教性作为自己的主体文化。

四　中华文化强大的包容性

无论是古代的佛教还是后来的伊斯兰教和基督教，它们得以在中国传播并实现本土化的进程，除了自身内因外，与中华文化本身的博大、包容的外部原因也是分不开的。

自三皇五帝，中国的包容性就已经出现了。当黄帝打败南方的炎帝时，并没有将其彻底消灭，而是将他回放，仍然作出贡献。周代在攻打商都时，联合了不少民族，胜利后实行分封。由于各部落民族的文化习俗不同，相互的包容和尊重是国家统一的前提。春秋战国的百家争鸣，使得各地思想百花齐放。秦始皇统一六国重用法家和两汉时期独尊儒术，其实并未阻止各种学说的发展，董仲舒的儒术其实是综合各家之说而成。李斯语"泰山不让土壤，故能成其大，河海不择细流，故能就其深"。中华文化犹如大海，它是不会拒绝江河的汇入的。有了这种恢宏之气，是能够正视自身和外来文化的长短优劣，取寸之长、补尺之短，而不会视外来文化为洪水猛兽。

这种包容来源于对自身文化的自信。汉唐时期是佛教输入的主要阶段，同时早期西方基督教的景教也在这一时期一度输入。汉唐两代不仅是我国古代史上的盛世，在当时的世界历史上也占有重要地位。汉王朝时期只有西方的罗马帝国可与之媲美，而唐帝国则是当时世界上最强大最先进的国家。"在中世纪时期，中国是世界上最富饶、人口最多、在许多方面文化最先进的国家。"① 汉唐时期经济发展、国家强盛、对外来文化兼收

---

① ［美］斯塔夫里阿诺斯：《全球通史——1500年以前的世界》，吴象婴等译，上海社会科学院出版社1988年版，第429页。

并蓄。中国的长安、洛阳等地在前汉、后汉两个朝代都出现了四夷宾馆荟萃,殊方异物聚合的情景。将匈奴被制服并西逐之后,汉朝在西域取得绝对的统治权,西域各国皆内附。西方、印度的物品源源不断输进中原。唐代亦是如此,贞观二十一年(647)三月,唐太宗"以远夷各贡方物,珍果咸至,其草木杂物有异于常者,诏皆使详录焉"①。至于史书所记来自外国的物品,名目繁多,不胜枚举。对汉唐吸收外来文化的气魄,鲁迅先生评价道:"汉唐虽然也有边患,但魄力究竟雄大,人民具有不至于为异族奴隶的自信心,或者竟毫未想到,凡取用外来事物的时候,就如将彼俘来一样,自由驱使,绝不介怀。"② 正是建立在这样一种自信的基础上,中华文化才有包容的魄力和胸怀。

五 关于文明交往中的不平衡性法则

很多学者认为,不同文明之间的交往是双向互动的、相互的,甚至是对等的。其实这种说法是不全面的。对于物质商品或者器物方面的交流交往,或许这种特征和法则是行得通的,但是对于非物质的文化交往,很多情况下并不是互利互惠和平等交往的,这种法则就是交往中的不平衡性规则。从整个人类文明的交往史看,宗教作为人类精神文化领域的成果,很大程度上它的传播和输入是单向的、不对等的。佛教、基督教和伊斯兰教等几乎都是这一特征。

在中印佛教文化传播的过程中,高僧是沟通文化间的重要媒介。历代去印度求法的中国僧人,可以肯定地说也把中国的文化带到了印度。据《旧唐书》《新唐书》《宋高僧传·玄奘传》等记载玄奘在印度留学时,曾把唐代流行的乐舞《秦王破阵乐》(一名《七德舞》)介绍到印度,还向戒日王介绍中国的政治、经济、文化情况。回国后,又把中国古代哲学名著《道德经》译成梵文,捎到印度去。记载的真实程度我们姑且不论,但是中国的儒、道家文化在当时的印度历史上并未产生什么影响。季羡林先生说:"《道德经》是否传至印度,则我们毫无根据来肯定或否定。"汤一介也认为,不过我们可以肯定地说,《道德经》的梵文本没有对印度文化产生什么影响,并且早已不存在了。这就说明,文化之间的交流可能存

---

① 《册府元龟》卷970,中华书局1982年版,第12分册,第11400页。
② 鲁迅:《鲁迅全集》,人民文学出版社1957年版,第301页。

在着一种单向的流向情况。如果不把这种情况绝对化来讨论,那种在文化交流中的不平衡状态则是更为常见的,今日中国正在大量地吸收西方文化,而西方各国并没有像我们一样大量地吸收中国文化,这已是一不争之事实了。[①]

[①] 汤一介:《文化的互动及其双向选择——以印度佛教和西方哲学传入中国为例》,《开放时代》2002年第4期。季羡林的话也转引自此文。

第九章

鸠摩罗什对中国佛教和民族文化交流的影响

第一节 鸠摩罗什对中国佛教的贡献

一 开创新纪元的译经大师

在中国佛教译经史上，从数量和影响来看，有人认为有四大译经师，包括鸠摩罗什、真谛、玄奘和不空，还有人将义净加进去成为五大译经师。无论如何，鸠摩罗什和玄奘是必不可少的大师。从规模数量上看，玄奘的译经远超鸠摩罗什，但是如果从译经的影响来看，鸠摩罗什则名副其实排在第一。鸠摩罗什所翻译的佛教经典，对中国佛教发展产生了广泛而又深远的影响，这是其他译经师无法比拟的。

鸠摩罗什传播的主要是大乘佛教的系列经典，从这些经典对中国佛教诸宗派的影响上看，《金刚经》成为慧能建立禅宗依据的主要经典。虽然慧能自称是禅宗的六祖，但是他才是禅宗的真正建立者。以前的五祖虽然多少涉及后来的一些思想，但是到了慧能这里才真正把《金刚经》作为建宗主要的依据。从此《金刚经》的流传随着禅宗的逐步壮大而广泛传播。《成实论》是鸠摩罗什帮助弟子们来理解佛教义理的，但是译出后却得到众多僧人的青睐，南北朝掀起研习《成实论》的热潮，形成成实学派。三论宗是南朝后期崛起的学派，真正的创建者是吉藏，他所依据的佛教经典是鸠摩罗什翻译的龙树的中观三论《中论》《百论》和《十二门论》。鸠摩罗什传法的主要思想之一就是龙树的中观理论，因此吉藏还把他和弟子僧肇作为三论宗的鼻祖。天台宗是由智𫖮大师创建的，《妙法莲华经》则成为他创宗依据的主要经典之一，尤其是智𫖮对该经的注疏，对后世产生很大的影响。《阿弥陀经》成为后来净土宗所依据的三大经典之一，其他的两部经是《无量寿经》和《观无量寿经》。

从佛教经典对民众信仰方面看，鸠摩罗什翻译的《观世音普门品》成为观世音信仰的主要经典来源，它直接摘自《妙法莲华经》并独立流行。《弥勒成佛经》和《弥勒下生经》是民众弥勒信仰中依据的主要经典，对后来的弥勒传播产生重大影响。《阿弥陀经》是民众信仰西方净土世界的主要经典之一。《维摩诘经》成为后来士大夫居士信奉的主要经典，尤其是在唐宋时期产生重大影响。

从对中国禅法戒律的影响上看，鸠摩罗什最早翻译的大乘禅经，尤其是《坐禅三昧经》，是安世高以来翻译的第一部大乘禅法的经典。虽然它还带有小乘禅法的思想，但是对中国的大乘禅法产生了深远影响。《十诵律》是第一部完备的汉译小乘的戒律，在南北朝时期尤其是南朝广泛流行。《梵网经》则是第一部大乘佛法的戒律，也是由鸠摩罗什翻译的。

从佛教经典对后世的影响说，鸠摩罗什堪称佛经翻译的优秀大师。

二　鸠摩罗什的般若思想对中国佛教哲学发展的影响

在鸠摩罗什未到中国内地之前，佛教界有了多个版本的般若类佛教经典，大乘般若思想迅速得到高层知识分子的青睐，并形成一门显学。但是这种显学由于缺乏理论上的解释和支撑，与当时本土的玄学混合在一起，使得佛教没有形成自己独立的哲学体系。再加上对大小乘认识的缺乏，使内地的佛教处于一种混沌不清、发展不明的状态。鸠摩罗什的长安译经，将讲学融入译经活动之中，从而改变了中国佛教发展的面貌。尤其是在般若学领域，罗什的传教译经带来了重大的发展变化，对中国般若学的发展做出了重大贡献。对中国以后佛教哲学的发展产生深远的影响。

一是中国佛教对鸠摩罗什般若思想的吸收和继承。僧肇在罗什的众多弟子当中则是最有成就的一个，他的般若思想代表了当时中国佛教界的最高水平，这种思想是在以接受鸠摩罗什所传的印度般若学为直接的理论渊源，根据中国传统思想提出的新的见解，为中国般若学的发展作出了巨大贡献。他的《物不迁论》和《不真空论》首先从思维方法上完全继承了罗什的那一套。虽然在糅合中印佛教文化方面有所突破，但是他给人的感觉更是将罗什的域外般若思想准确地翻译给国人来理解。所以他虽然把以前的般若学的"六家七宗"作了彻底的清算，但是并未考虑与中国本土文化的适用性。因此他的般若理论的影响很快衰退下去，被后来的涅槃佛性思潮所取代。

吉藏创立的三论宗，是对罗什所传的中观学派的直接继承，他首先从理论建立的方法上照搬了破立的思想，对以前的成实论宗乃至所有其他的学派进行了批判。虽然吉藏的著述颇丰，理论深刻，但是由于不符合时代的脉搏，与当时大统一的隋唐王朝的思想要求不一致，没有得到社会的认可，很快衰落下去。

二是在借鉴鸠摩罗什般若思想的基础上，紧密结合中土文化和时代背景，抛弃了印度佛教的本位精神，重新组织，创造出不同于印度佛教思想的新内容。这种影响主要表现在也是罗什的弟子竺道生身上和后来的唐代八大派之中的天台、华严和禅宗思想之中。

竺道生作为罗什最优秀的八大弟子之一，系统学习过并深刻领会中观学派的思想，这是他阐发涅槃佛性学说和顿悟成佛学说的基础。道生倡导的顿悟思想，与印度佛教中的长期修持的方法不同。这种思维完全建立在中国传统文化基础之上，考虑的是印度佛教在中国本土之上怎样发展的问题，所以他们关心的是中国民众佛教信仰的问题。而禅宗倡导的是狗子有无佛性，是棒是喝的准则，与纯印度的理论分析，逻辑论证毫不相干。另外就是天台宗和华严宗的圆融思想。天台宗提倡的"止观"并重，就是将南北朝分裂时期南方重义理北方重实践的学风予以融合，以适应新的社会价值观。同时还提出来圆教圆派的思想，做到会通各派，实现共存的目的。华严宗运用圆融思维方式和手段以体证圆融的境界，也是为了自身的发展和对其他各派的调和。这些都足以说明，纯印度的东西，如果不经过自身改革，不适应中国传统的文化，是不可能得到很好的发展的。

三是纠正原来般若理解的偏差并使之成为独立的佛教义学。在鸠摩罗什来长安翻译佛典之前，内地传播的般若学说是以支谶、支谦、竺法护等译的般若经典为主要依据的。由于受翻译水平和社会条件的限制，这些般若类经典既不能也没有充分地表达大乘般若类思想，抽象性和苦涩性在所难免，给流通和理解带来一定的难度。而这一时期印度大乘佛学思想的最新进展又不能及时地传达到中国，因而这一时期内地的般若学发展水平在很大程度上受到了理论的制约，有时不得不借助于自己的理解。

道安时代的"格义"佛教所体现的主要是一种方法学，它用中国思想去比拟理解佛教思想，尤其是援引当时传统的老庄哲学概念来诠释佛教的概念，因而才出现了僧叡《毘摩罗诘提经义疏序》中所批评的："格义违而乖本。"正是在这种思想方法的影响下,两晋之际对于般若思想,也就是有关空与有的问题产生了不同的理解,才出现了"六家七宗"的纷繁解释局面。

鸠摩罗什的长安译经,其中的重要思想之一就是纠正原来般若类经典的不足,解决对般若思想理解上的偏颇问题。因此《大品般若经》首先翻译,接着就是翻译对它解释的《大智度论》,这也是罗什对《大智度论》加以选择翻译的原因。吕澂先生就指出:"因为经文初品主要阐述名相事数,恰是二百多年以来中国佛学家一直搞不清楚的问题。罗什详译了这一部分,将所有事数原原本本地加以解释,这就适用了学者研究的要求,再不用走格义、合本等弯路了。"①《大智度论》存在的特殊意义在于它矫正先前般若诸说错误的文证,奠定了以后中国大乘佛教发展的基础。僧叡在《大智释论序》中就指出它的作用:

> 尔乃宪章智典作兹释论,其开夷路也。则令大乘之驾方轨而直入。其辨实相也则使妄见之惑不远而自复。其为论也。初辞拟之必标众异以尽美矣。成之终则举无执以尽善。释所不尽则立论以明之。论其未辨则寄折中以定之。使灵篇无难喻之章。②

慧远也指出了《大智度论》与般若经的关系:

> 其人以般若经为灵府妙门宗一之道。三乘十二部由之而出。故尤重焉。然斯经幽奥厥趣难明。自非达学钻得其归。故叙夫体统辨其深致。若意在文外而理蕴于辞。辄寄之宾主。假自疑以起对。名曰问论。其为要也。发轸中衢启惑智门。③

龙树对以前的般若类经典进行了系统的总结,为了帮助人们更好地理解又创立了《大智度论》,用哲学的方法批判了原来小乘阿含等经典的不足,奠定了印度大乘佛教初期发展的基础。在中国,由于鸠摩罗什的翻译

---

① 吕澂:《中国佛学源流略讲》,中华书局 1979 年版,第 93 页。
② 《出三藏记集》卷 10,释僧叡《大智释论序》,《大正藏》第 55 册,第 74 页下。
③ 《出三藏记集》卷 10,释慧远《大智论抄序》,《大正藏》第 55 册,第 75 页中。

和传播，印度中观学在中国得到了流传，僧人才开始正确理解印度般若经的思想内涵，僧肇对六家七宗的批判，就是在这一理解之上的成果，从此中国佛教不再依附于道家玄学，不再以道家思想来解说佛教思想了，走上了自己独立发展的道路。

三 国家译场的建立和僧官制度的形成

文献记载早期的佛经翻译，往往带有极大的个人色彩。比如东汉后期来中国的安世高、支娄迦谶等人的译经。到了西晋的竺法护时期，实现了佛经翻译的极大进步，开始采用多人合译，并且分工更细。除了传言和笔受之外，又增加了对译文整理，以及将译文中烦琐重复的部分删除的工作。[1]，这可能是后代译经中"勘定"或"缀文"的雏形，使译经质量有了明显的提高。其中著名的有他的儿子道真，和安文惠、帛元信、聂氏父子（聂承远、聂道真）等人。但是法护的译经是"沿路传译，写为晋文"，还没有固定的译经场，但毕竟为后来的翻经道场的集体合译工作制度，建立了初步的基础。

东晋道安的译场是我国历史上有文字记载的第一个地点固定、分工明确、集体合作的译场。[2] 翻译程序方面比早期只有口授、传言、笔受三道手续增加了正文义和校定这两道手续。但此时的译场，从文献记载来看，并没有得到苻坚的支持，秘书郎赵正，曾做过苻秦著作郎，后迁至黄门郎武威太守，成为译经的施主，仍然具有私人事业的性质，场所很不固定，有时在寺院里，有时则在其他适当的地方，设备简陋。

到后秦时，鸠摩罗什到长安，受到姚兴的礼遇，被奉为国师，使入西明阁及逍遥园，作为译经的场所，大兴译经事业，这是国立译场的开始。鸠摩罗什主持的译场，集名僧八百，有徒众三千。这一时期最大的一个特点就是传译与讲习相结合，所以其中的大部分僧人是来听讲经，或者参加论辩的。译经场的工作情况，在僧叡为《大品经》译本所作的序文里有着详细的记载：

---

[1] 苑艺：《中国古代的佛经翻译与译场》，《天津师院学报》1982年第2期。
[2] 释惠皎：《高僧传》，汤用彤校注，中华书局1992年版，第33页。释僧祐撰，苏晋仁、萧錬子点校：《出三藏记集》，中华书局1995年版，第374页。

法师手执胡本，口宣秦言，两释异音，交辩文旨（原文与汉文不同，都作了解释）。秦王（指姚兴）躬览旧经，验其得失，谘其通途，坦其宗致，与诸宿旧义业沙门释慧恭、僧䂮、僧迁、宝度、慧精、法钦、道流、僧叡、道恢、道标、道恒、道悰等五百余人，详其义旨、审其文中（检查文字正确），然后书之，以其年（弘始五年）十二月十五日出尽，校正检括，明年四月二十三日乃讫。文虽粗定，以释论（《大智度论》）检之犹多不尽，是以随出其论，随而正之。释论既讫，尔乃文定……①

我们从这篇序文里，可以推断出《大品经》的整个翻译过程大致经历了以下九个程序：1. 读梵文（宣传梵文）；2. 口译汉语；3. 证梵义（评量梵文的内含意义）；4. 核对汉梵文字是否义旨符合；5. 笔录成汉文；6. 整理文字；7. 勘削冗长语句，润色文辞；8. 验证译文的文义是否符合宗教义理，即证义；9. 写出序言，记述译经的过程和要旨。所有这些程序完成之后才算定稿。

译场集体组织的出现，使得佛经翻译的分工更加精细，程序更加严密与合理，从而使译文的质量大大提高。鸠摩罗什的传教与译经活动，自始至终都是在国家政权的参与之下进行的。正是由于国家政权的介入，不仅仅使译场获得了国家物质的大力支持，同时也确立了佛经译本的权威性。国家译场的创建，为以后的佛教译经开辟了新纪元。到了隋唐时期，进一步完善成熟了国家译场的制度。

东汉时期，国家成立鸿胪寺来管理外国的僧尼，当时的佛教还处于发展的初期阶段。道安和慧远是管理佛教僧团的著名高僧。道安不但靠自己的威望来管理僧众，还结合当时僧团的特点和已有的戒律，制定了一套僧尼规范。

随着佛教的快速发展，沙门日益众多，管理佛教事务的僧官势在必行。后秦时期，鸠摩罗什来到长安，吸引了全国各地的僧人云集关中。外地会集到长安一地的僧侣就达五千余人，那么后秦疆域内寺、僧之多是可想而知的。世俗政权面对这些问题，不可能容许教团完全自治，它必须要

---

① （梁）释僧祐撰，苏晋仁、萧鍊子点校：《出三藏记集》，中华书局1995年版，第292—293页。

寻找一种重新把教团置于自己掌握之中的途径。

后秦主姚兴在弘始三年（401），开始了国家僧官的设置。鸠摩罗什的弟子僧䂮被任命为管理僧尼的最高僧官，即僧正；另一弟子僧迁为都维那，即副职。以下设置僧录，以纲纪统摄僧众，掌全国僧尼簿籍和有关事务。这是中国佛教史上第一次由政府设立的僧官管理机构，它完全将佛教的管理权牢牢地掌握在统治者手中，皇权高于教权的观念得以落实。同时姚兴还下令选拔有才能的僧人还俗为官，辅佐他处理政务。这都表明了姚兴扶植佛教是为维护其统治秩序服务的。虽然后秦的僧官制度处于初创阶段，但已勾画出了僧官制度的基本轮廓。后来的僧官制度都是在此基础上进一步发展、演变产生的。

四 促进了大乘佛教的发展

鸠摩罗什早期学习的是小乘说一切有部的佛法，后来又转变到大乘佛教的弘扬上来。自从他接触大乘佛教之后，就立志终生献身于大乘佛法的传播事业。鸠摩罗什在长安的传法和译经，大大促进了中国内地大乘佛教的传播和发展。

第一，鸠摩罗什大小乘鲜明的态度，促进了大乘佛教在内地的传播。从高僧传的记载来看，他对待大小乘态度几乎带有某些激进的色彩，决定了对大乘佛法的执着偏爱和对小乘佛教的排斥。这种态度对中国内地的僧人带来了深刻的影响。当然中国人选择大乘佛教，有着其深厚的传统文化因素，但是鸠摩罗什的出现，却是第一次让内地僧人清晰地认识到印度佛教的不同理论体系，认识到大小乘佛教之间的区别。从此中国佛教开始沿着以大乘佛教为主流的方向发展。

第二，鸠摩罗什将龙树的中观理论介绍到内地来，带来了内地大乘佛教发展的理论指导武器。虽然在此之前，已经有了般若类经典的翻译，但是内地僧人对大乘佛法的理解始终是模糊不清的，连当时的高僧道安也是如此，格义佛教和六家七宗的出现，就是这种状况的表现。不仅仅在中国，即使在印度本土也存在这种情况，虽然大乘佛教在发展，但是人们对大小乘派别的区分仍十分有限。直到龙树的中观学说的出现，这种态势才逐渐明朗。当鸠摩罗什把中观理论引到中国内地后，起到了相同的效果，中国僧人和知识界开始有了明确的理论体系。对这种体系的认识和掌握，给中国佛教的发展带来了理论武器，从而促进了大乘佛教的发展。

第三，鸠摩罗什将许多大乘佛教的经典之作翻译到内地，对大乘佛教的发展起着关键性的作用。应内地僧人之请，鸠摩罗什首先翻译了禅法和戒律。因为虽然内地有了不少的佛教经典，但是禅法和戒律方面的著作十分的缺乏，严重制约着佛教的传播和发展。鸠摩罗什于是将《坐禅三昧经》和《十诵律》翻译出来。《坐禅三昧经》虽然带有小乘禅法的痕迹，但还是一部大乘禅法作品，《十诵律》虽然是一部小乘佛教的戒律，但是也蕴含着大乘佛教的思想。这两部佛经，解决了当时佛教界的燃眉之急。同时鸠摩罗什还翻译出了《妙法莲华经》《金刚经》等一批大乘经典佛经。这些经典佛经的思想，促进了大乘佛教在中国汉地的传播流行，有的成为长期流行不衰的作品，对中国佛教的发展产生了深远的影响。

第四，鸠摩罗什翻译出了许多大乘佛教信仰类的经典，促进了大乘信仰在民众间的流传。鸠摩罗什还翻译出《弥勒下生经》《弥勒成佛经》《阿弥陀经》《维摩诘经》等一大批大乘信仰类的经典之作。弥勒经典宣扬的主要是弥勒净土信仰，对汉地老百姓的影响特别大。南北朝时期鸠摩罗什翻译出这些经文不久，就开始流行起来。《阿弥陀经》是西方净土信仰的主要经典之一，不仅在南北朝成为民众信仰的经典，还成为净土宗主要依据的三大经典之一，带来了隋唐时期信仰的热潮。《妙法莲华经》译出不久，其中的《观世音普门品》由于宣扬的是观世音救苦救难的信仰，在民众间迅速流行起来，并在以后成为民众信仰的最受欢迎的佛教尊神。而《维摩诘经》描绘的是维摩诘居士的事迹，来到中国后反而成为文人士大夫的专利品。不仅符合魏晋南北朝士族名士的口味，更是成为唐宋文人官员的最爱。以上这些版本，都是出自罗什之手。

五 培养了一批优秀的佛学人才

鸠摩罗什不但译出了众多高质量的佛经，还培养了一批高水平佛教学者。这对于中国佛教以后的发展影响至深至远。通过《高僧传》可以知道，鸠摩罗什来长安后，各地义学僧聚集关中的人数，达到五千人之多。他的门徒就有 3000 人，其中卓越者有 8 人。从以后的发展来看，鸠摩罗什的弟子中优秀者远不止这 8 人。正是由于这些弟子的存在，一方面鸠摩罗什的译经得以广泛传播，另一方面为中国佛教的发展奠定了基础，甚至影响了中国佛教发展的方向。

僧肇是跟随鸠摩罗什时间最长的一位弟子，也是对般若思想理解最为深刻的弟子，被称为"解空第一人"。僧肇的解空著作，彻底清算了以前般若理解的误区，使中国僧人重新认识了印度大乘佛教的般若理论，对以后的佛教发展产生重大的影响。竺道生南下后，在研习鸠摩罗什传法内容的基础上，提出了顿悟学说和涅槃思想。涅槃佛性是南北朝佛性讨论的核心问题，而顿悟理论则是后来禅宗的主要思想之一。佛教中国化的哲学萌发首先在道生这里显现。慧观和慧严南下建康后，成为刘宋时期的佛教领袖。僧导和僧嵩在学习了《成实论》后，开始大力弘扬此说，逐步形成了寿春和彭城两大派系的成实师，在南北朝影响巨大。道恒和道标也是鸠摩罗什的弟子，却被姚兴任命为僧官，成为中国佛教历史上的第一批官府僧人，对后世有着深远的意义。

六 对中国佛教艺术的影响

鸠摩罗什的译经，有很多都是富有文学性的优秀作品，从而在民众间广泛流行。也正是因为这些佛经作品的通俗性、可读性和形象性，为艺术家提供了创作的丰富内容，成为佛教造像和经变壁画的主要依本，影响了中国石窟寺的艺术，这在克孜尔、吐鲁番、河西、秦陇诸石窟的壁画和造像中都有反映。

经过鸠摩罗什在故乡龟兹的弘法，龟兹地区大乘佛教开始占据主流趋势。克孜尔石窟在这一时期建造的许多洞窟，都与鸠摩罗什弘扬的大乘佛教潮流有关系。大像窟是这一时期比较流行的题材，与禅修有着密切的关系。敦煌莫高窟的壁画《维摩诘经变》就是依据鸠摩罗什译本绘制的，"西方净土经变"都与罗什的译经《阿弥陀经》有关。麦积山石窟的三世佛造像都与姚兴接受了罗什的大乘思想有关。他所译的《法华经》，因提倡"若人为佛故，建立诸形象，刻雕成佛像，可得无上道"，促进了佛教艺术的发展。释迦、多宝二佛并坐像的出现，绚丽多彩的《法华经》变，依据的也是鸠摩罗什的版本。炳灵寺石窟的造像也有这种情形，因此鸠摩罗什可称得上是使印度佛教艺术中国化的倡导者、传弘者和贡献者。

第二节 对民族文化交流的影响

鸠摩罗什约于晋康帝之世（344年）出生于龟兹（今新疆库车县），他的祖上世代在天竺（印度）为相。祖父达多，倜傥不群，名重于国。

他的父亲鸠摩炎本来可以继承相位，但是却辞避出家，东渡葱岭来到龟兹国并被国王尊请为国师。

鸠摩罗什7岁时和母亲一块出家，师从的是善《阿含》的小乘学者佛图舌弥，学《阿毗昙》小乘论书，日诵千偈。① 9岁那年，他的母亲决定带他到当时的佛学之府罽宾历练和深造。来到罽宾后，拜国王的弟弟（当时的大德）盘头达多为师。罗什从师受《杂藏》、中长二《含》，凡四百万言。罗什在罽宾三年，12岁时他的母亲领他回龟兹，途经沙勒（疏勒，今新疆喀什市），留居一年。他在这里从罽宾僧佛陀耶舍又研习了《阿毗昙八犍度论》(《阿毗达摩发智论》) 和有部《六足》(《集异门足论》《法蕴足论》《施设足论》《识身足论》《界身足论》《品类足论》)。沙勒王同样举行大会，请他讲《转法轮经》，这也是小乘基本经典之一。说法之暇，他寻访外道经书，博览《四围陀》、五明（声明、工巧明、医方明、因明、内明）诸论以及阴阳、星算和文词制作、问答等，从而不但在佛学方面，在一般知识领域也打下了全面、坚实的基础。同时还诵习过《增一阿含经》。② 据称当时罗什"阴阳星算，莫不毕尽，妙达吉凶，言若符契"。后来鸠摩罗什在沙勒，遇到了身为莎车王子的僧人须利耶跋陀和须利耶苏摩二人。其中苏摩才艺绝伦，弘扬大乘，罗什宗奉之。苏摩为他说《阿耨达经》。鸠摩罗什经过与他反复论辩，深为大乘教义所折服，最终放弃小乘立场，专务大乘。并感叹道："吾昔学小乘，如人不识金，以鍮石为妙。"此后又从受印度大乘中观学派的基本著作《中论》《百论》《十二门论》等，从而为以后的大乘佛学打下了坚实的基础。罗什回龟兹后经常讲经说法，宣传大乘教义，连当时的公主也设大集，请开方等经奥。西域诸国，咸伏罗什神儁。每年升座讲法，"诸王皆长跪座侧，令什践而登焉"。

鸠摩罗什的名气道流西域，名被东川。苻坚很想得到这样的大德来入辅中原，在道安和西域前部王等人的劝说下，382年决定派吕光、姜飞西伐龟兹和焉耆。被吕光俘获后，鸠摩罗什在凉州待了17年，由于吕光不事佛教，没有从事译经工作，几乎成了完全的政治军事参谋。这一时期他开

---

① 苏晋仁、萧鍊子点校：《出三藏记集》卷11《比丘尼戒本所出本末序》，第410—411页记"有年少沙门字鸠摩罗，乃才大高，明大乘学，与舌弥是师徒，而舌弥《阿含》学者也。"

② 《出三藏记集》卷14《鸠摩罗什传》。

始接触汉语和汉文经史典籍，他还从僧肇的介绍中，对内地佛学的流传情况以及存在的问题有所了解，为他以后大量翻译和讲学，打下良好的基础。

鸠摩罗什于弘始三年（401）十二月二十日至长安。[①] 姚兴待以国师之礼，崇敬异常，言谈相对不觉终日，研讨佛理穷年不倦。姚兴还召集国内各大门派有名的佛门高僧，与鸠摩罗什一起在逍遥园西明阁翻译经论。沙门僧䂮、僧迁、法钦、道流、道恒、道标、僧叡、僧肇等800余人帮助翻译。其后鸠摩罗什共译出佛经32部300余卷。

从鸠摩罗什的整个历程来看，他在罽宾学习了印度的佛法，然后又在沙勒接触了大乘佛教，最后把大乘佛教带到了龟兹，引起了龟兹佛教发展走势，由小乘开始转向大乘为主导。又由于鸠摩罗什的长安之行，将大乘佛教尤其是龙树的中观理论，带到了内地，使佛教发生了翻天覆地的变化。大乘佛教开始在汉地立足，佛教义理哲学开始走向兴盛和独立发展的道路，这些都为以后中国佛教诸宗派的形成奠定了基础。

不仅如此，在鸠摩罗什的影响下，西域高僧昙摩耶舍、弗若多罗、昙摩流支、卑摩罗叉、佛陀耶舍和佛驮跋陀罗等人，先后来到中原内地传法译经。这些高僧与鸠摩罗什在长安合作共处，共同推动了中国译经事业的发展。

鸠摩罗什将印度文化、西域文化引进到汉地，对中外文化交流和民族文化交流做出了重要的贡献。印度佛教向中国的输入，是人类文化交往史上的重大事件，许多高僧为此承担了重任并做出了牺牲，鸠摩罗什就是其中的优秀代表之一。西域从西汉时期就已经纳入中国内地政权的统治范围，那时起西域诸国与内地的联系就已经变得亲密起来。虽然后来的交通和政治关系时断时续，但民族文化的交流始终没有停止过。鸠摩罗什从龟兹到凉州再到长安，不仅将佛教输入到了内地，也将西域文化带到了长安，他不愧为中国古代西域少数民族与汉族文化交流的使者。

鸠摩罗什的译经不但深远影响了中国，还传播到了东亚诸国，成为日本、朝鲜、韩国、越南等佛教立论和建派的依据，为中国与东亚邻边其他国家的文化交流作出了重要贡献。

由于鸠摩罗什重视"三论"，僧肇作著名的《肇论》发挥其义，佛教

[①] 《广弘明集》中僧肇的《鸠摩罗什法师诔》载有："大秦姚、符二天王，师旅以迎之。"可见姚兴对罗什的重视程度。

史上还出现了"三论宗",乃致日本佛教的三论宗、日莲宗亦奉长安什法师的草堂寺为祖寺。

另外,鸠摩罗什所译的弥勒和观音的经典,也是日本、朝鲜、韩国弥勒信仰和观音信仰的基本典籍。

从上述可以看出,鸠摩罗什所译的经典的确对东亚大乘佛教的传播起过重要的理论和指导作用。

参考文献

一 古代文献

《大正藏》，（台湾）新文丰出版有限公司1996年版。
《卍新纂续藏经》，河北佛教协会印行2006年版。
《二十四史》，中华书局标点本。
（清）严可均校辑：《全上古三代秦汉三国六朝文》，《全晋文》《全隋文》，中华书局1958年版。
《文渊阁四库全书》第195册，上海古籍出版社1987年版。
俄罗斯科学院东方研究所圣彼得堡分所、俄罗斯科学出版社、上海古籍出版社：《俄藏敦煌文献》，上海古籍出版社1998年版。
《太平广记》，中华书局2003年版。
《大唐西域记》，章巽校点，上海人民出版社1977年版。
王国维校：《水经注校》，上海人民出版社1984年版。
汤球：《十六国春秋辑补》，《丛书集成初编》，商务印书馆1937年版。
杨衒之：《洛阳伽蓝记》，周振甫译著，江苏教育出版社2006年版。
《资治通鉴》，中华书局标点本。
欧阳询：《艺文类聚》，上海古籍出版社1965年版。
（梁）释慧皎撰，汤用彤校注：《高僧传》，中华书局1992年版。
（梁）释僧祐著，苏晋仁、萧錬子点校：《出三藏记集》，中华书局2000年版。
季羡林等：《大唐西域记校注》，中华书局1985年版。
孙毓棠、谢方点校：《大慈恩寺三藏法师传》，中华书局1983年版。
国家图书馆善本金石组编：《石刻文献全编——先秦秦汉魏晋南北朝》，北京图书馆出版社2003年版。

《全唐文》，上海古籍出版社 1990 年版。
《白居易集》，顾学颉点校，中华书局 1979 年版。
《全唐诗》，上海古籍出版社 1986 年版。
《唐六典》，中华书局 1992 年版。
《全唐诗》，中华书局 1960 年版。
王溥：《唐会要》，中华书局 1990 年版。
《王右丞集笺注》，上海古籍出版社 2007 年版。
《柳宗元集》，中华书局 1979 年版。
傅璇琮：《全宋诗》，北京大学出版社 1995 年版。
《权载之文集》，四部丛刊本，商务印书馆 1936 年版。
（宋）陆九渊：《陆九渊集》，钟哲点校，中华书局 1980 年版。
（唐）段成式：《酉阳杂俎续集》，中华书局 1981 年版。
（唐）张彦远：《历代名画记》，人民美术出版社 1984 年版。
[日]圆仁：《入唐求法巡礼行记（卷3）》，上海古籍出版社 1986 年版。
（隋）杜公赡注，黄益元校点：《汉魏六朝笔记小说大观》，上海古籍出版社 1999 年版。
《册府元龟》，中华书局 2003 年版。
《唐大诏令集》，商务印书馆 1959 年版。
李希泌主编：《唐大诏令集补编》，上海古籍出版社 2003 年版。
杨伯峻译注：《论语译注》，中华书局 1980 年版。
（东汉）王充：《论衡》，上海人民出版社 1974 年版。
北京大学《荀子》注释组：《荀子新注》，中华书局 1979 年版。

二、今人著作

[巴基斯坦] A. H. 达尼著，I. H. 库雷希主编：《巴基斯坦简史》第一卷，四川人民出版社 1974 年版。
[英] A. K. 渥德尔：《印度佛教史》，商务印书馆 1987 年版。
陈国灿：《唐五代敦煌乡里制的演变》，《敦煌学史事新证》，甘肃教育出版社 2002 年版。
陈扬炯：《中国净土宗通史》，凤凰出版社 2008 年版。
岑仲勉：《汉书西域传地里校释》，中华书局 1981 年版。
[日] 池田大作：《我的佛教观》中文版序言，四川人民出版社 1990

年版。

杜继文：《汉译佛教经典哲学》，江苏人民出版社 2008 年版。

杜继文：《中国佛教的多民族性与诸宗派的个性》，中国社会科学出版社 2008 年版。

杜继文主编：《佛教史》，中国社会科学出版社 1991 年版。

恩格斯：《自然辩证法》，人民出版社 1971 年版。

[法] 拉莫特：《维摩诘经序论》，郭忠生译，南投：谛观杂志社 1990 年版。

方立天：《魏晋南北朝佛教》，中国人民大学出版社 2006 年版。

方立天：《魏晋南北朝佛教论丛》，中华书局 1982 年版。

费尔巴哈：《西方哲学著作选读》，商务印书馆 1981 年版。

冯友兰：《中国哲学史（下）》，华东师范大学出版社 2000 年版。

宫大中：《龙门石窟艺术》，上海人民出版社 2002 年版。

[日] 宫治昭：《涅槃和弥勒的图像学》，李萍、张清涛译，文物出版社 2009 年版。

葛兆光：《中国思想史》，复旦大学出版社 2001 年版。

[日] 孤峰智灿：《中印禅宗史》，释印海译，中国佛学院刊印，海潮音社 1972 年版。

何剑平：《中国中古维摩诘信仰研究》，巴蜀书社 2009 年版。

黄文弼：《西北史地论丛》，上海人民出版社 1981 年版。

何劲松：《布袋和尚与弥勒文化》，宗教文化出版社 2003 年版。

侯旭东：《五、六世纪北方民众佛教信仰》，中国社会科学出版社 1998 年版。

侯外庐：《中国思想通史》第三卷第十章，人民出版社 1998 年版。

华忱之、喻学才校注：《孟郊诗集校注》卷十，人民文学出版社 1995 年版。

[德] 加文·汉布里主编：《中亚史纲要》，吴玉贵译，商务印书馆 1994 年版。

[日] 吉冈义丰：《中国民间宗教概说》，余万居译，台北华宇出版社 1985 版。

季羡林：《关于大乘上座部的问题》，载《季羡林学术论著自选集》，北京师范学院出版社 1991 年版。

季羡林：《季羡林文集》，江西教育出版社 1996 年版。

季羡林：《商人与佛教》，载《第十六届国际历史科学大会中国学者论文集》，中华书局 1985 年版。

季羡林等校注：《大唐西域记校注》，中华书局 1985 年版。

金申：《中国历代纪年佛像图典》，文物出版社 1994 年版。

[德] 克林凯特：《丝绸古道上的文化》，赵崇民译，新疆美术摄影出版社 1994 年版。

赖永海：《中国佛性论》，中国青年出版社 1999 年版。

李泰玉主编：《新疆宗教》，新疆人民出版社 1998 年版。

李吟屏：《佛国于阗》，新疆人民出版社 1991 年版。

李正宇：《唐宋时期的敦煌佛教》，郑炳林主编：《敦煌佛教艺术文化论文集》，兰州大学出版社 2000 年版。

李世杰：《印度大乘佛教哲学史》，台北：新文丰出版公司 1982 年版。

李鹏程：《当代文化哲学沉思》，人民出版社 1995 年版。

李利安：《观音信仰的渊源与传播》，宗教文化出版社 2008 年版。

梁启超：《佛学研究十八篇》，上海古籍出版社 2001 年版。

梁启超：《饮冰室合集》，中华书局 1988 年版。

林梅村：《沙海古卷——中国所出佉卢文书初集》，文物出版社 1988 年版。

刘文锁：《新疆历史文物》，新疆美术摄影出版社 1999 年版。

刘欣如：《古代印度与古代中国》，牛津大学出版社 1988 年版。

[日] 柳田圣山：《禅与中国》，毛丹青译，读书·生活·新知三联书店 1988 年版。

柳诒徵：《中国文化史》，东方出版中心 1988 年版。

鲁迅：《鲁迅全集》：人民文学出版社 1957 年版。

陆庆夫：《丝绸之路史地研究》，兰州大学出版社 1999 年版。

吕澂：《印度佛学源流略讲》，上海人民出版社 1979 年版。

吕建福：《中国密教史》，中国社会科学出版社 1995 版。

马克思：《〈黑格尔法哲学批判〉导言》（1843 年底—1844 年 1 月）。《马克思恩格斯选集》第 1 卷，人民出版社 1995 年版。

孟凡人：《楼兰鄯善国简牍年代学研究》，新疆人民出版社 1995 年版。

孟楠：《略论龟兹文化的兼容性及其启示》，《龟兹学研究（第一辑）》，新疆大学出版社 2006 年版。

牛克诚：《色彩的中国绘画》，湖南美术出版社 2001 年版。

潘桂明：《中国佛教思想史稿：第 1 卷（上）》，江苏人民出版社 2009 年版。

任继愈主编：《中国佛教史》第一、二卷，中国社会科学出版社 1985 年版。

［英］理查德·鲁宾逊《印度与中国的早期中观学派》，郭忠生译，南投：正观出版社 1996 年版。

萨孟武：《南北朝佛教流行的原因》，收于《中国佛教史论集（一）》，台北：大乘文化出版社 1977 年版。

沈德潜：《古诗源》，中华书局 1977 年版。

释东初：《中印佛教交通史》，台北：行政院新闻局 1991 年版。

释印顺：《中国佛教论集》，中华书局 2010 年版。

释印顺：《印度佛教思想史》，中华书局 2010 年版。

释印顺：《初期大乘佛教之起源与开展》，正闻出版社 1981 年版。

释印顺：《说一切有部为主的论书与论师之研究》，中华书局 2011 年版。

释印顺：《佛教史地考论》，《妙云集》，正闻出版社 2000 年版。

释印顺：《〈大智度论〉之作者及其翻译》，《永光集》，台北正闻出版社 2004 年版。

释印顺：《华雨集》（一），台北：正闻出版社 1993 年版。

［英］斯坦因：《斯坦因西域考古记》，向达译，中华书局 1936 年版。

［美］斯塔夫里阿诺斯：《全球通史——1500 年以前的世界》，吴象婴等译，上海社会科学院出版社 1988 年版。

孙毓棠、谢方点校：《大慈恩寺三藏法师传》，中华书局 1983 年版。

汤用彤：《汉魏两晋南北朝佛教史》，北京大学出版社 1998 年版。

汤用彤：《往日杂稿》，《汤用彤全集》第五卷，河北人民出版社 2000 年版。

汤用彤：《隋唐佛教史稿》，中华书局 1982 年版。

唐耕藕、陆宏基：《敦煌社会经济文献真迹释录》第 3 辑，全国图书馆文献缩微复制中心 1990 年版。

王国维校：《水经注校》卷二《河水篇》，上海人民出版社 1984 年版。

王国维：《王国维学术研究论集》，华东师范大学出版社 1983 年版。

王国维:《观堂集林》,《敦煌所出汉简跋十四》,中华书局 1959 年版。

王亚荣:《长安佛教史论》,宗教文化出版社 2005 年版。

王广智:《新疆出土佉卢文残卷译文集》,载《尼雅考古资料》,新疆文化厅文物处编印 1988 年版。

王治来:《中亚史纲》,湖南教育出版社 1986 年版。

[日] 望月信亨:《中国净土教理史》,释印海译,中国佛教文化研究所 1974 年版。

温玉成:《青州佛教造像考察记》,载《中国佛教与考古》,宗教文化出版社 2009 年版。

吴焯:《佛教东传与中国佛教艺术》,浙江人民出版社 1991 年版。

[日] 香川默识:《西域考古图谱》下卷,学苑出版社影印 1999 年版。

[日] 香川孝雄:《弥勒思想的展开》,收入《弥勒净土与菩萨行》,大乘文化出版社 1978 版。

星云编著:《佛教历史》,《星云大师佛学著作集》,上海辞书出版社 2008 年版。

谢重光:《中古佛教僧官制度和社会生活》,商务印书馆 2009 年版。

[匈] 雅诺什·哈尔马塔:《中亚文明史》第二卷,徐文堪、芮传明译,中国对外翻译出版公司 2002 年版。

杨伯峻译注:《论语译注》,中华书局 1980 年版。

严耀中:《佛教戒律与中国社会》,上海古籍出版社 2007 年版。

杨曾文校写:《六祖坛经》,宗教文化出版社 2001 年版。

杨曾文编校:《神会和尚禅话录》,中华书局 1996 年版。

杨惠南:《吉藏》,东大图书出版公司 1989 年版。

[日] 羽溪了谛:《西域之佛教》,贺昌群译,商务印书馆 1999 年版。

张秀民:《中国印刷术的发明及其影响》,人民出版社 1958 年版,1978 年第 2 次印刷。

张星烺编,朱杰勤校订:《中西交通史料汇编》第 1 册,中华书局 2003 年版。

张曼涛主编:《现代佛教学术丛刊》第 69 册,《弥勒净土与菩萨行研究》,北京图书馆出版社 2005 年版。

郑炳林:《唐五代敦煌酿酒业研究》,《敦煌吐鲁番文献研究》,兰州大学出版社 1995 年版。

周菁葆、邱陵:《丝绸之路宗教文化》,新疆人民出版社1998年版。
朱景玄:《唐朝名画录》,《唐五代画论》,湖南美术出版社1997年版。

三、今人论文

[法] 彼诺著、耿升译:《西域的吐火罗语写本与佛教文献》,《龟兹学研究》第三辑。中文载《法国汉学》,《法国汉学》丛书编辑委员会编,敦煌学专号第五辑,中华书局2000年版。

[日] 滨田隆:《菩萨——他的起点和造型》,白文译(李爱民审译),《敦煌研究》1991年第2期。

才吾加甫:《魏晋南北朝时期的西域喀什及其它诸地佛教》,《新疆师范大学学报》(哲学社会科学版)2003年第4期。

陈国光:《释"和尚"——兼谈中印文化交流初期西域佛教的作用》,《西域研究》1995年第2期。

陈垣:《明季滇黔佛教考》卷6,本书先收入《辅仁大学丛书》(1940年8月)。科学出版社1959年版,中华书局1962年版。

崔峰:《〈大般涅槃经〉写经在北周和隋代的流行》,《牡丹江大学学报》2009年第3期。

崔峰:《泰山信仰功能的演变与佛教中国化进程》,《甘肃高师学报》2011年第6期。

[日] 宕本裕:《梵语〈法华经〉及其研究》,刘永增译,《敦煌研究》1994年第4期。

丁明夷:《鸠摩罗什与龟兹佛教艺术》,《世界宗教研究》1994年第2期。

董平:《道生佛性说与孟子人性论的比较》,《齐鲁学刊》1986年第1期。

杜斗城:《麦积山的早期三佛窟与姚兴的〈通三世论〉》,《敦煌学辑刊》1997年第1期。

杜继文:《〈大乘大义章〉析略》,《世界宗教研究》1991年第2期。

方立天:《佛性述评》,《求索》1984年第3期。

方广锠:《敦煌遗书中的〈妙法莲华经〉及有关文献》,《中华佛学学报》1997年第10期。

法尊:《浅谈"伪经"与观音信仰的中国化》,《世界宗教文化》2004年第3期。

[英] 弗兰克·惠林:《佛教、基督教和伊斯兰教中传教移植的比较宗教

研究》，原文译自瑞士《国际传教评论》，1981 年 10 月号，日内瓦世界基督教协进会办，转引自《世界宗教资料》1983 年第 3 期。

耿剑：《克孜尔佛传遗迹与犍陀罗关系探讨》，《南京艺术学院学报》2008 年第 5 期。

古正美：《弥勒下生信仰与护法思想的经文发展》，国科会研究计划报告，编号 NSC75—0301—H007—03。

韩秉芳：《从庄严未来佛到布袋和尚———一个佛教中国化的典型》，《中国文化研究》2002 年夏之卷。

贺世哲：《关于十六国北朝时期的三世佛与三佛造像诸问题（一）》，《敦煌研究》1993 年第 1 期。

胡海燕：《关于〈金刚经〉梵本及汉译对勘的几个问题（二）》，《南亚研究》1985 年第 3 期。

黄夏年：《四十五年来中国大陆鸠摩罗什研究的综述》，《佛学研究》1994 年。

黄夏年：《〈成实论〉二题》，《世界宗教研究》1995 年第 2 期。

黄曾恒：《文化交流与龟兹古国》，《中国典籍与文化》1993 年第 2 期。

黄靖：《贵霜帝国的年代体系》，载《中亚学刊》第 2 辑，中华书局 1987 年版。

霍旭初：《鸠摩罗什大乘思想的发展及其对龟兹石窟的影响》，《敦煌研究》1997 年第 3 期。

季羡林：《鸠摩罗什时代及其前后龟兹和焉耆两地的佛教信仰》，《孔子研究》2005 年第 6 期。

季羡林：《佛教传入龟兹和焉耆的道路和时间》，《社会科学战线》2001 年第 2 期。

贾应逸：《〈且渠安周造寺功德碑〉与北凉高昌佛教》，《西域研究》1995 年第 2 期。

贾应逸：《鸠摩罗什译经和北凉时期的高昌佛教》，《敦煌研究》1999 年第 1 期。

赖永海：《佛性学说与中国传统文化》，《哲学研究》1987 年第 7 期。

赖鹏举：《北魏佛教由"涅槃学"到"云冈'昙曜五窟'———净土学"的开展的造像》，2005 年云冈国际学术研讨会论文集（研究卷），文物出版社 2006 年版。

雷玉华、颜劲松：《成都市西安路南朝石刻造像清理简报》，《文物》1998年第11期。

李瑞哲：《新疆克孜尔石窟壁画内容所反映的戒律问题》，《西域研究》2008年第3期。

李利安：《印度观音信仰的最初形态》，《世界宗教研究》2006年第3期。

李利安：《古代印度观音信仰的演变及其向中国的传播》，西北大学，博士论文，2003年。

李利安：《观音信仰的中国化》，《山东大学学报》（哲学社会科学版）2006年第4期。

李惠玲：《鸠摩罗什与中国早期佛经翻译》，《中山大学学报论丛》2004年第2期。

李裕群：《试论成都地区出土的南朝佛教石造像》，《文物》2000年第2期。

李剑国：《论南北朝的释氏辅教之书》，《天津师范大学学报》1985年第3期。

李玉昆：《龙门碑刻研究》，《中原文物》1985年特刊号。

李淞：《龙门石窟唐代阿弥陀造像考察笔记》，《艺术学》1997年第17期。

林梅村：《贵霜大月氏人流寓中国考》，中国敦煌吐鲁番1988年学术讨论会论文。

林伟：《南北朝佛教思想变化与佛像风格演变的内在关联》，《哲学研究》2008年第2期。

刘欣如：《贵霜时期东渐佛教的特色》，《南亚研究》1993年第3期。

刘宾：《鸠摩罗什的译典在比较文学研究上的意义》，《西域研究》1999年第3期。

刘长东：《晋唐间弥陀净土信仰研究》，四川大学，博士论文，1998年。

刘莘：《论汉晋时期的佛教》，《中国史研究》1994年第2期。

陆扬：《解读〈鸠摩罗什传〉：兼谈中国中古早期的佛教文化与史学》，《中国学术》2006年第23辑，商务印书馆2006年版。

吕春盛：《五胡政权与佛教发展的关系》，《"国立"台湾大学历史学系学报》，1990年第15期。

马雍：《东汉后期中亚人来华考》，《新疆大学学报》（哲学社会科学版）

1984年第2期。

马小方：《唐代文人弥陀净土信仰特点探析》，《毕节学院学报》2012年第3期。

满盈盈：《克孜尔石窟中犍陀罗艺术元素嬗变考》，《北京理工大学》（社会科学版）2011年第2期。

牟钟鉴：《鸠摩罗什与姚兴》，《世界宗教研究》1994年第2期。

普慧：《〈文心雕龙〉与佛教成实学》，《文史哲》1997年第5期。

普慧：《略论弥勒、弥陀净土信仰之兴起》，《中国文化研究》2006年冬之卷。

任平山：《说一切有部的弥勒观》，《西域研究》2008年第2期。

荣新江：《盛唐长安与敦煌——从俄藏〈开元廿九年（741）授戒牒〉谈起》，《浙江大学学报》（人文社会科学版）2007年第3期。

R. E. 埃墨利克：《中亚的佛教》，殷晴译，《西域研究》1992年第2期。

［日］桑山正进：《巴米扬大佛与中印交通路线的变迁》，王钱编译，《敦煌学辑刊》1991年第1期。

上海市文物管理委员会：《上海嘉定法华塔元明地宫清理简报》，《上海松江李塔明代地宫清理简报》，《文物》1999年第2期。

圣凯：《成实学派的思想与影响》，《觉群佛学》，宗教文化出版社2009年版。

石峻：《读慧达〈肇论疏〉述所见》，载1944年国立北平图书馆《图书季刊》新第5卷第1期。

石峻、方立天：《论隋唐佛教宗派的形成》，《哲学研究》1981年第8期。

施萍婷：《新定〈阿弥陀经变〉——莫高窟第225窟南壁龛顶壁画重读记》，《敦煌研究》2007年第4期。

宿白：《南朝龛像遗迹初探》，《考古学报》1989年第4期。

熏风：《哀鸾孤桐上，清音澈九天——翻译家鸠摩罗什的一生》，《北京社会科学》1990年第3期。

孙修身、孙晓岗：《从观音造型谈佛教的中国化》，《敦煌研究》1995年第1期。

孙昌武：《中国文化史上的鸠摩罗什》，《南开学报》（哲学社会科学版）2009年第2期。

孙昌武：《佛教的中国化与东晋名士名僧》，《传统文化与现代化》1993

年第 4 期。

谭蝉雪：《唐宋敦煌岁时佛俗》，《敦煌研究》2001 年第 1 期。

谭洁：《早期禅宗史上的变革：从〈楞伽经〉到〈金刚经〉》，《宜春学院学报》2012 年第 7 期。

汤一介：《僧肇的〈肇论〉在中国哲学史上的地位》，《佛教与中国文化》，宗教文化出版社 1999 年版。

汤一介：《文化的互动及其双向选择——以印度佛教和西方哲学传入中国为例》，《开放时代》2002 年第 4 期。

[日] 汤山明：《从中亚地区对佛教典籍的接受情况来看罗什汉译〈妙法莲华经〉的特色》，《世界宗教研究》1994 年第 2 期。

唐昉：《〈金刚经〉罗什译本流传原因考》，《外国语文》2011 年第 2 期。

唐秀连：《龟兹国与西域的大乘佛教——从两汉至鸠摩罗什时代》，台北：法鼓山中华佛学研究所，《中华佛学研究》2006 年第 10 期。

王炳华：《贵霜王朝与古代新疆》，《西域研究》1991 年第 1 期。

王永会：《中国佛教僧团发展及其管理研究》，四川大学，博士论文，2001 年。

吴文星：《〈维摩诘经〉的鸠摩罗什译本流行的原因分析》，《华南师范大学学报》（社会科学版）2005 年第 2 期。

吴丹：《〈大乘大义章〉研究》，苏州大学，博士论文，2008 年。

吴震：《吐鲁番写本所见鸠摩罗什汉译佛教经籍举要》，《佛学研究》1994 年。

夏鼐：《"和阗马钱"考》，《文物》1962 年第 7、8 期。

夏朗云：《麦积山石窟早期洞窟最早焚烧痕迹的考察——后秦开窟新证》，《敦煌研究》2004 年第 6 期。

夏朗云：《麦积姚秦五龛对云冈昙曜五窟的启示》，《2005 年云冈石窟国际学术研讨会论文集》，文物出版社 2006 年版。

夏雷鸣：《从佉卢文文书看鄯善国佛教的世俗化》，《新疆社会科学》2006 年第 6 期。

项一峰、刘莉：《麦积山石窟〈法华经〉变相及其弘法思想》，《敦煌学辑刊》2009 年第 4 期。

解兴华：《〈大乘大义章〉试析》，西南大学，硕士论文，2007 年。

薛宗正：《古代于阗与佛法初传》，《西北民族研究》2005 年第 2 期。

薛宗正：《鸠摩罗什彼岸世界的超越历程与此岸世界的复归》，《西域研究》1992年第2期。

杨曾文：《〈六祖坛经〉诸本的演变和慧能的禅法思想》，《中国文化》1992年第6期。

姚卫群：《佛性观念的形成和主要发展线索》，《中华文化论坛》2002年第2期。

余太山：《两汉魏晋南北朝时期西域的绿洲大国称霸现象》，《西北史地》1995年第4期。

于君方：《伪经与观音信仰》，《中华佛学学报》1995年第8期。

［日］宇井伯寿：《初期的大乘思想》，载张曼涛《大乘佛教学术丛刊》第98期，大乘文化出版社1979年版。

苑艺：《鸠摩罗什佛经"新译"初探》，《天津师范大学学报》1984年第4期。

张先堂：《古代佛教法供养与敦煌莫高窟藏经》，《敦煌研究》2010年第5期。

张宝玺：《〈法华经〉的翻译与释迦多宝佛造像》，《佛学研究》1994年年刊。

张雪芬：《河南博爱县青天河峡谷新发现北魏摩崖观世音像》，《华夏考古》2005年第1期。

朱英荣：《龟兹文化与犍陀罗文化》，《新疆大学学报》（哲学社会科学版）1988年第1期。

张敬全：《从西域净土信仰到中原净土宗的转变》，新疆师范大学，硕士论文，2008年。

张肖马、雷玉华：《成都市商业街南朝石刻造像》，《文物》2001年第10期。

张乃翥：《龙门石窟维摩变造像及其意义》，《中原文物》1982年第3期。

张利文：《吉藏思想研究》，苏州大学，硕士论文，2007年。

赵克尧：《从观音的变性看佛教的中国化》，《东南文化》1990年第4期。

赵声良：《成都南朝浮雕弥勒经变与法华经变考论》，《敦煌研究》2001年第1期。

［日］塚本善隆著，施萍婷译，赵声良校：《从释迦、弥勒到阿弥陀，从无量寿到阿弥陀——北魏至唐的变化》，《敦煌研究》2004年第5期。

［日］中村元：《儒教思想对佛典汉译带来的影响》，《世界宗教研究》1982年第2期。

周伯戡：《早期中国佛教的小乘观——兼论道安长安译经在中国佛教史上的意义》，《"国立"台湾大学历史系学报》1991年第16期。

周伯勘：《早期中国佛教的大乘小乘观》，"国立"台湾大学文学院发行，《文史哲学报》1990年第38期。

周齐：《译经大师鸠摩罗什》，《佛教文化》1994年第1期。

邹清泉：《中古敦煌〈维摩诘经〉的书写——以藏经洞维摩写卷为中心》，《敦煌学辑刊》2012年第1期，

［日］佐藤智水：《北朝造像铭考》，《日本中青年学者论中国史·六朝隋唐卷》，上海古籍出版社1995年版。

四、外文论著

A Few Good Men: the Bodhisattva Path According to the Inquiry of Ugra (Ugraparipṛcchā), Honolulu: University of Hawaii Press, 2003.

Bernard Faure: The Red Thread: Buddhist Approach to Sexuality, Princeton University Press, 2001.

B. N. Puri: India under the Kushānas, Bombay, 1965.

G. Fussman, Numismatic and Epigraphic Evidence for the Chronology of Early Gandharan Art, In M. Yaldiz (ed.), Investigatin Indian Art, Berlin, 1986.

J. Harmatta, K interpretatsii Nadpisey iz Kara - Tepe, in "Kara - Tepe", Ⅱ. 转引自: B. A. Litvinsky: OutlineHistory of Buddhism in Central Asia. In: Kushan Studies in U. S. S. R.

Lassen: Ind. Alterthumskunde Ⅱ. S. 1760.

Lassen: Ind. Alterthumskunde . S. 1956.

Lee, Yu - min, The Maitreya Cult and its Art in Early China, Ph. D. Diss., Ohio State Univ., 1983.

P. C. BagChi: zndiaand CentralAsia, Berlin, 1955.

P. V. Bapat: 2500 Years of Buddhism, Delhi, Reprinted, 1987.

Staya Shrava: Dated Kushāna Inscriptions, Delhi, 1993.

T. Burrow: A Translation of the Kharoṣṭhī Documents from Chinese Turkest -

an，London，1940.

［日］赤沼智善：《佛教经典史论》，破尘阁书房 1939 年版。

［日］池田温：《中国古代写本识语集录》，东京大学东洋文化研究所 1990 年 3 月 30 日发行。

［日］冈本一平：《〈大乘义章〉の思想形式について》，《印度学佛教学研究》第 53 卷第 2 号，2005 年。

［英］马歇尔：《呾叉始罗》第一卷，剑桥大学出版社 1951 年版。

［日］牧田谛亮：《疑经研究》，京都大学人文科学研究所 1976 年版。

［日］木村英一编：《慧远研究——遗文篇》，东京：创文社，1960（11）。

［日］平川彰：《初期大乘佛教的研究》，东京：春秋社 1968 年版。

［日］平川彰著，释显如、李凤媚译：《印度佛教史（上册）》，台北：商周出版社 2004 年版。

［日］平川彰：《初期大乘と法华思想》，《平川彰著作集》第 6 卷，东京春秋社 1997 年第 3 刷。

［日］平井俊荣：《中国般若思想史研究——吉藏と三论学派》，东京：春秋社 1976 年版。

［日］梶芳光运：《原始般若经の研究》，山喜房佛书林，昭和十九年。

［日］羽田亨：《论汉译之佛典》，《艺文》第二年第四号。

［日］塚本善隆：《肇论研究》，法藏馆，昭和四十七年版。

［日］中村元：《净土三部经》，岩波书局 1964 年版。

［日］佐藤智水：《云冈佛教的性质》，《东洋学报》，第五十九卷第 1、2 号。

［日］佐佐木教悟、高崎直道、井野口泰淳、塚本启祥：《佛教史概说·印度篇》第 7 章，日本平乐寺书店 1976 年第 12 次印刷。

后　　记

经过漫长的等待之后，这本书终于要面临付梓出版了。此时的我有一种忐忑不安的心情，觉得这项工作没有做好，不尽如人意，对不住期待它的人和陌生读者。但书稿是在我的博士毕业论文基础上修改而来，所以它又是我学术和人生多年来的一段历程的凝练，有些内容还是有回顾和总结的必要。

2003年9月，我怀着要求进步的梦想，踏上了西去的呼啸列车，千里迢迢来到兰州大学追求学业。在这里结识了硕士导师杜斗城先生，学习的专业是敦煌文献学，从此与佛教文献和历史研究结下了因缘。三年一晃而过，谈不上勤奋的我也学习了一些专业领域的基本知识和科研入门的基本方法，但距离深入的研究还差得很远。毕业之际，父亲的突然去世让我跌入人生的低谷，以后的路只好硬着头皮向前走。这件事也让我渐渐地悟出一个道理：时间会冲淡甚至可以解决一切，坚强是人生最好的老师。随后在陇南师专工作的日子，学校条件虽然有限，我还是想办法不放弃自己的学业基础，让自己的科研水平尽量有所进步。随着年龄的增长，对学问的崇尚和追求逐渐成为我事业和兴趣中的一部分，虽然工作和家庭事务较多，不像其他人有更多的时间和精力的保障，但我还是尽力而为之。

2010年9月，仍然有着进取之心的我来到了西北大学，跟随李利安先生攻读博士学位，未曾想这段时光成为我终生难忘的记忆。李老师过人的哲学思辨、宽广的学术视野，给我留下深刻的印象。他的鼓励、鞭策和教诲，让我受益匪浅。我的研究领域由单纯的文献学扩展到佛教哲学甚至是对现实社会诸多宗教问题的关注。

本书的出版首先应该感谢的是我的导师李利安老师。从题目的拟定到论文的指导修改，再到资助出版，他都倾注了大量的精力和心血，在百忙之中，还腾出时间为本书写了序。这份无私的关心和情谊，是我一生的幸运和财富，只有以后尽我所能去回报了。谢老师也给了我多方面的鼓励和帮助。在西安的岁月我还认识了诸多同门，与王宏涛、刘海玲、李海波、杨航、刘建华、师敏、李永斌、史全超、王鹤琴、李媛、郑浩、延续、孙绪慧、谢志斌、赵博超、汤宇凡、张竞、王雪梅、宇恒伟等同学和白冰老师结下了深厚的友谊。硕士导师杜老师是我的学术启蒙老师，也对本书的出版给予了很多的关注。中国社会科学院的杨曾文老师、北京大学的王邦维老师对我的博士论文开题提了非常有益的建议。我的家人任劳任怨，默默无闻地支持着我的工作，使我能够按时完成学业和书稿的修改。这本书得以顺利出版的另一善缘，是中国社会科学出版社的吴丽平编辑。从校稿到出版，她的工作非常认真细致，令我十分感激。对以上诸多的帮助和结缘，感谢之意无以言表，愿以我最美好的祝福送给他们。

　　法国的哲学家萨特说过，"每一次主动的大幅度的选择，是创造生命精彩的唯一道路。"人生道路上在很多关键路口都需要我们去选择，不去选择就不会前进，虽然这种选择有时是要付出代价的或者是无奈的。正是有了这样一次又一次的选择，才有了以后一个个的精彩回忆。不经历风雨，怎么见彩虹。希望这本书的出版，能成为我学术路上的一个新起点、新开始，鼓励鞭策着我去追求更美好的人生。

崔峰
2015 年 6 月 9 日于陇上江南